东莞明伦堂历史研究

东莞图书馆 编

蔡 冰 钟敬忠 著

SPM 南方传媒 | 广东人民出版社

·广州·

图书在版编目（CIP）数据

东莞明伦堂历史研究／东莞图书馆编；蔡冰，钟敬忠著. —广州：广东人民出版社，2023.9
ISBN 978-7-218-16245-4

Ⅰ．①东…　Ⅱ．①东…②蔡…③钟…　Ⅲ．①书院—教育史—研究—东莞　Ⅳ．①G649.299.653

中国版本图书馆 CIP 数据核字（2022）第 235365 号

DONGGUAN MINGLUNTANG LISHI YANJIU
东莞明伦堂历史研究
东莞图书馆　编　蔡　冰　钟敬忠　著　　　版权所有　翻印必究

出 版 人：肖风华

责任编辑：张贤明　周潘宇镝
责任校对：唐金英
装帧设计：书窗文化
责任技编：吴彦斌　周星奎

出版发行：广东人民出版社
地　　址：广州市越秀区大沙头四马路 10 号（邮政编码：510199）
电　　话：（020）85716809（总编室）
传　　真：（020）83289585
网　　址：http://www.gdpph.com
印　　刷：广州市豪威彩色印务有限公司
开　　本：787mm×1092mm　1/16
印　　张：28.75　字　　数：420 千
版　　次：2023 年 9 月第 1 版
印　　次：2023 年 9 月第 1 次印刷
定　　价：150.00 元

《东莞明伦堂历史研究》编纂委员会

学术顾问：李炳球　东莞市委党史研究室主任

主　　任：司　琪　东莞市文化广电旅游体育局党组书记、局长

副 主 任：余建民　东莞市文化广电旅游体育局一级调研员

　　　　　殷柱华　东莞市文化广电旅游体育局副局长

　　　　　李东来　东莞图书馆馆长、研究馆员

委　　员：冯　玲　东莞图书馆副馆长、研究馆员

　　　　　蔡　冰　东莞图书馆副馆长、研究馆员

　　　　　莫启仪　东莞图书馆副馆长、研究馆员

　　　　　刘尚清　东莞图书馆副馆长、副研究馆员

策　　划：李东来

著　　者：蔡　冰　钟敬忠

前　言

　　东莞明伦堂于清道光二十五年（1845）以前，与全国各地的明伦堂一样，一直是明伦教化的场所、储才养士的中心、地方公议的空间。自清道光二十五年（1845）始，东莞明伦堂逐渐拥有珠江口万顷沙沙出公产后，开始出现了由东莞士绅和东莞明伦堂教谕共同参与管理的组织——沙局。沙局时期的东莞明伦堂，虽然教育职能与道光二十五年前一样，但学产与以前相比明显增多。清同治、光绪年间，维护东莞治安的团练组织——安良局的武装经费由沙局拨给，管理者为同一士绅群体，安良局与东莞明伦堂事实上互为一体。安良局时期的东莞明伦堂，继续通过接佃、买受、缴价承升、报承等方式不断拓殖沙田面积，使东莞明伦堂的沙田公产不断增多。至民国初年，沙田公产面积拓殖至670余顷。辛亥革命后，东莞明伦堂进入"沙田经理局时期"，成立了自己的武装力量——沙田自卫局，其主持人由东莞县国民政府任命改为广东省国民政府任命，办公地点由东莞县城迁往省城广州。后因债务清理，将"沙田经理局"改为"沙田经理局清理委员会"，主要由莞籍军政人物管理，他们一方面对东莞明伦堂的财产进行整顿，不遗余力地增加收入，筹集款项，发展东莞文化教育、卫生慈善、交通水利、实业和林业；另一方面，对东莞明伦堂的债务进行清理，在人民公园内镌刻"东莞明伦堂财产保管确立信条碑"，进行会计制度改革，建立财务独立制度，逐步偿还历年债务积欠，经营元气逐渐得到恢复。抗日战争期间，出现了正、伪两个东莞明伦堂。正统的东莞明伦堂在广州沦陷前，由广州迁往香港、澳门，后又迁往曲江，因租金收取有限，经费短缺，处境维艰。伪东莞明伦堂依靠日伪力量继续在广州办公，以"正统"自居，掌管了万顷沙沙田产业。抗日战争胜利后，正统的东莞明伦堂接管了伪东莞明伦堂，东莞明伦堂董事会在蒋光鼐的领导下，追缴伪产和欠谷，废除旧约重新批约，将所有"银租围"改为"谷租围"，收入大增，东莞的教育、文化、卫生、慈善、水利、交通等社会建设事业得到进一步发展。东莞解放后，东莞军管会接收了东莞明伦堂董事会的财产及武装力量，万顷沙被划为东莞的一个特别区，被称为"东莞县万顷沙军管处农场"，后又改名"东莞县万顷沙国营农场"。1953 年，该农场划归珠海县第四区管辖（今广州市南沙区万顷沙镇），东莞对万顷沙沙田的经营与管理至此结束。

为了更深入地研究和挖掘东莞明伦堂这份珍贵的历史文化记录，客观地向读者展现东莞明伦堂拥有万顷沙沙田公产后这段独特的百年历史画卷，近年来，东莞图书馆认真贯彻落实《全力打响东莞文化品牌　加快建设"品质文化之都"三年行动计划（2020—2022 年)》的战略部署，以挖掘东莞悠久历史文化、丰富城市品质内涵为己任，在完成《伦明全集》（5 册）、《伦明研究》（3 册）、《东莞文库概览》（8 册）、《名人笔下的东莞》《雕塑东莞》《虎门新歌》等东莞地方文献开发的基础上，又着手《东莞明伦堂历史研究》的撰写，旨在为"湾区都市　品质东莞"建设增添新的内容和新的篇章，为粤港澳大湾区一体化高度融合提供实践范本。

《东莞明伦堂历史研究》利用大量的档案、文献史料，着力于东莞明伦堂各个历史时期的组织体系、沙田管理、财务改革、教育推进、公益扶持等重要特征的纵向挖掘，以及在东莞、广州、香港、澳门、曲江等活动范围的横向铺陈，尤其对阶段性的组织变更、变更背后的深层原因和系列施政举措进行了深度阐述和客观评析，展现了莞籍旧士绅、莞籍军政人物在近代中国社会局势动荡与战乱环境中舍身忘我、变革图存、锐意进取等秉性特质，彰显了在当时特定环境中他们在争取管理地方公产、参与地方公共事务、维护地方组织秩序等方面所发挥的重要作用。虽追权逐利、损公肥私、贪污腐化等现象屡次为乡人诟病和声讨，然瑕不掩瑜，其在特定历史条件下为东莞社会发展所做的贡献是无法抹杀的。

清道光十八年（1838）争夺万顷沙沙田公产以前的东莞明伦堂不是本书的重点，这部分内容只在第一章"概述"中稍作介绍。本书的重点是道光十八年以后的东莞明伦堂，笔者根据发展特征及名称变化分为八章：第一章为"概述"；第二章为"沙局时期（1845—1864年）"；第三章为"安良局时期（1864—1911年）"；第四章为"沙田经理局时期（1911—1928年）"；第五章为"沙田经理局整理委员会时期（1928—1937年）"；第六章为"两个沙田整理委员会并存时期（1937—1945年）"；第七章为"董事会时期（1945—1949年）"；第八章为"结语"。后附"参考文献"。其中，钟敬忠撰写了第二章、第三章；蔡冰撰写了第一章、第四章至第八章，并对本书进行了出版前的统稿。本书在撰写过程中，受到了中共东莞市委党史研究室李炳球主任的诸多指导，得到广东省立中山图书馆、东莞市档案馆、中山市档案馆等单位的大力支持和帮助，这些个人及单位为研究提供了大量珍贵和关键性的历史文献和档案资料。与此同时，本书还参考了一些专家、学者研究珠江三角洲沙田历史和东莞明伦堂的相关论文及文章，在此一并致以衷心的感谢。

清道光二十五年（1845）至1949年间的东莞明伦堂，跨越了晚清、民国，长达百余年，由于年代久远，再加上政权更替、政治势力角逐纷争、战争以及东莞明伦堂管理组织变更等，导致出现部分时间段档案缺失、没有史料记载等现象，为此，晚清时期东莞明伦堂万顷沙沙田的拓殖情况，大多只能通过民国《东莞县志》之《政经略》《人物略》《沙田志》等进行考证；关于东莞明伦堂早期概况及学田情况，则通过崇祯《东莞县志》、天顺《东莞县志》、康熙《东莞县志》、雍正《东莞县志》、嘉庆《东莞县志》、民国《东莞县志》、《东莞县志拟目》等志书中的记载进行比对与考证；关于民国初年至20世纪20年代东莞明伦堂沙田经理局时期的情况，则以《广州民国日报》《广东省政府周报》《广东公报》《广东省政府公报》《香港华字日报》《香港工商日报》《留省东莞学会杂志》《留京东莞学会》等民国早期报刊资料的相关报道为线索钩沉；关于东莞明伦堂在民国中后期发展的史料则主要通过东莞明伦堂档案、东莞明伦堂所编刊物以及《广东文史资料》《东莞文史资料选辑》《东莞市志（征求意见稿)》《东莞市志》《东莞教育志》《东莞市交通志》《东莞水利志》《东莞市卫生志》《东莞粮食志》《东莞市检察志》《东莞市石龙镇志》《东莞市樟木头镇志》等文献进行考证与揭示。由于东莞明伦堂清末至20世纪20年代档案资料缺失，史料不全，且著者学识所限，失误、纰漏之处在所难免，诚挚希望各位读者和方家不吝指正。

著者

2022 年 2 月

目　录

第六章　两个沙田整理委员会并存时期（1937—1945 年）…… **273**

第一章　概述

第一节　明伦堂

明伦堂在我国历史上是设于学宫、书院等地的读书、讲学、弘道、研究之所。"明伦"二字首见于《孟子·滕文公上》："夏曰校，殷曰序，周曰庠；学则三代共之，皆所以明人伦也。"意思是，地方创办的学校，夏朝称作"校"，商朝称作"序"，周朝称作"庠"；朝廷创立的学校，夏、商、周三朝都称作"学"。当时，无论是地方还是朝廷创办的学校，其主要目的均是教导人们懂得伦理道德标准。根据目前相关研究成果，至少从宋朝开始，各地官办学校（宋朝称学宫①、明清称儒学②）皆以"明伦堂"命名讲堂，"明伦堂"一度成为"学宫"或"儒学"的代名词。宋朝及以后，读书人如果想通过科举谋取功名，先要通过生员（即秀才）考试才能入读明伦堂。明清时期，生员只有进入明伦堂，才有资格参加乡试，才有资格选拔至朝廷最高学府国子监成为"贡生"。正因如此，读书人对明伦堂顶礼膜拜，视之为接受圣化、获取知识、科举入仕，甚至是明伦守节之圣地。综上所述，明伦堂是学宫的一个重要组成部分，是明伦教化的场所，是储才养士的中心，是地方公议的空间，是一个传承千年的文化教育场所。

---

① ［元］脱脱《宋史·选举志》："（自宋熙宁年间）始命诸州建学宫。"
② ［清］张廷玉等撰《明史·选举志》："迄明，天下府、州、县、卫所皆建儒学。"

一、 明伦教化的场所

中国历朝历代统治者都非常重视学校的"明伦"作用。西周时期，"国学"的教学内容包括"三德"（至德、敏德、孝德）、"六行"（孝、友、睦、姻、任、恤）、"六艺"（礼、乐、射、御、书、数）、"六仪"（祭祀、宾客、朝廷、丧纪、军旅、车马）等四方面的内容。[①] 其中，"三德""六行""六仪"均为最基本的道德标准和人伦礼仪。

春秋战国时期，官学日趋没落，私学日渐兴起，随着养士制度的建立，学术史上出现了"百家争鸣"的新景象。孔子创办了儒家学派第一所私学，提倡"克己复礼""学而优则仕"，主张"仁""爱"，并要求学生以"礼"来约束自己的言行，使之成为自觉的行为习惯，使之成为生活的一部分。孟子作为儒家学派另一重要代表人物，更是旗帜鲜明地提出教育的目的之一就是要"明人伦"。即"教以人伦：父子有亲，君臣有义，夫妇有别，长幼有序，朋友有信"[②]。由此，以孔子、孟子为代表的儒家学派及其"明人伦"教育思想，被后世绝大多数统治者所接受，发展成为中国正统的传统教育文化——"儒学"。

秦始皇统一中国后，禁办私学，"焚书坑儒"在很大程度上抑制了儒家思想的发展，秦朝主要采用"车同轨""书同文""行同伦""吏师制度""博士官""乡设三老经掌教化"等有利于中央集权政治统一的文教政策。[③] 其中，"行同伦"在改变原来六国贵族不同思想与道德伦理观念的基础上，力求使全国人民统一法度，统一思想，达

---

① 毛礼锐主编：《中国教育史简编》，教育科学出版社 1984 年版，第 24 页。
② 《孟子·滕文公上》。
③ 曲士培：《中国大学教育发展史》，山西教育出版社 1993 年版，第 78—81 页。

到教化民众日常行为遵从统一道德与规范之目的，从这个意义上讲，"行同伦"也有"明人伦"的意义。

两汉时期，在"罢黜百家，独尊儒术"统治思想的指导下，儒家思想得到了恢复和进一步发展，儒家经典成为官学和私学（"经馆""书馆"等）的主要教学内容，儒家倡导的"修己以安人""修己以治人""君子学道则爱人，小人学道则易使也"① 等明伦思想得到了深入传播。

三国两晋时期，前者因连年用兵，国小民贫，学校教育处于时断时续的状态；后者太学与国子学并立，士族掌握教育特权。然无论是前者还是后者，学校的主要教学内容仍为经学，"明人伦"的教育宗旨延续不变。魏文帝入承大统以后，于黄初五年（224）明令"立太学，制'五经'课试之法，置《春秋》《谷梁》博士""蜀时游太学，专《毛诗》《三礼》，师事谯周"②。

南北朝时期，仍重视儒学教育。宋文帝于元嘉十五年（438）在京师开办"儒学""史学""玄学""文学"；梁武帝时，朝廷除在中央和地方设立官学以外，还在天监四年（505）下诏建立国学，以"五经"作为教学内容，并置"五经"博士各一人；③ 魏道武帝初定中原时，朝廷在京都平城设立太学，置"五经"博士，等等。

隋唐时期，朝廷诏令全国各地建立学校，其教学内容仍以儒学经义为主，行明伦教化之功。隋朝设立国子寺和太常寺等教育机构，置祭酒，专门管理教育。大业二年（606），隋炀帝设置进士科，当今有学者认为此举是中国科举制度之雏形。唐朝中央官学有国子学、太学、四门学、书学、算学、律学、经文馆、崇文馆、广文馆等，地方官学有设于京都及府、州、县的经学学校等，其儒学教学内容由"四

---

① 《论语·阳货》。
② ［晋］陈寿等：《三国志·魏书·文帝纪》，中华书局1959年版，第84页。
③ 曲士培：《中国大学教育发展史》，第111—116页。

书""五经"发展为"四书""十三经"①。这一时期,科举制度的成型,对于推行儒家传统思想和精英教育具有重要意义。

宋熙宁年间,在理学家的倡导下,不仅地方学宫的讲堂统一命名为"明伦堂",而且在经历了"庆历兴学""熙宁兴学""崇宁兴学"3次兴学运动后,统治者希望通过明伦堂培养出"经世致用"的人才,通过明伦堂的教化让民风更加淳厚、政治更加清明。正如南宋阳枋《重修夔州明伦堂记》一文所云:"帝王为治,学校其大务也;学校之设,明伦其大端也。"②

明朝时期,"无地而不设之学,无人而不纳之教""学校之盛,唐宋以来所不及也"③。明朝的府、州、县地方学校皆称"儒学",孔子为人伦之至,"六经"为尽人伦的注脚,鼓励生员,宁做"君子儒",不做"小人儒";告诫生员,治学须有次第阶级,先要"正本本,植其根",而后"以次可渐升也"④,儒学的明伦教化之义进一步明确。

清朝时期,"有清学校,向沿明制"⑤。清初,采取系列措施树立儒学和理学的权威地位。顺治帝封孔子为"至圣宣师",列为祭典;康熙帝亲书"万世师表"悬挂于各地孔庙;朱熹所著的《四书集注》被定为读书人必背之教科书,等等。清末,在"中学为体""西学为用"的教育思路指引下,废科举、兴学堂,开始实行近代学制,培养专门人才,然"明人伦,致良知"等行为准则还是深深地根植于学生思想品德教育之中。

---

① 毛礼锐主编:《中国教育史简编》,第24页。
② 〔宋〕阳枋:《字溪集》,钦定四库全书本。
③ 〔清〕张廷玉等撰:《明史·选举志》,中华书局1974年版,第1686页。
④ 〔明〕朱国祯著,何立民点校:《朱国祯诗文集》,浙江古籍出版社2015年版,第406页。
⑤ 赵尔巽等撰:《清史稿·学校》,中华书局1977年版,第3099页。

二、 储才养士的中心

自秦汉至明清，人才选举制度大致经历了察举制、九品中正制、科举制3个发展阶段。取士之法，夏、商、周出于"学"，汉以后出于"郡县吏"，魏晋以后出于"九品中正"，隋唐至明清出于"科举"①。尤其是明清时期，"科举必由学校"。据《明史·选举志》记载："学校以教育之，科目以登进之，荐举以旁招之，铨选以布列之，天下人才尽于是矣。明制，科目为盛，卿相皆由此出，学校则储才以应科目者也。"② 由此可见，明朝利用制度规定了读书人科举入仕必须接受地方学校的教化。正因为如此，明伦堂才真正成为科举考试储才养士的中心。

明清时期，儒学（有的地方仍称"学宫"）不仅是学子入仕的晋升之阶，也是注册之门。学子们只有通过县试或州试、州试或府试、学政试等考试，才能取得生员（俗称"秀才"）资格，才能入读儒学。刚入读儒学的生员，叫庠生；庠生经过年终、科目两项考试名列前茅者，叫廪生，即每月都有廪膳供给。未取得生员资格，无论年龄多大，均为"童生"，俗称"白衣"。只有入读儒学的"生员"，才有资格参加三年一次的"乡试"，考中者获取"举人"身份，第一名称为"解元"；只有入读儒学的优秀"生员"，才有机会选拔至朝廷最高学府国子监读书，称为"贡生"。生员虽不能出仕为官，但享有"免除差徭""见官不拜""状子直呈""罪不用刑"等特权待遇。生员如果向上考试不第，可办私塾，或在府、州、县衙为吏，或成为文臣武将的幕僚，或通过编志修谱等渠道谋生。"举人"可以免除赋税徭役，可以出仕为官，成为府学、州学、县学的"教学""主簿"等

---

① 邓嗣禹：《中国考试制度史》，吉林出版集团有限责任公司2011年版，第1页。
② ［清］张廷玉等撰：《明史·选举志》。

八九品佐官，只有少数优秀者出任知县。获得"举人"身份后，在乡试的次年，可以参加朝廷礼部主持的"会试"，中第者获取"贡士"身份，第一名称为"会元"。"会试"中第者，不授官出仕，只取得殿试的资格，即由天子亲策于廷，号称"殿试"，亦称"廷试"。廷试每3年举行1次，于3月朔日（即农历初一）举行，以名次先后分一、二、三甲。一甲3名：状元、榜眼、探花，赐"进士及第"；二甲若干名，赐"进士出身"；三甲若干名，赐"同进士出身"。二甲第一名（即全榜的第四名）为"传胪"，其他为"庶吉士"。"状元"一般授予六品官，如"翰林院修撰"；"榜眼""探花"一般授予七品官，如"翰林院编修"；二、三甲考选"庶吉士"的，皆为七品官，如"翰林官""给事""御史""主事""中书""行人""评事""太常""国子博士"，或授"府佐""知州""知县"等官职，[①] 此乃明清时期取士选官的大致情形。

为了在各地儒学储备更多朝廷所需人才，明清时期的统治者采取了一系列行之有效的举措：

一是在地方大建儒学，普设儒学管理者。明洪武二年（1369），在"天下府、州、县、卫所，皆建儒学，教官四千二百余员，弟子无算，教养之法备矣""府设教授，州设学正，县设教谕，各一。俱设训导，府四，州三，县二"[②]。清朝在行政上设省、道、府或州、县四级（州有直隶州和属州之分，直隶州同府，属州同县），省和道二级不设学校，府（州）和县（州）两级普设学校，皆称"儒学"，全国各地儒学总计1700余所。清朝沿明制，各省设提学使，管理各省学政事务，三年一任；各府设教授、训导，州设学政、训导，县设教谕[③]。

---

① 沈兼士：《中国考试制度史》，中国和平出版社2014年版，第157—214页。

② ［清］张廷玉等撰：《明史·选举志》。

③ 沈兼士：《中国考试制度史》，第208页。

二是制定学额数、学粮数、考试之法、儒学禁令等一系列儒学教养政策。明洪武二年（1369），"生员之数，府学四十人，州、县以次减十"。洪武十五年（1382）四月，"赐学粮，增师生廪膳。初制，师生月廪食米，人六斗，有司给以鱼肉，学官月俸有差。生员专治一经，以礼、乐、射、御、书、数设科分教，务求实才，顽不率者黜之""学官月课，郡邑季课，加之劝率，督学宪司岁一试，乡省三岁一大试，高下去取定焉""（洪武）十五年（1832），颁学规于国子监，又颁禁例十二条于天下，镌立卧碑置明伦堂之左，其不遵者，以违制论"①。

清朝顺治四年（1647），"各学廪膳生员，府学四十名，州学三十名，县学二十名，卫学十名，增广生员数同""朝廷建立学校，选取生员，免其丁粮，厚以廪膳"②。"生员考试　为'岁考'，每年举行一次；一为'科考'，间岁举行一次，皆由中央所派学政主持，成绩优异的，以次递升：'附生（初级考进儒学的生员）'升'增生'，'增生'升'廪生'，'廪生'特别优异者，升'国子监'，如'拔贡''优贡'之类；成绩欠佳的，则以次递降。考试的内容，以八股文为主，诸生的出路，除少数升入'国子监'外，大多数学生应乡试。"③清初，有鉴于明末的战乱和兵燹，朝廷一方面创修学校，大兴科举，以笼络人心；另一方面，又唯恐士人力量强大，群聚徒党，顺治九年（1652），颁行了比明朝"禁例十二条"更为严格的"新卧碑八条"，并通令全国刊刻于各地儒学明伦堂之左，作为禁条，晓谕诸生遵守，称为《训士卧碑文》。④

三是实行教育经费学田制。自宋至清末，逐步形成了以学田制为核心的多种形式、多种来源的地方教育经费筹措制度。明"洪武十五

---

① ［清］张廷玉等撰：《明史·选举志》。
② ［清］乾隆官修：《清朝文献通考·学校考》，浙江古籍出版社1988年版。
③ 沈兼士：《中国考试制度史》，第208—210页。
④ ［明］王畿：《龙溪王先生全集·华阳明伦堂会语》，江苏大学出版社2019年版。

年（1382）……命凡府、州、县学田租入官者，悉归于学，俾供祭祀及师生俸廪"①。清朝"上至京师，下至各府、州、县，莫不有学，学莫不有田"②。明清时期，学田的来源主要有拨置田、捐置田、买置田等三种方式。其中，拨置田是各级官府凭借政权力量增置学田助学的一个重要途径，主要包括来历不明的诉讼田、触犯法律或绝户的没官田、无主的荒田等等；捐置田是一些官员或地方有钱人家将自家的田产捐赠给儒学，用作生员膏火；买置田是儒学将接受捐赠的银两或经营所得的收入用来购买民田，以期收益增值。学田制的实施，不仅使儒学收入稳定，而且还可以通过设立基金对贫困师生进行救助，有利于扩大社会教育的覆盖面，稳定地方学校的办学秩序。

三、 地方公议的空间

自西汉实行"罢黜百家，独尊儒术"的文教政策以来，儒家经典成为封建统治的文教法典，儒家思想成为封建社会的正统思想。唐朝时期，儒学地位进一步提高，唐高祖李渊武德七年（624）亲自前往国子学参加"释奠"③礼，颁布《兴学敕》，要求"敦本息末，崇尚儒宗"④。唐太宗李世民尊崇儒术已达到相当高的程度，于贞观四年（630），诏令"州、县学皆作孔子庙"⑤。唐高宗咸亨元年（670）诏曰："诸州、县孔子庙堂及学馆有破坏并先来未造者，遂使生徒无肄业之所，先师阙奠祭之仪，久致飘露，深非敬本。宜令所司速事营

---

① 《明太祖实录》，卷144。
② ［清］乾隆官修：《清朝文献通考·田赋考》。
③ "释奠"是古代学校的一种典礼，陈设酒食以祭奠先圣孔子。
④ ［宋］王钦若著，张元济辑：《册府元龟·帝王部·崇儒术二》，商务印书馆1935年版。
⑤ 吕思勉选注：《新唐书·志第五·礼乐五》，商务印书馆1928年版。

造。"① 从此，孔庙遍及天下，形成了"庙学合一"的教育规制。孔庙的建筑规制从外向内或者由南向北依次排列为下马碑、照墙、棂星门、泮池、大成门（又称戟门、庙门等）、戟门，戟门左右两侧分别为名宦祠与乡贤祠，大成殿居中，大成殿前左右两侧为东西两庑、后为崇圣祠等，主要功能是祭祀先师孔子等历代先贤先儒以及举行春秋释奠、朔望行礼。宋朝及以后的学宫前有儒学门、仪门两道，中有明伦堂，后有尊经阁或藏书楼，以及斋舍号房、教官廨署、射圃、敬一亭、文昌阁、魁星楼、会馔堂和学仓、祭器库、乐器库等，主要承担教学功能和部分礼仪职能，如一些地方的"乡饮酒礼"即在明伦堂举行。

在"庙学合一"的时代，特别是宋朝以后，孔庙与学宫（儒学）相互关联。一方面，统治者通过孔庙先贤先儒的榜样力量，鼓励士子们在学宫（儒学）里读好圣贤书，学作圣贤人，并通过现实中的努力进入理想中的"圣域"。例如，在清代，凡入读儒学的生员首先要举行入学仪式，由官员率领，先入孔庙，绕泮池一圈，即"游泮"，再到大成殿祭孔，行三跪九叩礼，随后到明伦堂序立，先由官员向儒学教官行宾主礼，继由生员对官员和老师行一跪四叩礼。礼毕，教官送走官员，即在明伦堂命题考试诗文，而后乃为正式入学。另一方面，统治者遵循规制拜谒孔庙后再到明伦堂讲书、考课生员，并听取生员对地方事务的建议与评论，在这种意义上，明伦堂不仅成为士人拜谒的信仰中心，还是他们参与地方政务活动的重要场所。例如，明洪武十七年（1384）诏令，"每月朔、望，祭酒以下，行释菜礼；郡县长以下，诣学行香"②。即学校从国子监至地方儒学，学官从祭酒至训导，每月朔、望二日于文庙行"释菜礼"；地方官知府以下至知县及

---

① ［后晋］刘昫等：《旧唐书·本纪第五·高宗下》，中华书局1975年版。
② ［明］丘浚著，林冠群、周济夫校点：《大学衍义补·释奠先师之礼下》，京华出版社1999年版。

其佐官，每月朔、望二日于文庙行香。地方官员行香之后，还要到明伦堂讲书、考课生员、听生员建言地方事务。又如，明朝巡按巡视地方时，"谒庙后登明伦堂讲书毕，诸生进而言地方之利弊，官府之贤否，观否者垂悉听焉"①。据此可知，生员们通过官员至儒学行香、至明伦堂讲学之规定，有机会接触巡视官员、地方官员，以及本地有权有势的士绅们，进而与其讨论地方事务。明代中后期，士人数量增加，晋升日益困难，使得他们把"治国平天下"的理想与抱负转移到对地方事务的关注上，而明伦堂则为其提供了一个可以参与地方事务的空间。此外，明伦堂虽然是官方自上而下在地方普设的教学场所，然在地方扎根后，便与地方社会紧密联系起来。一方面，地方官员借助明伦堂讲学之机阐明其治理行为的正当性，希望引起更多士人的支持与关注；另一方面，生员通过科举考试入仕之后，其家族、本人也会对明伦堂格外关注，进而形成一股强大的地方社会力量。

---

① ［清］曹家驹：《说梦》，载新文丰出版公司编辑部编：《丛书集成三编》，台湾新文丰出版公司 1997 年版。

第二节　东莞明伦堂

　　自清道光二十五年（1845）始，东莞明伦堂拥有珠江口万顷沙沙田公产后，设立了由教谕参与沙田管理的专门机构——沙局，后随着沙田公产的不断增多，东莞明伦堂逐渐成为一个拥有巨额财富和武装力量的社会组织机构，受到清王朝、各派军阀势力、国民党政府的高度关注，深刻影响着清末至民国期间东莞的政治、经济、文化、教育、卫生、慈善、交通、水利、林业等地方事业的建设与发展，在东莞县乃至广东省的地方事务决策与施行过程中扮演着至关重要的角色。道光十八年之后的东莞明伦堂是本书研究的重点，将在后面章节里作详细阐述，在此节只作概述。

一、 道光二十五年 （1845） 前的东莞明伦堂

　　东莞明伦堂设于何时，尚未发现明确的史料记载。明陈琏《重建儒学记》载"东莞，晋宝安郡，至隋为县，属广州，宋始有学，旧在县左二里许"①，仅证明东莞在宋朝开始修建学宫，学宫的讲堂是否称为"明伦堂"不得而知。明卢祥《重刻卢中丞东莞旧志》记载："东莞儒学旧在县东南二里，宋淳熙十三年（1186），邑宰王中行迁于东城之外黎氏地。开禧丙寅年（1206），邑宰刘棠移大成殿于学之右，庙前为棂星门，直入为庙门，东西两庑从祀，大成殿居中，南向学舍由泮桥而入，临桥为咏归亭，直入为学门，分东西两斋，中为明

---

① ［明］张二果、曾起莘著，杨宝霖点校：《东莞县志·学校志》，东莞市人民政府1995 年版，第 70 页。

伦堂……"① 这是截至目前在东莞地方志史料中发现最早关于东莞明伦堂的文字记载。由于东莞人习惯称辛亥革命以前的东莞学宫（儒学）为东莞明伦堂，辛亥革命以后的东莞明伦堂为"安良局""沙田经理局"等，故本节小标题中的东莞明伦堂是一个宽泛的概念，是东莞学宫（儒学）的代名词。

（一）早期东莞明伦堂的历代更迭。东莞学宫（儒学）历经千年，或由于战争，或由于火灾，或由于破旧等因素，曾历经反复损毁、反复修复、反复重建的历史。据崇祯《东莞县志》记载，南宋孝宗淳熙十三年（1186），揭阳王中行为东莞县令，莅任后前往东莞学宫大成殿祭拜孔子，看到东莞学宫竟然是"榛菅遍地""弦诵寂寥"的景象，于是，与东莞士绅商量迁址异地重建学宫。学右黎晦知悉后，主动请愿说："某有地在东城外，术者谓当世出科第，与其私之吾家，孰若公之一邑。"② 王中行听后大喜，遂在东城外黎氏地（今东莞莞城兴贤街）重新修建了学宫。两年后，学宫落成，王中行把部分公田划拨为学田，免其资税；民间无主之田，也全部拨归学宫，使得学宫每年收入比以前增加了一倍。③ 据东莞文史专家杨宝霖先生考证，王中行迁建学宫之后，直至 1953 年被拆毁，其址历经 760 余年不变。④

王中行迁学之事，在其《迁学记》中得到印证：

> 邑左三里许，有闻于榛菅间者，曰学也。栋宇绵蕞，弦诵寂寥，今几何年哉？余领邑未阅月，士襜然前曰："岁久室老，学

---

① ［明］吴中修，［明］卢祥纂：《重刻卢中丞东莞旧志·儒学》，广东人民出版社 2006 年版，第 12 页。
② ［清］阮元监修，陈昌齐等总撰：《广东通志》，商务印书馆 1934 年版，第 269 卷。
③ ［明］张二果、曾起莘著，杨宝霖点校：《东莞县志·学校志》，第 70 页。
④ 杨宝霖：《东莞历史学堂讲稿·古代东莞的最高学府原来在这里：旧梦留痕——杨宝霖讲莞城已消失的名物》，讲稿，2017 年 1 月 11 日。

宜新；莽聚兽逸，地宜革"。诘其地，以一二对，鸠众往觇……有一山自东矫而南，去邑百余步，正与黄岭相宾主，中夷外旷，地属黎氏，予一叩而得之，若天造地设以待焉。

以上叙述详细地反映了王中行迁建学宫的原因和所迁之地。

　　门庑殿堂层而立，翼庑为斋两相向，因直庐而阁之与堂缀。职掌有位，庖廪有所，祭具故不如式，一切更而足之，下至席榻亦集。向之荒者治、卑者敞、险者豁、缺者备，视故规岂直什伯纸？学成，尚以都养庐，粥公田，辍纲租，民亩失籍者，悉归学。岁入倍与囊，且增弟子员以充之。①

以上叙述则生动地描述了修建东莞学宫时的情景。

又据天顺《东莞县志》、康熙《东莞县志》、雍正《东莞县志》、嘉庆《东莞县志》、民国《东莞县志》等记载，东莞学宫在王中行迁建黎氏献地东城外后，因时代变迁及各种灾害多次重建。其中，民国《东莞县志》记载最为详细：

　　邑之学宫旧在县东南二里许，宋淳熙十三年（1186），县令王中行卜迁县学邑人黎晦献地，始改建于东城外。开禧二年（1206），县令刘棠移大成殿于学右。嘉定十四年（1221），改学从庙向。嘉熙二年（1238），知县许巨川修建学宫，创宝书阁即旧经史阁也。嘉熙四年（1240），知县赵善郲重建大成殿。宋季，阁毁于兵。元至元二十八年（1291），宋校书黎友龙重建。大德五年（1301），廉访史赵兴祖檄县彭振修葺。明洪武三年（1370），诏兴学校。越八年，知县詹勖重修。十四年（1381），

---

① ［明］张二果、曾起莘著，杨宝霖点校：《东莞县志·学校志》，第71页。

庙学灾。三十年（1397），贡士庄恭奏闻，诏遣人才邓祖贤督工重建。洪熙元年（1425），知县李贞再加修葺。正统四年（1439），通判王玘重建讲堂。六年（1441），知县王尚瑞修葺殿庑，辟射圃，修观德亭，创立书楼、号舍，浚泮池，建致远亭。天顺七年（1463），知县吴中重修明伦堂、号房、会馔堂。成化二年（1466），知县范伦重修庙学。成化十六年（1480），训导金祯修广明伦堂，后建敬义堂，移馔堂于敬义堂之后。弘治二年（1489），监察御史曾昂、副史涂昇、佥事王希旦重修文庙、戟门、棂星门及两庑、儒学大门。十七年（1504），知县陈宁重修明伦堂及两斋、道义门。正德十三年（1518），教谕邬珠重建明伦堂、仰高亭，训导方辂建东西斋。十五年（1520），教谕刘兰建仪门及仓库。嘉靖四年（1525），知县李性创射圃亭于明伦堂东北。十七年（1538），御史王德溢修广两斋。二十四年（1545），教谕毛羽建国家元气坊。二十八年（1549），知县孙学古重修庙学，建敬一箴亭。四十年（1561），训导周芘臣倡建尊经阁。四十一年（1562），知县乔诰复修启圣祠、东西庑及泮桥、学门。万历二十八年（1600），署县提举刘复初以庙学之南民居破碎，冲射形家所忌，议筑长垣遮护，经营未就，知县翁汝遇继成之。崇祯八年（1635），知县汪运光重修殿、庑、门、堂及亭、阁、诸祠，重建教谕廨，新创土地祠于戟门东。知县温可贞捐修乡贤祠。教谕钱梦兰重建观德亭、三益亭。国朝顺治十二年，邑人蔡元真重饰先圣先贤木主。康熙十九年（1680），知县裘孔武捐俸修两庑、明伦堂。二十八年（1689），知县郭文炳捐俸修戟门、棂星门，重建启圣祠。雍正元年（1723），知县于梓奉旨更启圣祠为崇圣祠，追封启圣公以上五代王爵，建新祠合祀，维持庙学久不修，自正殿、明伦堂、戟门、棂星等门与名宦乡贤诸词日即倾圮，尊经阁倒塌不支。雍正七年（1729），知县周天成始以次捐资修葺，择其尤敝坏者一新之，得还旧规，唯敬一亭、教谕、训导二宅尚未收复。乾隆四年（1739），知县印光任建儒学、两庑于明伦堂左偏旧址。十六年（1751），知县周儒修大成殿及两庑。四十九年（1784），知县戴求仁重修明伦堂，规制大备。咸丰后，教谕宅圮，借住乡贤祠。①

（二）早期东莞明伦堂重修细节。如果说历代《东莞县志》以时间为轴记录了早期东莞学宫（儒学）的变迁历程，那么历代《东莞县志》所收录的《重建经史阁记》《修东莞学记》《重修儒学记》等近30篇关于东莞修学的文章则对早期东莞学宫（儒学）中明伦堂及其相关建筑的重修情况进行了生动详细的描述。

南宋李春叟《重建经史阁记》：

> 邑学有经史阁，宋嘉熙己亥（1239）岁，令尹钝斋许先生所创也。先生初仕，广文学掾，甄拔士类为多。后二十年，宰邑政声著闻，尤敦尚化本，于是建藏书之阁，使士知讲学以进于道，出余力为文皆不失程度……世运迁革，郡县受兵，而阁亦以废。……宪台分司官按部莅邑，诸生合辞以请，曰：是关风化，不可缺，愿邀惠于有司，以相斯役。……自经始至讫工，凡再稔。……是役也，邑尉陈颖实先后之，余则揭阳王中行也。②

南宋翟龛《修东莞学记》：

> 大德辛丑（1301），廉访分司赵公兴祖至邑……乃十一月朔，率僚吏杜毅、杨荣、张绮拜孔庙，跻公堂周廊庑徘徊，咨嗟顾诸

---

① 陈伯陶：《东莞县志》，东莞养和印务局1927年版，第1—2页。
② ［南宋］李春叟：《重建经史阁记》，转引自［明］张二果、曾起莘著，杨宝霖点校：《东莞县志·艺文志》，第78页。

生而言曰："兹化本民也，奈何芜秽若是，其何以敦薄俗，吾所职者，刑也。古者刑以弼教，教化明则刑可措矣，且勉励学校，吾事也。其可。"后乃饬县尹彭振庀其事，期以浃旬讫……县尹彭振如期而工，诸生举酒相庆。①

明罗文焕《重修儒学记》：

明洪武三年（1370），诏天下府州县开设学校。邑学舍庳陋，前所未遑及。五年秋七月，詹令至……暮年间，政行百废用兴，远迩称善，方拟建庙学明教化。适海濒，不逞之徒啸聚弄兵，乃率众穷涉阨险，讨而擒之，正其罪于有司。继有逋逃之卒远萃渊薮，则又设策散离，絷而归之，远其籍于军府。于是，耕牧得安，邑境宁谧。七年甲寅正月，乃撤殿堂门庑而重建之，爰筑爰斫，爰墍爰垩，次年三月告成，礼殿峻峙，像设肃雍，轩豁弘敞，两庑翼如，洪祀有位，讲堂斋庐，列置有序，诵诗读书，生徒欢集。②

明陈琏《重修儒学记》详细记述了自宋至明正统年间东莞学宫修建情况，并着重介绍了明正统六年（1441）东莞县令王尚瑂修建学宫情况：

六年夏，山阴王尚瑂来知邑事，观殿庑诸所未完整者，加意修饬，咸极精致。复辟射圃地，修观德亭，新构书楼二所，诸生号房二十余间……复浚泮池，建攀桂亭，规制宏敞，遂与庙学称。盖得兴学崇化之意矣！前教谕何恕、训导欧克、常林侨皆有

---

① ［南宋］翟龕：《修东莞学记》，转引自陈伯陶：《东莞县志·艺文略》，第3—4页。
② ［明］罗文焕：《重修儒学记》，转引自陈伯陶：《东莞县志·艺文略》，第80页。

从臾之功，具书请记，以垂永久。①

明黄结《重修儒学记》记述了天顺七年（1463）十月，知县吴中重修明伦堂、会馔堂、号房等情况：

　　江右乐平吴公以名进士来令邑，朔望课诸生于讲堂，顾瞻庳陋，不足以储英才而劝群萃……乃出公币余积万缗，以图修建。既鸠既僝，祀、殿、门、庑悉加修饰，创会馔堂于明伦堂北，增生徒舍于会馔堂西，明伦堂则撤去其故而新之。②

明祁顺《重修明伦堂记》对明成化十六年（1480）东莞训导金祯扩修明伦堂进行了详细描述：

　　东莞儒学，自宋淳熙戊申徙今所。国初以来，位置规模，寝以雄杰，唯明伦堂尚卑隘弗称。司训金先生祯白于提学金宪赵公瑶，概然欲拓而新之。公为经画，俾倡于众，于是鸠工庀才，躬自程督，因前堂三间增而为五，后堂则创为两堂，中隙贯以通廊，其旁翼以两厢，宏敞坚美，师生之游息、经籍祭器之储咸得所矣。先生题其后堂曰"敬义"，复采经传格言，大书前后堂壁。欲学者尝接乎目、警乎心而进修不息也。③

明李觉斯《东莞县大修儒学记》详细记载了明崇祯年间，学宫日渐荒芜，故而重修的情况：

① ［明］陈琏：《重修儒学记》，转引自陈伯陶：《东莞县志·艺文略》，第81—82页。
② ［明］黄结：《重修儒学记》，转引自陈伯陶：《东莞县志·艺文略》，第83页。
③ ［明］祁顺：《儒学重修明伦堂记》，转引自［明］张二果、曾起莘著，杨宝霖点校：《东莞县志·艺文志》，第85页。

吾莞学宫自宋淳熙间邑侯王中行迁建于东廓，四百年来，修废相寻。在宋则刘棠、赵善郧、许巨川，在明则詹侯勖、李侯贞、王侯尚瑞、吴侯中、孙侯学古、翁侯汝遇，皆建最大者。迄今又数十年，而倾圮朽蠹，几于不支矣。广陵汪侯初至，概然作新。①

东莞县令汪运光在平定海寇之后，捐廉银百两，大修学宫："侯咨诸署学孝廉钱君，钱君曰：'失令不修，育材何地，请得竭囊佐焉，幸选择为政者'。侯曰：'匪君曷任'，遂捐俸百金，赎镪百金。"

明李觉斯《东莞县大修儒学记》还记载了明崇祯年间，温家围人温可贞捐金修建儒学之相关情形：

捐公会金二百，且请自修乡贤祠，不动公帑，以先好义者，官师士民则之，争输其赢。爰鸠工庀材，若正殿，若两庑两斋，若戟门，若棂星门，若泮桥，若明伦堂，若尊经阁，若启圣宫，若六箴亭，若名宦祠，若分教两衙，皆撤故易新，大加修葺。

清周儒《邑令周儒大修文庙自记》记载了乾隆十六年（1751）知县周儒重修大成殿及殿前两庑，乾隆四十九年（1784）知县戴求仁重修明伦堂等情况。②

清何仁山《新建东莞县考棚碑》记载，在同治十二年（1873）以前，每年一度的县试均在儒学中的明伦堂集考。邑中士绅认为"垣墙四通，弊窦滋甚，雨则路僻途潦，行者病焉。既已改作，乃度地以

---

① ［明］李觉斯：《东莞县大修儒学记》，转引自［明］张二果、曾起莘著，杨宝霖点校：《东莞县志·艺文志》，第94—97页。

② ［清］周儒：《邑令周儒大修文庙自记》，转引自陈伯陶：《东莞县志·艺文略》，第7页。

迁"①，于是选址于文昌旧庙及节孝祠和宝安新仓余地（今东莞中学北区操场）建考棚。同治十三年（1874）建成后，东莞县试均在考棚进行。光绪二十八年（1902），清朝廷颁诏建设新学堂，东莞县在东莞考棚办起了东莞县学堂，即东莞中学前身。

民国《东莞县志》记载，清咸丰四年（1854），石龙人何禄响应太平起义，攻陷莞城，火烧县衙以后，生员不再在儒学读书，分别到莞城的宝安书院和石龙的龙溪书院读书，儒学闲置荒废。直至光绪三十一年（1905）八月，东莞县衙"奉谕在城乡遍设蒙小学堂。逾年，改明伦堂为高等小学校，教谕宅旧址建为学舍"②。

《东莞市志》记载，19世纪20年代，桂军刘震寰部驻扎于东莞儒学，典籍、祭器、雕刻精美的木构件等被盗卖。日寇侵华后，1938年东莞沦陷，伪军驻扎于此，东莞儒学受到严重破坏。至中华人民共和国成立前夕，只剩一些断壁残垣。中华人民共和国成立后，东莞县人民政府把儒学残存的牌坊、石狮移至人民公园做门牌，然人民公园后又经历几次改建，那批残存的物件则不知所踪。③

（三）早期东莞明伦堂的管理。东莞学宫（儒学）在元、明、清时，是东莞地方最高教育机构，内设教谕1人，另设训导、学博和广文数人。其中，教谕负责文庙祭祀，教育所属生员；训导辅助教谕开展各项工作；学博和广文就是教员，负责教学。无论是教谕、训导，还是学博和广文，多为举人、贡生出身，且由承宣布政使司指派。东莞儒学在清朝时，共有教谕66名，训导38人。其中，顺治年间，教谕6人，训导7人；康熙年间，教谕11人，训导4人；雍正年间，教谕3人，训导4人；乾隆年间，教谕9人，训导9人；道光年间，教谕6人；同治年间，教谕11人，训导3人；光绪年间，教谕11人，

---

①　［清］何仁山：《锄月山房文钞·新建东莞县考棚碑》。

②　陈伯陶：《东莞县志》，第1—2页。

③　东莞市地方志编纂委员会编：《东莞市志》，广东人民出版社1995年版，第1056页。

训导4人；宣统年间，教谕2人，训导1人。①

　　早期的东莞明伦堂作为东莞学官的一个教学场所，与全国各地的明伦堂一样，最重要的职能就是"明伦教化""储才养士""地方公议"。据民国《东莞县志》"教官考课"记载，所授课程多以儒家经典为主，并设有严格的考课制度。诸如，"乾隆九年，议准各学校教官训迪士子，每月照例面课'四书'文外，即于赴课时，将士子专经令其分册诵习，纲目必分年详解。或半月，或每季，试以本经疑义及史策，并二场表判""教官按月月课、四季季考，除丁忧、患病、游学、有事故外，照定例严加考试，如有托故不到者，严加惩治。三次不到者，详革"②。东莞县学学风良好，吸引众多从远方前来求学的青年学子。南宋李昂英《东莞县学经史阁记》记载："鼎鼎伟观，乃躬程试，收其俊尤，育之淑之，员倍给脯，衿佩自远方至，弦歌洋洋，前此未有也。"③

　　据民国《东莞县志·选举表》统计：自唐以来，东莞历代进士252人，举人1763人，岁贡、存辟889人。其中，明朝进士89人，举人767人；清朝进士134人，举人924人。④ 收藏于东莞市博物馆的明代礼部右侍郎丘濬《东莞县重建儒学记》碑云：

　　　　岭南人才最盛之处，前代首称曲江，在今世则皆以为无逾东莞者。盖入皇朝以来，逾百年于兹，岭海人士，列官中朝，长贰台省者，无几何人，而东莞者独居其多，君子推原所自，咸归重

① 陈伯陶：《东莞县志》，第22—26页。
② 陈伯陶：《东莞县志》，第4页。
③ ［南宋］李昂英：《东莞县学经史阁记》，转引自［明］张二果、曾起莘著，杨宝霖点校：《东莞县志·艺文志》，第74页。
④ 陈伯陶：《东莞县志·选举表》，第473—551页。

于学校育材之效焉。①

这充分证明了早期东莞明伦堂在储才养士等方面的重要作用。

（四）早期东莞明伦堂的公产及收入。明戴铣《学田记》记载："东莞儒学凡再更置赡田，肇惟宋淳熙至嘉熙时履亩二顷，不及十分之一，暨元，计租则米二百六十四石，中统钞②二十九锭一十四两二钱三分。"③ 据此可知，宋朝时，东莞学宫有学田二顷（即 200 亩），按当时南方稻田每亩产稻谷 4 石或产米 2 石计④，可得稻谷八百石或得米四百石。按《宋史·职官志》"每斗（米）折钱三十文"计算，一石米可折钱三百文，一两银（约一千五百文）可买米五石左右，学宫年收入约八十两银。元朝时，学田可收入租米二百六十四石，按照元至元十一年（1274）至二十一年（1284）一石米可换中统钞一贯、二贯中统钞可换银一两计算，东莞学宫收入可折银一百三十二两。另外，还有中统钞二十九锭一十四两二钱三分。元代时，用于平准的储备银很少，中统钞纸币无法换到实银，且由于统治者滥发，导致至大元年到至大四年间（1308—1311）中统钞严重贬值，米价比元至元十三年飞涨百倍。⑤

明《卢中丞东莞旧志》记载："明，敦崇学校过于前代，丰廪禄以养师生，洁牲醴以供丁祭。⑥ 洪武初，革去学田付民佃种，于有司

---

① 东莞市博物馆：《东莞市博物馆藏碑刻·东莞县重建文庙儒学记》，文物出版社 2009 年版。

② "中统钞"是元代发行和流通的纸币，有元宝钞和交钞两种，元宝钞面额有二贯文、一贯文、五百文、一百文、五十文、三十文、二十文、十文共 9 种。其中，二贯文相当于现银一两。

③ ［明］张二果、曾起莘著，杨宝霖点校：《东莞县志·政事志》，第 101—102 页。

④ 吴慧：《中国历代粮食亩产研究》，农业出版社 1985 年版，第 160 页。

⑤ 李敦：《对元代货币信用史的初步探索》，载内蒙古钱币学会编：《元代货币论文选集》，内蒙古人民出版社 1993 年版，第 14—16 页。

⑥ 官府在孔庙每年阴历二月、八月第一个丁日祭祀孔子，称丁祭。

粮储内拨赐米六百石于学仓妆贮，以供师生俸廪。及春秋二丁祭祀用，每丁用米六十石，共一百二十石，后易以钞。"① 据此可知，明朝初年，东莞儒学得赐米六百石，孔庙祭祀用米一百二十石。又据《明史》记载，明永乐年间，米价低贱，一两银能买七八石米，故六百石米约值八十余两银。至明末崇祯时，由于社会动乱，米价飞涨，一石米可卖二两银。

崇祯《东莞县志》记载：

> 学前塘二口，原属邑人黎琼、何参，天顺间，知县吴中留心学宫，遂归之学，并为一口，岁收租银十七两四钱，为会课书篇之用；明成化初，增置兴贤桥南濒濠地屋五十七间，年租收银十二两二钱（《学田记》云一十九两四钱七分），支会课公费；正德辛巳，增置田四十二亩五分，土名独树村，岁纳银十八两二钱七分五厘，公费济贫；嘉靖三十六年（1557），知县王柱查出沙坦，将田没收，又熊将军（熊飞）入祠复查其原有祀田在大阵州者麦地六十亩，岁纳银七两二钱，归之学以给公费济贫（后被民间侵占）；隆庆己巳，知县张镗查演武坊上下隙地药铺屋若干间，以给诸生灯油，每年银二十四两九钱八分八厘；崇祯七年（1634），增纸税，岁纳银四两（本学原有洒扫门役一人，迫奉查盘裁革，教谕钱梦兰申详，将纸饷银雇一人供役），又增置锡饷，岁纳银八两，贮为修学之用。②

据此可知，明朝时，东莞儒学除官府赐学米六百石、祭米一百二十石外，还有邑人捐赠或自置的鱼塘、房屋、田亩等公产收入九十二两六分三厘，这些收入不仅供儒学所用，还救贫济困。从这种意义上

---

① ［明］吴中修，［明］卢祥纂：《重刻卢中丞东莞旧志·儒学》。
② ［明］张二果、曾起莘著，杨宝霖点校：《东莞县志》，第8页。

讲，东莞士绅于清末争夺沙田公产则事出有源。

清朝，"官府赐学米"在各个时期的《东莞县志》中均没有记载，但据雍正《东莞县志》所载东莞"儒学公产"在崇祯《东莞县志》、康熙《东莞县志》所载基础上又增加了捐银十三两半："又生员尹象晋，万家租人，偕侄贡生尹丕曾将祖遗并买受土名新街铺数十间修建亭屋赁人贸易，于康熙三十年以其地租一半岁额收银一十三两半送入文庙以供香灯。"① 嘉庆《东莞县志》在雍正《东莞县志》的基础上又增加了捐银一百五十两："嘉庆元年，摄邑事同知史藻因邑中文孝廉银于路费本科无上公车者，议设公费资助。将邑中闲款银九百零五两四钱四分二厘，捐廉银九十四两五钱五分八厘，凑银一千两发交附城当店，按年一分五厘取息，以为文公车路费，并立善后章程，勒碑明伦堂。"② 即东莞同知史藻凑银一千两交给附城当铺以年一分五厘取息（即年息一百五十两）用作文考生公车费用。综上所述，至清嘉庆元年（1796），东莞儒学公产收入白银二百四十八两九钱三分。

民国《东莞县志》卷十七"儒学产业"所载东莞儒学所拥有的公产与之前的《东莞县志》所载项目截然不同：

> 土名沙鱼窝田，递年租银八元；土名兴文市铺一间，每月租银三元；猪仔墟墟租猪佣，每月缴实银四元；又猪仔秤佣，递年批租约一百元；土名栏干塘、牛角塘共二口，递年共租银八十元；土名上教场街铺十三间，递年地租银共八两三钱五分六厘；土名下教场街铺十六间，递年共地租银一十两零五钱；土名到滘北边坊鸭埠，递年租银三十　两五钱四分，由各洲管鸭户人等照

① ［清］周天成修，［清］邓廷喆等纂：《东莞县志·学校》，广东人民出版社2006年版，第13页。
② ［清］彭人杰等修，［清］黄时沛纂：《东莞县志·学校》，广东人民出版社2006年版，第4页。

额备足；土名长山口围场，原额租谷一十二石，今收钱六千零八十二文，大屋四十间半，每间收钱一百四十文，鱼塘一口，租钱二百四十文，小屋十三间，每间收钱七十文；土名窑头田，递年租银二两；土名东门外青云市地租，递年共银二两二钱；土名学左在圣域外地租二十一间，递年共银一钱零八厘，又铜钱六百三十文；土名学右在贤关外荒地一段，由兴贤街闸至聚秀坊闸地毛，递年租银一元五角。菉兰渡三艘，递年共租一两五钱；良白洲头横水渡一艘，递年租银六钱；寮步往石龙渡一艘，递年租银一两；小享渡一艘，递年租银六钱；谷涌渡一艘，递年租银八钱；东坑渡一艘，递年租银七钱二分；到滘来往石龙渡一艘，递年租银七钱二分；中堂渡一艘，递年租银六钱；罗涡至西湖渡一艘，递年租银五钱。①

据此可知，清末，东莞儒学每年得租银五十九点七二四两，银元一百九十六元五角，铜钱一万二千四百七十二文。按清末一两银换二千文钱计算，折银约二百零七两四钱四分，相比于嘉庆元年，总体收入略少，与道光二十九年（1849）以后，每年动辄几十万银相比，乃天壤之别。

二、 道光二十五年 （1845） 后的东莞明伦堂

纵观清道光二十五年（1845）以后东莞明伦堂的发展历史，按其发展特征，大致经历了"沙局时期（1845—1864 年）""安良局时期（1864—1911 年）""沙田经理局时期（1911—1928 年）""沙田经理局整理委员会时期（1928—1937 年）""两个整理委员会并存时期（1937—1945 年）"和"董事会时期（1945—1949 年）"6 个阶段，

---

① 陈伯陶：《东莞县志·儒学》，第 8—10 页。

其主持人从最初的教谕逐渐变更为首事、总董、委员长、主任委员、董事长，其任用主体的产生也由地方公众推举、东莞县国民政府任命，变更为广东省国民政府任命，其管理机构由东莞县衙、东莞县国民政府变更为广东省国民政府财政厅，其主业从讲学转变为垦沙、护沙与管沙，并利用收入发展新式教育以及文化、慈善、卫生、交通、水利、农业、林业、实业等。

"沙局时期"的东莞明伦堂，职能与道光二十五年（1845）前一样，但学产与以前相比明显增多。东莞人朱国英发现村外海中有沙坦浮起后，东莞士绅以谋求东莞明伦堂公产之名义，联合呈文县令侯之翰，并通过"阻碍水道""越界围筑"等由与香山县（今中山市）进行了长达数年的诉讼，直至清道光二十五年（1845）获胜后，广东巡抚将万顷沙40顷沙田拨给东莞士绅保佃归屯，这是东莞明伦堂拥有万顷沙沙田公产的开端。后通过勘明地界并开涌分界，将界河东北一带原由香山佃户承佃的95余顷沙坦也划归东莞。东莞与香山分界后，道光三十年（1850）五月，番禺人潘敬义等人又把承佃的10顷沙田赠予东莞明伦堂，至此，东莞明伦堂共获得沙田150余顷。东莞明伦堂拥有万顷沙沙田公产后，设立由东莞士绅和东莞明伦堂教谕共同参与的管理组织——沙局来管理沙田，并通过承佃保佃方式经营沙田。

"安良局时期"的东莞明伦堂，继续通过接佃、买受、缴价承升、报承等方式不断拓殖沙田面积，使东莞明伦堂的沙田公产不断增多。民国初年，沙田公产面积拓殖至670余顷。在此期间，经过东莞士绅们的共同努力，成功化解了两广总督张之洞"沙田公产拨充广雅书院"事件，以及两广总督岑春煊"割县置厅"危机，使万顷沙沙田公产得以保存和发展。在安良局士绅的管理下，实行总佃制经营沙田，经营方式和方法也越来越完善，经营收入除继续支撑既往公用开支外，还大力兴建和推广新式学堂，适时济困，为东莞后续教育、卫生、慈善事业的发展奠定了基础。

"沙田经理局时期"的东莞明伦堂，成立了自己的武装力量——

沙田自卫局,主要负责沙田的保护、收租、收税等事务。在此期间,军阀混战,为了转移争夺矛盾,其主持人的产生由东莞县国民政府任命改为广东省国民政府任命,办公地点由东莞县城迁往省城广州。为了债务清理,将"沙田经理局"改为"沙田经理局清理委员会",重新登记批约和借约,拟定加租和还债简章,发布决不向外借债声明;为了方便东莞各学校经费管理,成立了东莞教育经费保管委员会;为了扶助莞籍邑外求学青年,拟定了《留学津贴及奖励金发放办法》等助学制度。

"沙田经理局整理委员会时期"的东莞明伦堂,由一批莞籍军官管理,他们一方面继续整顿东莞明伦堂的财产,不遗余力地增加收入,筹集款项,发展东莞的教育、文化、卫生、慈善、交通、水利、林业、实业;另一方面,继续清理东莞明伦堂的债务,在人民公园内镌刻"东莞明伦堂财产保管确立信条碑",进行会计制度改革,建立财务独立制度,逐步偿还历年债务积欠,经营元气逐步得到恢复。

"两个整理委员会并存时期"的东莞明伦堂,是抗日战争时期特殊的历史现象。正统的东莞明伦堂沙田整理委员会在广州沦陷前由广州迁往香港、澳门,后又迁往曲江,仅收取少量沙田租金,经费短缺,处境维艰。其主要工作就是通过东莞明伦堂驻莞办事处(后改为驻莞通讯处),强化曲江与香港、广州、东莞之间的联系,以及与迁往香港、国统区的各中小学校取得联系,发放助学经费。此外还改组了东莞明伦堂董事会,加强了沙田自卫局组织建设。伪东莞明伦堂沙田整理委员会依靠日伪力量,以"正统"自居,继续在广州办公,掌管了万顷沙沙田产业,成立了伪万顷沙自卫局,制定了求学津贴及奖励金发放办法,成立了施振委员会,筹设了莞邑职业救济所。

"董事会时期"的东莞明伦堂,接管了伪东莞明伦堂沙田整理委员会、伪沙田自卫局、伪护沙队的财产和公物,进入快速发展时期。

在此时期，东莞明伦堂董事会在蒋光鼐①的领导下，强化组织建设，制定了《东莞明伦堂董事会组织章程》《东莞明伦堂董事会办事细则》；着手追缴伪产和欠谷，废除旧约、重新批约，将所有"银租围"改为"谷租围"，收入大增；加强了沙田管理，向广东省国民政府财政厅申请优惠赋税，增加护沙装备和武装力量；通过加强教育的行政管理、宣传指导和经费规范利用等举措，推动教育规范发展；继续参与卫生慈善、水利交通等社会公益事业建设。

　　中华人民共和国成立后，军管会接收了万顷沙自卫局、自卫大队以及东莞明伦堂董事会遗留在广州的账目，后又派员前往香港接收了东莞明伦堂董事会的财产。这个时期，万顷沙被划为东莞的一个特别区，称"东莞县万顷沙军管处农场"，后又更名"东莞县万顷沙国营农场"。1953 年，该农场划归珠海县第四区管辖（今广州市南沙区万顷沙镇），东莞对万顷沙沙田的经营与管理至此结束。

---

① 蒋光鼐（1888—1967），东莞虎门南栅人。保定陆军军官学校毕业后，参加辛亥革命、讨伐袁世凯行动，先后担任孙中山警卫团副官、国民革命军第十一军副军长、京沪卫戍司令长官、国民革命军第十九路军总指挥、国民革命军第七战区副司令等职。中华人民共和国成立后，历任纺织工业部部长、全国人大代表、全国政协常委等职，1967 年病逝于北京。

第三节　东莞明伦堂的研究现状、意义

研究东莞明伦堂这段百年历史，追溯其发展脉络和不同时期的发展特点，不仅可以丰富相关研究的内容，还可以深度挖掘东莞沙田公产与地方控制、近代社会组织与地方公益事业、近代社会精英群体与地方社会治理等延伸课题。

一、　研究现状

截至 2021 年底，学界鲜见关于东莞明伦堂历史的系统性研究，涉及其某一方面的研究有专著 1 部、文章 34 篇，内容主要集中于"概况与综述研究""地方社会结构和权力控制研究""沙田地权、经营与管理研究"以及"地方公益社会事业研究"等方面。

关于东莞明伦堂概况与综述方面的研究文章有 10 篇。其中，东莞明伦堂概况方面的研究，当数叶少华①《我所知道的东莞明伦堂》②《东莞明伦堂》③ 二篇回忆性质的文章最为翔实。由于时代局限，文章内容的客观性、全面性、系统性和准确性存在偏差，然叶少华作为东莞明伦堂曾经的管理者和事件的经历者，其回忆文章具有一定的史料价值和参考价值，其他该方面的文章基本上是在叶少华回忆文章基

---

① 叶少华（1894—1986），别名叶青，东莞道滘人永庆坊人。早年留学日本，中国同盟会会员。历任国民革命军军需处中校处长、国民政府广东中央银行副行长兼金融整顿专员、国民政府广东省银行董事等职。中华人民共和国成立后，历任广州市人民政府参事、广州市红十字会总干事、广州市人民政府参事室副主任、民革广东省第六届委员会委员、民革中央第六届委员会顾问等职。1986 年病逝于广州。曾于 1924 年、1938 年两次主持东莞明伦堂工作。

② 叶少华：《我所知道的东莞明伦堂》，《广东文史资料》第 16 辑，第 1—21 页。

③ 叶少华：《东莞明伦堂》，《东莞文史资料选辑》1999 年第 30 辑，第 151—174 页。

础上的浓缩与扩展。关于东莞明伦堂综述方面的研究，贾静波《国家
—地方—民众视阈下的地方组织——东莞明伦堂研究综述》① 详细地
阐述了东莞明伦堂的重要地位与研究意义、东莞明伦堂研究的类别以
及研究展望。贾静波认为，东莞明伦堂作为一个虽非官方却有官方色
彩、集结地方重要势力和人物并为地方建设谋划出力的组织机构，在
一百多年的存续时间里，不仅深刻影响着东莞的政治经济、文化教
育、地方建设，乃至形塑了东莞地方社会的结构与阶层，在地方事务
决策与施行中扮演了极为重要角色，对其进行研究有助于透切地分析
中国近现代地方社会结构。邹朝春《论近代东莞明伦堂的演变》② 归
纳总结了近代东莞明伦堂随着时局变迁，在公产数量、主业发展、管
理机构、社会建设四个方面的演变，并分析了其演变的特点：一是东
莞明伦堂在近代社会急剧变迁的历史时期不是被动地接受社会变迁的
洗礼，而是比以往任何时候更加广泛且深入地活跃在东莞地区的社会
大舞台之上，其活跃表现让东莞地区的人们时刻感受到东莞明伦堂在
本地区社会建设、农业发展等方面的不可或缺；二是在整个演变过程
中，获得万顷沙沙田的管理权和经营权是演变的总闸，让东莞明伦堂
成为一个地方财阀集团、大土地所有者，从而促使了管理机构和主业
的演变；三是东莞乡绅或莞籍军政要人等地方头面人物在近代东莞明
伦堂的演变中发挥了极其重要的作用，主导着东莞明伦堂的演变。

关于地方社会结构和权力控制方面的研究有专著 1 部，论文 5
篇。其中，黄永豪的专著《土地开发与地方社会——晚清珠江三角洲
沙田研究》③ 第三章以东莞明伦堂万顷沙为案例，充分利用陈伯陶

① 贾静波：《国家—地方—民众视阈下的地方组织——东莞明伦堂研究综述》，《文化
遗产》2019 年第 5 期，第 97—105 页。
② 邹朝春：《论近代东莞明伦堂的演变》，载东莞市档案馆编：《东莞明伦堂文集》，中
央编译出版社 2019 年版，第 132—149 页。
③ 黄永豪：《土地开发与地方社会——晚清珠江三角洲沙田研究》，香港文化创造出版
社 2005 年版。

《东莞县志·沙田志》中的史料，阐述了东莞士绅充分利用政治、文化、人脉等资源纠结起一股庞大的地方社会力量，不断拓殖万顷沙沙田，并影响东莞地方事务的过程。5 篇论文当数韦锦新的《地方公产与地方控制——东莞明伦堂研究（1845—1953）》① 和伍若贤的《清代及民国时期的土地开垦、商人资本和政治权力：东莞明伦堂》② 的论述最为翔实。其中，《地方公产与地方控制——东莞明伦堂研究（1845—1953）》阐述了东莞明伦堂作为一个地方公产管理机构的缘起和发展、民国时期东莞士绅和军人集团对东莞明伦堂的控制和影响、东莞明伦堂经营方式的转变，以及东莞明伦堂对东莞地方建设的影响等内容；《清代及民国时期的土地开垦、商人资本和政治权力：东莞明伦堂》将东莞明伦堂定性为"集团地主"，分析了东莞明伦堂管理者与"二路地主"获利的具体方式，并从社会史的角度阐述了东莞明伦堂获得万顷沙经营权与管理权的过程、组织运作及其对地方公益社会事业的作用。其他 3 篇论文仅把东莞士绅参与争夺沙田作为例证。

关于沙田地权、经营与管理的研究论文有 9 篇，王传武的博士论文《土地产权与珠江三角洲"沙田——民田"格局的演变》③ 阐述最为深刻。该文在"东莞明伦堂的形成及其地权结构"中将东莞明伦堂定性为以沙田为经济基础的一批地方绅士联盟组织，深刻分析了之所以在东莞能产生如此有影响力的明伦堂，是因为东莞有一批优秀的士绅管理人员，他们不仅具有一定的身份，而且还有一定的智慧和谋略，与张之洞在"万顷沙沙田公产拨充广雅书院事件"中的冲突博弈

① 韦锦新：《地方公产与地方控制——东莞明伦堂研究（1845—1953）》，中山大学2002 年硕士学位论文。
② 伍若贤：《清代及民国时期的土地开垦、商人资本和政治权力：东莞明伦堂》，载叶显恩主编：《清代区域社会经济研究》（上），中华书局 1992 年版，第 510—544 页。
③ 王传武：《土地产权与珠江三角洲"沙田——民田"格局的演变》，中山大学 2015年博士学位论文。

即为例证。作者认为，该事件的主要分歧在于东莞明伦堂租佃万顷沙沙田的管业权归属，并围绕"管业权"进行了详细的阐述和知识普及。在日本学者西川喜久子《清代珠江三角洲沙田考》①、谢景琴《民国东莞县沙田农业研究》②、叶显恩《地权转移过程中的商业化精神》③、张晓辉《略论民国时期广东经济的若干特征》④、曹正权《地权界定中的法律、习俗与政治力量——对珠江三角洲滩涂纠纷案例的研究》⑤、程明《清代珠江三角洲沙田述略》⑥、吴建新《清代垦殖政策的两难选择——以珠江三角洲沙田的放垦与禁垦为例》⑦ 7 篇论文中，东莞明伦堂或作为历史背景出现，或作为沙田开发与管理经典案例出现。

　　关于地方公益社会事业方面的研究论文有 8 篇，其中，王磊 3 篇。《民国时期东莞明伦堂与地方教育事业发展刍论》⑧ 不仅阐述了东莞明伦堂扶持地方教育并参与教育管理的事实，而且还剖析了其存在的问题与不足；《民国时期东莞明伦堂与地方职业教育发展探析》⑨

---

① 　[日]西川喜久子：《清代珠江三角洲沙田考》，《岭南文史》1985 年第 2 期。

② 　谢景琴：《民国东莞县沙田农业研究》，华南农业大学 2012 年硕士论文。

③ 　叶显恩：《地权转移过程中的商业化精神》，《珠江经济》2007 年第 11 期，第 75—80 页。

④ 　张晓辉：《略论民国时期广东经济的若干特征》，《广东史志》2005 年第 2 期，第 45—50 页。

⑤ 　曹正权：《地权界定中的法律、习俗与政治力量——对珠江三角洲滩涂纠纷案例的研究》，北京天则经济研究所主编：《中国制度变迁的案例研究（广东卷）》，中国财政经济出版社 2008 年版，第 712—806 页。

⑥ 　程明：《清代珠江三角洲沙田述略》，《华南师范大学学报》1986 年第 2 期，第 64—71 页。

⑦ 　吴建新：《清代垦殖政策的两难选择——以珠江三角洲沙田的放垦与禁垦为例》，《古今农业》2010 年第 1 期，第 89—97 页。

⑧ 　王磊：《民国时期东莞明伦堂与地方教育事业发展刍论》，《湖北函授大学学报》2017 年第 9 期，第 103—104 页。

⑨ 　王磊：《民国时期东莞明伦堂与地方职业教育发展探析》，《青春岁月》2017 年第 9 期，第 439—440 页。

肯定了东莞明伦堂对地方职业教育规划的扶持；《浅析地方历史文化资源的育人价值——以民国东莞明伦堂为例》① 阐述了东莞明伦堂作为历史文化资源的育人价值。另外，黄素娟《从捐资助考到地方公共事务的参与——清中期至民国广东宾兴组织研究》② 将东莞明伦堂视为一个宾兴组织，梳理了从资助地方教育到地方多种公益社会事业建设职能转型过程。杨宝霖《莞旅中学的筹备与开办》③、马汉民《记广州莞旅中学》④ 等详细描述了莞旅中学筹备和建设情况。唐树明《东莞明伦堂与东莞公路》⑤ 叙述了莞龙路、莞太路、惠樟路、宝太路等的建设情况。

此外，还有段雪玉《东莞明伦堂史料及其研究》⑥、金子灵《东莞明伦堂档案的意义与展望》⑦ 等对东莞明伦堂档案的价值与利用进行了阐述。

二、 研究意义

本书较为系统地梳理了东莞明伦堂的发展历史，且根据管理主体和职能变更，按照"沙局时期""安良局时期""沙田经理局时期"

---

① 王磊：《浅析地方历史文化资源的育人价值——以民国东莞明伦堂为例》，《长江丛刊》2017年第6期，第66—67页。

② 黄素娟：《从捐资助考到地方公共事务的参与——清中期至民国广东宾兴组织研究》，华南农业大学2008年硕士学位论文。

③ 杨宝霖：《莞旅中学的筹备与开办》，《东莞文史资料选辑》1988年第12期，第71—72页。

④ 马汉民：《记广州莞旅中学》，《东莞文史资料选辑》1987年第11期，第62—63页。

⑤ 唐树明：《东莞明伦堂与东莞公路》，《东莞文史资料选辑》1988年第12期，第68—70页。

⑥ 段雪玉：《东莞明伦堂史料及其研究》，载东莞市档案馆编：《东莞明伦堂文集》，第110—122页。

⑦ 金子灵：《东莞明伦堂档案的意义与展望》，载东莞市档案馆编：《东莞明伦堂文集》，第123—131页。

"沙田经理局整理委员会时期""两个整理委员会并存时期"和"董事会时期"等6个发展阶段进行叙述，客观地展现其历史发展脉络和各个时期不同的发展特点，不仅填补了该方面系统研究的空白，还为众多研究者提供了诸多具有研究价值的佐证材料和线索，而且还为弘扬东莞地方历史文化、建设品质东莞增添了新的内涵和篇章。

本书利用大量的史料，着力对东莞明伦堂不同发展时期的组织体系、沙田管理、财务改革、教育推进、公益扶持等重要内容与特点进行纵向挖掘，并对其在东莞、广州、香港、澳门、曲江等地的活动范围进行横向铺陈，尤其对其阶段性的管理变更、变更背后的深层原因以及阶段性发展特点进行了详细阐述，不仅具有重要的史料价值，而且对于当今推广沙田管理文化、优化社会组织治理，促进粤港澳大湾区一休化格局的高度融合，提供了参考范本和实践经验借鉴。

本书以东莞明伦堂管理者为主线，体现了莞籍士绅、莞籍军政人物在近代中国社会局势动荡与战乱环境下舍身忘我、与时俱进、变革图存等精神特质，彰显了他们在地方公产管理、地方公共事务参与，以及地方组织秩序维护等方面的中坚作用，这对于研究近代中国地方公产管理、地方社会控制等课题都具有重要的现实意义和参考价值。

附 录

学宫图

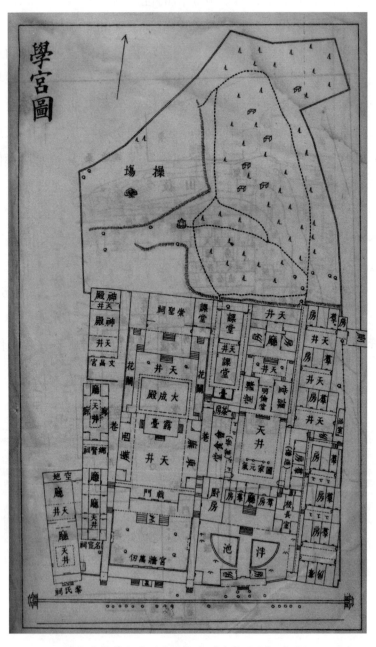

清末东莞学宫图（载陈伯陶《东莞县志》卷首）

第二章　沙局时期（1845—1864 年）

清道光十八年（1838），东莞人朱国英发现村外海中有沙坦浮起，告诉同乡方仪辉和副贡方文炳之后，东莞士绅以扩大东莞明伦堂公产之名义，联合呈文东莞县令侯之翰，并以"阻碍水道""越界围筑"等由，与香山县（今中山市）进行了长达数年的诉讼，直至清道光二十五年（1845）获胜后，广东巡抚将万顷沙 40 顷沙田拨给东莞士绅保佃归屯，这是东莞明伦堂拥有万顷沙田公产的开端。道光二十九年（1849），为了解决东莞与香山结案后仍然不断的纷争，广州知府再次勘明地界，并开涌分界，将界河东北一带原由香山佃户承佃的 95 余顷沙坦划归东莞。此后，东莞士绅通过接佃、买受、缴价承升、报承等方式不断拓殖沙田面积，使东莞明伦堂的沙田公产不断增多。东莞明伦堂拥有万顷沙田公产后，设立了由东莞士绅和东莞明伦堂教谕共同参与管理的组织——沙局，因此将这一时期称为"东莞明伦堂沙局时期"。在此期间，东莞明伦堂的育人与养士功能与以往相比并无异样，只不过拥有的学田公产更多，且产生了专门的沙田公产管理组织。在争夺东莞明伦堂沙田公产的过程中，陈龙安、方文炳、何鲲、陈荣光等为代表的东莞士绅们展现了团结的力量、强大的勇气、坚强的意志和高超的策略。

第一节　珠江口沙田发展概况

沙田是由江水携带的泥沙杂质入海不断淤积成沙坦后，经人工围筑开垦而成的田地。历史上，由西江、北江、东江等河流组成的珠江水系裹挟的泥沙日积月累入海，并在海潮的顶托下不断淤积，冲积成为广沃的珠江三角洲平原，且不停地向大海延伸，在虎门、蕉门、洪奇门（沥）、横门、磨刀门、鸡鸣门、虎跳门和崖门八大出海口不断浮生出新的沙坦。特别是在明清时期，随着广东人口急剧增多，珠江水系上游由于毁林造地、烧木取炭等原因，水土流失现象十分严重，江水携带大量的泥沙，在出海口形成沙坦的速度越来越快。这些沙坦，因成长阶段不同，清乾隆年间，人们曾根据沙坦的成长特征将其分类："浮沙起积，谓之白坦；淤积日久，蔓草滋生，谓之草坦；由草坦用工筑成基，谓之熟坦。"① 自明代起，经人工围垦和管理逐渐成为可种植稻禾的"熟坦"被统称为沙田。

一、 沙田围垦的产生

珠江三角洲沙田围垦面积与广东人口增长总体呈正比例关系。在宋代以前，广东北部和西江流域人口分布较多，珠江三角洲人口分布较少，海边沙坦多未围垦。宋代及以后，由于朝代更迭，北方战乱不休，肥沃的珠江三角洲平原吸引了大批北方移民，逐渐成为人口稠密地区之一。据《中国人口史》记载，明洪武二十四年（1391），广州府人口为 116.8 万，明洪武、永乐、弘治年间，广东人口年平均增长率约为 3‰，至崇祯三年（1630），广州府人口达到 239 万。清代，历经康熙盛世后，乾隆四十一年（1776），广州府人口达到 529.3 万，嘉庆二十五年（1820），广州府人口达到 587.9 万，② 清末，广州府人口密度平均每平方千米 306 人，是全国人口最稠密的地区之一，从而

---

① 《清代广东档案·草坦》，转引自谭棣华：《清代珠江三角洲的沙田》，广东人民出版社 1993 年版，第 6 页。

② 葛剑雄主编，曹树基著：《中国人口史　第四卷　明时期》，复旦大学出版社 2005 年版，第 141—231 页。

导致广东人均耕地从顺治年间人均 7 亩锐减至同治末年人均 1.4 亩。①

人口的不断增加，聚落用地的规模以及赖以生存的粮食压力相应增大，迫使人们不得不开发更多的土地资源，出海口由河流冲击而成的沙坦便成为各方势力围筑与争夺的主要目标。当时，人们为了加快沙坦成田速度，充分利用筑堤围垦技术，达到淤沙成田的目的。据《简明广东史》记载，宋代，珠江三角洲修筑堤围 28 条，共 6.6 万丈，护田 243 万多亩。②又据《珠江三角洲农业志》记载，明朝时期，随着珠江三角洲商品性农业的快速发展，种植粮食的土地面积急剧减少，人们对新的土地资源需求越来越旺盛，沙田围垦面积进一步扩大，民垦和屯垦总面积达 100 万亩以上，且主要集中在西海十八沙、新会县南部至东海十六沙，以及番禺县南部一带。③清代，随着"禁海令""迁界令"的废除，以及奖励垦田制度的颁布实施，沿海因迁海而抛弃的荒地逐渐复垦完毕后，人们又把目光转移至"未成之沙"上。

"未成之沙"分为鱼游、刺槽、鹤立等阶段。当泥土沉积离水面 4—5 米时，为鱼类回游觅食之所，称为鱼游阶段；当冲积物淤积离水面 1 米左右，船停留可触及淤泥时，称为刺槽阶段；当泥坦淤积高至退潮时会露出水面，白鹤可站立其上，称为鹤立阶段。根据清雍正时期"沙坦出水之后方准具报承垦"（即"未成之沙"的鹤立阶段）等规定，人们为了早日达到沙坦申报承垦之条件，继而迅速成田，便采用向海中抛石围垦之法，以达到拦河聚沙，加速新沙浮露之目的。据道光《南海县志》记载："昔筑堤以护既成之沙，今筑堤以聚未成

---

① 广东省地方史志编纂委员会编：《广东省志·人口志》，广东人民出版社 1995 年版，第 35—40 页。

② 蒋祖缘、方志钦主编：《简明广东史》，广东人民出版社 1993 年版，第 152 页。

③ 佛山地区革委会《珠江三角洲农业志》编写组（1963—1976）编，黄国扬、郑海峰修订：《珠江三角洲农业志》，广东人民出版 2020 年版，第 123 页。

之沙；昔开河以灌田，今填海以为陆。"①

由于向海中抛石围垦之法需要大量的人力、物力和财力，因此，出现了数户、十数户乃至几十户合资进行围垦的情况，报垦税数也有数顷、数十顷、数百顷不等，这种合资方式使较大规模沙田围垦成为可能。据史料记载，当时人们围筑沙田的主要方法为："候其水势渐浅，人力可施，又合资雇工，赁舟运石，沉累海底，周围数百丈，以至数千丈不等，名曰石基，又名底基。"② 此外，还可以在潮落时，通过凿沉船底，船石齐沉，然后在船两旁竖桩而固之；或者，在退潮时打桩，然后再抛石围筑。清道光年间，番禺县疍民在万顷沙"用桩石兴工圈筑三千余丈"③ 堤坝，即为打桩后，再抛石围筑。据《珠江三角洲堤围水利与农业发展史》记载，清乾隆十八年（1753）至嘉庆二十三年（1818）间，珠江三角洲共围垦沙田 53 万多亩，并以惊人的速度继续发展，达到了沙坦围筑的全盛时期。④

清朝时期，民间习惯于把这种经过投石围垦建成的田叫做沙田，未经人力投资而自然形成的田叫做民田。民田可以自由买卖，往往为富有者所兼并。此外，还有一种田称为"屯田"，其产权为清朝廷所有，是清朝划拨给防军（八旗）的收益。最初的屯田，由防军自耕，后多租佃给他人耕种。例如，"保佃归屯"即为此种现象。清早期法例规定，屯田不能买卖，只可长期典当。清末民初，出现了"屯田变价"现象，即官府将部分屯田变卖，使屯田变为民田。这说明，清末民初，屯田结束了不能买卖的历史，也可以作为商品进行交易。

---

① ［清］潘尚楫等修：《南海县志》。

② ［清］龙廷槐：《敬学轩文集·与朋中承言粤东沙坦屯田利弊书》。

③ 陈伯陶：《东莞县志·沙田志一》，第 28 页。

④ 赵绍祺、杨智维修编：《珠江三角洲堤围水利与农业发展史》，广东人民出版社 2011 年版，第 115 页。

二、 沙田的县照与司照

为了更好地管理沙田，大约从宋代开始，围垦沙田必须向官府申报承耕和纳税，规定水草还未能生长的"白坦"（又称"荒头"）不须纳税；待"白坦"逐渐成长为可以种植水草的"草坦"时才开始征收坦税，但税额甚微；等到"草坦"成田，可以种稻了，就需征收沙捐或地税，这是自宋朝以来历朝历代增加国库收入的一个重要手段，也是减少沙田业权纷争的一个有效举措。明朝初期，争沙现象已经存在。据《东莞鳌台王氏族谱》记载：东莞鳌台王氏六世祖王学圃在洪武戊申（1368）"以例赴京师，中途为仇人所害"。究其原因，乃"衅生白水坦田也"[①]。可见，沙坦早日报承，并取得县照、司照十分重要。

明清时期，已形成详细的沙田申报程序和缴税制度。明万历年间规定：沙田按肥瘠、险易等要素分为上则、中则、下则缴税。其流程为：首先向县府申报，县府查明"与别家田土并无干涉"之时，即受理承报，并进行丈量。丈量完毕后，"纳饷升科，工筑收户粮差"，最后"纳饷给帖"。明万历四十三年（1615）以前，县照、司照批准沙田报承，没有固定的程式，"定议饷例，承熟坦一亩，纳饷一两五钱，草坦一两，白坦五钱，水坦三钱，纳完始许帖管业""其升科纳粮，熟坦限当年，草坦限一年，白坦限二年，水坦限三年。在承批上，有详本司批行，有由该县径准所付照，亦有在司、在县，事体不一"[②]。明万历四十三年（1615）以后，各地官府不仅统一了沙田所有权凭证，"刊发填给业户执照"，以便稽查，还对申报流程进行了规范：申报人以"增饷保业"的名义，将申报承筑沙坦的位置列明于申报书

---

① 东莞王氏：《东莞鳌台王氏族谱·六世祖学圃公墓志铭》。
② 蒋祖缘、方志钦主编：《简明广东史》，第 213 页。

内，请求县府审批，然后由县衙转呈布政使司有关方面审核。与此同时，佐官主簿传唤申报人，以及弓步①、算手、画匠并里排②、沙邻、土老，亲诣沙所，丈量并核对无误后才发给执照，允许承筑。清康熙二十二年（1683），"禁海令""迁禁令"等废止后，广东沿海居民回迁，官府收回弃地，由抚院饬行儒学招垦，谓之"学单"或"勘单"。垦户将"学单"或"勘单"报县府，由县府勘明给照，谓之"县照"。"学单"变"县照"，这张土地契证才能生效。因此，"县照"便成了清代珠江三角洲最初发放的土地凭证。③清雍正时期，承垦沙田先由图总呈报土名，绘具图册，官勘给单。每坦限三年筑成，独承或共承先验给"县照"，待成田升科之后，于起征之年换发"司照"备案。④清乾隆十八年（1753）开始，报承沙坦统一由布政使司发给"司照"，又称"藩照"。布政使司将印好的执照盖上司章，预先发放至各个州县，垦户申报后，各州县前往勘明、确定顷亩，便将业户姓名、亩数、沙坦或沙田的四至界线等填入"司照"，发给业户。至年底，各州县把发放"司照"的数目、业户姓名、亩数、四至等要素依次造册，汇报给布政使司查核，这一做法一直延续至清末。⑤

"司照"之所以要标明"四至"，一是因为民间土地争讼较多，且其争诉焦点多为界址不清、四至不明。标明"四至"可以确定产权，杜绝纷争。二是朝廷基于征收赋税的需要，明确田地的界址进行

---

① 据《明史·食货志》记载："凡田以近郭为上地，迤远为中地、下地。五尺为步，步二百四十为亩，亩百为顷。"清顺治十二年（1655），户部铸弓颁行天下，"凡丈地，五尺为弓，二百四十弓为亩"，这里的"弓"和明代的"步"同义，故统称"弓步"。

② 明代赋役法，以一百一十户为一里，一里又分十甲，一般推举纳粮多者为甲长，甲长共十人，每年轮流由里长一人、甲首一人催征租税，十年一个周期进行排列，某年轮值充当的里长，称为"里排"。清朝仍沿明制。

③ 林诗旦：《广东全省田赋之研究》，台湾成文出版社有限公司1977年版。

④ ［清］郝玉麟监修、鲁曾煜编纂：《广东通志·经政略四》。

⑤ ［清］阮元监修，陈昌齐等总撰：《广东通志·经政略四》。

丈量，便于赋税的征收。清代律法规定："凡丈量，按部颁弓尺。广一步，纵二百四十步为亩。有司于农隙时，亲率里甲，履亩丈勘，以定疆界，杜占争，均亩赋。……（雍正）五年覆准：民间争讼田土，大率为界址不清，非勘丈无以判其曲直而清其顷亩。饬令地方官，凡讼涉田土，务宜清丈，以定界限，以除欺隐之弊。"① 由此可见，清廷通过土地丈量，明确产权归属，意在解决欺隐田粮、民间诉讼等问题。

为了限制沙田所有权集中于少数人之手，清雍正时曾规定，"广东沿海沙坦出水后，方准具报承垦，每人不得超过一顷，多者分承协筑，成坦均分，仍先由图总呈报土名，绘具图册，官勘给单。每坦限三年筑成，分别独承或共承，先验给县照，待成田升科之后，即起征之年，换给司照报案"②。此项规定不仅要求沙坦申报承垦"每人不得超过一顷""沙田出水后方准具报承垦"，而且还要求"绘具图册"呈报，待勘验无误后才发给"县照"，承认其开垦权，成田起征之后，才换给最终的土地凭证——"司照"。

清乾隆二年（1737），针对雍正时期"沙坦出水之后方准具报承垦"所产生的诸多歧义，又将其改为"有露坦形之后方准具报"，且在申报人"详细开报"之后，要求"地方官即令插明四至，并出示晓谕，定期一月亲诣沙所，传同地保等会同查丈。如有冒承，于查丈时据实禀报，当场讯明，果无冒承侵占，即时竖立界址，取具册结，详报给照业户收执工筑，按限题报升科，永为己业"③。

沙田与其他田地相比，存在"东塌西长"的现象。为了更准确地

---

① 张友渔、高潮主编：《中华律令集成·户部则例·田赋》，吉林人民出版社 1991 年版，第 152 页。

② ［清］阮元监修，陈昌齐等总撰：《广东通志·经政略四》。

③ 《清代广东档案·沙田·沙田五年清丈难垦荒地分别额内外照则起身报垦给单定限起征换照》，转引自谭棣华：《清代珠江三角洲的沙田》，广东人民出版社 1993 年版，第 36 页。

掌握沙田的面积，贯彻执行"塌者豁免，涨者升科"的原则，早在清康熙年间，就有十年一清丈的规定，至雍正六年（1728），则进一步作出了五年一清丈的明确规定，并使之制度化、常态化，自此之后，均按这一规定开展清丈工作。乾隆中叶以后，特别是道光以来，由于吏治日益腐败，一些主管清丈的地方官吏与当地土地所有者相互勾结，致使清丈工作弊端丛生，隐报、漏报等问题十分严重。

三、 沙田的升科与经营方式

"沙田升科"就是按照赋税规定，根据沙田数量开始征收沙田税。清朝，为了鼓励人们向大海要田，放宽了新承沙田的起科期限，先后有六年升科、十年升科之规定，即满六年或十年再征收沙田税。其中，在乾隆二年以前，均为六年升科，乾隆二年规定新承沙田的起升时间为十年，五年之后又重新恢复了六年起科的规定："嗣后承垦沙坦，照水田例，以六年起科，将应征粮额，造入奏销册内报部查核。"[①] 自此以后，直至清末，新承沙田均按照常规水田之例，六年升科。所谓六年或十年升科，都是从申请承垦、"官为勘验，始发限单"之日起算，而不是从三年工筑成田、"验明给照（县照）"之时才起算。例如，水田以六年为升科年限，承垦人经过三年工筑、验明给照之后，第四年开始耕种，第四至第五年免征田赋，第六年起征之年换给司照。因此，有些沙田承垦者将沙坦工筑成田之后，为了尽早换得司照、确定业权，即使未到升科年限，也宁愿提前升科交税。

据文献记载，沙田赋税主要有经常费和临时费两种。其中，经常费包括"沙捐"和"护耕费"。"沙捐"属于税捐，清同治年间及光绪年间曾两次开办，上、中、下则一律每亩二钱，按"主八佃二"

---

① 《户科题本》，转引自谭棣华：《清代珠江三角洲的沙田》，第166页。

（即业主八成，佃户二成）征收，分早稻、晚稻两季缴纳。"护耕费"即沙田的保护费，虽然与"沙捐"名称不同，但性质类似。临时费包括"契税""花息""登记费""补粮"和"罚款"等。"契税"即沙田买卖时所缴纳的交易税。"花息"清代称"清佃花息"，即承领沙田所缴纳的使用权或收益权的费用，也是根据成田的次序分别按下则、中则、上则缴纳。"登记费"又称"登录费"，进行沙田登记时，一般按每亩征收数量不等的费用，属于行政收入的一种。"补粮"即补交没有及时升科的欠款。"罚款"即业主如过期不呈验照据，补验时要罚交一定的费用。

沙田经营一般采用"总佃制"。"总佃制"就是沙田业主把沙田整体或分区批租给一个或若干个总佃人，总佃再把沙田承佃给其他佃户，其他佃户还可以再租佃给更多的小佃户，这样层层赚取利润，总佃坐享其成。"总佃制"的形成，主要是由于清中期以后，沙田成片开发，面积动辄几十甚至上百亩，需数百人甚至上千人经营，成本非常巨大，非一般人所能承受。且沙田临海，远离城镇，域内河汊纵横，往来交通主要依靠舟楫，为了经营和管理上的方便，便逐渐形成了"总佃制"的沙田经营方式。"总佃"又称为"沙头"或"使头"，民国时期，"总佃"则称作"大耕家""二路耕家""二路地主"等。据屈大均《广东新语》记载："沙头者何，总佃也。盖从田主揽出沙田，而分赁与诸佃者也。其以沙田为奇货，五分揽出，则取十分于诸佃。不俟力耕，而已收其利数倍也。此非滨海巨滑不能胜任。"[1] 由此可见，"沙头"就是"总佃"。东莞明伦堂万顷沙沙田公产早期实行"总佃制"经营，至民国期间，则以"点佃制"为主，以建立自耕农场为辅进行经营。

沙田从积沙成坦至围垦成田，至少需要十年乃至数十年以上的时

---

[1] ［清］屈大均：《广东新语·沙田》，中华书局 1985 年版，第 52—53 页。

间，其中耗费的人力、物力和财力巨大。① 因此，沙田最后的拥有者大多是有一定经济实力的豪绅地主、宗族或士绅联合组织。据《陈在谦与陈勉士论沙田书》记载："有沙田十亩者，其家必有百亩之资而始能致之也；有百亩者，必有千亩之资而始能致之也，是沙田特富家之绪余耳。"② 据统计，在清代，封建地主和宗族势力占有珠江三角洲 70%以上的沙田，其中，绝大部分又以宗族族田形式存在。③ 虽然清雍正年间有"每人不得超过一顷"等相关规定，但士绅们以及其宗族势力凭借政治和经济实力，勾结官府胥吏，上下联手，捏名冒承、诡名申垦等现象十分严重。④ 两广总督张之洞曾云："粤省沙田为绅豪利薮"，可谓一语中的。与此同时，随着沙田围垦面积越来越大，可供继续围垦之资源越来越少，新生沙坦争夺以及抢割庄稼现象也越来越严重。屈大均《广东新语》记载："当盛平时，边海人以沙田而富。故买沙者争取沙裙，以沙裙易生浮沙，有以百亩而生数百亩者。……故凡买潮田者，视其不致崩陷，而大势又可浮生，虽重价亦所不辞矣……粤之田，其濒海者，或数年或数十年，辄有浮生。势豪家名为承饷，而影占他人已熟之田为己物者，往往而有，是谓占沙。秋稼将登，则统率打手，驾大船，列刃张旗以往，多所伤杀，是谓抢割。斯二者，大为民害，顺德、香山为甚。"⑤

① ［清］龙廷槐：《敬学轩文集·与瑚中丞言粤东沙坦屯田利弊书》。
② ［清］陈在谦、陈勉士：《陈在谦与陈勉士论沙田书》，载吴道镕等编纂：《广东文征》，广东人民出版社 2019 年版，第 307 页。
③ 谭棣华：《清代珠江三角洲的沙田》，第 70 页。
④ 谭棣华：《清代珠江三角洲的沙田》，第 90—94 页。
⑤ ［清］屈大均：《广东新语》，第 52—53 页。

第二节　万顷沙沙坦争夺之筹谋

清末，珠江三角洲有两个著名的文教组织，即顺德青云文社[①]和东莞明伦堂，它们之所以闻名，皆因拥有巨额的沙田公产。顺德青云文社沙田公产主要分布在东海十六沙，至清同治九年（1870）已有沙田 78.57 顷，但远不如东莞明伦堂拥有的万顷沙沙田公产多。

东莞明伦堂本没有如此多的沙田公产，全为东莞士绅们努力争取所得，正如清末莞籍探花陈伯陶[②]在《东莞县志·沙田志》中所云："吾邑向无公产，今则万顷洋沙合草水白坦数且达六百七十余顷，全为邑有前人苦心经营，朴义忘身，或辱拘囚，或撄奏革，或被诬蔑，而维持公产之志先后一辙。虽得贤宰官之助，然非诸公艰苦卓绝，曷克瑧此。"[③] 东莞明伦堂万顷沙沙田公产的争夺经历了一个艰难而曲折的过程，虽然史料中并没有完整的记述，但通过散见于民国《东莞县志》中《前事略》《人物略》《沙田志》的记载以及其他文献史料，大致可以串联其全过程。

[①] 1598—1604 年间，江浙浦江人倪尚忠任顺德县令，主持建造青云塔，希望顺德举子"大魁天下"，不久邑人黄仕俊在其任内得中状元。其子倪仁祯与顺德乡绅祭祀其父时，作《青云第一社序》，"青云文社"一名从此诞生。据《顺德县志》记载，青云文社从清朝初年开始，随着其所管理资产的不断增加而成为顺德众多文教组织中的代表。咸丰五年（1855），顺德名绅罗惇衍和龙元僖将青云文社隶属于顺德团练总局东海十六沙沙局，称为"新青云文社"，因广有沙田公产在顺德影响力巨大。

[②] 陈伯陶（1855—1930），字象华，一字子砺，晚号九龙真逸，东莞凤涌人。光绪十八年（1892）中进士第三名，探花，授翰林院编修，历官国史馆协修、总纂、南书房行走、江宁提学使等职，光绪三十二年六月，被派往日本考察教育，回国后创办方言学堂、暨南学堂等。辛亥革命后隐居于香港九龙，以著述终身。

[③] 陈伯陶：《东莞县志·沙田志一》，第 1 页。

一、缘起

清道光十八年（1838），东莞县南沙村人朱国英发现村对面海中浮起大片沙坦，便将此事告诉了"俱以好义称"的方仪辉、方凤翔兄弟，"朱国英初请其承筑万顷沙，凤翔谓仪辉，此大利，非一家所宜私"①。方仪辉认为其弟凤翔的话很有道理，围垦万顷沙沙田涉及巨大利益，不是一家能够独立完成的。于是，方仪辉与朱国英又将此事告诉了东莞县厚街珊美的族人方文炳②。方文炳听闻此事后说："此邑之大利也，吾当力成之。"③ 于是，方文炳又将此事告诉了好朋友、时为举人的何鲲④，并邀请武进士陈龙安⑤、诸生陈荣光⑥等一起商议。当陈荣光与陈龙安看完沙田界线图，并确定该浮沙属于东莞县界内后，决定召集全县士绅一起商讨策略，拟定具体行动计划。其间，陈龙安发挥了关键的作用。据民国《东莞县志·人物志》记载："龙安乃与鲲、文炳谋规复，集众议，皆逡巡有难色。龙安乃厉声曰：'苟利于邑，孰敢不勉济？邑之福也，不济，艰险吾之担之'，众乃决。"⑦ 在诸人畏难犹豫之时，陈龙安力排众议，并愿意独自承担失败的风险和责任，坚定了东莞士绅们争夺该浮沙的决心和信心。

据民国《东莞县志》记载，万顷沙于清嘉庆年间已开始淤积成

---

① 陈伯陶：《东莞县志·人物志》，第 8 页。

② 方文炳，字荣君，号瑚洲，厚街珊美人。道光十五年（1835）顺天府副贡，好行善事，为乡邻所重，秉性严毅，勇于赴义，与同邑举人何鲲结邻而居。

③ 陈伯陶：《东莞县志·人物志》，第 8 页。

④ 何鲲，字耘劬，莞城新沙人。道光元年（1821）举人。

⑤ 陈龙安（1788—1849），字云亭，号佐清，东莞厦萌（今茶山镇下朗村）人。后迁居东莞城内，道光二年（1822）武进士，选营用守备，以双亲年老为辞，绝意仕途，寄情诗文，与方文炳、何鲲等为莫逆之交。

⑥ 陈荣光，字秀标，号百木。

⑦ 陈伯陶：《东莞县志·人物志》，第 12 页。

坦，由顺德龙山人温植亭向香山县申报承垦，被划为五段，以"总佃制"的方式分段批佃于他人：第一、二段批于番禺沙湾的郭进祥围筑佃耕；第三段批于香山县黄角之、王居荣围筑佃耕；第四、五段批于南海佛山邓嘉言、张炳华围筑佃耕[①]。至于朱国英最初看到的沙坦是否为新生沙坦，是否知道该沙坦已被温植亭报垦，我们不可得知，但参与商议此事的东莞士绅们应该知道该区域的沙坦已有人围垦这一事实。因为，东莞士绅们在 1838 年 11 月 28 日呈送给县令侯之翰的联合呈文中提到："绅等已乘巨舰，同泛洪涛，所见之泥涂，悉属本邑之疆界。"东莞乡民何广超、陈仕进、叶建德于 1839 年 9 月在向东莞知县柏贵呈文状告郭进祥等人的诉状中也提及："去年十一月，有番禺案犯郭进祥撺怂土豪郭亚宝等在邑属南沙乡之南兴工圈筑堤坝，约长三四千丈，踞为已有。"据此可知，郭进祥在万顷沙进行大规模圈筑之时，正是东莞士绅"乘巨舰，同泛洪涛"在万顷沙察看朱国英所言新生沙坦的时候。笔者认为，也许正是东莞士绅心有所知，才在商议时"皆逡巡有难色"，只是后来被陈龙安一语壮胆，才统一了思想，决定一争罢了。当然，也有可能真如朱国英所云是东莞县界内新生沙坦。

二、 联名呈文

根据民国《东莞县志》万顷沙相关文牍，东莞士绅们在商议时，有针对性地拟定了争沙方案：首先全邑士绅以东莞明伦堂的名义联名向县府呈文，申报承垦万顷沙新生沙坦，然后以"阻碍水道""越境围筑"等由控诉温植亭等人于东莞县衙、广州府衙，最后达成温植亭等人拆毁围堤，并将该沙坦归还东莞之策略。由此，以陈龙安、何鲲、方文炳、陈荣光等为主导的东莞文武士绅共同参与的争沙大幕徐

---

① 陈伯陶：《东莞县志·沙田志一》，第 13 页。

徐拉开。

道光十八年（1838）十一月二十八日，在原任湖南新宁知县的莞籍进士梁达时的率领下，举人黎鸿渐、丁炳然、何鲲、钟林等东莞文武士绅们前往东莞县衙，向时任东莞知县的侯之翰①递交了题为《为海渐成田联叩恩准勘详给予学宫以杜私争以裕公用事》的呈文。

首先，该呈文叙述道：

> 粤疆滨海，常多生长之浮沙，莞邑办公素乏预储之公费，凡遇事关教养急欲举行，无如人尽窭贫，莫能捐助，惟新田不归诸通邑，故盛典远逊于他邦。此故众士绅所仰屋而筹，抑亦慈父母所尽地而计也。

要改变东莞县公费窘迫的境况，不仅是全县众士绅的意愿和责任，也是作为父母官的县令"尽地而计"之职责。该呈文不仅直接将县令和这一诉求紧紧地捆绑在一起，而且也为县令想好了解决东莞公费不足之良策：

> 查虎头门外，龙穴洲边，当重溟浩渺之中，有积淤绵延之处，土名正江沙洲（后称作万顷沙），东至龙穴，北至南沙，西南俱至海……固吾围而僻作远郊，无他族以逼争此土。辟就沟塍万亩，则粟米纳而国饷弥丰；招来耒铝千夫，则守望严而海防愈密。倘任为旷土，必致豪强争垦而讼狱繁；唯取以充公，总归学校批耕而财用足。绅等已乘巨舰同泛洪涛，所见之泥涂，悉属本邑之疆界，欲因天地自然之利，永为宫墙不竭之源。谨会议联

---

① 侯之翰（1782—1840），字邦屏，号兰台，侯先春八世孙。寄籍宛平，诰授奉政大夫粤闽南澳同知。

词，绘图注说，上呈明鉴。①

其次，该呈文列举了将万顷沙新生沙坦划归东莞全县学校公用的重要意义：

> 准绅等选拔良农试种咸草，俟后日成田，然后计亩升科，则壤成赋从，此广斥之饶，得供合邑之用。上增赋税，下绝觊觎，防御有资，蓄积可恃。……变贫瘠而为富饶，将义学、义仓可广建于四境焉；被润泽而大丰美，思善政、善教咸永颂于千秋焉。凡所指陈皆有利而无害。

为了打消县令侯之翰的顾虑，东莞士绅们还申明此事他们已经作过调研，该沙坦隶属东莞，并绘图注明，只等县令下令实施就可以了，且此举并非为私，一心向公，"共输情实非假公以私，惟望俯顺舆情，大兴土物，克俾我疆……"

东莞士绅们联名之呈文可谓声情并茂，有理有据，考虑周详，既展现了他们为全县争取利益之拳拳之心，又明确提出了将万顷沙新生沙坦纳入东莞明伦堂是全县士绅和官府最急迫的目标和任务，可以说是东莞争夺万顷沙新生沙坦的行动纲领，为此后相当长一段时间内东莞官府和东莞士绅们指明了争沙的明确目标和努力方向。

东莞知县侯之翰收到呈文后，于道光十八年（1838）十二月二十日进行了批示："查明该沙是否实系新涨沙坦，有无关碍水道及他人物业……饬传该处保老、地邻确查，赴案讯取供结，诣勘核夺，绘图附。"并向民众发出告示，将士绅们的呈文内容及县衙拟处理的意见一同公示：

---

① 陈伯陶：《东莞县志·沙田志一》，第 2 页。

通邑文武士绅呈称虎头门外，龙穴海滨，有新涨土名正江沙洲一段，……无碍水道，拟选良农试种咸草，一俟成田另行承升，编入华图五甲史公户内，拨归通邑学校公用，作育人材并建义学、义仓，等情，绘图具禀到县。据此，除批揭示外，并饬传该处保老、地邻确查，赴案讯取供结，谘勘核对外，合行出示晓谕。为此示谕诸色人等知悉，便查明该沙是否实系新涨沙坦，有无关碍水道及他人物业，许即赴禀本县，以凭核夺，各宜凛遵，毋违持示。①

侯之翰的批示是清代沙田批佃规定的一般程序。清代《垦荒定则》规定："各直省实在可垦荒地，无论土著、流寓，俱准报垦。一地互报，尽先报者。凡报垦，必开具界址土名，听官查勘。辖官查勘出示晓谕后五个月，如无原业呈报，地方官即取结给照，限年升科……倘垦户将实有业户之地串通捏垦、蒙官给照，及有指垦户承垦之地、冒争祖业者，均依隐占他人田宅律治罪。垦户不请印照，以私垦论。官勘不实，并予议处。"② 意即对于可垦荒地，无论本地人还是外来人，均可通过垦荒获得产权。开垦荒地，必须报官府确认。如果同一块田产有多人报垦，归先报者所有。官府查勘后，对于所垦之荒地进行 5 个月的公示，时限内无人提出产权异议，官府即可"取结给照"，按年限升科，给予垦荒之人正式产权。如果垦户明知原田有主、假报垦荒而从官府骗取田土执照者，依律治罪；同样，他人假称垦户所垦之地为自己祖业者，亦依律治罪。这一条款，明确了与垦荒相关联的产权法律关系，包括产权主体、产权对象、产权获取方式以及官府对于产权的保护措施，既有利于田赋的扩展，也有利于民生，并能有效防止可能因垦荒导致的土地产权纠纷。据此律例，县令侯之翰应

---

① 陈伯陶：《东莞县志·沙田志一》，第 3 页。
② 张友渔、高潮主编：《中华律令集成·户部则例·田赋二》，第 151 页。

该先查勘，再出晓谕，但不知何故颠倒了顺序，可能是因为时逢鸦片泛滥，侯之翰在虎门镇口行辕忙于查办烟土等事务，一直没时间前往勘查，故先出告示，了解是否有人对此持有异议。

三、 实地查勘

道光十九年（1839）二月二十六日，县令侯之翰曾让王德、杨保传召集士绅及保老、地邻前往万顷沙实地查勘，后因查办鸦片事务而中止。半年后，东莞士绅得知侯之翰快要调任他处，梁达时等于道光十九年五月初三再次呈文催促："仁宪久昭丕积，超擢崇阶，当此销尽旧烟，必即荣迁新任，慈云将去，惠泽宜留，伏乞早示勘期，使绅等随驾勘明申详定案……"侯之翰阅毕并批示道："准于本月十二三日，由镇口就近前诣丈勘，该绅等前来同往可也"①。于是，道光十九年五月十六日，侯之翰亲自率领东莞士绅、保老、地邻、书役、图文等相关人士前往万顷沙进行勘查与丈量。

勘查结束后，梁达时于道光十九年五月十八日迅速将丈量结果及下一步计划呈于侯之翰：

> 勘得该洲东至龙穴，北至南沙村，西南俱至海，烟波浩淼，横无际涯，其可抵蒿之处，纵横十余里，均属东莞地方，浅深不等。当海潮落尽，露出坦形，用丈绳牵量，东横三百九十弓，西横四百三十弓，中横六百七十弓，南长九百零四弓，北长九百三十六弓，积零五十万零零四百八十步，税二十顷零八十五亩三分三厘三毫三丝三忽。即可施工试种咸草，恳恩通详上宪，请给莞邑学官。种植咸草，俟渐次成田，堪莳禾稻，即呈请升科，编入华都二图五甲史公户内输粮。日后四旁有子母沙脚接生，亦即随

---

① 陈伯陶：《东莞县志·沙田志一》，第 4 页。

时报承归公垦辟，上增赋税，下杜私争，中亦可为五属教养之需与一切营造之用……①

　　十六日勘查完毕，梁达时等在十八日即递交呈文，并请求侯之翰尽快将结果上呈广州府，可见东莞士绅希望在侯之翰调任前得到明确结果的急切心情。侯之翰看完该呈文后，批示道："候详奉行饬遵，未便遽禁采捕，致伤渔业。"侯之翰能在调任前带人亲赴万顷沙勘查丈量，不推诿责任，证明他也是一位恪尽职守的官员。后人曾作《东莞德政诗》称赞侯之翰："清节稜稜大雅群，我公端不爱分文。宦囊久已甘羞涩，投砚沈香凛昔闻。馨竹难书善政□，唯清尤在慎勤先。周官六计廉为本，循吏由来不要钱。贞操全凭一念持，此心原是畏人知。清修不在公堂上，只在焚香夜告时。"②

　　从朱国英最开始发现"前海中浮有沙坦"，以及此次丈量呈文中"海潮落尽，露出坦形"等描述来看，此次丈量的二十顷应该是温植亭圈筑沙田之外新生的沙坦。因为，据道光十九年（1839）十一月十八日中堂司呈报县令柏贵③的呈文：十一月初一，中堂司官员亲自到万顷沙勘查，"郭进祥等用石圈筑堤坝，周围广三千余丈，约六十余顷"。由此可知，郭进祥围筑的沙田面积六十余顷，与此次丈量的二十顷多了四十顷，面积不符。该呈文还提到，"该坦东堤外另有新淤积成坦相连三段，皆种成草，更与南沙、龙穴相近"。其中，"新淤积成坦相连三段"的大致面积正好与此次丈量沙坦面积相符。如果分析正确，这正好体现了东莞士绅稳扎稳打的策略：即通过县令带队勘查

---

① 陈伯陶：《东莞县志·沙田志一》，第4页。

② 《侯氏宗谱》卷九，见 http://www. bishanyinshe. org/default. php？mod = forum_post&a = list&forum_ topic_ id = 122145。

③ 柏贵（？—1859），额哲讹氏，字雨田，正黄旗人。嘉庆二十四年（1819）中举，曾任甘肃陇西、广东普宁、龙门、东莞等县知县，南雄直隶州知州，河南巡抚、广东巡抚等职。

新生沙坦，取得具有权威性的官府勘查结果，为士绅们后续行动提供权威性依据，进可窥视郭进祥等已围筑之沙坦，退可守住这些新生之沙坦。

此次勘查，为东莞士绅后续争沙行动开了一个良好的开端。按"辖官查勘出示晓谕后五个月，如无原业呈报，地方官即取结给照"的规定，东莞县此时还未获得承批该沙田的县照。因为仅隔三个月后，侯之翰就调离了东莞，继任县令柏贵又重新派人勘查："十一月初一奉宪台批……亲诣指控处所勘明，……该坦东堤外另有新淤积成坦相连三段，皆种成草，更与南沙、龙穴相近。沿堤现有三四百人兴筑庄屋，沙船排列军器，鼓众咆哮，不果前进。传质勘毕，绘图注说……"文中描述的"三四百人兴筑庄屋"在东莞县令侯之翰和东莞士绅们道光十九年五月丈量结果之呈文中却未曾提及。

第三节　万顷沙沙坦争夺之诉讼

针对勘查时发现郭进祥（温植亭的佃户）等三四百人在新生沙坦"越境围筑""阻碍水道"等行为，东莞士绅安排了大汾乡 66 岁的何广超、曲海乡，56 岁的陈仕进，道窖乡 62 岁的叶建德等几位从事耕种的老农民联名上诉至东莞县衙，要求其拆毁围堤，并将已越界围筑的沙坦归还东莞。

一、　三农民呈递诉状于县衙

清道光十九年（1839）九月初八，何广超、陈仕进、叶建德向刚上任一个月的东莞知县柏贵呈文状告郭进祥等人：

> 莞邑水道，东承惠、潮、增城，西接南、顺、香山，诸水汇聚虎头门外经南沙村南而出海，实为宣泻要区。近因淤浅以致水灾叠见，历奉大宪委员①巡视河道，督拆堤坝，并严谕"永禁圈筑"各在案。去年十一月，有番禺案犯郭进祥摆耸土豪郭亚宝等在邑属南沙乡之南兴工圈筑堤坝，约长三四千文，据为己有。蚁等②恐妨干碍河流，向阻。伊称：果有干碍，情愿毁拆。不料，本年四、五、六月三见水灾，低下田庐皆成巨浸，加之东南两江盛涨，陡至经月始消，田禾浸没，黎民阻饥，实因祥等圈筑所致。无奈再求毁拆，殊伊恃党羽多众，反肆恶言相加，幸值福星新政，慈爱重农，迫叩崇辕，迅赐移番禺县提解归案，押令将前

---

① 指夏道台，曾于道光十五年奉总督之令巡视河岸，督拆堤坝，严示永禁。

② 古代百姓谦称。

圈筑围坝毁拆，以资宣泄。

该呈文详细说明了郭进祥等人违反官府严禁在莞邑出海口圈禁沙坦的禁令，筑堤坝三四千丈，导致水灾频发等情况，并要求拘押郭进祥等人。

知县柏贵看到呈文后，非常重视，于当日批示道："郭进祥等既于上年十一月间在此圈筑堤坝，何广超等因何不即控告，以致本年四、五两月，东、西两江潦水陡涨，田庐被淹。究竟郭进祥等圈筑处所是否本系伊等税业，抑系霸占官荒，未据何广超等切实声明，并未绘图呈验。仰中堂司就近迅赴该处，确切查明，绘图注说，申复察夺。"[1] 从该批示来看，东莞士绅专门安排三位受害老农民进行诉讼，具有一定的智谋和现实意义：一是他们是受害者，自家田庐因郭进祥等人的圈筑导致水灾而被淹，理应上诉；二是他们在郭进祥等人开始圈筑时，曾去阻止，然郭进祥等人不予理睬。水灾后，他们再次要求拆毁堤坝，反而受到威胁，实无他法，才诉之于东莞县衙；三是他们所在的大汾乡、曲海乡、道窖乡等地均被水淹，灾情严重，知县不能不管；四是郭进祥等人大规模围禁圈筑，仗势欺压善良百姓，并导致东莞县遭受巨大水灾，罪大恶极；五是向县令提供了解救百姓于水火的表现机会，为将柏贵打造成"爱民如子""扶危济困"的良官形象创造了条件。

二、 中堂司受命再勘查

因为大汾乡、曲海乡、道窖乡隶属中堂司，柏贵便安排中堂司就近前往勘查郭进祥等人圈筑堤坝之情形。中堂司准备前往查勘之时，何广超等人的第二份诉状又于道光十九年（1839）十月三日呈送到了

---

① 陈伯陶：《东莞县志·沙田志一》，第6页。

县令柏贵面前："具控郭进祥、郭亚宝等，去年在此邑属南沙村之南圈筑堤坝，干碍水道，宣泄缓延，以致今夏水涨，淹没田庐不少。奉宪批行中堂司查勘详复，讵伊等愍不畏法，现又加工筑作，势至河道，愈难宣泄，为祸匪轻。前月十八日，蚁等复向理阻，伊竟逞凶喝殴，幸梁越常在旁劝救，不致受伤，如此恃豪越境圈筑，违禁壑邻，关系民生。迫粘绘图，叩乞宪天飞签拘禁，并移番禺县提解郭进祥等归案，押令拆毁，免酿水灾。沾恩切赴。"何广超等人第一次向县令柏贵递交诉状当天，因阻止郭进祥等人继续增筑堤坝遭到对方呵斥与殴打。县令柏贵阅状后，又立即批示道："是否郭进祥现又兴工加筑，候行催中堂司迅即诣勘申复，一面移唤究断。"

东莞中堂司杨如溶①等按县令柏贵的批示要求，亲自带人勘查，并于道光十九年十一月十八日将勘查结果详呈：

> 本年十一月初一，奉宪台批：据何广超等呈控郭进祥等在邑内南沙村之南圈筑堤坝，干碍河流等情一案，仰职确切查明，绘图注说，申覆察夺等因，并将原呈印发到职，奉此遵即饬役传出何广超、叶建德等赴案，带同图匠，亲指控处所勘明。该坦系在缺口司属南沙村之南，土名万顷沙，又名万丈沙。郭进祥等用桩石圈筑堤坝，周围广三千余丈，约六十余顷，俱种禾稻，现经收割。北距莞属南沙村约十五里，西南距香山属独子山约五十里，南至大海，东南至莞属龙穴山、东莞属沙角山，正当通省东西两江合流出海之处，四围海面，俱属东莞地方。该坦东堤外另有新淤积成坦相连三段，皆种咸草，更与南沙、龙穴相近。沿堤现有三四百人兴筑庄屋，沙船排列军器，鼓众咆哮，不果前进。传质勘毕，绘图注说……②

---

① 杨如溶，顺天府宛平人。监生。

② 陈伯陶：《东莞县志·沙田志一》，第7页。

该呈文一是印证了何广超等人所诉郭进祥的犯罪事实，即"用桩石圈筑堤坝，周围广三千余丈，约六十余顷"；二是说明了郭进祥等人圈筑之地隶属东莞无误，"四围海面，俱属东莞地方"；三是说明郭进祥等人仍在新生沙坦上雇人继续圈筑一事为实，"沙船排列军器，鼓众咆哮，不果前进"。该呈文将何广超等指控郭进祥等人的事实牢牢锁定。

该呈文还对万顷沙之河流现状作了详细说明，建议坚决禁止郭进祥等人的圈筑行为，要求彻查其是否越境圈筑、是否无照承批或捏名承批等：

> 卑职伏查广东水道，东江、龙川、河源之水由惠州流入东莞，从大小虎、二川口等处而出，北江、湖南郴、泷之水与南雄诸派合于韶州，流入三水县，又与广西西江之水、肇庆来者会同流注入香山、蕉山、独子山等处而出，是东、西两江皆汇于南沙村之南，同归巨海，万顷沙正当两江合流紧要之冲。该围东堤外新淤积坦三段，约一百余顷，种植咸草。而草坦之外又有低淤之沙，约成百余顷。每遇潮汐退去，沙坦互露，舟楫均难行动。诚恐日久侵占愈筑愈宽，下流不能宣泄，若雨多涨盛，两江三省洪流奔赴至此，难于畅消，不无淹没田庐之虞，大与水道有碍，似应俯顺舆情，将该堤外新淤积成坦一律永远示禁种植，任水冲坍，不准再行越筑，以免水患至。该沙已筑堤坝，系用桩石圈筑坚固，广三千余丈，势难拆除，天地自然生成之利，但查郭进祥籍隶番禺，未据带到。曾否赴宪辕报承有案，及有无详领藩照为据，并税亩是否照依年限遵照清丈升科，抑或藉有别具印照影射蒙混，应详请彻底根究，以昭核实。是否允协，合将勘讯缘由，具文申复宪台察核。为此备由，同奉发原呈一纸、勘图一纸具申。伏乞照详施行，须至书册者。①

---

① 陈伯陶：《东莞县志·沙田志一》，第 7—8 页。

三、 东莞知县呈状广州府

知县柏贵阅毕中堂司的勘察呈文后，立即向番禺县发出移解郭进祥等人前来东莞的公文，但郭进祥等人拒绝到案。于是，柏贵以东莞县衙之名于道光十九年十二月初三向广州府呈文，将何广超等人的两次诉状，以及东莞县的调查与批示一并呈送至广州府，请求广州府"迅檄番禺县移解郭进祥等归案，押拆分流，免酿水灾"①。值得注意的是，因为民国《东莞县志》没有记载该呈文的具体发文与收文者，故一直被研究者误认为是何广超等人越级上访的诉状。按照清代越级诉讼的规定，"凡军民诉讼，皆须自下而上陈告，若越本管官司，辄赴上司称诉者，即实，亦笞五十。须本管官司不受理，或受理而亏枉者，方赴上司陈告"②。此前东莞知县柏贵已受理了诉状，并及时安排了中堂司就近前往勘查，故何广超等人不可能越级上诉。

广州知府珠尔抗阿阅毕柏贵的呈文，于道光十九年十二月十八日批示道，"查阅粘抄县批，以郭进祥等圈筑住所是否系其税业，抑系官荒，未据呈明，已委中堂司就近勘查，并准移唤究断。是否郭进祥等抗传不到，纠纵增筑，仰东莞县立即勘查明确，传差移提集讯，分别押拆定断，具详控关阻碍水道，毋任延讼滋事为要"，并将何广超等人的诉状内容、东莞县的批示以及广州府的批示一并粘贴，抄发于广东布政司。广东布政司藩台熊常镈阅后批示道，"郭进祥等于南沙前圈筑围基，如有碍水道，应即拆毁，仰东莞县查明办理具报，事关水利，毋稍徇延，粘件暨图并发"，并将相关资料移交于广东巡抚。

广东巡抚怡良收到布政司移交的诉状内容和批示后，也立即批示："南沙村前一带地方为东、西潦水宣泻要区，郭进祥等乃敢违禁

---

① 陈伯陶：《东莞县志·沙田志一》，第 8 页。
② 张友渔、高潮主编：《中华律令集成》，第 963 页。

圈筑，致碍河流，实属不法。事关水利，亟应委员查明督拆，免贻巨患。仰布政司迅速即遴委干员会同东莞县亲诣确勘，如果有碍水道，即勒限督令拆除具报。一面饬行番禺县迅将郭进祥等拘案移解备质，毋任延匿，粘抄并发。"[1]

从广州知府珠尔抗阿对东莞县指控的真实性持有疑虑，要求中堂司进一步调查，至布政司藩台熊常錞同样要求东莞县确查郭进祥圈筑围基是否真的有碍水道，再至广东巡抚怡良认定郭进祥违禁圈筑、阻碍河流，其间之所以有如此之大的转变，主要原因是广东巡抚怡良在调查此案之前，就曾禁止过香山县胡乙黎等人报垦该处水白坦，因此对该处情形了然于胸，东莞县令柏贵向广州府呈何广超等人诉状可作辅证："……经南沙村前出海，实为宣泻要区，嘉庆年间，因海氛暂塞，蕉门致南沙村前一带已形淤浅，近新涨叠枳，屡见水灾。道光十五年，夏道宪巡视，督拆碍流堤坝，严禁圈筑。现抚宪、仁宪不准香山胡乙黎报垦新涨白坦，任水冲坍疏流，各在案。"[2]

两广总督邓廷桢看过广东巡抚怡良的批示和何广超等人的诉状后，也批示道："水道宜疏而不宜塞，苟有所碍，虽积坦亦例禁筑垦，所以防民大患也。据呈郭进祥等圈筑该县南沙村前新积水坦广三千丈有奇，如果属实，无论税业、官荒，试问水道从何宣泻，决难玩视。仰布政司立即遴委干员驰赴东莞，会同县认真查勘明确，分别禁拆。具报，迅即拿究，毋延。图抄并发。" 当广州知府还在拿捏郭进祥等人圈筑的沙坦是"税业"还是"官荒"，布政司还在疑虑是否真的"阻碍水道"时，到了总督这里，只要是阻碍了水道，堤坝要拆掉，肇事者也要拿究。至此，有了两广总督邓廷桢和广东巡抚怡良盖棺定论的批示，将郭进祥等人定于无法逆转之境地。

---

[1]　陈伯陶：《东莞县志·沙田志一》，第 10 页。
[2]　陈伯陶：《东莞县志·沙田志一》，第 9 页。

四、 总督令布政司再勘查

东莞士绅们了解到两广总督要求"布政司立即遴委干员驰赴东莞，会同县认真查勘"后，立即让何广超等人呈文知县柏贵，催促其赶紧安排勘查：

> 蚁等具控郭进祥等越境违禁私用桩石在邑属南沙村前圈筑碍流一案，兹奉督部堂委员陈大老爷会同仁天亲诣勘拆，蚁等伺候引勘。伏思堤坝新筑与旧筑不同，倘系旧筑泥块必无缝隙，且堤身必多种竹木，生成浓荫。新筑泥块必坼裂，堤身虽有树木，亦不甚长大，难瞒宪勘。况郭进祥等屡奉移提乃改藐抗不到案，控后复雇工增筑不止，将来水道益难宣泻，则内河上流益涨为灾，关系田庐非小。迫粘抚部院钧批，就叩行舆，迅即会勘，拆毁疏流，沾恩切赴。①

呈文中的"陈大老爷"即两广总督邓廷桢委派勘查万顷沙的官员陈裕垂，"仁天"是对县令柏贵的尊称。该呈文不仅详细说明区别新、旧堤坝的方法，还进一步重申郭进祥等人阻碍水道的危害，希望引起官府的高度重视。

民国《东莞县志》的编纂者陈伯陶在该呈文后写下了按语："按此呈起勘时所递，故未奉批。又同时增城县老民刘孔璋、陈达昭，博罗县老民周逢春、姚镇邦以'塞流壑邻，损人利己'在柏邑宪呈控。奉批，南沙村前一带沙坦现经会同委员勘明，委系干碍水道，已具禀大宪，严饬拆除。"② 据此可知，在东莞县老农民何广超等人诉告郭

---

① 陈伯陶：《东莞县志·沙田志一》，第 10 页。
② 陈伯陶：《东莞县志·沙田志一》，第 10 页。

进祥等人之时，增城①老农民刘孔璋、陈达昭和博罗老农民周逢春、姚镇邦也向东莞县令柏贵控告了郭进祥等人。同时，经过陈裕垂和柏贵的合力勘查，确认郭进祥等人圈筑阻碍水道情况属实，已上呈广东巡抚和两广总督，建议"严饬拆除"。

道光二十年（1840）二月二十三日，陈裕垂和柏贵联合上呈查勘万顷沙的经过和结果。

首先，该呈文汇报了查勘地的面积及种植情况：

> 本月十八日，带同何广超等前赴沙所，勘得该坦坐落东莞县属南沙村之南，土名万顷沙，又名万丈沙，自东至南一连五段约计六十余顷，第一段至第三段约四十八顷，俱已种禾稻。其第四、第五两段系属草坦，尚未圈筑完竣，基围两旁又皆淤积成坦。其第一段基围前面亦微露沙形，各段基围俱盖有田寮。

其次，该呈文汇报了查勘地属东莞县这一事实：

> 该基北距南沙村约五十里，西南距东（莞）、香（山）交界之独子山约五十余里，南至大海，东南至东莞之龙穴山，东至东莞之沙角山，西北直达顺德之容奇，正当省垣与上游各县东、西等江之水合流出海要区，四围海面皆东莞所属，勘毕绘图。

该描述与东莞中堂司杨如溶于道光十九年（1839）十一月十八日上呈柏贵的勘查结果基本一致，但杨如溶所述"北距莞属南沙村约十五里"与陈裕垂所述"北距南沙村约五十里"有出入。

再次，该呈文汇报了当场查获账簿和焚毁田寮等情况：

---

① 其时增城和下文博罗隶属东莞县。

　　并于第四段基围内搜获筑图章程与坦图各两纸，账簿两本，并图书、信、字、草账等件，随查各围田寮系在水中央，诚恐匪类潜踪，当将田寮先行焚毁，又当场扭获在围管理账目之杨志中讯。据供称，伊系香山县潭洲人，该围之第四、第五段系南海佛山邓嘉言、张炳华向顺德龙山温豫顺堂即温植亭承批围筑，伊受雇在围管理账目。其第一段与第二段基围系温植亭批与番禺县之郭进祥围筑佃耕。第三段基围系温植亭批与香山县黄角之、王居荣围筑佃耕。

紧接着，该呈文汇报了郭进祥等人私自围筑沙田的危害：

　　卑职伏查广东水道，东江、龙川、河源之水由惠州流入东莞，从大小虎、三门口等处而出，北江、湖南郴泷之水与南雄诸派合于韶州，流至三水县，又与广东西江之水、从肇庆来者会同流注香山、蕉门、独子山而出，是东、西、北三江之水皆汇于南沙村之南，同归巨海，万顷沙正当各江合流紧要之冲，设各江之水骤涨，下流不能畅消，一时宣泄不及，上洲之省垣与各县即不免有淹没之虞。且温豫顺堂即温植亭于十八年十一月间始行私筑，迄今不过十数个月，已有五六十顷之多，且该基周围现又淤积成坦，从此随淤随筑，不数年后，必至沧海尽变桑田，将来水患有不可问者。幸该坦成筑沿属阅时未久，拆毁尚易，似应严押私筑之温植亭，将该围基迅速拆除净尽，并出示封禁，永远不许圈筑，以畅河流而杜水患。除将搜获水坦图、账簿等项附卷，一面分移各县将温植亭等解究外，合将卑职等会勘南沙村前沙坦情形绘具勘图，禀复宪台察核示遵。再卑职于会禀之后即行回省面请训示，合并禀明。除禀督、抚宪外，肃此叩禀伏乞钧鉴。①

---

① 陈伯陶：《东莞县志·沙田志一》，第13—14页。

　　针对陈裕垂和柏贵断定万顷沙地属东莞，以及温植亭、郭进祥等违法围筑的联合呈文，广东省藩台（即布政使）乔保纯批示道："查南沙村前，为东、西两江汇注之区，据奉勘明顺德温植亭该处霸占淤积沙坦六十余顷，移批与邓嘉言、郭进祥、土居荣圈筑耕佃，大为闾阎之害，仰广州府立即严饬南海等县，差拘温植亭等移解东莞讯明，勒限拆除具报，毋稍徇延，乃候两院宪批示此缴。"两广总督林则徐批行檄文如下："……万顷沙基围正当省垣与上游东、西等江合流出海要区，岂容筑围壅塞，乃温植亭胆敢私筑，不期不数月而成数十顷之多，若任罔利营私，水患更何可问，仰东布政司速饬分移各县将温植亭等严拘解究，一面押令将该围迅速拆除净尽并示封禁，永远不许圈筑，以畅河流而杜水患，勿稍稽延。"① 两广总督林则徐的批复，明断了温植亭、郭进祥及其相关势力在万顷沙违法围垦的事实。

---

① 陈伯陶：《东莞县志·沙田志一》，第 15 页。

第四节　万顷沙沙坦争夺之掳掠

在陈裕垂和柏贵勘查万顷沙的过程中，突发温植亭的佃户郭进祥等人掳掠伤人一案。这一案件应该是郭进祥团伙意识到官府勘查万顷沙，势必导致其圈筑沙田、阻碍水道之违法行为曝光后，情急之下的狗急跳墙，显然出于东莞士绅们的意料。但这件事对东莞争沙结果的产生起到了推波助澜的作用，将争沙事件推向又一高潮。

一、掳掠事件之发生

据生员陈荣光于案发后第二天，即道光二十年（1840）二月十九日向县令柏贵和委员陈裕垂递交的《为炮伤抢掳，叩乞验明，并赐委员会营起拘纠办事》的呈文可知：道光二十年二月十八日，"生（陈荣光）随武进士陈龙安、举人何鲲、副贡①方文炳往南沙村催取明伦堂签题工金，适遇仁宪（柏贵）同委员（陈裕垂）会勘万顷沙，生等十八晚黄昏时候泊舟万顷沙对面南沙村外候潮，该沙内突出看沙快艇两只，约匪四五十人，掉近生船，点放火炮打伤生（陈荣光）左臂，堕水，匪等即过船将陈龙安、何鲲、方文炳及家丁一名、船夫六名掳去。蛋艇四五人赴救，亦被炮下水，幸农民何广超等闻喊禀宪，即开小艇援救。生（陈荣光）回船始悉抢掳。伏思生（陈荣光）左臂炮伤入骨，性命堪虞，陈龙安等被掳亦生死莫卜，而匪船从万顷沙来，显系郭进祥等迁怒故行抢掳。迫得匍叩验明，并乞赐委员会营前去该沙，将安（陈龙安）等起出，严拘匪等究明，立使逞凶伤人抢掳

---

① 副贡，清代科举考试乡试中没有考中举人，但成绩尚可，取入副榜，直接送往国子监的贡生称副贡。

分别究办。至衣物、银两，容查核另呈粘单叩追，沾恩切赴。"①

　　陈荣光在该呈文中对事件的时间、地点、人物、过程、结果都作了详细说明。他首先声称自己和陈龙安、何鲲、方文炳为东莞明伦堂"签题工金"的事情前往万顷沙对面的南沙村，恰巧遇见柏贵和陈裕垂率人督拆万顷沙围坝，他们在海边候潮的时候，遭到了郭进祥指使的四五十人无端袭击，袭击方式为野蛮的炮击与抢掳，将陈龙安打伤落水后，前来营救的疍民也被炮击入水，自己为接到农民何广超禀明的柏贵、陈裕垂派人所救。陈荣光希望官府派人会同营兵，前往万顷沙捉拿郭进祥等人，并解救陈龙安、何鲲和方文炳等东莞士绅。此事件的发生，完全是郭进祥等人对柏贵和陈裕垂拆毁万顷沙堤坝的迁怒行为，是对官府的严重不满。

　　按照《大清律例》"谋杀人"之法条规定："凡谋（或谋诸心，或谋诸人）杀人造意者，斩监候；从而加功者，绞监候；不加工者，杖一百，流三千里；杀讫乃坐。若伤而不死，造意者，绞监候；从而加工者，杖一百，流三千里；不加功者，杖一百，徒三年；若谋而已行，未曾伤人者，造意为首者，杖一百，徒三年；……若因而得财者，同强盗，不分首、从，皆斩。"② 此外，《大清律例》"强盗"之法条规定："凡强盗已行而不得财者，皆杖一百，流三千里。但得事主财者，不分首、从，皆斩。"又"响马强盗"之规定："凡响马强盗，执有弓矢军器，白日邀劫道路，赃证明白者，俱不分人数多寡、曾否伤人，依律处决于行劫处，枭首示众。"③ 陈荣光之诉词并非简单呈现当时案发经过，而是将郭进祥等人掳掠行为一一入罪。第一，诉词将案犯行为定性为"匪"，并且"匪众"达四五十人；第二，

---

① 陈伯陶：《东莞县志·沙田志一》，第 11 页。

② 张荣铮、刘勇强、金懋初点校：《大清律例·刑律·人命》282 条，天津古籍出版社 1993 年版，第 435 页。

③ 张荣铮、刘勇强、金懋初点校：《大清律例·刑律·盗贼》266 条、776 条，第 369—370 页。

"匪众"有火炮，并在袭击过程中向东莞明伦堂士绅乘坐船只放炮，造成陈荣光等人受伤堕水，这与"响马强盗"的行径相符，属于"枭首示众"之重罪；第三，直接点明主犯是郭进祥，因官府查勘万顷沙而迁怒东莞明伦堂士绅，暗示郭进祥是"谋杀人"所规定的"谋杀人造意者"，即组织谋划者，需要"斩监候"；第四，郭进祥等"匪徒"不但放炮伤人，掳掠多人，而且还抢劫了众人财物，这符合"谋杀人"中"若因而得财者，同强盗，不分首、从，皆斩"之规定。

二、 东莞控诉

郭进祥率众掳掠伤人案发生后，东莞士绅们紧紧抓住这次事件，不断向官府控诉，推动事件的发酵。

道光二十年二月二十二日，东莞县民何骥、陈瑞、方恩等人向委员陈裕垂递交了呈文，其内容与陈荣光的呈文稍有差异。一是他们在诉状中称何鲲、陈龙安、方文炳等人为"家主"，显然系何鲲、陈龙安、方文炳的族人。二是对匪徒开炮伤人、强抢银物、掳掠数人的强盗行为进行了重点描述，并强调"匪船"从万顷沙开出，断定是郭进祥寻衅报复，其措词比陈荣光的呈词更加明确。三是开篇强调陈龙安等人为了维修东莞学宫的尊经阁和明伦堂而不辞辛劳收取"签题工金"，却受到莫名其妙的伤害，其遭遇令人同情，其行为令人敬仰。[①]

道光二十年二月二十三日，陈荣光的胞弟监生陈谟也向县令柏贵递交了呈文，除重复陈荣光和何骥、陈瑞、方恩呈文内容外，还着重强调了陈荣光的伤情，"炮伤到骨，医药罔效，命甚危险"。此外，重点分析了这件事确为郭进祥等所为的依据："忖仁宪与委员奉上宪勘察郭进祥等塞水基围，船泊该沙，远盗断不敢至。而匪船自万顷沙内

---

① 陈伯陶：《东莞县志·沙田志一》，第 11 页。

突出，显系祥等迁怒，率匪劫掠。"①

东莞县令柏贵接到呈文后，批示道："伤经验明，候饬差并移营严缉抢掳匪徒，务获。一面查起该进士陈龙安等带案，以凭讯夺，验供单附。"② 广东巡抚收到呈文后，批文道："据控贼匪掳捉武进士陈龙安等，并将生员陈荣光拒伤，如果属实，大干法纪，仰东莞县迅速会营亲赴吊放，一面严拿贼匪，务获确审，究明是否郭进祥挟嫌串掳，分别详办，粘抄并发。"③ 广东臬司衙门按察使收到呈文后，也批示道："陈龙安等是否郭进祥等挟嫌掳劫，仰广州府饬县查明，分别会营严拘究办，并将被掠之陈龙安等先行提释，具报，勿稍纵延，抄粘并发。"④ 前两份批文均将郭进祥等人的行为定性为"贼匪"，后一份批文将郭进祥等人的行为定性为"挟嫌掳劫"，三份批文均要求捉拿案犯归案，严加审讯，并解救陈龙安等人。

三、 邓瑞贤诬告

在陈荣光及其他三人的家属纷纷上告，要求严惩凶手之时，温植亭、郭进祥一方也不甘束手待毙，不仅将陈龙安等人捆送至香山县衙，而且还指使邓瑞贤向香山县令状告陈龙安等人在大澳沙（香山县称"万顷沙"为"大澳沙"）焚寮抢物，并指控陈龙安等人为"盗贼"，这明显是诬告。案发当天，查勘万顷沙并焚寮的并非东莞士绅，而是奉两广总督邓廷桢之命前往万顷沙查勘的布政使司陈裕垂和东莞县令柏贵，这在陈裕垂和柏贵奉令查勘后的联合呈文中有详细叙述。

道光二十年（1840）二月二十三日，香山县令吴恩树为了查明邓瑞贤状告陈龙安等人"焚寮抢物"一案，带着香山、东莞两方人等前

---

① 陈伯陶：《东莞县志·沙田志一》，第 12 页。
② 陈伯陶：《东莞县志·沙田志一》，第 11 页。
③ 陈伯陶：《东莞县志·沙田志一》，第 12 页。
④ 陈伯陶：《东莞县志·沙田志一》，第 12 页。

往案发地点进行勘查，最后认定邓瑞贤等人"诬告"，并将审讯结果发文告知东莞县令柏贵，柏贵在陈谟状告郭进祥呈文上的批示可为证："昨准香山县函称，据邓瑞贤以'匪艇焚寮，抢劫掳捉工人，登时拿获贼匪送究'等词捏报，并将该士绅陈龙安等捆送，经香山县讯出真情，函至查复。当经本县将此案始末情由切实致复，并专遣家人督带役勇前往提解在案，着俟解回原呈邓瑞贤等及该士绅到案，听候提同确审驳伤事主及掳人捏报实情，从严惩办，以儆凶横，而肃法纪。"①

按照《大清律例》"诬告"之法条规定："凡诬告人笞罪者，加所诬罪二等；流、徒、杖罪，加所诬罪三等，各罪止杖一百，流三千里。"② 邓瑞贤等人如确是诬告，等待他们的将是严惩。对此，温植亭一方只能又对陈龙安、何鲲、方文炳等人许以重金，以求脱困，但陈龙安、何鲲、方文炳均不为所动。民国《东莞县志·人物略》卷七十《陈龙安传》记载："势家许重金求龙，不为动。"卷七十一《方文炳传》记载："势家唻以重金，弗顾也。"

道光二十年（1840）二月二十八日，遭掳劫捆送至香山县衙的陈龙安、何鲲、方文炳也向香山县令吴恩树递交了诉状，详述了被掳劫的经过。该诉状与陈荣光等人的呈文相比，又增加了一些内容。诸如，"炮伤陈荣光即陈秀标及水手刘亚登落水""刘亚登尚无下落"，刘亚登首次在诉状中出现。另外，还提及"二十六日东莞县差王德等持票查起到寓"，说明东莞县令柏贵曾安排王德到香山查看陈龙安等人的情况。最后，诉状还指出："伏思焚劫，律有专条，而反坐例无旁贷，迫叩勒限押钧（温植亭，又名温承钧）交出快艇各匪，俾认喝令放炮、捆殴各凶，将主捏首恶温承钧依律坐诬按办及追劫去赃物给

① 陈伯陶：《东莞县志·沙田志一》，第13页。

② 张荣铮、刘勇强、金懋初点校：《大清律例·刑律诉讼》336条，第516页。

领。"要求吴恩树对掳劫伤人一众匪徒依律严惩不贷。①

针对陈龙安等人的诉状，香山县令吴恩树却作出了令人不解的批示："陈龙安等互控抢掳，殊属不成事体，所呈出事地方究应归何县管辖，必须两县会勘，方能水落石出，未便由县提讯详办，候录供，禀请本府宪行提全案人证解省确审究办。"很显然，香山县令吴恩树有明显的偏袒嫌疑。他不仅指责陈龙安等人的指控"不成事体"，而且以案发属地难以辨明归属为由不予提讯。针对东莞县要求捉拿匪徒至东莞审讯的要求，声称需要东莞、香山两县共同会勘万顷沙属地后，将所有人证、物证带至省城广州府进行审讯。

四、 总督批示

东莞士绅对香山县令吴恩树的偏袒态度非常不满，纷纷呈文上诉。其中，道光二十年（1840）三月十五日，监生陈谟呈文指出温植亭、郭进祥等"恃财播弄，将陈龙安等诬以焚劫，大题越解不经管辖之香山县，屡抗仁宪移提，现奉抚院金批，伏乞迅赐详报，俾早檄移温承钧（即温植亭）等归案押辜坐诬，免被舞弊生端"②。道光二十年三月十八日，何骥、陈瑞、方恩等人则呈文指出温承钧等人"专以占筑沙坦致富，与香山衙门惯熟……忖委员、县主会勘万顷沙，确系邑属地，而钧籍隶顺德，人与地俱非香山管辖，实恃财舞弊，且经一月屡奉严饬，抗不移解，诚恐日久弊生"③。道光二十年三月二十三日，原奉政大夫黎鸿渐、原湖南新宁县知县梁达时、举人丁炳然、儒学训导罗子彪等人的呈文最有份量，该文首先详细解释了陈龙安等人泊船在南沙村的前因后果：

---

① 陈伯陶：《东莞县志·沙田志一》，第 15—16 页。
② 陈伯陶：《东莞县志·沙田志一》，第 17 页。
③ 陈伯陶：《东莞县志·沙田志一》，第 17 页。

窃本邑学官年深朽坏，自丁酉岁绅等倡率捐助大修，集众推举公正士绅管理诸务，以武进士陈龙安、举人何鲲、副贡方文炳、生员陈荣光强健勤敏，同任劝捐催收之事。因工程浩大，财用不敷，尚有明伦堂、敬德、修业两斋未能去故取新。本年二月，安（陈龙安）等特乘舟赴缺口属各乡催收捐项，十八日至南沙村，适值宪驾会陈委员勘拆郭进祥等塞水基围，焚其窝匪田寮，官船在万顷沙边，安（陈龙安）等在南沙村前阻浅候潮。

紧接着，又描述了掳劫一案的详细经过（与其他呈文的经过相同）。最后，对温植亭、郭进祥以及香山县衙进行了有理有节的责问：

况钧（温植亭）居顺德，安（陈龙安）等船泊南沙，此乃莞邑旧志所载老乡，距莞、香交界之独子冈五十余里，则人与地又与香山毫无干涉，钧等凭空劫掳，倒诬为盗，越境捆解，固极诪张。而香山县以非所管辖徇情据案，越俎代庖，尤为暧昧。窃以重缮学官为一邑重大之典，赴收题项实四人竭蹶之功，乃炮伤生员，掳诬士绅，财物罄劫，恣害久羁，案牍瞳霆，全乖法纪，衣冠涂炭，大辱士林，怪状骇乎四邻，公愤深于五属。绅等同为修学襄事，岂容袖手旁观，理合联叩仁阶，恳即据实通详上宪，请委贤员迅赴香山，守提人卷归案讯究，以儆势豪，以彰风化。①

在东莞士绅纷纷上诉县衙之时，东莞县令柏贵已向广州府递交了呈文，经层层批示递呈后，接替邓廷桢任两广总督的林则徐对此案进行了最后的裁定。此前林则徐就曾对陈裕垂和柏贵联合勘查万顷沙之呈文进行过批示，非常清楚当天"焚毁田寮"为官府所为，要求

---

① 陈伯陶：《东莞县志·沙田志一》，第 19 页。

"仰东布政司速饬分移各县将温植亭等严拘解究"。所以，当他再次看到各级对"掳劫案件"的批示后，是非曲直了然于心。于是，林则徐批示道："此案勘毁由官，与武进士陈龙安等毫无干涉。如果郭进祥胆敢迁怒纠匪将陈龙安等凭空劫掳致伤，而温承钧复以强盗焚劫诬解，则是奸徒罔利营私于前，拂欲肆凶于后，据呈洵堪发指。现在两造既经香山县带候，仰东按察司会同布政司作速按名提省，仍分饬各县拘郭进祥等，务获解并押拆确究详办。此等土豪势恶，在所必除，勿任延纵。"① 两广总督林则徐的批示，裁定了温植亭与郭进祥团伙覆没的结局。

五、 东莞呈文

东莞县令柏贵收到林则徐的批示后，一方面安抚东莞士绅，在其上诉呈文后批示曰："此案现奉臬宪（广东提刑按察使）转奉制宪檄行在省审办，候将陈荣光等呈控原卷，与委员会勘万顷沙卷宗，唤齐应质人等一齐批解，听候归案审办。"② 另一方面，为便于臬宪审理案情，又向臬宪上禀了该掳劫案的详细呈文。

柏贵在呈文中首先叙述了与委员陈裕垂共同勘查万顷沙的原因、经过和结果，并详细叙述了陈荣光等东莞县民、士绅呈控掳劫案的具体内容，然后转述了香山县针对掳掠事件发给东莞县的公函："香山县移称顺德县职员温承钧呈称伊与龙廷献等买受治属大澳沙税田，分批与杨子中等搭寮耕种，本年二月十八日被匪百余人驾艇驶至各围，登岸进寮搜劫银物，掳捉工伴杨贵书等下艇驶逃，追获贼匪八人解究。同日，并据邓瑞贤禀伊批耕大澳沙广丰围，于二月十八日被匪焚劫，掳去工伴杨贵书、陈亚礼二人，各等情，连解陈龙安、何鲲、方

---

① 陈伯陶：《东莞县志·沙田志一》，第 16—17 页。
② 陈伯陶：《东莞县志·沙田志一》，第 20 页。

文炳等到县,现在提讯两造,各执一词,合移查覆,等由。"① 该函包含以下几个方面的内容:一是温植亭称自己与龙廷献围筑的沙田属于香山县管理,是已经向官府购买并申报了的税田,分批于杨子中等人耕种;二是陈述批承给杨子中的围田被匪徒焚劫;三是邓瑞贤称自己批耕的广丰围也被焚劫,并有工人杨贵书和陈亚礼两人被掳走;四是陈龙安、何鲲、方文炳作为"焚劫者"已被押解到香山县。

柏贵在呈文中逐一对针对香山县的函件进行了驳斥:一是"卑职查温承钧据呈田寮被焚与卑职会同委员焚毁万顷沙围寮之月日相同",不存在什么劫匪。二是"其所称掳捉工伴杨贵书、陈亚礼二名,虽卑职仅扭获杨志中一名,并无另有陈亚礼其人,杨志中与杨贵书虽名字互异,而姓则相同,其为杨贵书即杨志中可知"。三是官府查勘结果表明了温植亭等人围筑的地方属于东莞地界,温植亭等人属越界围筑并阻塞水道,"至温承钧所称大澳沙又与万顷沙之坦名不同,其邓瑞贤所称广丰围与在寮搜出账簿、图书等件各有广丰围字样相符,其为温承钧因越境冒筑、有碍水道之围基,经官查办。帮理基工之杨志中又被拿获,其章程均经搜出,日后拘案,彻底根究,无可狡赖。遂见陈龙安等在该基左近泊船候潮,遂乘机掳捉,以大澳沙契据影射私筑之沙坦,赴香山县捏禀,以为讯究时饰卸地步,并妄冀仍将该坦给与管业。殊不思万顷沙坦委系东莞县所属,已经委员会同勘明确切,地界难以移换,且该基围现在尚未圈筑完竣"。四是现场搜获的账簿、图册明确记载了温植亭等人围筑的万顷沙田不是其与龙廷献等人购买的香山县属税田,签订字样表明香山县属税田己亥年(1839)才开始圈筑,"查核在围寮搜获温豫顺堂圈筑基底章程,填明己亥年四月立字样,其为并非久经升科之大澳沙老坦,又不辩自明"。五是查明该沙坦有碍水道,无论老坦、新坦,无论何县所属,都应该拆除,"况该坦勘明有碍水道,无论老坦、新坦,无论何县所属,均应拆除,当

---

① 陈伯陶:《东莞县志·沙田志一》,第21页。

经备文移覆，并移提温承钧、陈龙安等归案查究"。六是批驳香山县
罔顾事实，强行以万顷沙属香山县、为温植亭所承买税田为由，不仅
不移交案犯，还要求东莞针对温植亭的诬告进行复核查勘，"乃香山
县仍以万顷沙为香山所属，系温承钧承买税坦，不但不将温承钧等移
解，并移催卑职覆勘，移覆核小"。七是补充了该案件中船夫刘亚登
被温植亭等人炮伤落水后失踪的事实，说明此案已升级为命案，须禀
明皋宪严查，"嗣本月初三日，又有刘李氏呈称伊子刘亚登向在王画
画籍船雇工，前月士绅陈龙安等雇王籍船往南沙村，十八夜被温承钧
纠众劫掳，陈龙安等连船夫一并掳去，氏（刘李氏）以男亦在掳内，
近接陈龙安信，知男落水无踪，乞即查究等情"①。柏贵的呈文将香
山县官员与温植亭等人沆瀣一气的情形彻底地揭露出来了。

六、　最后裁定

经过东莞士绅的不断上诉、东莞县令柏贵的详细呈述，以及总督
林则徐对于掳劫案件的批示，温植亭、郭进祥团伙虽然按照香山县的
意见押解至广州府而不是移送于东莞县进行审理，但其犯罪事实和必
须承担的犯罪后果是改变不了的。

该案首先对万顷沙的权属问题进行会勘，以广东巡抚在香山知县
吴恩树的呈文上的批示为证："此案前据香山县以两造互控掳劫，各
执一词，其失事地方又在两县交界，禀请委勘提讯。前来，当经批司
委员会勘，并提省审办在案，仰按察司会同布政司立即遴委干员驰赴
该处，会同香山、东莞二县查勘明确，绘图注说通禀，一面转饬广州
府亲提全案卷宗、人证秉公确讯，究明两造孰虚孰实，分别按拟详
办，毋稍讳饰偏延。粘抄并发。"②

---

① 　陈伯陶：《东莞县志·沙田志一》，第 21—22 页。
② 　陈伯陶：《东莞县志·沙田志一》，第 18 页。

道光二十年（1840）三月三十日，东莞县令柏贵发函文于香山县令，要求确定合勘日期：藩宪（布政使）和臬宪（提刑按察使）奉广东巡抚批示，委派即用县县令张继邹前来与香山县和东莞县会勘大澳沙和万顷沙究竟如何区分、应归何县管辖的问题。东莞县已召齐何广超、陈荣光等人，香山县也应带齐被温承钧等掳送至香山县衙的陈龙安等人，订好日期，与委员张继邹共同勘查。①柏贵在函文中没有提及香山县要带齐温植亭、郭进祥等人，推测该犯罪团伙已被带往广州府。

据民国《东莞县志》按语："查柏侯去任在道光二十一年（1841）十二月，会同委员张公继邹诣勘则在二十年（1840）四月，当时勘定界址，详请大宪立案及将抢掳案卷并一干人证提省审办断结，其公件谅有数起，乃披阅全卷，俱付阙如。又二十五年（1845）领照输耕，二十九年（1849）开涌分界，其间互相争执缠诉多年，公牍陈词不一而足，仅存二十九年（1849）署东莞县崔署香山县郭会详一件……"可知东莞县令柏贵和香山县令吴恩树同委员张继邹会勘万顷沙之后九年的案牍全部失踪，其合勘结果也不得而知，仅留存道光二十九年（1849）四月二十日，东莞县令崔敬修会同香山县令郭超凡联合向广州府递交的呈文。通过该呈文可以了解到，在东莞县令柏贵、香山县令吴恩树、会同委员张继邹联合勘查万顷沙后的第五年，即道光二十五年（1845），广州府同意将该沙东北一带四十顷划拨给东莞士绅保佃归屯，其他沙坦则仍归香山佃户承耕："案照东莞、香山绅民互争万顷、大澳两沙界址，先于道光二十五年间，奉院宪奏明，将该沙东北一带拨给东莞士绅保佃归屯四十顷，由前东莞县详请给照耕输，其余各坦亩概归香山原垦承佃，均经前香山县分起勘详给照承耕，各在案。"②

---

① 陈伯陶：《东莞县志》卷九十九《沙田志一》，第22—23页。
② 陈伯陶：《东莞县志·沙田志一》，第23页。

　　对于上述事情，光绪十四年（1888）六月，东莞沙局首事举人王清华在回禀东莞沙田分局委员质询东莞明伦堂沙田公产时也有提及，"道光二十五年（1845）正月二十七日，奉督宪、抚宪委署潮州府宪刘、候补府宪白、会同署香山县宪陆履沙勘明，拨给莞绅保佃报承屯坦四十顷，改为万顷沙……又将官筑杨子中屯田二十顷分给东、香各一十顷承佃""将官筑杨子中屯田二十顷分给东、香各一十顷承佃"①，这一点在东莞县令崔敬修和香山县令郭超凡的呈文中未曾提及。

---

①　陈伯陶：《东莞县志·沙田志二》，第 3 页。

第五节　万顷沙沙坦争夺之开涌分界

东莞士绅们从道光十八年（1838）开始筹谋争夺万顷沙沙坦，其间经过八年抗争，终于有了阶段性的胜利，但这与东莞士绅主张万顷沙全部属于东莞管辖的目标仍然相差很远，因此后续争夺不可避免。

道光二十五年（1845），广州府裁定东莞与香山二县界址后，东莞违背裁定越界圈地，虽经广州知府亲自到万顷沙主持分界，但东莞士绅方镇清等人仍然认为不合理，使得分界没有最后定断。后经东莞县令、香山县令进一步查勘协调，香山佃户让出万顷沙东北一带归东莞承佃："嗣据香山县佃户李九龄等以东莞不依原拨四至越界等情控，奉饬委候补府宪蒋督同东莞、香山二县亲诣该沙所开涌分界。因莞绅方镇清等仍以界址争执，致未勘分定断，复经卑职等勘讯明确，香人已愿退出该沙东北一带归莞承佃，莞人亦愿给还工本银三千两并认缴屯租，即以杨子中等沙居中直下为界。卑职等因思本案事涉两县，连年拖欠屯租，皆以界址未清为词，今既情愿此退彼承，亟宜开涌分界，庶可永断葛藤，屯租亦不致再滋藉口。"①

为了巩固好不容易达成的共识，东莞县县令崔敬修、香山县县令郭超凡认为，必须在界址中间挖一条界河，方能形成永久界址。于是两县派遣差役，"传齐各绅佃等赴沙开涌，兹于四月初十日，据差役传集职员马逢亨、温承保等，举人何鲲、钱时新，生员王书、刘大观、苏鸿逵等，并弓、算、书、匠、坦邻人等前来，卑职等随即会同带赴沙所，督率人夫眼同开涌分界。即在杨子中围脚官筑屯田内东、香分界，田塍之下破中分界，直至沙尾，挑挖界河一道，共长一千两

---

① 陈伯陶：《东莞县志·沙田志一》，第 24 页。

百丈，阔一十丈，深五尺"①。

经过东莞县与香山县沙田的开涌分界，东莞共获得沙坦九十五顷四十一亩六分六厘，具体为：

> 所有挨涌东北一带之香佃陈德如等原承草、水坦税一十五顷，梁立登等水白坦一十五顷，李九龄白坦税六顷二十五亩，梁裕丰白坦税七顷九十一亩六分六厘，陈得田水白坦一十顷，何醇醴等水白坦税一十顷，李钺等水白坦税一十顷，胡昌成等水白坦税一十二顷，胡宏业等水坦税四顷，及界涌西南之香佃何智原承草坦税五顷二十五亩，因莞人业已圈筑成围，未便拆毁，通共税九十五顷四十一亩六分六厘统归莞人承佃，按照各原案税额，由莞佃依期完纳追出。香山佃户陈德如等原领佃照缴销，其余挨涌西南一带各屯坦饬令香山各佃户周立文、何礼信、梁尚弼、胡五桂、吴喆、吴秉坤、吴永继、王贵荣、朱建利等各照原案垅段四至照旧耕输，勘毕绘图、附卷、随据。②

东莞与香山分界后，道光三十年（1850）五月，番禺潘敬义、潘德昌、陈子昭、张秀贤、李光先等人又把承佃的十顷沙田赠送给了东莞明伦堂。《立送贴番禺潘敬义、潘德昌、陈子昭、张秀贤、李光先为拨送坦亩事》文牍对此有明确记载：

> 窃潘敬义等有承置香属土名正江沙即枰杆沙归屯坦亩，因此沙坦位在东莞界内，与万顷沙毗连，承佃在先，分界在后，档案俱存，骤难更正。虑后启争端，且海外孤悬，更赖互相守望，尚量通融办法，情愿将沙内坦亩拨送一十顷归东莞明伦堂公同管

① 陈伯陶：《东莞县志·沙田志一》，第 24 页。
② 陈伯陶：《东莞县志·沙田志一》，第 24 页。

业，但坦亩过低，欲省工费，仍由潘敬义等永远承批……①

据此，东莞县通过与香山县开涌分界，共获得沙田坦亩一百零五顷四十一亩六分六厘，再加上道光二十五年（1845）裁定所得的五十顷，至此，东莞明伦堂共获得沙坦一百五十五顷四十一亩六分六厘。

东莞士绅们与温植亭、郭进祥团伙及香山县争夺万顷沙沙坦一事历经十一年，最终以温植亭、郭进祥等人伏法，以及东莞县、香山县在万顷沙开涌分界结束，东莞县虽然没有达到将万顷沙全部沙坦收入囊中之目的，但所得沙坦位于河道入海一侧，能不断浮生出新的沙坦，因此，东莞明伦堂万顷沙沙田公产得以越筑越宽。为了纪念最先发起并竭力组织争取沙坦乃至遭掳掠与囚禁的陈龙安、方文炳、何鲲和陈荣光四人，东莞明伦堂于清同治年间在东莞县城东正街"袁督师祠"旁建立"报功祠"，以纪念历尽千难万险取得万顷沙沙坦的"四君子"。辛亥革命以后，在万顷沙自卫局旁边设立了"四先生祠"（又称"四君子祠"）和"忠义祠"。其中，"四先生祠"内立有知县柏贵的长生禄位；"忠义祠"则为纪念在"掳掠事件"中被打死的农民刘亚登等而设。此外，东莞明伦堂每年还列支银两或谷物，用于"四君子"以及在"掳掠事件"中被打死、打伤者之长期祭祀与抚恤，一直延续至1949年。②

---

① 陈伯陶：《东莞县志·沙田志一》，第27页。
② 叶少华：《我所知道的东莞明伦堂》，第1—21页。

第六节　万顷沙沙坦之初期管理

据民国《东莞县志》相关文牍记载，东莞士绅以东莞明伦堂名义争得万顷沙沙坦公产后，设立沙局进行管理：

> 窃保绅潘彭龄于道光二十八年保得屯佃潘敬义、潘德昌、陈子昭、李光先、张秀贤等承办香山县属土名正江执丁沙水坦一段，计税三十八顷，递年应缴屯租银七百六十两，历届无误。后因红匪滋扰，各佃户均遭劫掠，赔垫无力，计自咸丰六年至十年尾季共欠屯租银三千八百两，迭奉催缴，未能清完。保绅屡次到催，躲匿不见。查此坦当日疆界未清，在于香山，现在确查均属于东莞明伦堂所承万顷沙界内。今保绅以异邑之绅而保邻境之佃，督催不力，咎固难辞，而呼应不灵，情亦可恕。若就近由东莞明伦堂士绅追催较为得力，当即驰赴东莞沙局与各绅何衍源等集商。①

上文中提到的"东莞沙局"即为东莞明伦堂万顷沙沙坦的初期管理机构，该机构与清末由于丈量土地之需要而设立的广东省沙田总局以及在各县设立的沙田分局并不是一回事。

又据民国《东莞县志》记载，清咸丰十年（1860）五月，"番禺县潘敬义，保佃绅潘彭龄……今因拮据，历年所欠租税无力供纳，因此坦曾送十顷在先，兹情愿再将此屯坦二十八顷及民税坦一十五顷八十亩一并送与东莞明伦堂全受，即日与东莞明伦堂首事谭晋生、何星湖、袁翥亭、王象虚、祁鼎臣、张天民、张心持、陈拜墀、叶香园、

---

① 陈伯陶：《东莞县志·沙田志一》，第 29 页。

叶星廊先生等当面订明。其上年承受沙价及历年填筑工本，在潘敬义概不敢计，惟明伦堂首事谭晋生等念敬义费本太重，于心不安，情愿补回银三千两，并潘敬义历年所欠屯租民税共约银三千六百两亦归东莞明伦堂代为缴纳清完，使屯佃潘敬义、保佃绅潘彭龄毫无遗欠贻累后人"①。文中提到的"东莞明伦堂首事谭晋生、何星湖、袁翥亭、王象虚、祁鼎臣、张天民、张心持、陈拜墀、叶香园、叶星廊先生等"即为东莞明伦堂沙局的管理者，东莞明伦堂沙局的主持人谭晋生被称为"首事"，这是目前所知关于"沙局"拥有 10 名管理者的最早记载。

清咸丰十年（1860）六月，据《番禺县潘彭龄署理广东督粮道为愿退愿保等事》"东莞明伦堂沙局首事何衍源、谭若珠、袁寿颐、王维政、陈献琛、祁荷槐、叶焕恒、张熙元、叶遇芬、张维赴辕"②等语，东莞沙局更换了管理人员。又据清光绪十四年（1888）六月二十日谕"具禀沙局首事举人王清华等《为照契蒙验奉谕饬查谨将上手契照尊缴呈验据实禀复察核事》"③，以及清光绪十五年（1889）八月初四日谕"具呈明伦堂沙局绅董举人王清华，内阁中书袁同熙，教谕郭庚吉，举人王鉴莹、徐庚英、邓礼贤，大挑知县黎际春、陈景梁、内阁中书黎凤仪、钟焕文呈《为遵谕筹缴沥诉下情，恳恩转详宽免充拨以顺舆情而维全局事》"④，可知清光绪十四年至光绪十五年之间，王清华为东莞明伦堂沙局首事，东莞明伦堂教谕郭庚吉为"沙局"10人管理小组成员之一。

东莞明伦堂沙局管理者通过全县五属⑤（即捕厅、戎厅、京山司、缺口司、中堂司）公开推举产生，在东莞乡间没有声望、品行不

① 陈伯陶：《东莞县志·沙田志一》，第 28 页。
② 陈伯陶：《东莞县志·沙田志一》，第 29 页。
③ 陈伯陶：《东莞县志·沙田志二》，第 2 页。
④ 陈伯陶：《东莞县志·沙田志二》，第 9 页。
⑤ 清乾隆十九年（1754），东莞全县实行五属制。每属直辖到村，如中堂司管辖233个村。

端之人无法参与沙田事务，这在民国《东莞县志》相关文牍中也有明确记载："况明伦堂沙务各绅系由通邑五属公举，与公局诸绅绝无干涉。其平日乡望未孚、品行不端者，不令与闻其事。"[1] 至于如何推举，以及每属名额，则未见具体记载。

如前所述，东莞县与香山县开涌分界后，东莞明伦堂取得的万顷沙沙坦大部分都是白坦、草坦。白坦、草坦要变成熟坦，即沙田，还需要一个相当长的过程，"伏查民筑屯田，当领佃时皆是水坦，非用本筑坝不能成田……尤须逐渐积淤，节次基筑，三二十年始克藏事"[2]。此处所谓成田需要"三二十年"，虽然有些夸大，但也说明其中的不易，承佃者在这段时间里，不仅无法从中获得收入，还要投入巨大的经营成本。

东莞明伦堂沙局在最初获得万顷沙水白坦后，由东莞士绅保举东莞县家境殷实者承佃。民国《东莞县志》文牍《署东莞县崔敬修调署香山县郭超凡为会详请给佃照耕输事》记载：

> 东莞士绅何鲲、刘大观、苏鸿逵等士绅保举佃户史志勤、史兆丰、史传信、史尚文同供。小的们俱系东莞县属殷实农民，现在士绅何鲲等系保举小的们接承香山县佃户陈德如，原陈德如等原承土名大澳沙（现改为万顷沙）草（水白）坦一十五顷，又梁立登等水白坦税一十五顷，李九龄白坦税六顷二十五亩，梁裕丰白坦税七顷九十一亩六分六厘，陈得田水白坦税一十顷，何醇醴等水白坦税一十顷，李钺（等）水（白）坦税一十顷，胡昌成（等）水（白）坦税一十二顷，胡宏业等水坦税四顷，及何智原承草坦税五顷二十五亩，共该税九十五顷四十一亩六分六厘。小的们情愿接佃耕输，补回香山各原佃工费银三千两，所有

---

① 陈伯陶：《东莞县志·沙田志二》，第 10 页。
② 陈伯陶：《东莞县志·沙田志二》，第 20 页。

草白水各屯坦租额均照各原案自道光二十七年起接续输纳，按限完缴，永不加增。如不拖欠，亦不易佃。递年租银依限于六月及十二月中旬分次自行解缴。倘有拖欠屯租，惟保佃士绅何鲲、刘大观、苏鸿逵们是问。①

意即东莞明伦堂获得的九十五顷四十一亩六分六厘万顷沙沙田，由东莞士绅何鲲、刘大观、苏鸿逵保举东莞县家境殷实农民史志勤、史兆丰、史传信、史尚文等承佃，每年六月及十二月中旬自行解缴屯税于官府，如果出现税款欠缴、拖欠田租等问题，则由保人负责。

随着东莞明伦堂后续获得的白坦、草坦越来越多，转而采用总佃制的方式进行经营。据民国《东莞县志》记载，"围筑工本既繁且巨，邑学向无公产，皆称贷而来，是以招佃批耕，必须宽予限期，减免租息"，"招佃批耕"即为"总佃制"的经营方式，即沙田业主通过"招佃批耕"的方式，把沙田整体或分区批租给一个或若干个总佃，总佃再把沙田承佃给其他佃户，其他佃户还可以再租佃给更多小佃户。为了吸引更多的佃户承佃，东莞明伦堂"总佃制"的经营策略是："其筑成各围前经绅定，议宽予荒头批期，每围筑成后，批期三十年，内荒头十年。十年后每亩始收租银四钱，又六年后加至八钱，递加至一两六钱止。"② 意即为了吸引有一定经济实力的人家承佃这些沙坦，东莞明伦堂沙局提前将沙坦围筑好，让人看到有成田之可能，然后再进行招租批佃，每次批期达三十年之久。其中，荒头期十年，其间佃户不用交租。根据清廷规定的"承垦沙田，照水田例，六年起科"，东莞明伦堂在获得万顷沙水白坦且领取执照六年后就要开始交税，但承租者十年后才开始向东莞明伦堂交租，相当于东莞明伦堂要为佃户代付四年的屯税，并承担前期围筑成本的付出，故东莞明

---

① 陈伯陶：《东莞县志·沙田志一》，第24—25页。
② 陈伯陶：《东莞县志·沙田志二》，第6页。

伦堂万顷沙田早期"招佃批耕"的条件非常优惠。当然，佃人承耕沙田批期界满后，所建之围堂、耕馆、晒场、窦口、板寮以及种植的树木等，必须无条件归东莞明伦堂。东莞明伦堂通过这种方式，将万顷沙田越筑越宽。至宣统三年（1911），已拥有沙田六百七十余顷，平均每年增加九顷多。①

　　沙局时期的东莞明伦堂，是拥有万顷沙沙田公产的开端。纵观东莞士绅争夺万顷沙沙田的过程，其成功主要缘于以下几个方面：一是东莞士绅们为了东莞全邑利益，团结一致，共同进退，尤其是陈龙安、何鲲、方文炳、陈荣光四人，担负起发起者、策划者与组织者的职责，被掳掠后亦不为势家金钱所动，不断应讼赴讯，"构讼六七年，赴讯数十次，龙安皆与"②，成为东莞士绅争沙行动的中流砥柱。二是东莞士绅牢牢抓住"越境围筑""阻碍水道"等由进行上诉，为官府呈批和断案提供充足的理由，其情理得到了官府和东莞从上至下的高度认同。尤其是"阻碍水道，酿成水灾"是两广总督邓廷桢、林则徐给予温植庭、郭进祥团伙定罪的关键因素。三是东莞士绅的争夺方略得当，不与对手直接接触和缠斗，而是策划集体上书县令，详细阐明万顷沙属于东莞的地理依据和将万顷沙纳入东莞明伦堂公产的极端重要性，使身为东莞县令的官员意识到自身在其中有不可推卸的职责。在获得县令认可并与之共同勘查万顷沙后，得到了万顷沙属于东莞的官方凭证。然后，他们又巧妙地组织沿海几个乡的老农民以受害者的身份控告温植亭等越界违法圈筑沙田以至堵塞水道、造成东莞沿海各乡发生水灾。当两广总督下令派员与东莞联合调查当日，温植亭及其同伙郭进祥等居然掳掠和拘禁了在南沙村海边公干的东莞士绅领袖陈龙安、方文炳、何鲲等人，东莞士绅顺势紧抓此事不放，通过不

---

① 黄永豪：《清代珠江三角洲沙田、乡绅、宗族与租佃关系》，香港文化创造出版社 2005 年版。

② 陈伯陶：《东莞县志·人物略十七》，第 12 页。

断诉讼，最终于道光二十五年（1845）获胜，从而奠定了东莞明伦堂此后百年繁荣的基础。四是争沙得到了东莞三任县令柏贵、崔敬修、张继邹的大力支持，这是东莞士绅获胜的又一重要原因。陈伯陶在民国《东莞县志》写道："是吾邑得有沙田，固自柏与张始，而开涌定界、割拨陈德如等原承草水白坦九十五顷零归莞承佃，皆崔邑侯一手办理，十余年缠讼未结之案至此而葛藤永断，崔之功固不在柏、张之下也。"[①] 其中的"柏"即为县令柏贵，"张"即为县令张继邹，"崔"即为县令崔敬修。

---

① 陈伯陶：《东莞县志·沙田志一》，第 27 页。

附　录

万顷沙田图

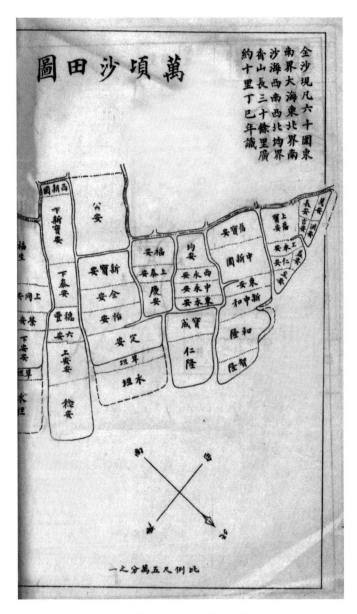

万顷沙田图之一（载陈伯陶《东莞县志》卷首，下同）

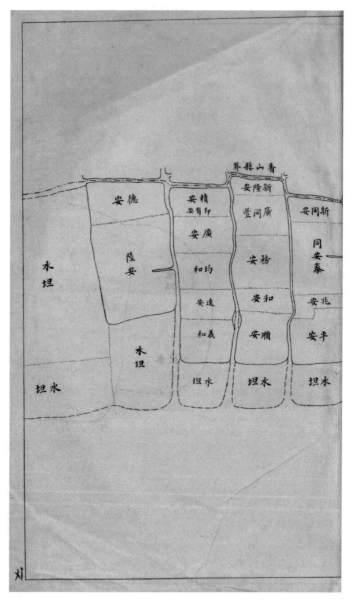

万顷沙田图之二

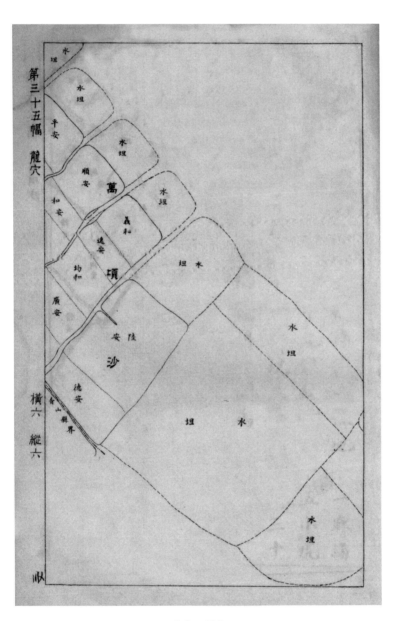

万顷沙田图之三

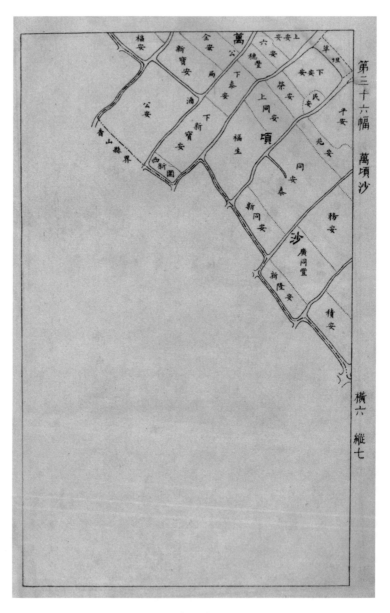

万顷沙田图之四

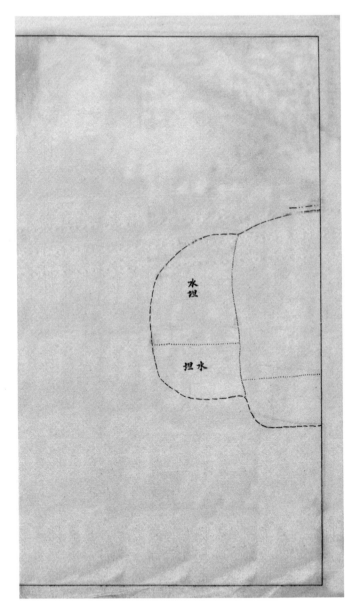

万顷沙田图之五

改换沙田新照

民国二年（1913）广东财政司发给东莞明伦堂改换沙田新照

第三章　安良局时期（1864—1911 年）

　　清同治三年（1864），广东各县士绅奉宪设立了安良局，形成了由地方乡绅主导的基层社会权力机构。据民国《东莞县志》记载："同治三年（1864），本县士绅奉宪设安良总局于城外新沙何耘劬（何鲲）先生祠，额设团勇二十名，饷械由沙局拨给。光绪二十九年（1903），安良总局迁城内宝安书院，增设团勇共八十名，分驻城内及城外新沙。"[①] 由此可知，安良局是东莞士绅奉命设立的维护东莞县邑社会治安的团练组织，该组织的武装经费由东莞明伦堂沙局拨给。由于安良局与东莞明伦堂沙局的管理者为同一士绅群体，在日常管理及呈文中，常以"安良局""沙局""东莞明伦堂安良局""东莞明伦堂沙局"自称，造成了安良局与东莞明伦堂混为一体的事实。东莞明伦堂沙局在安良局成立后一直存在，只是其知名度明显没有安良局高，且安良局拥有东莞明伦堂沙局提供日常经费的团练武装，保障着东莞明伦堂沙田公产的安全以及其具体事务的办理，人们由此将此阶段称为"东莞明伦堂安良局时期"。这一时期，东莞士绅们致力于通过买受、接佃、缴价承升、报承等方式将沙田面积越拓越宽，并成功化解"沙田公产拨充广雅书院"事件和"割县置厅"危机，其经营收入除支付安良局工作人员的薪酬，沙艇工食，勇丁口粮，海防补升，捐办京仓，浚改邑河，重修学官，京官旅费，捐修府志，增广学额，捐建考棚，书院膏伙，文武岁科乡试、会试的印金、卷资、水脚等外，还大力兴办新式学堂，资助石龙惠育医院、稍潭麻风院、若瑟洲麻风院等医疗机构的建设，以及支持水灾、台风等灾害后的赈灾工作。

---

① 　陈伯陶：《东莞县志·经政略》，第 17—18 页。

第一节　安良局的形成及其组织形态

一、安良局的形成

清道光年间，广东普遍设立由乡绅组建的"公局"以维护乡村社会治安。例如，道光二十四年（1844），东莞士绅便以附近盗匪出没为由，禀请东莞知县李绳先[①]批准设立"防御公局"于县城西隅社学，东莞明伦堂"四君子"之一的何鲲便是"防御公局"的当事人。[②] 咸丰年间，太平天国运动爆发，清朝统治者认识到发展基层防御力量的重要性，下令兴办基层团练组织，并派遣在籍大员帮助地方官员和乡绅共同办理团练："督同在籍帮办团练之士绅实力奉行，各就地方情形妥为布置，但期守卫乡间不必拘执成法……一切经费均由绅民量力筹办，不得假手吏役。"[③] 由此，各地自筹经费的团练组织陆续兴起。咸丰四年（1854），受太平天国影响，珠江三角洲各地爆发"红匪之乱"，东莞也发生了石龙人何禄领导的红巾军起义，占领了东莞诸多乡镇。为抵抗"红匪之乱"，东莞"五属"及各乡均设立了团练组织："邑城于西北隅社学设团练局；中堂属于中堂墟设团练局；戎属于石龙墟设同泽社（后改为太平社，又改为太平公所）；缺口属莲溪各乡于太平墟设靖康局；京山属峡内各乡于茶山设祥和社，于神山设平康社。其后，戎属土瓜墟各乡设土瓜局，缺口属竹溪各乡

[①] 李绳先，浙江钱塘人，监生。道光十三年（1833）十月至二十四年四月间曾两度署任东莞知县。

[②] 王一娜：《晚清珠三角地区公约、公局的缘起及初期演变》，《广东社会科学》2011年第6期，第45页。

[③] 中国第一历史档案馆编：《咸丰同治两朝上谕档》（第三册），广西师范大学出版社1998年版，第344页。

设竹溪义学，京山属附近大沙各乡设联和社，附近常平墟各乡设广裕社，皆招募练勇百数十人不等，饷械由各乡绅筹给。地方平靖后，即酌行遣散，无额设之勇丁。"① 何鲲的侄子何仁山②"亲率乡团平贼，邑获安堵。丁巳，英法联军陷广州，仁山集团防御，钦差罗惇衍、龙元禧、苏廷魁咸倚重焉，事平荐保直隶州知州，以亲老绝意"③。何仁山亲率团练镇压了何禄领导的红巾军起义，守卫了东莞，又组织团练守卫广州，因有功被钦差大臣罗惇衍等推荐为直隶州知州，但他以亲人老迈为由没有赴任。

"红匪之乱"被平靖后，东莞"五属"以及各乡建立起来的团练组织均已解散。清同治三年（1864），东莞奉宪设立的安良总局又应运而生，主要职责是维护社会治安和调解民间纠纷，办公地点位于原"防御公局"主持人何鲲的祭祠。据民国《东莞县志》之《〈沙田志〉序》记载：

> 咸丰九年至光绪十三年，……此二十九年中，虽少有风波，无伤大局，在事诸公如何公梅士等悉心筹划，得寸得尺，竟扩充至二百四十一顷零。④

此处的"何公梅士"即为何仁山，他不仅是东莞团练的首领，而且还是东莞明伦堂沙局的首事。民国《东莞县志》之《何仁山小传》记载："邑中沙田始终竭力维持，以成鲲志……犹子庆修……代仁山

---

① 陈伯陶：《东莞县志·经政略》，第 18 页。
② 何仁山（1828—1876），字颐贞，号梅士，何鲲侄子，莞城新沙坊人。道光二十九年（1849）乡试解元，后因"红条罢考案"被诬逃难于河田。咸丰七年（1857），英法联军攻陷广州，何仁山组织乡团抵抗，保卫东莞。晚年主讲宝安书院，曾任东莞明伦堂沙局首事。
③ 陈伯陶：《东莞县志·人物略》，第 13 页。
④ 陈伯陶：《东莞县志·沙田志一》，第 1 页。

主宝安书院凡十六年。甲申，法越衅起，大府委办团练，事平，赏四品衔。素持正，继仁山维持邑沙田，不避劳怨。"① 何仁山不仅继承了何鲲经营壮大万顷沙沙田公产之弘愿，而且其侄子举人何庆修既主持团练，又主持沙田事务，何氏家族一脉三代把持地方团练大权，又主持东莞明伦堂沙田事务，这充分说明东莞安良总局与东莞明伦堂沙局管理者为同一士绅群体，这一论断也可以从两广总督张之洞于光绪十五年（1889）十一月送呈朝廷的奏折得到印证："该处明伦堂公局，不过托名学校，向为利薮，各该绅管理事务，把持侵蚀。"② 张之洞在奏折中直接把"东莞明伦堂"和"公局"合称为"明伦堂公局"，直截了当地说明了两者之间的关系。

二、 安良局的组织形态

曾在民国时期两度出任东莞明伦堂委员长的叶少华在《我所知道的东莞明伦堂》一文中详尽地阐述了安良局与东莞明伦堂沙局之间的关系及其组织形态：

> 明伦堂的沙田事务，在前清时由设在东莞县城内的安良局办理。安良局是地方士绅组成的一个所谓调解机构，名义上是为地方"排难解纷"，实际上是一个小衙门。……当时主持安良局的人称为首席值理，以县中功名最高的人充当，大多是翰林进士或二三品官员，有时不只一人。首席值理之下有局绅，称为值理，一般人叫做"坐局"。担任"坐局"的是进士或较有名望的举人，也偶有贡生或秀才充当，但那是极个别的。在这个管理机构下面做具体工作的，权力最大的是账房，有正、帮之分，经常有三两个人。账房内有文案一二人和杂役若干人，都是为值理提供

---

① 陈伯陶：《东莞县志·人物略》，第 13 页。
② 陈伯陶：《东莞县志·沙田志二》，第 13 页。

服务。我小时曾随老师到安良局住过两晚。①

　　据此可知，安良局与东莞明伦堂沙局除名称不同外，其组织形态基本相同：东莞明伦堂沙局主持人称"首事"，安良局主持人称"首席值理"；东莞明伦堂沙局除"首事"外，其他管理人员称"绅董"，安良局除"首席值理"外，其他管理人员称"局绅"和"值理"；安良局设"账房"管理账目，东莞明伦堂沙局也设"账房"。

　　东莞明伦堂安良局的主持人"首席值理"一般由士绅向县官荐任，通常是邑中功名（翰林、进士）或官位最高（二、三品官员）者担任。如晚清的解元何仁山、进士容鹤龄②、进士邓佐槐③、举人黎嘉骐④、探花陈伯陶都曾担任过安良局的首席值理。⑤ 主持东莞明伦堂沙田事务的绅董都是地方上非常有势力的乡绅，例如，光绪三十一年（1905）八月，东莞明伦堂绅董短缺，江宁提学使陈伯陶、安徽候补道张其淦⑥、侍读衔翰林院修编尹庆举⑦、顺德协副将

① 叶少华：《我所知道的东莞明伦堂》，第5—6页。

② 容鹤龄（1831—1897），字蠹云，号青田，东莞莞城旨亭街人。清同治二年（1863）进士，授知县不就，奉母家居，后改授韶州府学教授。曾掌教东莞龙溪书院、顺德凤山书院十余年。中法战争起，佐军羊城兼东莞团练事务。

③ 邓佐槐（1836—1892），别号砺侯，东莞莞城南街人。清同治七年（1868）进士，授礼部主事，后以万顷沙沙田拨充广雅书院被免职。曾掌教龙溪书院、宝安书院。

④ 黎嘉骐（约1805—1879），别号子骏，东莞潢涌乡人。清道光二十九年（1849）举人。曾任福建兴化府知府等职，晚年回籍住居。

⑤ 李炳球：《东莞明伦堂史略》，载东莞市政协编：《东莞历史文化论文集》，广东人民出版社2008年版，第383页。

⑥ 张其淦（1859—1946），字豫泉，东莞篁村人。清光绪二十年（1894）甲午恩科进士，授山西黎城知县，以保外国教民不力被革职。归乡后，掌教东莞龙溪书院。光绪三十四年（1908），复官为安徽自治局总办。宣统二年（1910），署安徽提学使。辛亥革命后，隐居上海，与友人合股从事房地产业，闲时著述。

⑦ 尹庆举（1862—1915），字策延，号翔墀，东莞万家租人。清光绪二十一年（1895）进士，授翰林院编修，后充国史馆纂修。回籍后，掌教东莞龙溪、宝安书院，与邑令刘德恒筹设劝学所等。

谢遇奇①、户部主事陈嘉谟②、分发山东即用知县（未赴任）徐夔飏③等均担任过东莞明伦堂绅董。④ 有些绅董甚至为地方大族的领袖，有的大宗族更是几代人都参与管理东莞明伦堂，例如，张氏如见堂的族长张端⑤、张其淦父子都曾担任东莞明伦堂的绅董。其中，张端担任东莞明伦堂的绅董长达20余年之久⑥；东莞潢涌巨族黎氏家族的黎家崧⑦（又名黎老四）及其侄子黎凤仪⑧皆做过东莞明伦堂的绅董；东莞明伦堂"四君子"之一何氏家族的何鲲及其侄子何仁山、侄孙何庆修⑨都是东莞明伦堂的绅董。东莞明伦堂值理坐局期间，吃喝、烟丝、烟纸、交通等花费都由账房报销。据统计，一年花费银元万元以上。黎家崧仅一年任期间，吸烟纸的开支就达二三千两银子⑩，这也侧面反映出东莞明伦堂组织管理的混乱以及部分绅董的贪婪。

---

① 谢遇奇（1843—1916），字慕渔，东莞茶山南社人。清同治四年（1865）武进士，同治九年（1870）身居守备正五品官职。清光绪三十一年卸甲归田。

② 陈嘉谟（1837—1920），字石樵，东莞虎门南面村人。清光绪二年（1876）进士，授户部主事，后以父母年高辞官。与吴道镕、石炳枢设教于羊城学宫，后主持宝安书院、东莞劝学所数年。

③ 徐夔飏（1861—1939），字莞珊，东莞莞城同德街人。清光绪二十年进士，分发山东即用知县，未赴任。光绪二十八年（1902），创办东莞县学堂并任学监。

④ 陈伯陶：《东莞县志·沙田志·公牍》，第3891页。

⑤ 张端，字载熙，号介愚，东莞篁村人。清同治元年（1862）举人，授知县，未赴任，与何仁山、邓蓉镜等题咏赋诗，怡然自乐。张其淦为其第三子。

⑥ 张其淦等：《张氏家传·先府考君行状》。

⑦ 黎家崧（约1827—？），字子谔，东莞中堂潢涌村人。清朝举人，曾任直隶州知府。

⑧ 黎凤仪，号乐韶，东莞中堂潢涌村人。清光绪元年（1875）举人。

⑨ 何庆修，莞城新沙坊人。清同治元年举人，与陈嘉谟、张端、罗珊同榜，曾任户部江南司郎中。

⑩ 叶少华：《我所知道的东莞明伦堂》，第6页。

第二节　沙田公产的拓殖与经营

一、　沙田公产的拓殖

在安良局时期，主持东莞明伦堂沙田的士绅们致力于通过买受、接佃、缴价承升、报承等方式拓展沙田，这在民国《东莞县志》之《沙田志事略序》中有详细记载：

> 咸丰九年至光绪十三年，买受于丁恒等补凡税四十一顷零，接佃潘敬义等屯坦三十八顷，缴价承升李九龄等屯税三十九顷零，报承广同丰等围熟坦七十九顷零，报承仁安等围草坦暨草坦侧水白坦四十三顷零。此二十九年中，虽少有风波，无伤大局。在事诸公如何公梅士等悉心筹划，得寸得尺，竟扩充至两百四十一顷零……同治十年，报承各围熟坦、围侧草坦、万顷洋沙沙尾草坦侧水白坦十三起，沙田总数达二百四十一顷。①

上述"接佃潘敬义等屯坦三十八顷"在民国《东莞县志》卷九十九《沙田志一》中有详述：

> 立送沙坦贴人：番禺县潘敬义，保佃绅潘彭龄。今有道光二十八年（1848）在香山县承受屯坦一段，土名正江执丁沙，计坦三十八顷，每年共纳租银七百六十两，自咸丰六年（1856）起至九年（1859），共欠租银三千零四十两，又于道光二十三年

---

① 陈伯陶：《东莞县志·沙田志一》，第 1 页。

（1843）买受香山县民税土名正江执丁沙一十五顷八十亩，自道光三十年（1850）起至咸丰九年（1859）止，共欠税银五百五十余两，此屯税、民税两坦相附，今系在东莞县界内，与万顷沙毗连，承佃在先，分界在后，档案俱存，未及更正。前因孤悬海面，必赖守望相助，曾于道光三十年（1850）将屯坦三十八顷内拨十顷归东莞县明伦堂公同管业，另有立送贴、领贴详载条款。今因拮据，历年所欠租税无力供纳，因此坦曾送十顷在先，兹情愿再将此屯坦二十八顷及民税坦一十五顷八十亩一并送与东莞明伦堂全受，即日与东莞明伦堂首事谭晋生、何星湖、袁鬵亭、王象虚、祁鼎臣、张天民、张心持、陈拜墀、叶香园、叶星廊先生等当面订明。其上年承受沙价及历年填筑工本，在潘敬义概不敢计，惟明伦堂首事谭晋生等念敬义费本太重，于心不安，情愿补回银三千两，并潘敬义历年所欠屯租民税共约银三千六百两亦归东莞明伦堂代为缴纳清完，使屯佃潘敬义、保佃潘彭龄毫无遗欠贻累后人。立即禀官批易归东莞明伦堂永远承佃及割税，任从兴筑管业，输租纳粮与潘敬义无涉，日后多生坦脚亦系明伦堂承受。自此次送后，所该纳粮输租及一切办屯事例，概与潘敬义无涉。日后该坦子母接生报承新税系归东莞明伦堂承受，亦概与潘敬义无涉，永断葛藤，不得别生异议。此是两家允愿，毫无抑勒，恐口无凭，立送贴一纸，付执为照。咸丰十年（1860）四月二十日，送沙坦人番禺潘敬义立贴。①

　　从以上"送沙坦贴"分析，东莞明伦堂曾分两次"接佃潘敬义等屯坦三十八顷"。其中，第一次于道光三十年（1850）潘敬义赠送东莞明伦堂沙坦十顷；第二次于咸丰十年（1860）潘敬义赠送东莞明伦堂余下的二十八顷沙坦。此外，还赠送了民税田一十五顷八十亩于

---

① 陈伯陶：《东莞县志·沙田志一》，第28—29页。

东莞明伦堂。潘敬义赠送民税田一事在《沙田志事略序》中没有提及，故笔者认为，《沙田志事略序》中所言东莞明伦沙田"竟扩充至两百四十一顷"有误，实为"两百五十六顷八十亩"。加上道光二十五年（1845）和道光二十九年（1849）两次所获一百五十五顷四十一亩，至光绪十三（1887）年，东莞明伦堂万顷沙沙坦总数已达四百一十二顷二十一亩。然据《具禀沙局首事举人王清华等为谨将莞邑万顷沙田亩类目情形缕晰禀陈并绘具全图详注坦亩缴抄照底粘陈清折伏乞察核准予更正俾早筹缴换领部照执业事》云："去冬委、县宪清丈万顷沙全沙各围，共丈得熟田三百四十三顷四十三亩七分七厘六毫三丝，又丈得熟田之围基一十三顷三十六亩八分九厘一毫八丝。"① 此处的沙田总数仅为三百五十六顷八十亩，与四百一十二顷二十一亩之间有五十五顷四十一亩之差，是否为避税而故意瞒报，或白坦没有加进总数，我们无从得知。

清咸丰十年（1860）六月，保佃潘彭龄又将潘敬义等人的承佃执照立书赠送于东莞明伦堂：

> 立清交屯照字，番禺县保佃人潘彭龄暨佃户潘敬义、潘德昌、陈子昭、李光先，张秀贤等将上年所承香山县正江执丁沙水坦三十八顷、计屯照八张，情愿送与东莞明伦堂首事谭晋生先生等承领，所有一切事例详载入送贴字内。今因事既议成，即日将屯照八张一概点清交楚，别无交割未清之件，此后屯事缴租缴价尽归东莞明伦堂经理，不干潘彭龄之事。今欲有凭，立清交字一纸，付执为照。此外，尚有李光先承正江执丁沙一段，该税六顷八十亩屯照一张因遗失未得点交，批明再照。②

---

① 陈伯陶：《东莞县·沙田志二》，第4—7页。
② 陈伯陶：《东莞县志·沙田志一》，第29—30页。

清咸丰十年六月，东莞明伦堂在收到潘敬义等人赠送的沙田及新生水白坦后，保佃潘彭龄与东莞明伦堂沙局首事何衍源，以及谭若珠、袁寿颐、王维政、陈献琛、祁荷愧、叶焕恒、张熙元、叶遇芬、张维等绅董一起前往广东省粮道衙门办理相关手续，这在广东粮道李紫君给香山县的札文《署理广东督粮道李为愿退愿保等事》有详细记载：

> 窃保绅潘彭龄于道光二十八年（1848）保得屯佃潘敬义、潘德昌、陈子昭、李光先、张秀贤等承办香山县属土名正江执丁沙水坦一段，计税三十八顷，递年应缴屯租银七百六十两，历届无误。后因红匪滋扰，各佃户均遭劫掠，赔垫无力，计自咸丰六年至十年尾季共欠屯租银三千八百两，迭奉催缴，未能清完。保绅屡次到催，躲匿不见。查此坦当日疆界未清，在于香山，现在确查均属于东莞明伦堂所承万顷沙界内。今保绅以异邑之绅而保邻境之佃，督催不力，咎固难辞，而呼应不灵，情亦可恕。若就近由东莞明伦堂士绅追催较为得力，当即驰赴东莞沙局与各绅何衍源等集商。

东莞明伦堂沙局首事何衍源及其他绅董也称：

> 衍源等亦明知此坦水深难筑，前经潘敬义历年费尽资本填筑，未能成田，致赔累力竭，拖欠累累，此系实在情形，众目共观，惟念国课攸关，何能任其屯租无着，且此坦在万顷沙界内，若他人接手，易启逼处争端，再四思维，惟愿代潘保绅承保，追催各佃旧欠，务令清完，理合联禀请将保绅潘彭龄名字注销，改换何衍源等名字，分别注册存案。自后应缴之租，皆归衍源等承保，所有潘保绅历年旧欠屯租，俟奉批准日，何衍源等当即俱限遵缴。

对此，广东粮道李紫君批示道：

> 番禺县士绅潘彭龄保佃香山县属正江执丁沙水坦三十八顷，既经查明均在东莞县明伦堂所承万顷沙界内，以隔县之绅保邻境之佃，难以得力，系属实情。东莞士绅何衍源等既愿代为承保，准如所禀办理着即具结。先将旧欠屯租银三千八百两，刻日催缴清楚，再候将保绅潘彭龄名字注销，改换何衍源等名字，分别注册可也。

紧接着，该文牍又记录了广东粮道李紫君要求香山县办理此事的具体情形：

> 查潘彭龄保佃潘敬义等报承香属土名正江执丁沙屯坦三十八顷，递年应纳租银七百六十两，计自咸丰六年（1856）起至十年（1860）尾季止共欠租银三千八百两，业据该佃等于五月三十日赴道完纳，且该沙均在东莞明伦堂所承万顷沙界内，既经东莞县士绅何衍源等自愿代为承保，自应俯如所请，准令何衍源等接保，俾就近催追得力，以专责成，原保绅潘彭龄准其注销。除札香山县注册外，合就札饬札到该县，即便遵照。立即差传该绅何衍源等到案讯明，是否身家殷实，堪以承保。取其甘结，加具印结，申缴察核，一面勒限严催该绅何衍源等，赶紧备價赴局完缴，以济军需，勿任玩延干咎，切速特札。咸丰十年（1860）六月初七日札。

从以上文牍中，可以发现当时沙田的接佃的主要程序：首先，承佃方与接佃方商议转佃事宜，双方同意后，保绅代为转交沙田执照；其次，双方携带相关资料上禀广东省粮道，并陈述转佃与接佃原由；再次，广东省粮道根据相关资料批准更改保绅；最后，函令该沙田所在地的县衙修改注册，完成转佃手续。

二、 沙田公产的经营

在安良局设立初期，东莞明伦堂沙田公产的经营仍然沿袭总佃制"招佃批耕"方式进行，随着沙田公产面积的不断扩大，"招佃批耕"逐渐向"招佃投承"方式转变，投承方式与方法也越来越完善。

"招佃投承"期限没有统一的规定，因时、因围而异，但批期都很长。对未成田的沙坦，安良局会分两期批租。在清宣统年间，草坦批期荒头为三十年，成田后批尾亦有二十年。民国以后，成田批期仍在十年及以上。例如，《德安围合记堂批底》："由民国旧历二十四年正月一日起至民国三十七年十二月批满之日止，连批十四年为满。期内须照此次加定租额输租，无论谷价高低，年月丰歉，租额永不增减。"① 由于佃户缴纳的田租是按照投承时市场谷价折合现金计算，且在承耕期间，每年按此价收租，并不随谷价的起落而波动，而谷价往往有升无减，故佃户稳赚不赔，长期低租批约给东莞明伦堂后续经营发展埋下了诸多隐患，也成为后来多次"沙田重投"的导火索。

"招佃投承"一般针对取消批约或即将到期的沙田，东莞明伦堂首先拟定好投田章程，规定投田的时间、地点、围名、亩数、底价、押金、批期、租期等，然后放出招投消息或刊出广告，告知意欲招投者在规定的时间前去取阅章程。正式开投时，以超过底价最高者得，如最高者不就，按投票价格从高至低递补，当选之票保留五天，如果仍然不就，就再行开投。为了承耕万顷沙，报投的佃人常常合伙集资，组成公司或集团。同一集团的合伙人，甚至以几个公司的名义进行投承，而这些以几个公司投承的利益集团往往放弃标价最高的头

---

① 东莞明伦堂档案001—7—0001—0003·东莞明伦堂沙田经理局委员会关于合记堂旧批作废改发新批承耕德安围田批约底本（1926年4月30日），东莞市档案馆藏。

票，而以低价的二票或三票当选，从而减少租值。后东莞明伦堂为了堵塞漏洞，减少损失，规定凡欲投承者，应预先按照沙田亩数缴纳押金，押金数额一般很大，如头票放弃，则所交押金全部充公。即便如此，投承者仍宁愿损失押金，也要换取长期的低租批约。例如，邹殿邦、何同益、叶蕢阶、方萼、祁勉南、马武仲①等均为万顷沙的大耕家，他们经常纠集成利益集团对东莞明伦堂万顷沙沙田进行投承，低租批约后，又将该沙田转租给二路耕家或三路耕家承耕，按三七或四六比例分谷。其中，大耕家邹殿邦等人还开设银行，为沙田投承者提供贷款；开设谷仓，为东莞明伦堂等客户提供仓储服务；开设谷行、米行和碾米厂等实业，从事稻谷、大米的商品贸易，从而掌控万顷沙的粮食生产、加工和贸易各阶段市场，这在叶少华《我所知道的东莞明伦堂》一文中也有叙述：

> 沙田的投承期限没有统一的规定，最长的约有二十年，有的十年八年，到期一批，便开投一批；投承的田亩也无定限，多的有数十顷，少的也有十顷八顷。田租按投承时谷价折合现金缴交，每亩地每个时期不同约合八元至十元左右。租值折实后，在承耕期内，每年按此收租，谷价起了，也不多收。因为投承期长，十多二十年内谷价往往只有上涨，很少下跌的，因此承耕人大有利可图，特别是每当歉餐荒年或币值波动很大的时候，这些人有谷在手，往往一本万利……凡投承明伦堂的田，于开投前几天，参加的承投人必须缴交一笔"押票金"。"押票金"为数很大，投承一二十顷地，往往要万多元的"押票金"。投不到落选

---

① 邹殿邦（1895—1993），广州人。家族以盐业发家成百万富翁。16 岁接替父亲邹静存担任广信银号掌柜，并长期担任广州市总商会主席、广州银业公会主席，父子两代承耕万顷沙沙田数十年。何同益，广州沙湾大地主，倚靠邹家，互相维护。叶蕢阶，东莞人，其父叶砚田开设普亨谷埠。方萼又名方润，东莞人。祁勉南，东莞人。马武仲，东莞人，专门钻空子撮合他人投承沙田而营利，是著名的"沙棍"。

的则取回"押票金",如投得而弃权不耕,则没收其"押票金"……事实上,明伦堂的沙田长期为"大耕家"所垄断盘踞。"大耕家"都开设有大银号,可以随时签发银单,"押票金"对于他们来说毫无问题。[①]

投承者承得沙田后,还须在领取批约时缴交押批(即押金),其金额相当于一年的租值,该押批至满批之年尾季租谷内扣还。投承者领取批约之后,即为东莞明伦堂的佃户,除按批约缴纳田租外,还需缴纳沙捐费、护耕费、沙夫工食费等项,所交日期及其金额均在批约中注明。当稻谷成熟后,佃户还须提交所缴各项税费收据前往东莞明伦堂登记,即开给"禾票",准其收割,并派沙艇护送出沙。至民国时期,东莞明伦堂委派收租员、监收押运员赴万顷沙设立收租办事处。他们在万顷沙收得租谷后,再分批装船运往广州、莞城、太平等地的谷仓储存。谷仓收到万顷沙运来的租谷后,即开具收条,数额与原数额通常有一定的差距,这是因为装船、运输过程中会有一定的损耗,另还需用实物谷抵扣运谷费和护航费等。承运东莞明伦堂租谷的运输公司,也要向东莞明伦堂驻沙收租办事处投标,中标签订合约后方能实施运输。

在东莞明伦堂沙田公产经营过程中,也曾发生过因批田而起衅的案件。据陈伯陶《东莞县志》所录文牍《具禀沙局首事举人王清华等为谨将莞邑万顷沙田亩类目情形缕晰禀陈并绘具全图详注坦亩缴抄照底粘陈清折伏乞察核准予更正俾早筹缴换领部照执业事》记载:"是故从前虽有土豪涎霸意图要胁,以致酿毙数十命,抢掳十数家之重案,绅等亦不敢稍避嫌怨,合力控惩,幸蒙大宪严办元凶,地方始克绥靖。"[②] 其中,"土豪涎霸"即指清同治初年因"批田起衅"的方

---

① 叶少华:《我所知道的东莞明伦堂》,第7—9页。

② 陈伯陶:《东莞县志·沙田志二》,第7页。

遂初，他要求清算沙田数目，纠集大量人员前往东莞明伦堂闹事，最后"酿毙数十命，抢掳十数家"。东莞明伦堂为此与方遂初缠讼多年，耗费巨大，案情虽然最终了结，但也致使东莞明伦堂元气大伤，开始欠债。[①] 再加上在此时期，围筑、买受、接佃、缴价承升、报承沙坦花费巨大，绅董们经常向佃户预借田租，甚至在批约上串通舞弊，"至光绪二十八年（1902），计欠揭借银四十三万余两"。针对此种情况，东莞明伦堂安良局也曾筹谋还款之法，光绪二十九年（1903）春，"陈公子砺（陈伯陶）、张公豫荃（张其淦）等乃核加田租，酌裁浮费，定八年半本息摊还法。其法每百两每年还二十两，除月息一分外，作为短本计自光绪二十九年（1903）癸卯起至辛亥年（1911）本息一律还完"[②]。"摊还之法"取得了一定的成效，至光绪三十二年（1906）发生"割县置厅"危机时，积欠只剩三十余万两。[③]

---

① 陈伯陶：《东莞县志·沙田志二》，第1页。

② 陈伯陶：《东莞县志·沙田志三》，第22—23页.

③ 陈景梁：《芝冈上书南旋图自跋》手稿。"芝冈"为陈景梁之字。

第三节 "沙田公产拨充广雅书院"事件

清光绪十四年（1888），东莞明伦堂遭遇了部分沙田公产被两广总督张之洞拨充广雅书院之危机，这场危机的起因是广东省清丈沙田和张之洞筹建广雅书院。

一、 起因

清光绪十一年（1885），御史熊景钊奏请裁撤粤东沙田派捐，光绪皇帝准奏："该省前因办理防务，征收沙田派捐，现在防营渐撤，用款较减，着将此项捐输即行裁撤。此外，因办防新增各项捐输，并着一律停止，以恤商民。至升科一事，正赋攸关，岂容奸民蔽匿，迭经户部奏催办理，着该督抚都饬所属，查明已升科若干亩，未升科若干亩，即将未升科之沙田，迅即确妥办，并将办理情形详细具奏。"①时任两广总督的张之洞据此设立了广东省沙田总局，开始清丈沙田，并规定清丈后一律换发户部沙田执照，以"部照"代替原来的"县照"和"司照"。此次换照，要求每亩缴纳善后经费一两、照费五钱。张之洞通过丈量沙田换领"部照"收取高额工本费和手续费，受到民间强烈抵制，遵章申报审核业户不及三分之一。②

经过广东沙田总局的清丈与核查，发现东莞明伦堂有沙田熟坦三百四十顷。其中，一百三十顷为"官屯变价"，即官府变卖的屯田，该部分沙田已被东莞明伦堂士绅承领三十余年，本应缴纳屯价花息银二十余万两（即购买这些屯田的费用），然而，东莞明伦堂仅缴银三

---

① 《德宗景皇帝实录》，中华书局 1987 年版，第 1070 页。
② 邱斌存：《广东沙田》，新建设出版社 1941 年版。

万两，后经屡次严催，仍有八十余顷沙田的花息没有按期缴清，为此，两广总督张之洞下令将该八十余顷沙田拨归广雅书院作为公产。

张之洞把东莞明伦堂沙田拨归广雅书院表面上看起来是因为东莞明伦堂欠缴沙田屯变花息，实际上是张之洞在筹建广雅书院过程中缺乏经费，而被认为"富得流油"的东莞明伦堂及东莞士绅却一毛不拔，没有像顺德青云文社等机构那样主动为广雅书院的建设慷慨献捐。张之洞为官 40 年，毕生致力于振兴教育，培育人才。每至一地任职，都要兴建书院和新式学堂，经由其手创办的书院和学堂达 41 所。例如，同治八年（1869）任湖北学政时，创办经心书院；同治十三年（1874）任四川学政时，创办尊经书院；光绪八年（1882）任山西巡抚时，创立令德堂等。仼两广总督时，虽然广东已有端溪书院、粤秀书院、越华书院、应元书院，以及学海堂、菊坡精舍等，但张之洞仍觉得难以满足培育两广人才之需求，便于光绪十三年（1887）亲选校址，筹建广雅书院。

广雅书院于清光绪十三年（1887）四月二十日动工，次年六月初八开馆。虽然所需经费庞大，但"两年内筹得基金甚丰，计每岁可获息一万七千一百五十两为常年经费"，"广雅书院全部建设工程，包括地价与工料，共用银十三万八千八百六十六两，是由顺德县青云文社、省城惠济仓各绅、爱育堂各董事以及诚信堂、敬忠堂各富商乐捐而来"[1]。据此可知，顺德青云文社、省城惠济仓、爱育堂、诚信堂、敬忠堂等皆有捐款，但拥有众多沙田公产的东莞明伦堂没有捐款，这让张之洞极为不悦，"该绅等占据官田数十年，收租不下数十万"，"该县区区一绅局已坐享膏腴二百余顷之厚利，而此八十余顷尚欲全数霸吞，不肯拨归书院，使两省士林稍为沾溉，此不惟国宪难容，且亦非人情所有"[2]。恰在此时，个别觊觎公产的东莞劣绅无视东莞全

---

① 周汉光：《张之洞与广雅书院》，广东人民出版社 2012 年版，第 345 页。

② 陈伯陶：《东莞县志·沙田志二》，第 13 页。

县利益，竟然向上诬告东莞明伦堂安良局绅董，"近年来，渐有复图思逞者，鼓簧是非，颠倒黑白，不知合邑公产，非一人一家之私"，"皆由本邑劣绅觊觎公产，馋夺陷害。适前督宪张欲为广雅书院置业，乘机营谋，颠倒抑勒"①。这正好为张之洞查办东莞明伦堂所欠"巨款"递上了"快刀"。于是，张之洞一怒之下，决定将东莞明伦堂万顷沙八十余顷沙田公产拨归广雅书院。

据周汉光《张之洞与广雅书院》所述：

> 至于书院常年经费，包括师生膏伙、监院薪水、人役工食、一切祭祀岁杂费等，所需亦巨，其来源有五：一是由张之洞将自己历年积存廉俸公费等项捐置其中；二是顺德县沙田充公之款；三是南海士绅候选道孔广镛等捐款……上述三项发商生意，共得息银七千一百五十两；四是将黄江税厂羡余除提充端溪书院经费外，于赢余款内每年拨款五千两；五是于红盐变价充公下每年拨银五千两，拨款款息共岁得银一万七千一百五十两……其中广雅书院于光绪十五年（1889）所拨置的产额田地占八千零六十六点七亩，基金为二万七千一百五十两。②

其中"光绪十五年所拨置的产额田地占八千零六十六点七亩"，即为张之洞从东莞明伦堂公产中拨给广雅书院的田产。

二、 发展

东莞明伦堂沙田公产拨充广雅书院事件，可从清光绪十五年十一月张之洞呈递光绪皇帝的奏折中窥见大致情形：

---

① 陈伯陶：《东莞县志·沙田志二》，第7—21页。
② 周汉光：《张之洞与广雅书院》，第346页。

本年夏间，迭据沙田局禀称东莞明伦堂绅局承种之万顷沙田围中共计三百余顷，内有田一百三十余顷乃系官屯变价，该绅等承领三十余年，应缴屯价花息二十余万两，仅缴过银三万两，其余所欠甚巨，延不缴完，禀请严催。当经臣饬催速缴，该绅等置若罔闻，其意视官之催追为具文，以己之延欠为本分。臣因该绅等所欠官项计银十四万两有余，尚有承领博学馆①生息银八万两，又有承佃官田历年积欠督粮道屯利银一万九千余两，合计共银二十六万余两，一时断未能缴完。徒事追呼，难期清缴。明伦堂绅局又向为人所畏忌，其田恐无他人敢承。查有省城广雅书院尚有臣筹捐发商生息银十余万两，当经批令该绅等将田一百三十余顷缴出，归入广雅书院，其所欠之银十四万有零即由广雅书院代还。此项屯田变价本系官田，该绅等承领三十余年，收租已属不少，乃至今并未缴价，即论民间买卖田业，多年总无交价，岂能将田土据为己物，亦只有由田主取回另售他主。此时，由官收回官田，免其缴价，由广雅书院代还，既非将其私置田产罚以充公，又非劝令捐助办理，可谓和平。该绅等初以为延欠官租屯价，官必无可如何。闻臣决意澈办，乃与分局委员相商，倒填年月，分批缴银四万两，以为籍口之计。至其余之十万余两及所欠屯利，仍无影响。此该绅等延欠租项，舞弊朦混之实在情形也。臣伏查沙田清丈，给照升科，系奉谕旨饬办，屡准户部咨催，断不容稍有延欠。至此项屯田本系官物，尤非沙田民业可比，当经臣饬委奏调广西知府石承霖前往会同署东莞县知县张璿切实开导，乃该绅视地方官为无足轻重，抗匿不面。该县等传佃缴契，该绅等旋令佃户概行逃匿，又复捏造长红标贴，称此为一邑之义

---

① 博学馆，又名实学馆、西学馆。清光绪六年（1880），由两广总督张树声在黄埔长洲创建，取名实学馆。延请廖廷相为总办，聘请英文教习三人、汉文教习一人，招收 12 至 15 岁聪颖健康子弟入馆学习，五年学习期满再分赴工厂，或出国留学深造。光绪九年（1883），改为博学馆。光绪十三年（1887），并入广东水陆师学堂。

举，其势迄不容官为过问。经臣札饬东莞县知县将管理明伦堂士绅指名详参，该绅等始行来省商办。臣因该绅等既来省城，饬令沙田局委员署南海县知县王存善会同署东莞县知县张璿传集该绅等劝谕，该绅等仍行抗匿，转托他绅面见该县商办。该县等令将一百三十余顷缴出，该绅等乃云："历年所费筑围工本计银数十余万两。"查粤省沙田向章，其始拨给佃户承租，议定或五年或十年承耕而不收租项，谓之荒期，其田应筑之围即由佃户出资，如需费过巨，系按年出之，佃户无需费本。此等章程，通省皆知。该绅等承领三十余年，现在已成上熟之田，岂有荒期尚未满限之理？亦何曾出过筑围工本？不过籍此为词，意在刁难。臣复令东莞县知县谕饬该绅，仅令收回未经缴价之八十余顷，其限外倒填年月所缴之四万两本应发还，亦姑从宽，作为限内所缴，不再令缴屯田，并令酌给筑围工本银四万两以示体恤，又不令易佃，即令明伦堂作为总佃，俾其缴出之外，仍可冀沾余利。似此办理，实属格外从宽，乃该绅等始犹不遵，继则口云"遵办"，又求加筑围工本，并云："官给之筑围工本四万两，不能将所欠之屯租及承领之博学馆生息银扣抵。"查积年所欠屯利，本系应完之项，扣除博学馆之项，更可免交息银，该绅等不肯扣除，其为有意欲延欠两款银两，不问可知。似此占耕官田，始终违抗，实属大干法纪。且该县区区一绅局，已坐享膏腴二百余顷之厚利，而此八十余顷尚欲全数霸吞，不肯拨归书院，使两省士林稍为沾溉，此不惟国宪难容，且亦非人情所有。现据署东莞县知县张璿会同沙田局委员禀复并查开该绅等衔名前来相应，请旨斥革其欠租欠价沙田八十二顷，已饬署东莞县知县张璿将该田查封，勒令收回，拨作广雅书院常产，另行招佃承租，其应缴变价花息银十万零八千两，即由该书院经费项下照数拨交沙田局充饷，以清款目。至东莞明伦堂所欠屯租一万九千余两仍严行勒追，如再有抗延及有霸田不交情事，再当从严参办。①

以上奏折为两广总督张之洞对该事件单方面的解释，而东莞明伦堂管理沙田公产的士绅们则另有一番说法。

东莞明伦堂的士绅们认为，张之洞奏文中东莞明伦堂"应缴屯价花息二十余万两"算法有误。绅董黎家崧《颕叩鸿恩以安学校而全民命事》记载：张之洞于光绪十四年（1888）八月十二日"奉都宪饬办屯变，每亩缴银十二两，租项未清，每亩缴银一十四两，欠租准免"②。据此标准，一百三十四顷沙田按每亩一十四两银计算，只需缴银一十八万七千六百两，与张之洞上述奏文中的欠银二十余万两相差一万余两，更何况东莞明伦堂已按年缴清了所有租银，应按每亩十二两的标准计算，只需缴银一十六万零六百两。张之洞的算法让东莞士绅们心有不满，于是，采取了以下一系列措施：

（一）对张之洞的指控一一进行了辩解。首先，张之洞认为，东莞明伦堂既然通过官屯变价购买了该部分沙田，就应该把买田的钱交清，否则，就不应算作东莞明伦堂公产，官府有理由将其收回处理。东莞明伦堂一不交钱，二不交田，毫无道理。对此，东莞明伦堂士绅们认为，官府开办屯变（变卖）时，标的变卖的屯田是没有围筑成田的水白坦，为了配合官府屯变，东莞明伦堂筹钱围筑了三十九余顷水白坦，并按卖价缴清款项，领取了广东省的司照，有案可查。至于后来陆续浮现的沙坦，清政府没有再行屯变，东莞明伦堂已按佃租相关规定，领照批佃，并按年缴纳屯租，没有欠租行为，这正如东莞明伦堂绅董黎家崧在呈文所云："此项屯田系道光年间奉粮宪发照承佃，按年缴租，委非无税之田。"东莞士绅何庆修在呈文中则解释得更为

① 陈伯陶：《东莞县志·前事略八》，第4—6页；又据［清］张之洞：《张文襄公全集·参革劣绅折》。
② 陈伯陶：《东莞县志·沙田志二》，第17页。

清楚："咸丰三年，军需孔亟，罗侍郎奏请变屯为民，每亩取银十两，先请原佃承买，当经遵例，缴价承领三十九顷四十一亩零。其余坦势低洼，未经围筑，确查委系实情，均蒙宽免。"① 据此可知，咸丰三年（1853），户部罗侍郎开办屯变，东莞明伦堂已缴价承领三十九顷四十一亩，拥有该部分沙田的产权，至于其他沙坦，都是未围筑的低洼之地，属水白坦之类，官府查勘确认后宽大处理，不参加屯变，广东首粮道颁发司照让东莞明伦堂租佃，东莞明伦堂也按规定按年缴纳了租金。张之洞将当时宽免不参加屯变的一百多顷水白坦全部算作屯变沙田，且将屯变价格由原来的十两银一亩上升至十二两银一亩，还要求限期缴清全部花息银两，显然没有道理。

其次，张之洞认为，该沙田既然未由东莞明伦堂购买，那就还是官田。既然是官田，官府有权收回拨给广雅书院，并另外招人承佃也未尝不可。对此，东莞明伦堂士绅认为："查前户部侍郎罗（惇衍）奏请变屯折内有谓'民当承佃之初，浮费不少，应准令原佃缴价承买，且酌展限三五十日，倘原佃无力或即令银主或工筑之人买受，而稍津贴原佃银两'等语，立例何等通融。是以从前办理屯变，未闻取回将田另拨。譬如民间有地一段批与人起造，岁收地租，立有批据，乃承租者居甫十余载，并无欠租，忽有人欲图此居，而地主遽尔收回，并不补回起造银两，竟以租客匿批踞居讼诸公庭，试问为民上者，果准其收回与否？此田与此屋情形无异，是不能不谓官要充公。"② 东莞明伦堂花费大量时间、人力和物力将水白坦围筑成沙田，并且领照批耕，按期缴纳租税。如今租期未到，张之洞以强权无偿收回毫无道理。

再次，张之洞无视东莞明伦堂承佃沙田已按年交租的事实，认为是东莞明伦堂霸占沙田，要追缴历年所有收入。对此，东莞明伦堂士

---

① 陈伯陶：《东莞县志·沙田志二》，第18—19页。
② 陈伯陶：《东莞县志·沙田志二》，第14页。

绅认为，该沙田已领照承佃，按年交租，至于经营有盈亏应由承租者自负，如果没有钱赚，谁又会赔本去围筑沙田呢？如果将其盈利归公，那就是说，除了民税田外，所有物产都要归公了："查此项屯田领照筑耕只得一百三十四顷之数，此外概系报承升科民税（通过升科交钱买下归个人所有的田产，每年只需向官府交纳一定的税费即可），皆有图照可查。是此项屯田并无溢筑，无所为占。当日保佃一百三十四顷，此外亦无挽耕别起官屯，无所为霸，且领照承佃输租耕田，更无所为踞。至佃户递年既将屯租完缴，则丰欠盈亏皆由佃户自理，如果必无获利，谁肯凑集巨资，用工围筑。若谓此项仍应追缴，凡民田正赋之外，所有盈余皆当颗粒归官矣。"① 只可惜，东莞明伦堂士绅的辩解之词不但未能感化张之洞，反而激其大怒，并将据理申辩的东莞士绅　参劾。

（二）采取拖延战术。经过多年的垫资围筑，再加上上文所述方遂初一事，东莞明伦堂负债已有三十万两银之多，确实无法一时凑齐如此多银两，只能拖欠。当然，东莞明伦堂士绅们也有可能欲以最小之代价将此事拖延至张之洞离任，使之最后不了了之。奈何事关广雅书院经费，张之洞紧追不放，并于光绪十四年（1888）年底设限六个月缴清所欠花息，否则，将东莞明伦堂该部分田产拨归广雅书院。为此，东莞明伦堂只好于光绪十四年（1888）十二月缴银三万二千两。光绪十五年（1889）五月，张之洞又勒令东莞明伦堂从六月初一至三十日分两期缴银十四万两换取部照，否则，不仅沙田拨归广雅书院，还要参奏东莞明伦堂管事者罪责。于是，东莞明伦堂又于光绪十五年（1889）六月二十三日缴银四万两。后于光绪十五年（1889）七月初十缴银五万两，因延期缴纳被拒收。② 由于没有按时缴纳该部分银两，张之洞不肯再行让步，决意将东莞明伦堂该部分沙田拨给广雅书院，

① 陈伯陶：《东莞县志·沙田志二》，第 14 页。
② 陈伯陶：《东莞县志·沙田志二》，第 10 页。

这可从《兵部尚书两广总督张为札斥遵事》中得到体现："且该县公局之田共有三百余顷，本部堂准情酌理，只按照亩价将欠缴花息之一百三十余顷拟归广雅书院，其余两百余顷仍留作该县公产，其待县公局绅民亦可谓之至平至厚矣。该绅民等乃云'绝我生机'，有是理乎……为培植两省士子之众，收回一邑官田三分之一，于情亦无不合，斟酌尽善，决定如此办理，断不为浮议妄谈所摇夺。"①

（三）向上呈文解释。东莞明伦堂士绅们向张之洞呈文，条分缕析地列出东莞明伦堂沙田的收入和支出，并着重强调所有支出全用于东莞全县教育等公用事业，与张之洞筹办广雅书院培养人才的目的同出一辙，力图以情服人："所有邑中书院广额膏火，文武岁科考生童卷资册金，乡会试卷资，京官旅费，文武会式公车等项皆出于此，非敢谓嘉惠士林，然实有关全属学校之用，至于捐办红单战船，增广学额，募勇复城，防夷互省，一切公举有关大局者无不竭力报效。"②从张之洞向光绪皇帝递交的奏折内容来看，以上解释全被张之洞视为东莞明伦堂士绅的狡辩之词。

（四）组织生员请愿。东莞明伦堂在所交花息银两被拒收、面临沙田充公之际，组织召集全县大会，派生员萧溥领衔联同一百三十人，以"恩周作育，情切向隅，联乞赏收屯价，恩免充公，以恤寒微，以安学校"③ 等词向广州知府请愿，但此行为不仅没有起到任何效果，主事者还遭到批驳："各该绅管理事务，把持侵蚀，本部堂久有所闻，特以无人告发，不肯遂为已甚。该绅等必欲本部堂一一尽发，其覆恐身家不可保……该绅等敢于从中播弄，则前年奏参之王葆真即其前车之鉴，恐忧不止于此。"④ 张之洞还严厉指责办理此案的东莞县令张璿无能："该县张令，因循疲玩，任令该士绅推延，一筹

---

① 陈伯陶：《东莞县志·沙田志二》，第 12—13 页。
② 陈伯陶：《东莞县志·沙田志二》，第 10 页。
③ 陈伯陶：《东莞县志·沙田志二》，第 12 页。
④ 陈伯陶：《东莞县志·沙田志二》，第 13 页。

莫展，可谓无能之极，大负本部堂调署委任之意。"又指示张璿："即便查明，将蔑法渔利霸占官屯之邓佐槐、何庆修、黎家崧三绅先行详请奏参，提省发交广州府押，追缴出批佃以外，尚有何劣绅在内把持煽惑，一并查明，限三日内禀覆，以凭办理。本部堂具简濡笔以待，毋庸稍延，同干未便。至该县张令如再不知振作定行，一并撤参，决不宽贷。"① 在张之洞的严催逼迫下，光绪十五年（1889）九月初四日，东莞县令张璿和南海县令王存善②接连传谕，东莞明伦堂如再不遵谕，"押家属查封家产，连邑属民田一概入官"③。至此，东莞明伦堂主持沙田的士绅们费尽心机，力图保住沙田免遭拨充广雅书院的努力以失败告终："以督宪之威权，加以培养两省士子大题目，巨石压卵，辩亦无济。"④ 一语道尽了东莞明伦堂士绅的无奈和悲愤。

三、结局

虽然两广总督张之洞下令将东莞明伦堂一百三十余顷沙田拨归广雅书院，但是也无法全然无视东莞明伦堂士绅们有理有据的辩解，因此在最后的决断上有所让步。不过，张之洞为了树立官威，再加上东莞个别劣绅的诬告，处理结果中也有一些处罚措施。

（一）给回五十三顷沙田公产予东莞明伦堂。光绪十五年（1889）九月十四日，张之洞传谕："该绅等限内缴过花息银七万二千两，除出田五十三公顷有零给领外，尚田八十余顷原是官田，应即收回，拨归广雅书院，缴价承领，充支常年经费。"⑤ 此次传谕，意

① 陈伯陶：《东莞县志·沙田志二》，第 13 页。
② 当时南海县令王存善在总督衙门当差，光绪十五年九月任沙田总局委员，此人在万顷沙沙田拨充广书院事件中持续向东莞明伦堂施压。
③ 陈伯陶：《东莞县志·沙田志二》，第 21 页。
④ 陈伯陶：《东莞县志·沙田志二》，第 15 页。
⑤ 陈伯陶：《东莞县志·沙田志二》，第 16 页。

即接收东莞明伦堂在限期内缴纳的银两，只收取八十余顷沙田充公，还回东莞明伦堂五十三顷。不过，仅隔十天，即在光绪十五年（1889）九月二十四日，张之洞反悔了，又发下清折："饬将一百三十余顷均归广雅书院，缴契易佃，如不易佃，即以民田契据作按每亩每年饬缴银二两，并加给工本银二万两扣抵前借实学馆银八万两、历欠屯租二万两。"① 张之洞希望以"不易佃"为条件将拨归广雅书院的沙田仍由东莞明伦堂承佃，但租金必须提高，每亩每年高达二两银。他希望通过提高租金，逼迫东莞明伦堂士绅们吞下苦果，然其离任在即，恐离任后节外生枝，一时未能达成其想，最后还是将八十余顷沙田拨给广雅书院，却要求另行招佃。

（二）给回围筑工本费银四万两予东莞明伦堂。对于东莞明伦堂在围筑沙田初期的巨大投入，虽然张之洞认为是东莞士绅们拒绝缴纳款项的借口，但最后通过深入了解，还是做出了"从宽补给工本银四万两"的让步。张之洞起初认为，万顷沙沙田以十年荒头（即十年内免交租金）的方式租给佃户，应由佃户自行出资进行围筑，忽略了开拓沙田必须进行基础围筑至形成沙田雏形，否则佃户看不到成田希望不可能租佃这一事实。除前期垫资围筑外，东莞明伦堂还需承担荒头十年期免佃租与官府第六年起征税之间的四年差额税费，可见东莞明伦堂围筑之艰辛，这点另有东莞士绅尹学勤及全县五百余士绅联名撰写的《呈为屯田易佃血本无归公支不继联乞恩准仍佃缴租给回工本俾免公累事》为证："伏查民筑屯田，当领佃时皆是水坦，非用本筑坝不能成田。而招佃批筑，非宽予荒头，宽予批期，宽减租银，无人批佃。尤须逐渐积淤，节次基筑，三二十年始克蒇事。是以昔年垫纳虚租，费用工本皆由称贷，至今未能弥补。"② 东莞士绅黎家崧也曾撰文道："万顷沙屯田前经前人创业数十年，用过工本数十万，筹措艰

---

① 陈伯陶：《东莞县志·沙田志二》，第 17 页。
② 陈伯陶：《东莞县志·沙田志二》，第 20 页。

难，累累负欠，通邑学校仰藉于兹。"① 正因为如此，张之洞最后传谕"姑念该绅等曾经费过工本，从宽补给工本银四万两，以示体恤。"②

（三）东莞五位士绅在此事件中被免职。光绪十五年（1889）八月八日，两广总督张之洞离任后，于同年十一月上奏光绪皇帝，奏请将东莞明伦堂万顷沙八十余顷沙田拨归广雅书院，并奏请将东莞明伦堂士绅黎家崧、何庆修、郭庚吉、钱万选、邓佐槐等人革职，均被朝廷准奏："奉上谕，张之洞奏劣绅欠缴屯田变价，把持违抗，据实奏参一折，候选直隶州知州黎家崧、户部郎中何庆修、教谕郭庚吉、职员钱万选均着一并革职，永不叙用。礼部主事邓佐槐着暂行革职，俟查办完竣后，察看有无阻挠情事，再行奏明请旨。"③

通过《邸报》得知被免职的东莞士绅邓佐槐、何庆修、黎家崧、郭庚吉等迅速向上递交了《呈为罗织诬参营谋陷害乞恩昭雪以广皇仁而安民命事》的呈文。该呈文首先就张之洞将东莞明伦堂沙田公产拨充广雅书院一事进行控诉：东莞明伦堂在张之洞限期内已缴银七万二千两银已被收存，而"七月初十日，再缴银五万两，奉谕逾限发还，将田拨充广雅书院""九月初四日，莞县令张璿和南海县令王（存善）传谕将田充公，从宽免其招佃，每亩每年饬缴银二两""十四日，又奉印谕，拨田八十余顷，补给工本银四万两""二十四日，又奉传谕，将田一百三十余顷全数充公，又令缴契易佃"，前后四次指令互不相同，全县士绅五百余人联禀乞恩，没有得到官府的任何解释。紧接着，该呈文对免职一事进行了呈诉：黎家崧、何庆修"皆非管理沙务"，只在东莞明伦堂接到上谕后与士绅们一起商量如何拨要求办埋此事；郭庚吉虽然是东莞明伦堂十名绅董之一，但他们都是全

---

① 陈伯陶：《东莞县志·沙田志二》，第 18 页。
② 陈伯陶：《东莞县志·沙田志二》，第 16 页。
③ 陈伯陶：《东莞县志·前事略八》，第 6 页。

县公开推举上任，不可能一人专权；邓佐槐则在光绪十年（1884）从朝廷请假回家，更没有干涉此事；钱万选只是负责东莞明伦堂的账务管理，此次奉令参与沙田屯变之事，事事按要求办理，不敢稍有违抗。本县个别恶劣士绅因觊觎东莞明伦堂公产，故意陷害参与此次沙田屯变事务的士绅，正合两广总督张之洞置业广雅书院需要经费之求，于是一拍即合，乘机谋划，颠倒黑白，威胁勒索，以权压人："此次奉办屯变，事事遵办，并不敢稍有违抗，皆由本邑劣绅觊觎公款，攘夺陷害，适前督宪张（之洞）欲为广雅书院置业，乘机营谋，颠倒抑勒，故当遵办之际，外间已预闻参奏之言。现署南海县王（存善）在督署当差，至九月内始添派充沙田局委员，屡行威逼，又令主事黄峄先行具禀承佃加租，似此谋陷、罗织、诬参、冤抑种种，下情莫达，不特绅等情实不甘，即合邑士民亦共怀忧愤。"① 然朝廷已批奏免职，再申诉也无法改变其结局。

（四）张之洞决意将该部分沙田易佃。广东沙田总局委员南海县令王存善立即指使主事黄峄呈请接佃，张之洞为此发札于东莞县令张瑭："准由该主事等保丁承佃，每年共缴租银二万两，饬县取结承缴，给照承耕。"②

针对划拨广雅书院八十余顷沙田的易佃，光绪十五年（1889）十二月，东莞士绅尹学勤等联名全县士绅五百余人向东莞县令张瑭呈文，一方面强调该沙田收入全部用于东莞教育及公益事业，"邑中文武乡会试，岁科考，小试，公车卷资印金及京官旅费，书院膏火等项，其先后报效外省及本邑诸义举数十两，皆藉此款以为支应"③；另一方面，强调易佃后的危害以及解决办法，"伏查民筑屯田，当领佃时皆是水坦，非用本筑坝不能成田。而招佃批筑，非宽予荒头，宽

---

① 陈伯陶：《东莞县志·沙田志二》，第21页。

② 陈伯陶：《东莞县志·前事略八》，第19页。

③ 陈伯陶：《东莞县志·沙田志二》，第19—20页。

予批期，宽减租银，无人批佃。尤须逐渐积淤，节次基筑，三二十年始克藏事。是以昔年垫纳虚租，费用工本皆由称贷，至今未能弥补。若一旦充拨易佃，不独不满限者固多方索补，即负宿欠者，更无款清偿，此后学校从何仰藉""伏乞恩准仍佃缴租，给回工本，俾士林藉兹培植，血本不致无归，盍邑蒙福"。[1] 东莞县令张璿收到联名呈文后，表示八十余顷沙田拨归广雅书院已成定局，无法改变，关于易佃以及年缴二万两租银之事可代为向上禀告。

（五）张之洞离任后的发展。张之洞离任后，接任两广总督的李瀚章是晚清重臣李鸿章之兄，也是晚清中兴名臣曾国藩的学生，一直跟随曾国藩镇压太平天国运动，颇受曾国藩器重，曾掌管湘军后勤，功绩显赫。李瀚章收到了东莞县士绅们的联合呈文后，对拨充广雅书院事件的前因后果进行了了解，立即同意了东莞士绅们继续承佃已拨充广雅书院八十余顷沙田的请求，并要求把工本银四万两和东莞明伦堂借款两相抵消："本年（1890）正月十四日，县主张缄谕绅董，内开：此项屯田已蒙大宪准给明伦堂仍佃，所拨工本银两免其扣抵借款。"[2]

东莞士绅们得到两广总督李瀚章的批示后，于光绪十六年（1890）正月二十八日又联名上书，一方面感恩督宪体恤民情："仰见轸恤下情，阖邑咸戴"；另一方面，又呈请将每年共缴租银二万两降低为一万六千余两，并说明其理由："惟邑主函内'仍令照黄䂵仍加租至两万两，又须另议章程，饬发遵办'等语，十九日，又奉传邑绅集议，所有揽佃、诸绅亦在请议之列，人多引嫌，伏思此项屯田原奉前督宪张（之洞）饬令每亩缴租银二两拨充广雅书院经费，当时，宪谕严切，不敢不遵，只以该田批佃承耕限期多未界满，年中租息有限，不敷解缴，竭蹶堪虞，倘照黄䂵认缴之数，诚恐将来蒂欠，辜负

---

① 陈伯陶：《东莞县志·沙田志二》，第 20 页。

② 陈伯陶：《东莞县志·沙田志二》，第 22 页。

宪恩，只得粘抄现年租数，干冒沥陈，吁求鸿恩，俯准遵照原谕，每亩岁缴租银二两，计八十顷零每年共缴银一万六千余两，庶此后缴租无虞不足，士民仰赖翼有盈余，至善后一切章程，容当妥议呈案。"① 李瀚章收文后批示道："据呈各节是否可行，仰沙田局会同东布政司督粮道汇同前次各呈批示、事理一并妥议详办。"② 广东巡抚也批示道："据呈该县明伦堂奉谕批耕充公屯田八十二顷，今拟仍照原议，每亩缴租银二两，岁共缴银一万六千余两，是否可行，仰布政司立即会同沙田局查明原卷，秉公妥议，分别核办，饬遵具报。"③ 两份批示都要求布政司和广东沙田总局查明每亩缴租银二两是否可行。

在此基础上，光绪十六年（1890）年二月初三日，东莞明伦堂主持沙田的士绅们又以全县士绅之名义禀呈该部分沙田公产的实际面积以及每亩缴租银二两的缘由："遵查明伦堂承佃屯田一百三十四顷，先经缴过变价并纹水费银七万二千两，尚未缴银一十万零八千九百两，核算只应拨田八十顷零六十六亩六分有零，并无八十二顷之多。伏思此项屯田，一经认租，即须按年清缴，不敢蒂欠，现复通盘筹算，计亩均输，其间批佃参差，年岁丰歉，截长补短，核计每亩不过一两数钱。且沙田与山田不同，沙田愈久则地愈瘠，佃户势必减租。况通邑承佃民筑屯田不少，无每亩缴至二两者，此系实情，可稽可问。现以二两承缴，已属万分竭蹶。年中除缴租外，将来若有盈余，悉照向章支给文武试卷资、京官旅费、公车、书院膏火、局用勇粮，一切善举义举。去岁，前督宪张（之洞）饬缴每亩二两，当时宪谕严切，不得不委曲遵办，若再议加，民力实有未逮。诚恐将来不敷解缴，转致辜负宪恩。且屯田滨海，猝遇风涛冲溃基堘，又须筹款兴修。种种下情，难逃洞鉴。值此仁施广被，只得据实沥陈，伏求俯

---

① 陈伯陶：《东莞县志·沙田志二》，第 22 页。
② 陈伯陶：《东莞县志·沙田志二》，第 22 页。
③ 陈伯陶：《东莞县志·沙田志二》，第 22 页。

准，每亩缴银二两，计应拨田八十顷零，每年共缴租银一万六千余两，庶缴租无虞不足，血本不致全亏。"① 该文详细说明所承佃沙田为民筑屯田，历年每亩不过一两数钱，现在按每亩二两承佃已是极限，多于此数则将血本无归，反致无法按数缴交。而且强调该沙田滨临大海，如遇大风涛，沙田围堤易被冲溃。因此，恳求仍按每亩二两租银承佃。

光绪十六年（1890）年二月初三日，东莞明伦堂以全县士绅名义上禀的呈文还提到东莞明伦堂曾借贷实学馆八万两银一事，也希望两广总督李瀚章不要将偿还给东莞明伦堂的四万两工本银抵扣此债："其领借实学馆银八万两一项，限期未满，息项全清，曾将先年变屯已改民田藩照三张计税二十四顷，报承已升科民田藩照三张计税二十七顷五十余亩缴存作按，照内税亩并不在现存屯田一百三十四顷之内，将来期满无还，尽可将按照之田召变归款。现蒙恩准补给工本银四万两，仍请免予扣抵。"针对张之洞曾提出已缴清田租的沙田按每亩十二两银变屯，未缴清田租的沙田按每亩十四银变屯，提出既然八十余顷沙田已拨给广雅书院了，能否以往欠租的沙田每亩只追缴二两银就免除所有欠租："前奉大宪告示，变屯每亩饬缴银十二两，欠租者饬缴银十四两，欠租免追，等因。所有欠缴屯租之屯田，可否仍照宪示，每亩加缴二两。"②

针对东莞士绅们的呈文，两广总督李瀚章又批示道："该县明伦堂万顷沙沙田八十顷有零原系拨充广雅书院经费，前据主事黄嶤呈请承佃，又据明伦堂绅尹学勤等仍请承回，此外争佃者不一其人，迄今半年之久，办理尚无端倪。现节届春分，即便准归黄嶤佃种，而数十顷之田缴契易佃，亦非旦夕所能清理，难免有误春耕。广雅书院为两省生徒肄业之地，需用孔亟，未便迟延，致令缴费或有短绌。兹据禀

---

① 陈伯陶：《东莞县志·沙田志二》，第 23 页。
② 陈伯陶：《东莞县志·沙田志二》，第 23 页。

请，以明伦堂为总佃，以免另换生手，尚属可行，应即照准。"两广总督李瀚章再次确认拨充广雅书院的沙田由东莞明伦堂承回。紧接着，又批示："至所缴租银既称查实，每亩二两系民间常价，亦准照此完纳。"李瀚章同意了东莞明伦堂每亩每年缴租二两银的请求。最后批示道："仰沙田总局会同布政司即饬该县责成明伦堂士绅将应行充公沙田八十顷有零数目承回佃种，按年如数纳租，解充广雅书院经费，不准丝毫短欠。如此佃仍旧畴亩仍旧数，毋庸另行查勘划界，以免纷扰，而期迅速。"①

两广总督李瀚章的批示经广东沙田总局、广东粮道下达后，东莞明伦堂立即将拨给广雅书院该部分沙田的围名、坵段、税数等列明清单，绘造图册，呈交广雅书院："兹据东莞明伦堂沙局绅董袁同熙等秉称：窃绅等邑学明伦堂奉拨广雅书院万顷沙屯田八十顷零六十六亩七分，恩准仍佃，每岁每亩缴租银二两，并蒙补给基筑工本银四万两，奉谕饬将应拨围名、坵段、税数开列缴案，并将欠纳屯租分别补纳等因。绅等遵将先年接佃潘敬义原承正江执丁秤杆沙香邑屯税三十八顷，又割拨香佃陈德如原承屯税一十五顷，又割拨香佃梁立登原承屯税一十五顷，又割拨香佃胡昌成原承屯税一十五顷，又割拨香佃陈德如原承屯税一十二顷，又割拨香佃胡宏业原承屯税六十六亩七分，共计八十顷零六十六亩七分，所有围名、坵段、税数缮列清单，绘造图册，呈缴拨归广雅书院管业，给回明伦堂承佃，每亩岁缴租银二两，递年分两季八月、十二月如数纳租，分批解缴。"② 此后，东莞明伦堂历年所欠租银也用拨给的四万两工本费银进行了扣抵。至此，张之洞将东莞明伦堂沙田拨归广雅书院的所谓"清屯案"告一段落。

沙田拨给广雅书院已形成定论后，东莞明伦堂在继任总督李瀚章

---

① 陈伯陶：《东莞县志·沙田志二》，第24—25页。
② 陈伯陶：《东莞县志·沙田志二》，第26页。

主事期间，推动这一结果发生了几处改变：一是将原定拨给八十二顷改为八十顷六十六亩七分；二是将原定易佃主事黄嶭的决定推翻，重新承佃这批沙田；三是将主事黄嶭提出的年缴租银二十万两改为每亩二两，年缴银十六万零一百三十三两四厘。东莞明伦堂虽然继续承佃这八十余顷沙田，然从一路地主变成了二路地主，不仅要承担官税，还要付给广雅书院租金，相比以往，收入有所减少。

四、　买回拨给广雅书院沙田

清末民初，由于外敌入侵，社会动乱，广东官府不断变卖官田以维持运转，东莞明伦堂乘机陆续买回了张之洞拨给广雅书院的沙田。光绪三十年（1904），两广总督岑春煊变卖广雅官田，东莞明伦堂当时经费紧张，"只别买回官筑屯田九顷九十亩"[①]。

宣统三年（1911）六月，两广总督张鸣岐再次变卖广雅官田，"张督陈藩复行召变，计需款二十余万，会摊还已毕，陈公子砺（陈伯陶）等乃以揭约四年归还法，向邑绅富分借集有的款，九月中旬，缴款十万两零，买回三十顷零，余俟续行借缴，以事变而止"[②]。意即陈伯陶借银十万两，买回三十顷沙田。此事在宣统三年（1911）八月陈伯陶、张其淦、尹庆举、谢遇奇、陈嘉谟、徐夒飏等上呈官田总局藩台《为遵谕承变分限缴价事》的呈文中有详细记载：

> 窃绅等昨奉宪示：官田召变，认价缴承。内开：东莞县属土名万顷沙官田八十顷零六十六亩七分　律变价，随奉宪谕查照。光绪三十年（1904），承变万顷沙西十顷官田，即案价值平均计算，每亩三十三两，于官民均能兼顾。饬即从速议定具

---

① 陈伯陶：《东莞县志·沙田志一》，第 2 页。
② 陈伯陶：《东莞县志·沙田志一》，第 2 页。

禀，以凭奏咨立案，等因，遵即邀集筹商备价缴领，无如敝县属向少殷富，财力困难，更以缴款既巨，限期又促，日夕筹思，深恐力有未逮，只得协力筹挪，勉为其难，合众擎易举之力，藉伸急公奉上之忱。遵照谕饬，议定亩价三十三两承变万顷沙官田八十顷零六十六亩七分，核计二十六万六千二百零一两一钱，领限分缴，拟九月内先缴一十万两余银，限十一月内按数清缴，合将办理认缴官田变价情形，并呈缴压禀银五千两，九九七平，先行禀报。①

陈伯陶、张其淦、尹庆举、谢遇奇、陈嘉谟、徐夔飏等分期缴银的呈请获得了藩台的批准。

又据陈伯陶、张其淦、尹庆举、谢遇奇、陈嘉谟、徐夔飏等于宣统三年（1911）九月十四日上呈的《为缴价领证事》记载：

> 窃敝邑学，承领县属万顷沙变价官田八十顷零六十六亩七分一案，奉藩宪批准，每亩缴价三十三两，给照执管，并承谕官田变价，已将空白执照编印札发县局，所有认缴变价分批缴交，即分批填照给领等因。绅等遵即上紧筹措，谨将初限认缴变价。除前缴交压禀银五千两外，今实缴到银九万六千零六十一两一钱六分七厘，计共凑合银一十万零一千六十一两一钱六分七厘，粘具围名、税亩清单缴案，恳请饬收转解，伏乞按照粘单开列围名、税亩，准填沙田执照八张，给予执管。查照，本县中则税编入华都二图五甲东宝安户征册输粮，永为民业。

由于"是年九月杪，省中变起，十一月期款未缴"②，陈伯陶等

---

① 陈伯陶：《东莞县志·沙田志三》，第24页。
② 陈伯陶：《东莞县志·沙田志三》，第25页。

只买回了三十顷零。以陈伯陶买回沙田每亩三十三两银计算，比张之洞强行召变万顷沙沙田时开价的每亩十二两银，上涨了二十一两银，可叹早年东莞明伦堂没有能力将那些田全部买下来。至于剩下没有买回的沙田，则于"甲寅年（1914）尹公翔墀（尹庆举）、叶公湘南（叶觉迈）继续原案，缴价承回五十顷零四亩二分四厘零三丝九忽，广雅书院之田遂全为邑有"①。

光绪十八年（1892），东莞明伦堂绅董、清同治三年（1864）甲子科举人谢茝臣的《万顷沙竹枝词》（收录于《生春草堂吟草》）描绘了当时的万顷沙。诗云：

> 汪洋万顷总茫然，极日波涛水连天。
> 毕竟廿年风景异，只今沧海亦桑田。
> 缙绅论事贵持平，设局原来为息争。
> 欲得大家公道在，盍邀围馆各先生。
> 田可耕兮水可渔，生涯海国不诗书。
> 晚来下酒无他物，紫蟹红虾白饭鱼。
> 苍茫云水剩斜晖，卖去鲈鱼蛋女归。
> 若问侬家何处是？扁舟惯泊宝安围。
> 长堤短屋尽渔家，户外舟横芦荻花。
> 话到在山泉水淡，孤帆高挂渡南沙。
> 一濠中立本公平，划断东香界限清。
> 独惜人非敦古处，各存轸域太分明。
> 临流远眺水之隈，云树模糊浪作堆。
> 蟹艇两二芦港外，太平集上趁墟回。
> 蛋民愚昧实堪叹，只信南巫不信医。
> 麦饭纸钱专送鬼，更无妇女拜神祠。

---

① 李炳球：《东莞明伦堂史略》，载东莞市政协编：《东莞历史文化论集》，第380页。

书屋编茅小若舟，学生赤脚又科头。
渔翁亦识尊师礼，去换鱼钱具束脩。
依然问俗又观风，宛如輶轩太史同。
摭拾田园诸琐事，暇来吟咏放诗筒。

第四节　化解“割县置厅”危机

光绪三十二年（1906），东莞明伦堂遭遇了有史以来最大的危机，两广总督岑春煊①奏议“割县置厅”，万顷沙沙田险些全部从东莞划拨出去。东莞士绅们联合朝中大臣多方斡旋，最终化险为夷。笔者综合陈伯陶《东莞县志》卷三十六《前事略八》及卷一百一《沙田志三》、陈景梁《南旋图跋》、张其淦《劝善吟》及曹正为该诗所作的跋文、杨宝霖《清末东莞割县置厅的一段史实》②等史料，将“割县置厅”的相关情况记述如下。

一、“割县置厅”的起因

光绪二十九年四月，岑春煊升任两广总督后，大力推行新政，开展军事改革，兴办广东将弁学堂、军医学堂、陆军中小学堂、警备学堂等，培养军事人才，耗资颇巨，又时值英法等外敌入侵，军费异常紧张，因此不得不大量变卖官田。光绪三十年（1904），岑春煊拟变卖原两广总督张之洞划拨给广雅书院的东莞明伦堂沙田，委派委员李令至东莞县，要求东莞明伦堂将其买回：“三十年，岑督春煊派委员李令（实授东莞县令，未到任）到局，谕以承变广雅官田，时摊还未久，局款未纾，乃与委员商允，愿承官筑屯田九顷九十亩。”③当时

---

① 岑春煊（1861—1933），字云阶，广西西林人。其父岑毓英曾任云贵总督。在甲午战争中是主战派，后又投入维新运动和戊戌变法。历任陕西巡抚、山西巡抚、两广总督等职，在任两广总督期间，积极推行新政，大举惩办贪官，有“官屠”之称。
② 杨宝霖：《清末东莞割县置厅的一段史实》，《东莞文史资料选辑》1989 年第 15 期，第 1—2 页。
③ 陈伯陶：《东莞县志·沙田志三》，第 23 页。

东莞明伦堂实属拮据，无力购买该部分田产。岑春煊见状便要求在原每亩二两八钱租银的基础上再加租一两至三两八钱："奉署两广总督部堂岑（春煊）札开，该县明伦堂承佃广雅书院万顷洋沙屯田原定亩租二两，前经县委劝加亩租八钱。前委李令往勘，复称其中上腴之田租银五两六钱不等，应自劝导，自本年起，每亩再加租银一两，不得藉口杂费须支。"① 东莞士绅们讨价还价，最后以每亩租银三两二钱继续承佃。② 然岑春煊在东莞缺口属人的怂恿下③，意欲吞并东莞明伦堂万顷沙全部公产，于是便有了"割县置厅"的奏议。

光绪三十二年（1906）五月初，广东水师提督李准④建议两广总督岑春煊将东莞的缺口、中堂两司及香山部分地区，另设立一厅。于是，岑春煊令总文案张鸣岐于五月将此事与"并改水陆提督事合折入奏"⑤，言称"可御外侮、治海盗，毋费政府饷"⑥。这个奏议对于岑春煊扩充军费、开展军事改革十分有利，但对于东莞来说，不仅极大地缩小了管辖区域，而且还失去了一县公有的万顷沙沙田公产，损失巨大。因此，消息传出后，东莞全县震动，街头巷议，纷纷反对。

二、 东莞士绅的斡旋

岑春煊上奏后，东莞面临的形势非常严峻。岑春煊作为云贵总督岑毓英之子，清光绪二十四年（1898）因力主变法维新而得光绪皇帝

---

① 陈伯陶：《东莞县志·沙田志三》，第 21 页。

② 陈伯陶：《东莞县志·沙田志三》，第 23 页。

③ 陈伯陶：《东莞县志·前事略八》，第 10 页。该页记载："割县置厅事出于水师提督李准，亦邑缺口属人怂恿为之。"

④ 李准（1871—1936），四川邻水人。清光绪三十一年（1905）五月起任广东水师提督。

⑤ 陈伯陶：《东莞县志·前事略八》，第 10 页。

⑥ 东莞市档案馆编，刘志伟主编：《东莞明伦堂档案汇编·第一辑》（第 26 册），广东人民出版社 2020 年版，第 650 页。

青睐；二十六年（1900），八国联军侵华，岑春煊率军至北京"勤王"，并护送慈禧太后和光绪皇帝至西安，深得光绪皇帝和慈禧太后的信赖，其所递奏折几乎都获批准："岑春煊督粤，擅威福，喜纷更，于琼崖二府诸县，或分或并，奏无不准。"① 此时，如果东莞士绅们不想方设法加以阻止，一旦慈禧太后和光绪皇帝下旨准奏，则如张之洞奏请划拨万顷沙八十余顷沙田给广雅书院一样，将无法挽回。当时，东莞明伦堂总办张其淦在山西黎城知县任内因"保护外国人不力"被革职，蛰居上海，东莞士绅群龙无首。危急之下，东莞明伦堂绅董陈景梁与士绅钟菁华②挺身而出。他们先发电报给时任南书房行走的陈伯陶和翰林院编修尹庆举，希望二人在京设法挽回局势。出于安全考虑，陈景梁和钟菁华不敢前往省城广州，而是乘船前往香港发送电报。致电后，二人又立即启程前往上海会见张其淦。二人面议策略后，张其淦提供全部活动经费，"款希源源接济至，千金一诺吾奚辞"③，三人又马不停蹄地赶赴京城，拟串联在京任职的东莞士绅联合上书，阻止"割县置厅"。

在未收到陈景梁、钟菁华二人电报之前，陈伯陶已新任江宁提学使，虽未离京，但已向皇帝辞行，"时伯陶于四月二十日外放江宁提学，已陛辞矣。即走谒政务处张尚书百熙，力陈割县不便状。张言须得京官奏请方可议"。因陈伯陶出任外官，不属于京官，于是与尹庆举商议，尹庆举表示将竭尽全力，"陶商之庆举，庆举力任其事"④。当张其淦、陈景梁、钟菁华等人至京的消息被岑春煊知悉后，迅速联

---

① 东莞市档案馆编，刘志伟主编：《东莞明伦堂档案汇编·第一辑》（第26册），第649页。
② 钟菁华（1859—1932），字碧峰，号隐庵，东莞横坑人。世居东莞莞城解元坊，与陈伯陶、张其淦为龙溪书院同窗，以教书、行医为生，后协助陈伯陶撰修《东莞县志》。
③ 东莞市档案馆编，刘志伟主编：《东莞明伦堂档案汇编·第一辑》（第26册），第649页。
④ 陈伯陶：《东莞县志·前事略八》，第11页。

系在京的亲信，举报张其淦以革职知县干扰政事。为此，张其淦为了避嫌，只好匿居天津。

光绪三十二年六月初四日，陈伯陶至上海，刚好法部尚书戴鸿慈①从国外考察政治回国，途经上海，正准备入京之时，陈伯陶恳请其从中斡旋，戴答允②。随后不久，陈景梁也至上海，并在路途船舶上拟定了化解"割县置厅"的方略，"六月既朔，即束装就道，潜赴申江，幸海波不扬，舟次撰就节略八则"，想与陈伯陶商议，然此时陈伯陶又奉命前往日本考察教育去了，陈景梁只得再次前往北京，与在朝任职的东莞同乡尹庆举、麦雪铭商议，并走访孟绂臣、景佩珂、荣庆③等大臣，多方活动，历尽辛劳。他在《南旋图跋》自记："爰诣京师，晤商尹太史翔墀、麦法部雪铭诸同乡，备极欣跃。随访孟参议绂臣、景学士佩珂、荣协揆华卿诸当道，时协揆在军机处……此中忧畏辛劳，笔难罄述。"在陈伯陶、尹庆举等联系的大臣中，戴鸿慈、荣庆二位军机大臣是扭转割县置厅局面的关键。曹正跋张其淦《劝善吟》称："幸有荣庆相国、戴鸿慈尚书两大军机极力为斡旋，斯事幸竟能消弭。"④

三、上书化解 "割县置厅" 奏议

光绪三十二年七月二十五日，通过戴鸿慈、荣庆等大臣的斡旋，尹庆举等人的《呈为割县设厅诸多窒碍迅恳罢议免割以固形式而顺舆

① 戴鸿慈（1853—1910），字光孺，广东南海县人。近代中国第一位司法部部长。戴鸿慈经历咸丰、同治、光绪、宣统四朝，历任礼部尚书、法部尚书、军机大臣、协办大学士等职，官至正一品，是清朝200多年广东省籍任职最高的官员之一。

② 陈伯陶：《东莞县志·前事略八》，第11页。

③ 荣庆（1859—1917），字华卿，正黄旗人。进士。先后任刑部尚书、礼部尚书、户部尚书、学部大臣、国史馆总裁等职，并入军机处，深得慈禧太后信任。

④ 东莞市档案馆编，刘志伟主编：《东莞明伦堂档案汇编·第一辑》（第26册），第650—652页。

情呈折联呈代奏事》由都察院代奏慈禧太后和光绪皇帝："前阅邸钞，得悉两广督臣岑春煊奏请将虎门屯防同知改为抚民同知，并将东莞县西北属境及香山县北境划归管辖等语。原为体察情形、整顿地方起见，倘于地势民情实无妨碍，职等何敢妄渎，惟中有不便者数端，谨逐款陈之。"[1] 详细列举了东莞不宜"割县置厅"的五个理由：

一是"查东莞县属，迭经宋、明分割，幅员已狭，今再割十里膏腴，所剩无非瘠土，贫弱不能自立"。

二是"惠州居县上游，素多伏莽，一遇有警，顺流而下，东莞先受其冲，实为省城屏蔽。前数年白芒花、三多祝、淡水，迭遭大乱，均赖合邑民团，甫能抵御。若剖割县地，势分力薄，藩篱莫固，后患滋深"。

三是"东莞中小学堂数十所，常年经费甚巨，皆由合邑筹捐。今县境既分，学费固属难筹，学生亦必各归本籍，纷纷解散，于学界进化大有阻碍"。

四是"莞属石龙，为潮、惠、嘉三府商贾总汇，货财云集，久为匪党垂涎，若将县境割分，恐兵单团弱，万一上游会匪乘机窃发，暗与土匪勾通，石龙必遭蹂躏，现在商民，惴惴裹足不前，商务大为减色"。

五是"东莞城附近，皆弱小之村，有事本不足卫。咸丰甲寅之乱[2]，县城失守，全赖虎门一带大乡督率练团收复，今将各大乡割归厅属，势必彼疆此界，秦越相视，一旦莞属有警，则附城之乡团防御无力，县境在在可危"。

此外还阐明了"他如巡警、工艺、义仓皆合全邑经营，始渐有进步，倘或强分疆域，则团体溃散，要务孰与图成？况各乡各堡，向皆筹有公产，为地方自治之用，一经分拆，将有同此乡堡，或属县辖，

---

[1] 陈伯陶：《东莞县志·前事略八》，第 9 页。
[2] 指 1854 年石龙红巾军何禄起义。

或属厅辖，公产必议瓜分。东莞民风素悍，将来因此小利，往往械斗竞争，酿成大变，恐甲寅之祸，将见于今，此亦深为可虑也"。

最后，援引岑春煊上奏割新宁县设广海县之例，阐述"今东莞分割，其窒碍较新宁更甚。连日在籍绅商函电交驰，均称人心震动，恳援新宁罢割之例，俾得合邑相安。职等不惮冒昧，谨将割县设厅窒碍情形披沥上陈，伏请代奏皇太后、皇上圣鉴，谨呈"。

光绪三十二年（1906）八月二十八日，尹庆举等人的上奏得到慈禧皇太后的批复，"旨：着政务处议奏，钦此"。此时，于光绪三十一年（1905）设置，承担考察各国、各地政治情况职能的考察政治馆又附片①函请都察院代奏："尹庆举等呈称割县设厅诸多窒碍，虎门屯防同知现拟改为捕盗同知，无庸将东莞、香山等县属划归管辖。"②考察政治馆上奏无需将东莞、香山割县设厅，慈禧太后、光绪皇帝批示"知道了"。最后，慈禧太后对岑春煊"割县置厅"的呈奏下旨进行驳斥："思以危言耸上听，料必邀准，讵竟下旨驳斥。"③ 不久，岑春煊调任四川总督，东莞"割县置厅"风波至此结束。

东莞士绅历经五个多月的共同努力，终于化解了岑春煊"割县置厅"危机。其中，陈景梁、钟菁华二人不辞辛劳，南北奔波，殚精竭虑，出力颇多。陈伯陶、尹庆举联系法部尚书、军机大臣戴鸿慈和军机大臣荣庆等进行斡旋，发挥了关键性作用。张其淦作为东莞明伦堂总办，居中协调，组织策划，安排经费，在整个事件中的作用也不可或缺。解决"割县置厅"危机，东莞明伦堂共花费二千六百余金，计白银二万六千余两，耗费巨大。然而，相对于万顷沙几百公顷沙田公产每年几十万两银的收入来说，这点付出应该是微不足道的。

---

① 附在奏折中兼奏其他简单事项的单片。
② 陈伯陶：《东莞县志·前事略八》，第9页。
③ 东莞市档案馆编，刘志伟主编：《东莞明伦堂档案汇编·第一辑》（第26册），第651页。

四、 关于 "割县置厅" 的诗文

"割县置厅" 风波平息后，陈景梁整理相关书函，作《南旋图跋》，记录了参与斡旋 "割县置厅" 的全过程：

　　粤自丙午（1906）仲夏，闻东莞有割分县境之举，因与钟贰尹碧峰（钟菁华）诣张太史豫泉（张其淦）谈商。以吾邑向分五属，今以李军门准献议岑制军春煊奏请割邑中堂、缺口两属膏腴之境，凑割香山少许地方，设治虎门，别为一厅，以资成兵。夫县境瓜分成贫瘠弹丸，团防力弱，后患滋深。而虎门设厅，辖境横亘数十里，地形如带，首尾不相顾，亦难自立戍守。况邑款之入多出自万顷沙之田，从前报垦升科、筑坝成围诸举，积欠债项，致卅余万之巨。今割裂分离，则宿债将若何清偿？坵亩若何分拆？义仓学校若何建设？且输粮纳税、批佃收租、控诉传查，动多（必）越境，民情地势，缭辖良多，实于大局无裨，徒滋纷扰，奈之何耶？时总办豫泉太史乃蹵然起，邀余北行，冀设法消弥，辞不获已。诚以桑梓利害实大，因请钟贰尹与偕，订以积威之下，或未克旋里。余则拟赴官陕西，钟则随陈提学子砺于江宁。而此行务须源源接济，不问出入，均蒙首肯。六月既朔，即束装就道，潜赴申江，幸海波不扬，舟次撰就节略八则，至则陈提学又东渡日本矣，不禁怅然者久之。爰诣京师，晤商尹太史翔墀、麦法部雪铭诸同乡，佥极欣跃。随访孟参议绂臣、景学士佩珂、荣协揆华卿诸当道，时协揆在军机处，曾以香山亦与分割之列，前曾询唐侍郎少川，答以未悉其详，缓之。故得假以时日，晋谒上书，从中筹策。而张太史嘱由黄太令芗池在局主持，亦即北赴天津，群策群力。此中忧畏辛劳，笔难馨述。秋八月，奉上谕调岑制军移节于成都，乃由陈给谏香轮暨尹太史等诸绅奏折列陈分县不便情形上闻，旋由考察政治馆议覆批驳，而分县之议，始作罢论。查自夏徂冬，凡五阅月，计耗用公款两千六百余金。今幸县境无亏，实邀天幸，然泲资钟贰尹相助为理，亦庶机不辜张太史之所托而已。滋者避乱乡旋，而丙午迄今，计将十载，况世变沧桑，书函折牍散佚良多，爰检其尚存者，综其本末，编列成帧，亦以聊备异时考证云尔。是为跋。

"割县置厅"风波后的十五年，陈伯陶也作《题陈景梁同年南旋图》一诗，描述了该事件的始末。诗云：

东莞古大县，宋代分香山。逮明万历间，复割万新安。分割地既戚，远不如南番。所幸濒海滨，浑流浩漫漫。其间积膏腴，万顷涨沙滩。闻昔四先生，出入历险艰。得之不自私，以为学宫田。多士既食报，科名各腾骞。时或遇兵荒，亦藉救祸患。谁钬觊其利？设厅在虎门。怂恿大吏奏，谋将公产吞。仆时值南斋，提学授外官。虽告张长沙，与戴南海言。考察亟东渡，未遽获转圜。（分县不便，余在京告张冶秋尚书，至沪，值戴少怀尚书归自海外，复告之。其后事不成，二公实有力焉，前序未之及，附记于此。）君乃投袂起，上书叩天阍。佐以钟贰尹，谋之尹词垣。瓜分计不遂，公产幸得完。其年冬十月，君束装南旋。仆亦适东返，接晤申浦间。杯酒相慰劳，事完犹辛酸。沧桑倏变易，忽忽十五年。债台筑已高，破产在目前。前劳谁复念？后患吁可叹！披图发此吟，纪实非诗篇。

为了劝勉东莞后人珍惜前贤努力，张其淦针对"割县置厅"风波作《劝善吟》长诗一首，诗云：

万顷沙田生海隅，东莞公产利所储。前贤创业后杰守，朵颐乃有人觊觎。水陆并为一提督（李准提议并水师陆路为一），虎门设厅莞地慁（准又提议在虎门设一厅，将万顷沙及香山沙田为国有养兵）。条陈绘图笔为秃，大吏凶横虎伥毒。我时总办沙田局，丙午之夏奏稿读。大县立成瘠小县，私为桑梓苍黎哭。子砺翔墀官京师（陈伯陶、尹庆举在京），岑督斯奏皆不知。彷徨午夜思挽救，使赴香江函电驰（不敢由省发）。陈钟二尹投袂起（芝岗与碧峰），叩阍挽救吾奚能为。款希源源接济至，千金一诺吾奚辞。惜到京华稍迟矣，子砺已任苏学使（任江宁提学使）。折京都察院代奏（奏折由都院奏），首列名者尹太史（因在京，易于讯）。荣协揆幸余同年（荣庆首相乃余乙卯乡科同年，且有交情。因作函托芝岗赴京，面求助办），少怀考察辔轩旋（子砺赴苏任，在申遇戴鸿慈尚书，考察外洋政治回国，亦托其驳回分县之奏）。两公皆任枢密职（戴时已入军机），早知其力能回天。批驳岑奏难始已，群策群力良足恃。东莞仍属吾东莞，沙田利赖无涯涘。我曾主动竭尽力，事庆功成各欢喜。今睹沙田委会刊，公益迭兴诚靡已。林场水利及平粜，学校扩充储杞梓。慈善事业次第举，拯助邑民唯力视。子母相生田日多，博思济众宜思始。易言利者义之和，以义为利叶经旨。为善最乐古有训，泯私为公名足美。愿天代生邑伟人，愿人时思行善事。积善之家多余庆，孔圣名言须谨记。吾邑古多豪侠事，闻风百世将兴起。行见风漓习俗良，急公好义代不息。见利忘义眼前光，劝君眼光宜远视。作恶终贻孙子忧，因果定律原可恃。怀思往事憧憬中，聊充史料一吟耳。万顷沙田瓯不缺，维持续赖诸君子。

湖南长沙翰林曹正（蜕禅）对东莞割县置厅一事也很清楚，他看到张其淦《劝善吟》后，也作跋评论此事：

昔岑春煊督粤，擅威福，喜纷更。于琼崖二府诸县，或分或并，奏无不准，徒扰人民。及听李准言，并水陆提督为一，欲将虎门设一同知，立新厅，割东莞之沙田一角与香山沙田一角共入新厅，以收入养戍兵，云可御外侮、治海盗，毋费政府饷。闻此稿成于总文案张鸣岐手。思以危言耸上听，料必邀准，讵竟旨下驳斥，乃知东莞尚有人也。然而东莞亦幸矣！时年世丈张豫泉（张其淦）前辈适为沙局总办，急与陈伯陶、尹庆举两前辈殚精竭虑思维公益，委陈芝岗（陈景梁）大令、钟碧峰（钟菁华）茂才上京叩阍，幸有荣庆相国、戴鸿慈尚书两大军机极力为斡旋，斯事幸竟能消弭焉。故芝岗曾作南旋图以鸣其功，诸友吟咏甚多。观其自跋云："今幸县境无亏，实邀天佐。然亦庶机无负张太史之所重托也。"余乃知东莞自有沙田以来，其危险程度实以此次为最大难关。必能过此关以后言守成也，亦易也。张太史对于桑梓之维护保存，其功实大。后人恐尚未有之其详者。今阅斯吟，洵足为邑乘之史料，后人自当纪念而馨香颂祷也。

第五节　兴办与资助东莞教育与慈善卫生事业

民国《东莞县志》对东莞明伦堂安良局时期的公产收入及支出有以下记载：

> 邑学素无公项，未成田时完粮纳租均由称贷，捐办前赴江南堵剿之红单船，增广学额及两次捐办京仓，捐修贡院，浚改邑河，重修学官，捐修府志，捐建本邑考棚，及该沙叠次补筑溃堤，甲寅（1854）红匪猖乱，集勇复城，继以丁巳（1857）、戊午（1858）防夷护省，一切巨费逾数十万。又遵例承买屯溢、缴息补升及承升斥则，每款均需数万，张罗乏术，以致捐展批期，光绪七年（1881）始得揭借西学银八万两以为挪轻还重之举。综计公产每年得租不过四万两，而公私胥是取给，岁支则租粮利息、局中薪脩、沙艇工食、勇丁口粮，以及文武岁科乡会印金、卷资、水脚、京官旅费、书院增送膏伙一切正用。奉公则近年沙田四次捐缴海防补升、集勇团练堵塞蕉门河道、支给军火勇粮、工费各款，无非挪东补西，竭蹶从事。①

据此可知，东莞明伦堂公产"每年得租不过四万两"，除了多次为买受、接佃、缴价承升、报承沙田、修理河道、经办团练与剿匪、增广学额、捐修府志、捐办京仓、文武岁科考试、京官赴任等提供大量费用外，还需为书院增送膏伙、出资修建新式学堂，不仅"文武举人会试每人五十两"，还将银两拨给文武生员举人用作试卷、场具

---

① 陈伯陶：《东莞县志·沙田志二》，第 7 页。

等。① 本节将重点阐述东莞明伦堂兴建新式学堂以及"增送书院膏火"之功。

一、 创办东莞县学堂

光绪二十七年（1901），清朝廷颁布兴学诏令，提出兴学育才为当务之急，要求"除京师设大学堂应切实整顿外，着各省所有书院设于省城均改为高等学堂；各府、厅、直隶州均改设中学堂；各州、县均设小学堂，并多设蒙养学堂"。据此，光绪二十八年（1902），东莞县令刘德恒将宝安书院东侧的考棚②改为东莞县学堂，推举徐夔飏为监督，尹庆举（时为东莞宝安书院山长）、张其淦（时为龙溪书院山长）为校长，聘叶觉迈③、陈高第④、张伯祯⑤、陈官桃⑥为教员，

① 陈伯陶：《东莞县志·经政略五》，第10—11页。
② 清何仁山《新建东莞县考棚碑》记载："按县制，岁、科两试，向集考于东城外之明伦堂。垣墙四通，弊窦滋甚。雨则路僻途淖，行者病焉。既议改作，乃度地于已迁改之文昌旧庙，量径轮，考广袤，而以左右之节孝故祠、新仓余地益之，规画既定，遂白大府，大府曰可。是役地费巨万，经始于同治癸酉十月，落成于甲戌二月。"
③ 叶觉迈（1859—1932），号湘南，东莞道滘永庆坊人。清光绪二十七年举人，与康有为、梁启超一道参与维新运动，失败后前往日本，回国后，历任国立北平图书馆馆员、东莞国民政府县长（任期1924年9月15日至21日共7天）、国民大学古文教授、东莞中学堂校长等职。
④ 陈高第（？—1912），字霞轩，东莞茶山下朗人。早年留学日本法政大学，叶觉迈离任东莞中学堂校长后由其接任，并主讲伦理课。1912年病逝于北京东莞会馆。其侄子为陈官桃。
⑤ 张伯祯（1877—1946），字任材，号子干，又字沧海，别号篁溪，东莞篁村水围坊人。日本法政大学毕业，与汪兆铭、朱执信等为同学。曾任东莞中学堂国文教员、两广言学堂法学教员、国民政府司法部监狱司科长、清史馆名誉协修等职。晚年以著述为业，信奉佛教，号仁海居士。
⑥ 陈官桃（1880—1933），字红宝，号恭甫，东莞茶山下朗人。随叔父陈高第留学日本法政大学，回国后中举人，任河南镇平县知县。辛亥革命后，历任河南省国民政府警察厅厅长、广东省国民政府高等监察厅厅长、河南省国民政府高等审判厅厅长等职。

招生 100 名，大多为东莞县世家子弟，分甲、乙两班。东莞县学堂的办学经费除来自宝安书院旧租以及少量社会捐赠外，其余概由东莞明伦堂承担。

东莞县初办学堂与其他县有两个不同之处：一是既办学堂，又不废书院。按光绪二十四年（1898）五月"谕各直省督抚，将各省、府、厅、州、县大小书院，一律改为兼习中、西学之学校"，东莞应将位于莞城的宝安书院和石龙的龙溪书院改为"中、西学之学校"，然东莞考虑到科举是检查一县教育的标尺，是文士晋身之阶，而此时科举取仕制度仍在继续进行，只是停用"八股文"而改用"策论"，为此，东莞双管齐下，既保留了培养科举考试人才的摇篮——宝安书院，又选择将其东侧的考棚（今东莞中学北区绿瓦楼及操场内东侧）改建为东莞县学堂。光绪二十九年（1903）二月，东莞县学堂第一届学生张炜勋考中秀才；光绪三十年（1904），东莞县学堂第一届学生李璇枢、吴炜增、叶觉超、黎璜考中秀才。新学堂的学生考中秀才，在其他邑域颇为罕见。二是不分中学堂和小学堂，而是将小学、中学连贯办学。光绪二十四年（1898）五月，清廷谕旨各省督抚，学堂的阶级"以省会之大书院为高等学，郡城之书院为中学，州、县之书院为小学"。按此规定，东莞县应办小学堂，然考虑到教育发展和人才培养之需要，东莞不分中学、小学，统称"东莞县学堂"，学制为六年，没有遵行《钦定学堂章程》"中学堂，四年卒业"的相关规定。

光绪三十一年（1905）九月二日，清朝廷再次发布谕示："自丙午（1906）科为始，所有乡、会试一律停止，各省岁科考试亦即停止。"至此，在中国历史上延续了 1300 余年的科举制度正式废除。光绪三十二年（1906），"东莞县学堂"改名为"东莞县立初级师范学堂"，以培养小学教员为主要目的。光绪三十四年（1908），又改名为"东莞中学堂"，学制分为师范部和中学部。其中，师范部为五年制；中学部为六年制，预科二年，本科四年。宣统三年（1911）六月，师范部取消，从此以后只有中学部，是为东莞中学。①

　　东莞中学与东莞明伦堂有着千丝万缕的关系。东莞中学早期的办学经费均由东莞明伦堂供给，东莞中学有的毕业生不仅在东莞明伦堂担任重要职务，进而在民国时期东莞地方政治上发挥重大社会作用。例如，早年毕业于东莞师范学堂的黄侠毅②通过参加同盟会投身革命运动，并直接参加东莞明伦堂的管理工作，甚至出任辛亥革命后东莞县第一任县长；同为东莞县学堂毕业的蒋光鼐等人则以军事起家，后通过东莞明伦堂参与东莞县地方公益事务；罗瑶③从东莞县学堂毕业后，就读国立北京大学，曾于 1931 年出任东莞县立中学校校长，曾在东莞明伦堂担任委员、董事、常务董事等职务。

二、 创办东莞县立高等小学堂

　　光绪三十一年（1906）十二月，莞邑学务公所（次年改为东莞县劝学所）委派黄瀚华筹办东莞县立高等小学堂（莞城中心小学前身），该学校是东莞第一所小学堂：

① 杨宝霖：《东莞县立中学史略》，《东莞文史资料选辑》1993 年第 21 期，第 40 页。
② 黄侠毅（1885—1943），号燮侯，东莞石龙黄家山人，与莫纪彭、李文甫、林直勉为刎颈之交。在莫纪彭的介绍下，黄侠毅、李文甫、林直勉、张孟荣、张伯和、叶心泉、陈哲梅、张志林等 10 余名莞籍青年先后加入中国同盟会。黄侠毅曾参与创办《东莞旬报》，筹办"醒天梦"剧社。1911 年参加黄花岗起义后，曾先后担任东莞县国民政府第一任县长、广东省国民政府税务局局长、福建省国民政府烟酒税局局长、国民革命军十九路军少将参谋等职。1943 年 9 月，在曲江日军空袭中遇难。
③ 罗瑶（1899—1962），东莞谢岗黎村人。国立北京大学法政科毕业后，先后任徐景唐秘书、国民党广东省政治军事厅政治部科长、国民党粤东区善后公署主任秘书兼《岭东国民日报》社长、国民党汕头市党部执行委员兼组织部部长等职。1930—1937年间，任东莞县立中学校校长。抗战期间，任广东省国民政府建设厅主任秘书、国民革命军第七战区十二集团军总部秘书、国民党衢州绥靖公署少将参谋等职。解放战争期间，任广东省国民政府民政厅主任秘书、东莞县国民政府县长等职，1949 年迁居香港从事教育。1954 年移居台湾，1962 年在台湾去世。

其经费由安良局支给，至翌年正月十二日，该校正式成立，校舍设在东门正街考棚，与当时的东莞县立初级师范学堂同一校址。嗣因两校学生因故发生龌龊，学校于光绪三十三年（1907）迁至东门外的东莞学宫，以东莞明伦堂为课室，教谕署为宿舍，后因增加班数，校舍不敷，又以崇圣殿为合班讲堂，再辟学宫后面牛栏冈的松山和射圃一带为操场，学校规模颇大。学制为高小四年毕业，故办有学生四班，均春季始业，课程较深，学生年龄亦较大，至宣统三年止，共办毕业生三届，毕业生依照成绩分别奖给廪生、增生、附生各目。成绩在八十分以上者为最优等，奖廪生；成绩在七十分以上者为优等，奖增生；成绩在六十分以上者，奖附生。前清办教育，还是有着科举制度的惯性。在此时期，学校的行政组织在校长之下，设有学监、会计、庶务等职员。经费方面，因缺管资料记录，无可查考，然当时教员的待遇不薄，各种校具、教具颇为齐全，并有完备的理化实验仪器及标本，因当时安良局随时拨款添置，故在莞邑小学中，可称设备最为完善的小学了。①

至光绪三十四年（1908），东莞明伦堂又陆续出资兴建了东莞县立高等小学堂（位于城外东莞明伦堂）、东莞县立第一初等小学堂（城内同德街）、东莞县立第二初等小学堂（城内石涌四甲）、东莞县立第三初等小学堂（城外沅涌）、东莞县立第四初等小学堂（城外周屋街）、东莞县立第五初等小学堂（石龙竹器街）、东莞县立第六初等小学堂（中堂）、东莞县立第七初等小学堂（太平）、东莞县立第八初等小学堂（茶园），以及虎门的陆军小学堂等。②

① 莞城中心小学百年校庆办公室：《东莞市莞城中心小学志》，1996 年版，第 18—19 页。
② 佚名：《最近官民立学校之调查》，《东莞旬报》1908 年创刊号，第 54—58 页。

三、 资助宝安书院和龙溪书院

清末民初，宝安书院、龙溪书院在东莞众多书院中最为有名，东莞明伦堂的绅董与这两大书院关系非常密切。比如，解元何仁山、探花陈伯陶、进士张其淦不仅是龙溪书院的学生，还曾担任过东莞明伦堂的绅董。虽然两大书院有徐屋洲、入社蚬塘、牛侧沙、南新洲等学产的租银，但经费向为拮据，故需要东莞明伦堂为"捐修贡院""增送书院膏伙"。

宝安书院前身为宝安义学，康熙二十八年（1689），东莞知县郭文炳捐俸银一百二十两建宝安义学于德生桥之东（今东莞中学南区西南角）；雍正十二年（1734），知县沈曾同移建至卫守旧衙（今东莞中学北区正门西部），改名宝安书院，并撰有《宝安书院碑记》，详细记录了宝安书院的位置和规模；乾隆二年（1737），知县印光任捐俸银重修宝安书院，增膏火田七十亩。宝安书院所聘山长多为名士，如梅州进士、学者李黼平于道光元年（1821）起出任东莞宝安书院山长十二年之久，其沿用学海堂的教学体制和教学方法，为东莞培养了大批学有专长的人才。此外，番禺进士、爱国诗人张维屏，东莞解元何仁山，进士尹庆举等都曾在此任山长。1926年，宝安书院被拆除。

龙溪书院（原址在今石龙红棉路）前身为龙溪义学，清乾隆四年（1739）由知县印光任率士绅所建。道光元年（1821），知府罗含章率知县以及戎厅、京山两属士民重修。其时因院舍狭小，邑绅尹廷铎倡议在水南头修建龙溪书院外馆，历经三年建成。罗含章在《增修龙溪书院碑记》中详记此事："择距旧基里许水南乡之种花地，增筑外馆一所。北枕罗浮，南临杯渡，山川映发，水木清华，泂造士之胜区，藏书之福地也。斤斧三年，聿成院宇三大进，翼以两厢，环以围墙。新旧两院，计费万金。"可见，龙溪书院及外馆的修建耗资不菲。清光绪三十一年（1905），科举制度废除后，龙溪书院被废置。清宣统元年（1909），东江大水，挂影洲决堤，水南头首当其冲，龙溪书院外馆被洪水冲毁，位于红棉路的正馆也因颓垣败瓦被拆除。20 世纪30 年代，在其遗址上建立了克怀医院。龙溪书院自清乾隆四年创办以来，存世 160 多年，邑中人士求学其间者数百人。清乾隆、嘉庆年间，莞邑科举人才相当一部分是从这里出来的。据郑师许《龙溪书院考略》记载，龙溪书院所聘山长，多为杰出之士，包括林茂封、黄之球、卢应、邓淳、韩荣光、陈澧、蒋理祥、容鹤龄、邓佐槐、黄萼、崔永安、张其淦、桂坫、尹庆举等。其中最为著名的是学者陈澧，其于咸丰十年（1860）任龙溪书院山长，东莞名人陈伯陶、张其淦等均出其门下。[1]

四、 资助卫生慈善事业

光绪二十九年（1903），东莞石龙惠育医院落成，东莞明伦堂拨款补助。光绪三十一年（1905）至光绪三十三年（1907），位于东莞高埗的稍潭麻风院、东莞石龙的若瑟洲麻风院建成开业，两院经费均由东莞明伦堂资助。光绪三十四年（1908），东莞发生水灾后，又遭到台风肆虐，东莞明伦堂拨款三万一千余两，用于抢险抗洪救灾；又为广东省三江水灾及本县赈灾捐款共一千二百余两。[2]

"安良局时期"是东莞明伦堂万顷沙沙田公产拓殖与发展的关键时期，是东莞明伦堂百年基业的奠定时期。虽然经历了"沙田公产拨充广雅书院"事件，以及"割县置厅"危机，然经过东莞士绅们的共同努力，于清末将沙田公产拓殖至六百七十余顷，并在经营上从"招佃批耕"逐渐向"招佃投承"转变，投承方式与方法越来越完善，经营收入除继续支撑既往公用开支外，还大力兴办和推广新式学

---

① 郑师许：《龙溪书院考略》，《岭南学报》1935 年第 4 卷第 1 期，第 159—174 页。
② 李炳球：《东莞明伦堂史略》，第 381 页。

堂建设，为后续东莞教育事业的发展与人才培养，以及卫生慈善事业的发展奠定了坚实的基础。不过，此阶段因"批田起衅"的"方遂初案件"耗费巨大，虽然案情最终了结，但也致使东莞明伦堂元气大伤，开始欠债。再加上围筑、买受、接佃、缴价承升、报承沙坦花费巨大，积欠银已达三十余万两之多，为后续事业的发展埋下诸多隐患。

附 录

张之洞参革劣绅折
（光绪十五年十月十八日）

窃粤省沙田，向为豪绅利薮，每一沙一围之中，必举有力者为之首事，倡立名目，藉为把持。计通省沙田以香山、东莞、顺德为最多，而此等风气亦惟该三县为最甚。光绪十二年间，顺德县大南沙一案，何太英等恃势勒贿，庇匪藐法，经臣据实奏参，仰蒙圣明惩办在案。查东莞沙田以万顷沙一围为大宗，计田三百数十顷。该县绅士倡立明伦堂名目，筑围收租。其中，有官筑屯田，该绅等承佃缴租者。亦有官屯变价，该绅等缴价承领者。又有向为民业，该绅等出价买受者。甚至恃势抑价强买占耕者，亦复有之。亦有民间田亩，投托该绅等代为出名，使佃户不敢违抗，他人不敢与争。统名之曰明伦堂沙田，而其实并非一致。必举三五劣绅素能鱼肉乡里、人所畏惧者管理其事，该绅等从中侵蚀，无所不为。假一县学校之名，以挟制官长，恐喝乡党，而其中不过三数绅士藉以为渔利之资。此等情形，即粤人亦所深悉。臣莅任以来，亦有所闻，徒以事未发觉，姑示含容，不为已甚。此万顷沙田豪绅假名渔利之实在情形也。

嗣本年夏间，迭据沙田局禀称，东莞明伦堂绅局承种之万顷沙围中共计三百余顷，内有田一百三十余顷乃系官屯变价，该绅等承领三十余年，应缴屯价花息二十余万两，仅缴过银三万两，其余所欠甚巨，延不缴完，禀请严催。当经臣饬催速缴，该绅等置若罔闻，其意视官之催追为具文，以己之延欠为本分。臣因该绅等所欠官项计银十四万两有余，尚有承领博学馆生息银八万两，又有承佃官田历年积欠督粮道屯利银一万九千余两，合计共银二十六万余两，一时断未能缴完，徒事追呼，难期清缴。明伦堂绅局又向为人所畏忌，其田恐无他人敢承。查有省城广雅书院尚有臣筹捐发商生息银十余万两，当经批令该绅等将田一百三十余顷缴出，归入广雅书院，其所欠之银十四万有零即由广雅书院代还。此项屯田变价本系官田，该绅等承领三十余年，收租已属不少，乃至今并未缴价。即论民间买卖田业，多年总不交价，岂能将田土据为己物，亦只有由田主取回另售他主。此时由官收回官田，免其缴价，由广雅书院代还，既非将其私置田产罚以充公，又非劝令捐助，办理可谓和平。该绅等初以为延欠官租屯价，官必无可如何。闻臣决意激办，乃与分局委员相商，倒填年月，分批缴银四万两，以为藉口之计。至其余之十万余两及所欠屯租，仍无影响。此该绅等延欠租项，舞弊朦混之实在情形也。

臣伏查沙田清丈给照升科，系奉谕旨饬办，屡准户部咨催，断不容稍有延欠。至此项屯田，本系官物，尤非沙田民业可比，当经臣饬委奏调广西知府石承霖前往，会同署东莞县知县张璿切实开导，乃该绅视地方官为无足重轻，抗匿不面。该县等传佃缴契，该绅等嗾令佃户概行逃匿，又复捏造长红标贴，称此为一邑之义举，其势直不容官为过问。经臣札饬东莞县知县，将管理明伦堂绅士指名详参，该绅等始行来省商办。臣因该绅等既来省城，饬令沙田局委员署南海县知县王存善会同署东莞县知县张璿传集该绅等劝谕，该绅等仍行抗匿，转托他绅面见该县等商办。该县等令将田一百三十余顷缴出，该绅等乃云"历年所费筑围工本计银数十余万两"。查粤省沙田向章，其始批给佃户承租，议定或五年、或十年承耕而不收租项，谓之荒头。其田应筑之围，即由佃户出资，如需费过巨，亦系按年扣租，佃户无需费本。此等章程，通省皆知。该绅等承领三十余年，现在已成上熟之田，岂有荒头尚未满限之理？亦何曾出过筑围工本？不过藉此为词，意在刁难。臣复令东莞县知县谕饬该绅，仅令收回未经缴价之八十余顷，其限外倒填年月所缴之四万两本应发还，亦姑从宽，作为限内所缴，不再令缴屯田。并令酌给筑围工本银四万两，以示体恤。又不令易佃，即令明伦堂作为总佃，俾其缴租之外，仍可冀沾余利。似此办理，实属格外从宽从厚。乃该绅等始犹不遵，继则口云"遵办"，而又求加筑围工本，并云"官给之筑围工本四万两，不能将所欠之屯租及承领之博学馆生息银两扣抵"。查积年所欠屯租，本系应完之项，扣除博学馆之项，更可免交息银，该绅等不肯扣除，其为有意欲延欠两款银两，不问可知。似此占耕官田，始终违抗，实属大干法纪。且该县区区一绅局，已坐享膏腴二百余顷之厚利，而此八十余顷，尚欲全数霸吞，不肯拨归书院，使两省士林稍为沾溉，此不惟国宪难容，且亦非人情所有。

尤可异者，臣饬署南海县知县王存善会同劝谕，原因该县本系沙田局委员，又系管理广雅书院委员，并非局外之人，于本分公事，分应秉公竭力筹办。乃该绅恨该县语言切实，竟敢昌言于众，谓臣如奏参诸人，臣虽调任湖广，该绅等必入京，设法属人将王存善参劾，藉图报复。又托人告之臬司，谓必与王存善寻仇泄忿，意在挟制。该绅等之意不过欲蹈何崇光之故智，指使言官把持地方政务，其视朝廷纪纲法令有如弁髦，实在狂悍已极。现据署东莞县知县张璿会同沙田局委员禀复，并查开该绅等衔名前来。

查有候选直隶州知州黎家崧，捐纳户部郎中何庆修，均属揽权抗官，营私专利。大挑教谕郭庚吉、职员钱万选，均与黎家崧等朋比为奸，伙分私利，遇事把持。而黎家崧尤为劣迹多端，平日最好干预公事。相应请旨将黎家崧、何庆修、郭庚吉、钱万选等四员一并斥革，永不开复。又礼部祠祭司主事邓佐槐，亦系在局管事，惟平日为人尚近谨饬，此事虽一同在局与闻，尚非主谋，应请暂行斥革，俟查办完竣，察看能否改过，有无阻挠情事，再行奏请开复。其欠租欠价之沙田八十二顷，已饬署东莞县知县张璿将该田查封，勒令收回，拨作广雅书院常产，另行招佃承租。并据东莞在籍刑部主事黄峥呈请认租此项沙田，每亩每年愿缴租二两五钱。批准该绅承领，每年将地租缴县，由县解送广雅书院作为常年经费。其应缴变价花息银十万零八千两，即由该书院经费项下照数拨交沙田局充饷，以清款目。其东莞明伦堂所欠屯租一万九千余两仍严行勒追，如再敢抗延及有霸田不交情事，再当从严参办。

臣查广东地方公正绅士固多，而无知劣绅把持公事、渔利抗官、罔知法度者亦复不少，最为恶习。沙田一端，尤为利薮，豪强兼并，病民抗官，恣不畏法。而又假借名目，阴持利权，直视官田为己物，官租为应行乾没之款。该县绅士亦多怨恨訾议，侧目不平。臣办理此案，决不欲稍从刻核，迭次从宽，而该绅等始终蘔抗，若不严加惩办，实无以清田赋而儆强横，不惟于沙田大局有妨，且将谓劣绅渔利结党抗官为得计，于纪纲风气尤有关系。臣在任一日，于地方应办之事必当竭力举办，断不敢存五日京兆之心，稍为迁就。

朱批："另有旨。钦此。"

（原载赵德馨主编，吴剑杰、周秀鸾等点校：《张之洞全集　二》，武汉出版社 2008 年版，第 739 页）

芝冈上书南旋图自跋

附錄芝岡上書南旋圖自跋

粤自丙午仲夏閒東莞有割屬增城之舉固與鍾貳
尹黎華暗張太史孫泉謀之莞邑向屬今以李軍門
準嶽議岑制軍春煊奏請割東莞缺口中垂二屬
齊腴之沿境濱割象山少許地方設治席門別為一
廳夫邑境依舊貿瘠彈丸圖防力弱受患滋深即
席門設廳轄畧數十里地形兄帶首尾不顧兵難自
立況邑頼之入多生自茅頭洋沙田逕前报慰卅科

149

築壩諸舛　積欠至三十餘萬兩之多　割裂蠹弊

則宿債若何清償　垇敲若何啓析　義倉學校若何建

設且輪糧納稅　批佃收租　控訴侍查　動必越境民情

地勢樛轕　實多大局　禮　援可奈何　孰為太

史乃瞿然　余北行　冀獲消弭　辭不獲命　誠以桑梓

利害乃請鍾戴尹與偕　訂以積威之下不不克返里余則

趨宦陝西　鍾貳尹則隨陳提學子硯　江甯發署此行

當源之接陳濤　不問出入均蒙首肯　六月既朔卯

東裝就道潛赴中浦幸海波不揚逶迤撲就節
罷八則至列陳提學東渡日本美不禁悵參者
冬之暮指燕京晤商尹太史翔墀麥侍郎雪銘
諸同鄉備極惶躍隨訪孟參議鉽屈景學士佩
珂榮協撰景鄉諸公圖協撰任軍機以柔山点与劃
牢之到前詢諸唐小川侍郎答以未婆芳詳緩之故
日丑晉謁上書洋中畫策不圖張太史以遠嫌故囑
由莢太仝薜池關及並付两歷寓天津此中慶晨綢

151

總纂難壁匪秋八月　論調考制軍移節成都於是陳綸課香輪暨尹太史等擇列未便情形上聞考察政治館抵行批駁而牙具之議遂作罷論自夏徂冬凡五閱月計用貳千陸百條金縣境至廢實遽天幸坐原資鍾氐尹相助為理点庶幾不負張太史所托而已茸者避地鄉旋兩午臲今計恰十載況世變滄桑書畫摺牘散佚良多爰撫其尚存者綜其存末編列成幀点聊備異時考征云尔

张其淦《劝善吟》和陈嘉谟《南旋图跋》

勸善吟　　　　　　　　　　　　張其淦豫泉

萬頃沙田生海隅，東莞公産利所儲，前賢創業後傑宗，朶頤乃
有人覬覦，水陸併為一提督（李準提議，水師陸路為一，虎門設廳，莞地處虎門設一廳）
將百頃沙及香山沙田並益國有養兵，條陳繪圖筆為芫，大吏芫橫虎倀毒，我時總辦沙
田局，兩午之夏奏稿讀，大縣咸瘠小縣，私為桑梓蒼蔡哭子礪
翔墠官京師（陳伯嚴户部），慶觀在本李督，斯奏皆不知，徬徨午夜思挽救使赴（不敢由省發）
香江函電馳，陳鍾二君投袂起（芝蘭與），叩閽挽救吾能為歟希
源源接濟，至千金一諾吾美辭，惜到京華稍違矣，子礪已任蘇學使
提學使摺京都察院代奏，都院奏摺首列名者尹太史，因在京易於訊，榮協揆幸
任江寧，榮慶首相乃余乙邨鄉科同年，且有少懷考察輶軒旋，子礪起蘇任在
余同年，安情固作函托芝崗赴京面求助力，考察輶軒旋蘇任在
申遇戴鴻慈尚書考察外洋，兩公比肩任樞密職，戴時已早知其力入軍機
政治圍國示托其駁回分縣之奏，兩公比肩任樞密職，早知其力
能迴天批駁岑奏難始已，羣策羣力良足恃，東莞仍屬

153

吾東莞沙田利賴無涯洪我曾主動竭盡力事慶功成名歡
喜令晤沙田委會刊公益迭與誠靡已林場水利及平糴學校
擴充儲杞梓慈善事業次第舉拯助邑民唯力視子毋相生
田日多博施濟眾宜思始易言利者義之和以義為利叶經旨
為善最樂古有訓派私為公名足美顧天代生邑偉人顧人時
思行善事積善之家多好慶孔聖名言須謹記吾邑古多豪俠士
聞風百世將興起行見風滔習俗良急公好義代不息見利忘義眼
前光勸君眼光覦宜遠視作惡終貽孫子憂因果定律原可恃懷思
往事憧憬中聊究史料一吟耳萬頃沙田匦不缺維持續賴諸君
子
湖南曹蛻禪太史曾知是事到見此吟為之評曰昔岑春煊督粵
擅咸福喜紛更於瓊崖二府諸縣或分或併奏無不准徒擾人民

及听李进言併水陸提督為一砲将虎門設一同知立新廳割東莞之

沙田一角与香山沙田一角拱入新廳以收入養戍兵云可以禦外侮治海

盜毋貴政府錮閣此稿成于總文棐張鳴岐手思以危言聳上听料

必邀進諸竟旨下駁斥乃知東莞尚有人也然而東莞亦倖矣時年

世丈張豫泉前輩適為沙局總辦急与陳伯陶尹慶举兩前輩殫

精竭慮思維公益委陳芝崗大令鍾碧峯戎才上京叩閽幸有榮慶

相國戴鴻慈尚書兩大軍機力為幹旋斯事竟能消弭為故芝

崗曾作南旋畱以鳴其功諸友吟詠甚多觀其佢跋云今幸縣境無

虞宴邀天佑然市庶幾無負張太史之所重托也余乃知東莞自有

沙田以来其危險程度實以此次為最大难關必能過此關以後言守

成也亦易矣張太史对于桑梓之維護保存其功實大後人恐尚未

有知其詳者今閱斯吟洵足為邑乘之史料後人自当紀念而馨香

頌禱也夫詩傚白香山体平易恬澹神韻悠揚敘次有法氣雄力貫誠

雅俗共賞之作末言義利導人為善顧公益持論正大毫無一語代其功

古云善与人同吾知其后必昌余可預祝焉拜讀之餘足資觀感因跋數

言用誌景仰云尔長沙曹正

南旋圖跋

粤自丙午仲夏聞東莞有割分縣境之舉因与鍾貳尹碧峯詣張太

史豫泉談商以吾邑何分五屬今李軍門進獻議岑制軍春煊奏請

割邑中堂缺口兩屬膏腴之境湊割香山少許地方設治虎門別為

一廳以資成兵夫縣境底分成資瘠彈九團防力弱後患滋深而虎門

設廳轄境橫亘數十里地形如帶首尾不顧亦難自立成字况邑欵之

入多出自萬項沙之田往前報墾升科築壩成圍諸舉積欠債項之

致卅餘萬之鉅今割裂分離則宿債將若何清償拉敝若何分析

陳嘉謨芝圃

156

義倉学校若何建設區輸糧納稅批佃收租控訴傳查動多越境民
情地勢輊轕良多是于大局無裨徒滋紛擾奈之何耶時總辦
駿泉太史乃瞿諉邀余北行冀設法消瓖珥不護已誡以桑梓利害
實大困請鍾貳尹与偕訂以積威之下或未克旋里余烈擬赴官陝西
鍾則隨陳提学子礦於江寧而此行務須源源接済不間出入均蒙首
肯六月既朔即束裝就道潜赴申江幸海波不揚舟次撲就節署八
則至則陳提学又東渡日本矣不禁悵然者久之爰詣京師晤商尹
太史翔壩廖法部雪銘皆同鄉儀極欣躍隨访區參議綾匡景学
士佩珂榮協揆華卿諸當道時場揆在軍機廣曾以香山亦与分割
之列前曾詢諸唐侍郎少川答以未悉其詳緩之故得假以時日晉
餳上書信中籌策而張太史囑由黃大令蒪池在局主持亦即北赴
天津舉策舉力此中憂畏辛勞筆難罄述秋八月奉上諭調孝

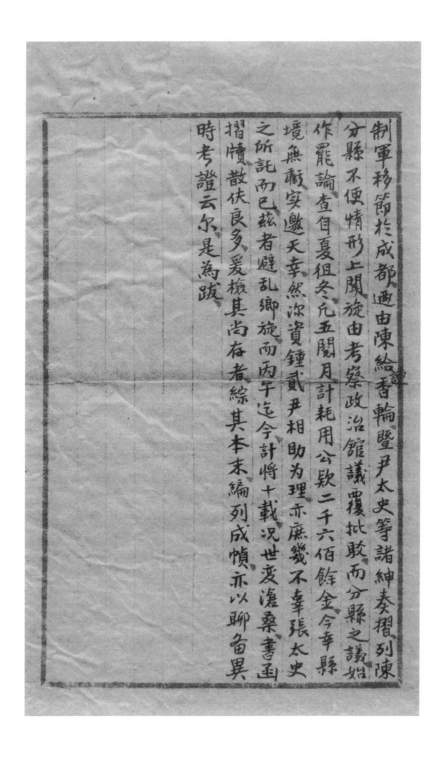

制軍移節於成都遂由陳紿香輪暨尹太史等諸紳奏摺列陳

分縣不便情形上閣旋由考察政治館議覆批駁而分縣之議姑

作罷論查自夏徂冬凡五閱月計耗用公欵二千六佰餘金今幸縣

境無虞實邀天幸然深資鍾貳尹相助為理亦庶幾不辜張太史

之所託而已兹者避亂鄉旋而丙午迄今計將十載況世變滄桑書函

摺牘散佚良多爰檢其尚存者綜其本末編列成幀亦以聊備異

時考證云爾是為跋

第四章　沙田经理局时期
（1911—1928 年）

1911 年 10 月，辛亥革命爆发后，原主持东莞明伦堂的士绅们为了逃避革命，纷纷逃往香港、澳门或海外，东莞县第一任县长黄侠毅委派同是同盟会会员、参加过黄花岗起义的陈哲梅①主持东莞明伦堂工作，并将东莞明伦堂管理机构名称由"安良局"改为"沙田经理局"，从此，东莞明伦堂进入"沙田经理局时期"。在沙出经理局时期，随着莞籍国民革命人物的迅速崛起，再加上科举制度的废除，以往由县中功名最高者出任主持人的制度已失去了延续的基础，由此，东莞明伦堂主持人由晚清时期最有名望的旧士绅逐步过渡为地位显著的革命党人、新士绅、军政要人等，他们针对土匪、沙棍的占沙、抢割与不断侵扰，以及政府护沙不力等实际情况，成立了自己的护沙武装机构——沙田自卫局；针对历任总董举债度日、积债过多的实际情况，进行了债务清理，拟定还债章程，并将"沙田经理局"改为"沙田经理局清理委员会"；围绕发展教育的职能惯性，成立教育经费保管委员会，确定了留学津贴制度，进一步发展东莞地方教育；等等。

---

① 陈哲梅（1886—1954），东莞望牛墩人。1909 年加入中国同盟会，曾参与创办《东莞旬报》，筹办"醒天梦"剧社，1911 年 9 月参与香山新军起义。民国初，成为东莞明伦堂沙田经理局第一任总董，后任职于广州花地孤儿院数十年。抗战期间，助力邹鲁夫人梁定慧于曲江办理孤儿院事宜。抗战胜利后，曾任东莞中学音乐教员，后出家南华寺，法号"宽让"，1954 年圆寂。

第一节　管理机构及其人事更迭

在沙田经理局时期，全面主持东莞明伦堂工作的人称为总董，总董下设董事 4 名，评议员若干人，均由莞籍人士担任。早期的总董由县中名流推荐，再由县长委任；1919 年以后，由县中公选推荐，再由省长任命。无论是县长任命还是省长任命，东莞明伦堂管理者均由此获得了官方身份。总董与董事人选仍然沿袭清末惯例——东莞五属，各选一人，评议员主要由地方各界人士组成，行使监督之责。

一、 1911—1919 年的人事更迭

在 1911 年至 1919 年间，东莞明伦堂沙田经理局总董均由县长委任。陈哲梅是县长黄侠毅委任的第一任总董，是莫纪彭[①]、刘师复创办的"心社"成员。因为"心社"以倡导世界大同为己任，不追求功名。因此，陈哲梅在任总董期间，长斋茹素，不怎么管事，东莞明伦堂沙田经理局的事务实际上由黄侠毅把持。[②] 1912 年，黄侠毅因组织共和政社、成立中国同盟会东莞分会等组织，大力倡导孙中山的"三民主义"，被心怀妒意的陈炯明借端拘禁于广州经略总署。同年 4 月，孙中山辞去临时大总统职务从南京回到广州，惊闻黄侠毅被拘禁，以仪仗兵护其出禁，并慰问有加。1912 年 5 月，黄侠毅辞去东莞

---

① 莫纪彭（1885—1972），东莞高埗人。曾参与创办《东莞旬刊》、"醒天梦"剧社。1909 年加入中国同盟会。1911 年参加黄花岗起义，后与刘师复等创办"心社"，倡导世界大同。历任海军总长程璧光的秘书、《大同报》主笔、国民党中央党史编纂委员会编修等职。抗战胜利后，在广州筹建粤东女子职业学校、霭文中学。1949 年赴台湾，1972 年病逝。

② 叶少华：《东莞明伦堂》，第 157 页。

县县长职务后，协助林直勉主持东莞明伦堂沙田事务，这在其刎颈之交莫纪彭的《黄侠毅事略》中有详细记载：

> 民国既建，元二之间，廉让之风气甚盛。君以老党员资格，凡稍涉于名位，辄多引避。曾助林直勉整理邑明伦堂沙田事，即弃去。①

陈哲梅辞任总董后，林直勉②成为东莞明伦堂沙田经理局第二任总董。虽然东莞明伦堂 20 世纪 20 年代的档案缺失，但《东莞市志》《东莞市石龙镇志》均有相关记载，也与莫纪彭《黄侠毅事略》中所述"曾助林直勉整理邑明伦堂沙出事，即弃去"相吻合。《东莞市志》记载："袁世凯当总统后，林直勉返粤，任东莞明伦堂主事。"③《东莞市石龙镇志》记载："1912 年，孙中山让位给袁世凯，林直勉回乡，处理东莞明伦堂财政事务。'二次革命'爆发后，陈炯明在广东宣布独立，袁世凯任命龙济光为广东安抚使率兵入粤，林直勉等率军抗击，兵败后秘密前往日本。"④ 据此推断，林直勉在 1912—1913 年间，曾主持过东莞明伦堂沙田经理局事务。

林直勉离任后，东莞明伦堂沙田经理局总董一职曾有一段空缺期。据 1913 年 7 月 22 日广东大都督兼讨袁军总司令陈炯明发布的第 35 号令，当时曾设立东莞明伦堂清理财政局，组织专人对东莞明伦堂的公款进行清理，因清理工作一直未完成，导致东莞明伦堂总董选

---

① 莫纪彭：《黄侠毅事略》，《东莞文史资料选辑》2001 年第 32 辑，第 270 页。

② 林直勉（1888—1934），祖籍广东增城，后迁居东莞石龙。曾参与创办《东莞旬报》与"醒天梦"剧社。1910 年，加入中国同盟会。1911 年，参加黄花岗、香山新军起义，后历任孙中山秘书兼两广电政监督、粤汉铁路督办等职。1925 年 8 月，涉嫌"廖仲恺被刺一案"被捕。1927 年出狱。1934 年 11 月 12 日因肺病去世。

③ 东莞市地方志编纂委员会编：《东莞市志》，广东人民出版社 1995 年版，第 1431 页。

④ 东莞石龙镇人民政府编：《东莞市石龙镇志》，岭南美术出版社 2004 年版，第 533 页。

举工作延后。该令原文如下：

> 令东莞县知事、东莞明伦堂清理财政局董遵照指饬各节清理
> 明伦堂公款议：查东莞明伦堂公款，前经饬县会同设局清理，迄
> 今日久尚未完竣，以致管理人员亦难选举，自应先行派员督同赶
> 紧清理，以便迅举管理员，俾昭核实而符原议。惟是清理需时，
> 而选举管理人员亦需时，刻当收租开投之际，亟应妥定办法，以
> 免争执，应即由县转饬各业佃人等将应收各款一律先行缴县，由
> 县汇解省垣金库收储。一俟此次派员会同清理，举定管理人员，
> 即行如数发还，以清辁辖而免延误。除派萧惠长①前往会同清理
> 外，仰该知事、局董即便遵照指饬各节办理，仍将遵照情形报核
> 毋延，此令。②

关于 1914—1919 年间东莞明伦堂沙田经理局的人事情况，文献
中也有少量记载。例如《粤海道尹王典章③巡行日报》记载：1917 年
5 月 7 日"下午六点钟，赴明伦堂沙田经理局接见董事阮明新④等，
该局总握全县财政，设总董一人、董事四人、评议员十九人，常年进
款以沙田为大宗，一切地方行政经费均仰给焉。近因沙田官卖，借款
承购，收入虽不减于前，而清理债务未免稍形支绌云……阮明新为日
本明治大学商学士，学识优长，对于该处乙种商业学校尚宜加意整

---

① 萧惠长（1876—1949），字整文，广东兴宁县叶塘区大路乡人。1906 年加入同盟会，
　　辛亥革命后，历任广东经略使署参议、顺德县国民政府县长、吴川县国民政府县长、
　　兴宁县国民政府修志馆馆长等职。

② 汕尾市人物研究史料编纂委员会编：《汕尾市人物研究史料·陈炯明与粤军研究史
　　料·广东大都督兼讨袁军总司令第 35 号令》，1993 年版，第 193 页。

③ 王典章（1865—1943），字幼农，陕西三原县人。历任直隶州知县、新宁知县、四川
　　都督、广东高雷道道尹、广东粤海道道尹、陕西省国民政府委员兼民政厅厅长等职。

④ 阮明新（生卒年不详），字英儒，东莞莞城人，日本明治大学商学士，曾任东莞县
　　商会副会长、东莞明伦堂沙田经理局董事、总董等职。

理，以培后起之人才"①。据此可知，1917 年，东莞明伦堂沙田经理局组织机构完善，收入虽没有减少，然因借款承购沙田等原因已背负巨额债务，支出明显乏力。毕业于日本明治大学的阮明新为董事，此人"学识优长"，制定了培养商业人才计划，这为后续省长任命其为总董奠定了基础。再如，1919 年 7 月 9 日《香港华字日报》报道："东莞明伦堂沙田经理局选举章程于去年修订完竣，呈准省长备案，令县从速定期选举，惟迄今事隔一年仍未举办，昨省长据报前情，令粤海道饬县迅速查明，将此项选举事宜，刻日按章组织筹备，并将改选日期先行报核。"② 据此推断，1918 年，东莞明伦堂沙田经理局拟定了选举章程并呈送省长备案后一直没有据此选举，直至省长催办，这应该是阮明新任总董之前东莞明伦堂沙田经理局筹备选举之相关情况。

二、 1919—1923 年的人事更迭

1919 年前后，东莞明伦堂沙田经理局总董改由省长任命，阮明新是第一位由时任代理省长张锦芳③任命的总董，自此形成定例。东莞明伦堂沙田经理局的办公地点也由东莞县城迁往广州西濠酒店、东亚酒店、维新横路 8 号 3 楼等地，直至后来购买了维新横路 2 号物业，才固定在此地办公，这在叶少华《东莞明伦堂》一文中有详细记载：

> 到了民国七八年间，由于争夺者多，有力者夤缘当局，直接
> 由省长派任。当时的省长张锦芳便第一次委任了明伦堂沙田经理

---

① 李炳球：《〈粤海道尹王典章巡行日记〉摘录》，《东莞文史资料选辑》1998 年第 28 辑，第 342—346 页。

② 《令催东莞沙田经理局筹备选举》，《香港华字日报》1919 年 7 月 9 日。

③ 张锦芳（1854—1921），字荔园，广东高州人。历任广西迁江知县、候补通判、宁明州知州、阳江县知事、岑溪县知事、两广护国军都司令部筹款员、东莞县知事、高雷道尹、粤海道尹兼新编陆军游击司令、广东省代理省长等职。

局的总董（好像是阮明新，日本留学生，辛亥年朝考的洋举人）。当时邑人哗然，咸以地方团体组织不应由官厅委任，但迫于形势，也无可奈何。自此成为定例，经理局总董的去留都由省长任免，有如任免官吏一样……明伦堂总董和董事们在省长派任之例一开之后，多在广州活动。长期在西濠酒店，后来在东亚酒店开两三间大房作为办公及游宴之所，承耕沙田的人，要到这个地方来交租，明伦堂在东莞办理的学校和公益事业，也要到这个地方来领取经费。民国十三年，我任总董时在广州租赁了维新横路八号三楼作为明伦堂的办事处，隔了两任的当事人遂买下了维新横路二号一座三层楼的洋房为正式办公地点。①

东莞明伦堂沙田经理局总董由县长任命改为由省长任命，对于东莞普通民众来说，是一件为之哗然的"新鲜事"，也是一件为之忧虑的"重要事"。因为，他们认为东莞明伦堂作为地方团体组织而非官方机构，其主持人不应由省长任命。担心主持人由省长任命后，其管理权有可能旁落外籍人手，省政府也会随心所欲插手东莞明伦堂事务，特别是财政事务，这将会影响未来东莞教育事业和公益事业的发展。对于东莞县国民政府官员来说，在东莞民众多有忧虑的情况下，仍然实行此举，应该经历了一个艰难而无可奈何的抉择，这一抉择的缘由可能包含以下几个方面：一是针对各派势力为了争夺"总董"一职，而导致县长无法调和情况的一种"矛盾转移"。在任命"总董"时，县长在觊觎东莞明伦堂租金收入与控制民团权力的地方名流中一向充当着调停者角色，当争夺矛盾激烈至无法调和时，转移矛盾就成为一种必然选择。叶少华《东莞明伦堂》一文详细叙述了当时争夺"总董"的激烈情况："明伦堂拥有沙田六七万亩，每年征得田租六十多万元，省、县当权者和地方争夺把持明伦堂非常激烈，并不单

---

① 叶少华：《东莞明伦堂》，第158页。

单是为了这六七十万元的田租，而更为他们垂涎的是掌握明伦堂的武装力量。"① 二是县长出于此阶段任期短，不愿介入东莞明伦堂管理权争夺旋涡的一种"明哲保身"。据马汉民《民国时期东莞县长名录》，1917年至1919年，东莞县经历了潘祖荣、张锦芳、王傅珍、邓惠芳、曾佐才5任县长②，平均任期不到7个月。在如此短的时间里，县长既要听命于省府官员，又要巴结东莞新、旧士绅，还要周旋于迅速崛起的东莞军政新秀，同时还要处理地方政务，确实没有更多时间和精力介入东莞明伦堂沙田经理局"总董"之争，将权力上交也不失为明哲保身的一种良策。三是东莞明伦堂沙田经理局出现了严重的债务危机，而导致民愤极大，县长在无法平复民愤时提出的一种"为民请命"。东莞明伦堂沙田经理局的债务危机一直存在，在《粤海道尹王典章巡行日报》中也曾提及。中山大学韦锦新《地方公产与地方控制——东莞明伦堂研究（1845—1953）》一文中亦提到："1917年前后，东莞地方以明伦堂向为二三士绅把持，历年数目，又未公布，认为有侵吞公款之嫌，于是召集全县公民大会，推举清算委员，呈请上级政府加委。"③ 债务危机引起的民愤必须通过侵吞查实、清理整顿、财务公开等切实有效的举措方能平息，当县长在其职权范围内无法实施这些举措时，"权力上交"可视作一种顺应民意的"为民请命"。

东莞明伦堂沙田经理局人事权交由省长委任后，虽然还是由莞籍人士主持，但省长及其主持人背后的势力也开始侵染与掌控东莞明伦堂的局务。例如，1921年7月，时任广东省国民政府省长兼粤军总司令陈炯明对东莞明伦堂沙田经理局总董叶深庆等侵蚀亏空一案曾发布追缴令：

> 昨以前东莞明伦堂沙田经理局总董叶深庆变产潜逃，请饬县分别查封抵偿。省长当以该县明伦堂沙田经理局民国九年分数目

---

① 叶少华：《东莞明伦堂》，第158页。
② 马汉民：《民国期间东莞县长名录》，《东莞文史资料选辑》1999年第8辑，第39页。
③ 韦锦新：《地方公产与地方控制——东莞明伦堂研究（1845—1953）》，第15页。

经由该局清算员核算，明确其中浮开、滥支、冒支、侵吞等项约计不下一万六千二百余两，而以前总董叶深庆为最多，董事何国琛、卢名标次之，王绳矩及会计叶宅琴、何祝年，评议长莫体经、评议员叶□敬、钟之杰、李芳等又次之。前据清算员尹政举等呈报，即经该饬照章除名究追，并将不准核销之，请公评各款并列入着追赔缴，令行经理局遵办在案。现称叶深庆将产业改易别名，运动地方官维护变卖逃匿，是否属实，现令东莞明伦堂沙田经理局委员等迅速查明，先将该劣绅等名下产业函县标封，一面迅摧清理完结，妥办呈报，并令东莞县遵照办理。[①]

追缴令发布四个多月后，陈炯明又以东莞明伦堂沙田公产迭被劣绅侵蚀亏空负债为由，"特令委东莞人莫擎宇、王肇基、莫鸿秋、莫自修、何家琪、张铨忠、邓念慈等七人为清理东莞明伦堂沙田局委员，饬即克日到差，将该局债务妥为清理"[②]。再如，1923 年 10 月，广州市政厅厅长孙科提出整顿学产，也试图介入东莞明伦堂的管理，他在《广州民国日报》上刊发了《监督明伦堂产业之先声》：

> 查得广府学宫明伦堂所管各产为数甚巨，原属地方公共物业，政府应负有监督维护之责，断不容三数私人，私自处分，致碍公益。究竟各该产究有若干，坐落何处，每年入息若干，支出若干，均需清厘。特制定报告表式一纸，备文呈请省署，转饬该堂管理人，分别依式详细填报，送厅审核，以资整理。省署据此，经指令市政厅照办。并广府学宫明伦堂值年等遵照，饬将所管各产照依表式，查核缴核矣。[③]

---

① 《东莞沙田局之讼案》，《香港华字日报》1921 年 7 月 30 日。
② 《清理东莞沙田局债务》，《香港华字日报》1921 年 12 月 19 日。
③ 孙科：《监督明伦堂产业之先声》，《广州民国日报》1923 年 10 月 9 日。

由此可见，省长等相关势力主要觊觎东莞明伦堂沙田经理局财务和人事两大核心事务。

三、 1923—1928 年的人事更迭

在 1923 年至 1928 年间，由于陈炯明公开背叛革命，政局异常动荡，广东出现了桂军刘震寰、滇军杨希闵、粤军许崇智、湘军谭延闿、豫军樊忠秀等军阀共据局面[①]，再加上掌控广东的军政势力更迭频繁，各方势力角逐东莞明伦堂沙田经理局总董（委员长）职位更加激烈。

1923 年 5 月，廖仲恺任广东省国民政府省长后，委任与其共事多年且有深厚革命友谊的李章达[②]主持东莞明伦堂。李章达上任后，东莞明伦堂沙田经理局的债务危机已经非常严重，为了凸显"清理债务"之决心，他将"东莞明伦堂沙田经理局"改组为"东莞明伦堂沙田经理局清理委员会"，"总董"改为"委员长"，委员仍按照"莞邑向分五属，每属挑选委员一员助理局务，由委员长荐请委任"。按此规定，捕属陈仲和[③]、戎属黄侠毅、中堂属袁煦圻[④]、缺口属叶

① 东莞市地方志编纂委员会编：《东莞市志》，第 997—998 页。

② 李章达（1890—1953），东莞莞城县后坊人。同盟会会员，曾参加武昌起义和讨伐袁世凯行动，历任孙中山大元帅府宪兵部队司令部司令、廖仲恺党务助手、国民党中央农民部部长、福建省国民政府秘书长、国民革命军第四战区军法执行总监、国民党革命委员会常务委员、中央人民政府委员、广东省人民政府副主席、广东省政协副主席、广州市副市长、中国民主同盟中央常务委员等职。

③ 陈仲和，东莞人。1944 年 3 月至 1945 年 6 月曾任东莞县国民政府战时县长。

④ 袁煦圻（1889—1952），东莞中堂袁家涌人。保定陆军军官学校毕业，历任国民党广州市警察局总督察、警察分局局长、第一集团军军官训练所主任、第七战区训练团训导处处长、广东省训练团副教育长等职。1952 年，东莞中堂开展土地改革时被判处死刑，1987 年平反。

显①、京山属袁岱云为东莞明伦堂沙田经理局整理委员会委员。② 李章达在任期内，不仅将沙田自卫局改组为万顷沙业佃自卫局自卫团，还拟定了《东莞明伦堂沙田经理局换立借约办法》：

> 本堂债务除投田捐款以批约为借约外，其余无论长期借款、短期借款，所有旧日所发一切揭约须换立新借约；借款有一年以上未清息者，即按月计清，复将此项利息作为借本连原借本，概填在新借约之上；此项换约手续在本堂驻省办事处办理，各债权人限在新历七月内携原约换领新约，若逾期不到作无效处理；自换新约之后，所有旧纸概为无效。③

李章达通过重新换约等举措，开启了清理债务的新阶段，为后来陈孚木再启债务清理创造了条件，打下了基础。

1924 年 1 月，李章达出席中国国民党第一次全国代表大会后，开始全力跟随时任中国国民党海陆军大元帅大本营秘书长、国民党一大中央执行委员等职的廖仲恺从事党务工作，时任国民党临时中央执行委员会委员、主持国民党广州特别党部的孙科推荐其随从孙绳武④出任东莞明伦堂沙田经理局总董，此举受到了东莞士绅的坚决抵制。他们不愿意孙科插手东莞明伦堂的事务，但又迫于孙科的背景和权势而不能公开反对，就以孙绳武是宝安人而非东莞人，且资历浅薄，威望不足难以让大家信服等由进行反对，时任总董的黄侠毅更是拒不交

① 叶显，字君遂，东莞厚街赤岭人。清河陆军第一预备学校毕业后加入徐景唐的部队，1926 年由徐景唐推荐出任江门市市长，大革命失败后一直隐居澳门。

② 廖仲恺：《广东省长公署委任令（第 61 号）》，《广东公报（3169 号）》1923 年 6 月 6 日。

③ 东莞明伦堂沙田经理局清理委员会：《东莞明伦堂沙田经理局换立借约办法》，《广东公报（3184 号）》1923 年 6 月 25 日。

④ 孙绳武（1897—1964），东莞长安上沙村人。曾任琼崖区区长，"飞龙"舰长，宝安、惠阳、顺德、南海等县县长。

接，并把东莞明伦堂沙田经理局的印信、契据带到澳门藏匿，孙绳武便自刻印信，自行到任。当一些大、小耕家以"东莞明伦堂沙田经理局有两个总董，不知田租交给谁才算数"为由拒不交租时，孙绳武便向耕家们借款办公。此时，接受孙中山策动正在广东讨伐陈炯明的西路军（桂军）总司令刘震寰认为，这是攫夺万顷沙财富的大好时机，令其所部军长严兆丰以筹饷为名，派遣一个旅的军队进驻万顷沙乘机分肥。此种情况下，万顷沙业佃们为了避免损失，一致对外，大力支持孙绳武组织业佃武装力量与之对抗，孙绳武趁机自命为万顷沙业佃自卫局局长。后经中间人斡旋，严兆丰的部队收款暂时离开万顷沙后，孙绳武随之失去了万顷沙业佃们的支持，被迫离任。

1924 年 6 月，黄侠毅再度任东莞明伦堂沙田经理局总董，孙绳武以"任内垫支款项万余元，须新任负担，如数填偿，始允将印交出，否则不肯交代"[1]。黄侠毅与之交涉无果，1924 年 6 月 5 日驰行返回省城向时任省长廖仲恺报告后，改在广州仰忠东街设址办公，成立东莞明伦堂驻省办事处，接管了东莞明伦堂事务，孙绳武无奈卷逃而去。

1924 年 8 月 22 日，据《广州民国日报》报道，刘震寰离开万顷沙后，并没有就此罢休，而是派人到广州仰忠东街东莞明伦堂办事处劫持了东莞明伦堂沙田经理局总董黄侠毅：

> 昨二十二日，黄在局内会客时，忽有身穿白夏布长衫者三人，入内上楼，黄即接见。各道姓名毕，该来客即谓东莞沙捐积欠甚巨，请即缴纳。黄即答称，东莞沙捐已纳至民国十四年。来客又问，沙田登记捐何以又不缴纳，黄答谓，此事经与古督办……讵语未完，该来客迎头痛击，喝令拿捉。瞬间又有三数名某路军队上楼，将黄拿捉。黄即问有无手令？该客即出手令，并□

---

[1] 《东莞明伦堂总董不允交代》，《广州民国日报》1924 年 6 月 6 日。

路第□旅王□□名片，及东莞沙捐总局长卢文魁名片，蜂拥黄氏下楼而去，黄斯时一只穿白笠衫拖鞋云。①

西路军要挟黄侠毅，勒索毫洋八万元，黄侠毅被迫签写"械票"得以脱身后，即于第二日在《广州民国日报》上刊发启事，声明"械票"作废：

> 八月廿二日下午一时，有西路军官带同武装兵士数名，到仰忠街本堂驻省办事处，威挟本局总董黄侠毅到西路军总司令部，勒写械票，向广信同邹殿邦何恒记公司提取毫洋八万元。惟该械票出于威迫，断难认为有效，除同日缄达邹殿邦等外，一律作废。特此声明。总董黄侠毅等仝启。②

绑架勒索事件发生后，黄侠毅向刚刚上任不久的省长胡汉民③申诉，然胡汉民不愿得罪刘震寰，要求黄侠毅离职，改派陈晴峰④任总董："昨省署委任陈晴峰为东莞明伦堂沙田经理局总董，其委任令云：'照得东莞明伦堂沙田经理局总董黄侠毅，应即免去本职，另候委用。遗职查有该员堪以接允，除分令外，合就委任，为此令仰该员即便遵照，迅速就职，认真经理，勿负委任'。"⑤ 黄侠毅对此不服，拒绝移交。

据叶少华《东莞明伦堂》回忆，1925年初，在黄侠毅不肯向陈

---

① 《东莞沙田局长被捕》，《广州民国日报》1924年8月25日。
② 黄侠毅等：《东莞明伦堂沙田经理局启事》，《广州民国日报》1924年8月26日。
③ 胡汉民（1879—1936），字展堂，广州番禺人。1905年加入中国同盟会，任《民报》主编，"汉民"是其在《民报》上发表文章时所用笔名。他是孙中山的主要助手之一，中国国民党早期主要领导人之一，中国国民党前期右派代表人物之一，曾任南京中央政府交通总长、广东省国民政府省长、南京中央政府主席、国民党主席等职。
④ 陈晴峰，曾任东莞县商会会长，虎门慈善管理委员会负责人。
⑤ 《陈晴峰任东莞沙田总董》，《广州民国日报》1924年11月7日。

晴峰交接、胡汉民不愿对刘震寰采取措施、刘震寰得不到钱又不肯罢休的僵持状况下，东路讨贼军总指挥许崇智的莞籍部下第十六师副师长王若周[①]攻占莞城后，率其部属约 200 人进驻了万顷沙，他力推与桂军有一定交情、时任东路讨贼军行营军需处处长的莞籍老乡叶少华担任东莞明伦堂沙田经理局总董。王若周不仅率领东莞士绅向胡汉民请愿，而且还在请愿前就已经递上了东莞士绅的联名呈文。此外，与胡汉民素有交情的大耕家邹殿邦也保荐叶少华任总董，再加上黄侠毅也愿意将印信等移交于叶少华，于是胡汉民就做了一个顺水人情，改任叶少华为总董，邓庆云[②]、朱介如[③]、方彪[④]、容咏南[⑤]、刘植廷[⑥]、蒋兰雪[⑦]等联名向胡汉民请愿者为董事，王若周也如愿出任万顷沙自卫局局长。在叶少华任总董期间，由于王若周把持了自卫局，专横跋扈，引起董事们的严重不满，他们迁怒于叶少华，称叶少华"懵懂"。叶少华不愿代人受过，不到一年时间，便辞去了总董之职。叶少华辞职后，因董事刘植廷清末曾做过邹殿邦的父亲邹静存的幕僚，于是，由邹殿邦保荐刘植廷

---

① 王若周（1888—1957 年），原名昌廷，又名凤基，东莞虎门南栅村人。保定陆军军官学校毕业后，曾任国民革命军李福林第五军中将师长兼两淮盐务缉私局局长。抗日战争期间，历任国民党广东民众抗日自卫团第四区副主任委员，国民革命军第四战区第四游击区中将司令，第七战区、第九战区中将参谋。解放战争时期，任广东省国民政府参议员。中华人民共和国成立前夕移居香港，1957 年逝世。

② 邓庆云（1860—1933），东莞桥头邓屋村人。幼年丧父，年长后跟随伯父从军，后因建立军功擢升清军顺德县守备。辛亥革命后退伍定居广州。是著名农业教育学家、土壤学家邓植仪的父亲。

③ 朱念慈（1876—？），字介如，东莞人。曾任省长公署教育科科长。

④ 方彪，字育之，东莞人。清武官，辛亥革命后曾任乐昌县国民政府县长，是抗日名将薛岳的岳父。

⑤ 容咏南，东莞地方士绅，进士容鹤龄的后人。

⑥ 刘植廷，曾做过军阀莫荣新的幕僚。

⑦ 蒋兰雪，东莞虎门人。前清拔贡，是蒋光鼐的叔叔。

接任总董一职。①

1925 年 8 月，廖仲恺被谋杀，轰动了整个社会，各界纷纷要求追查真凶，严惩不贷。胡汉民因与廖仲恺矛盾最深，被作为主要怀疑对象被迫出国，蒋介石掌控了军政大权。1925 年 11 月，蒋介石任广州卫戍司令后，推荐其亲信莞籍陈孚木②任广东省国民政府农工厅副厅长，兼任东莞明伦堂沙田经理局清理委员会委员长，委员为朱念慈、邓章兴③、何冀④、骆用弧⑤、谢星南⑥、黎樾廷⑦、刘陶、曾宪盛、谭桂萼⑧，并将东莞明伦堂的办公地点搬到广卫路 11

---

① 叶少华：《东莞明伦堂》，第 168 页。

② 陈孚木（1897—1959），字公谟，原名陈沐霖，东莞塘厦人。陈逸川、陈秋霖的幼弟。早年在香港参与编辑《新闻报》，1925 年 10 月后，历任国民党广东省党部青年部长、政府监察院监察委员、广东省国民政府农工厅厅长、交通部政务次长、招商局经理等职。抗战胜利后前往延安工作。中华人民共和国成立后任上海国华银行董事长、广东华侨委员会参事等职。

③ 邓章兴（1881—1937），字绍穆，东莞莞城寺前街人。光绪二十四年（1898）庠生，曾任广东省国民政府教育厅第三课课长。

④ 何曼叔（1895—1955），原名何冀，又名何迈叔，东莞莞城人。曾由廖仲恺介绍加入国民党，后曾在多家报社任记者。1934 年至 1935 年间，曾任江西省星子县国民政府县长、贵州毕节县国民政府民政科长等职。1940 年，赴重庆侨务委员会主持编辑工作。中华人民共和国成立后历任中山大学、华南文理学院、华南师范学院教授。

⑤ 骆用弧，东莞人。在抗日战争期间，任伪广东省国民政府社会福利局局长，在广东肃奸委员会第一批汉奸通缉名单之列。

⑥ 谢星南（1875—1944），名亮，东莞东坑人。年青时以撑船为业，后弃业出港，在马来西亚投奔宣传革命的孙中山，成为其卫兵，随后参加同盟会，跟随孙中山在日本等地开展革命活动，回国后曾担任国民党东莞县党部委员。

⑦ 黎樾廷（1894—1954），东莞中堂人。1921 年毕业于北京大学物理系，后任东莞县立中学校校长，在东莞首创男女同校而遭到旧势力围攻离职。1923 年，前往海陆丰协助好友彭湃开展农民运动，任海丰县陆安师范学校校长。1925 年，复任东莞县立中学校校长，离任后任广州市第二中学校长、香港《华字日报》社长等职。

⑧ 谭桂萼，东莞人。1925 年任东莞县农民协会副委员长，后任东莞石龙市市长等职。

号。① 陈孚木任委员长后，以整顿历任管理者侵吞公款现象和清理债务为己任。首先，登报公开斥责王若周"勒收军费，目无法纪"：

> 王若周君鉴：汝自本年叶前总董任内委兼明伦堂万顷沙自卫局长，驻兵不过二百人，前后不满十月，竟勒收军费至十万元之巨。又复勾同部上偷运粮食赴港，破坏罢工，经纠察队及前任总董控告，由民政厅撤换，乃竟敢于日前交卸之际，派兵放枪威吓开割耕民，强收军费一万七千余元之巨。究竟此次收去之款作何开销，屡函来局清算，竟避匿河南不见。须知此乃全邑公款，亦为农民血汗，勿论如此巨款，即一丝一毫亦不容苟且。国法俱在，本委员等惟有呈请政府下令迪缉归案。须知剥削农民，侵吞地方公款，罪有应得，贪官污吏为廉洁政府所不容。断为一区区福军副师长便能目无法纪也。②

其次，登报公开通缉孙绳武：

> 为悬红通缉事照得前任东莞明伦堂沙田经理局总董孙绳武，于民国十三年卸任之际，胆敢将局内所有重要契据、田照等物卷逃不交代，业经前总董黄侠毅呈准廖前省长通缉归案究办在案，奈迄今日尚未缉获归案，除再函请公安局严密查缉外，用特悬红通缉。如有能将该孙绳武拿获解局者，即赏花红银五百大元，能侦知该孙绳武所在报由本局派员缉获者，赏花红银二百大元，决不食言。③

---

① 东莞明伦堂沙田经理局整理委员会：《东莞明伦堂沙田经理局整理委员会报告书》（1934 年），第 2 页。

② 东莞明伦堂沙田经理局委员会：《警告王若周》，《广州民国日报》1925 年 12 月 3 日。

③ 东莞明伦堂沙田经理局委员会：《通缉孙绳武启事》，《广州民国日报》1926 年 9 月 30 日。

通过以上两则通缉消息可以推断，陈孚木在任期内，心怀壮士断腕的勇气和决心，力图解决东莞明伦堂沙田经理局管理层贪腐及其债务问题，然陈孚木离任时也带走了款项、钤记等，导致继任者李家英同样登报声讨：

> 现奉广东省民政厅第十七号委任令开委任李家英为东莞明伦堂沙田经理局委员长，因奉此遵于本月七日就职视事，惟查前任陈委员长孚木早将一切款项、契据、簿籍、钤记、收银图章等物悉行携带去离，除另刊钤记、收银图章呈请广东省国民政府民政厅将旧钤记注销及通令究追外，合行布告。嗣后如有沿用旧日钤记及印信者，一律作为无效。①

根据 1928 年《广东省政府周报》第廿八九期合刊，李家英对陈孚木的通缉是经广东省国民政府第三届委员会第四十次会议议决的，与其一起通缉的不仅有"曾宪圣、谭桂萼、何冀、刘陶、李德门等 6 名系将东莞明伦堂沙田经理局内所有钤记、收银印章、簿籍公款，及一切重要文件携带潜逃，逾限不遵交代者"，还有郑少壮等 20 名将东莞明伦堂"万顷沙自卫局所有枪械、子弹、公物、文件、款项携带潜逃者"②。以上充分说明，由于缺乏监督管理机制，东莞明伦堂管理者在新旧交接等问题上极为随意，稍不符合心意，就拒绝移交。虽然 1928 年 6 月 1 日，陈孚木从香港信函李家英的继任者徐景唐③，详述

---

① 李家英：《东莞明伦堂沙田经理局委员会紧急布告》，《广州民国日报》1928 年 1 月10 日。

② 《通缉前东莞明伦堂沙田经理局陈孚木等案》，《广东省政府周报》1928 年 3 月 17日，第 30—32 页。

③ 徐景唐（1892—1967），东莞东城鳌峙塘人。早年留学日本，历任广东省国民政府委员及军事厅厅长、国民革命军第五军军长兼东区善后区委员、广东省国民政府建设厅厅长、国民革命军第十二集团军副总司令、广东省国民政府民政厅厅长等职，1948 年赴港闲居。

其未移交的具体原因是"李家英其人不俟正式交代，闯入本会，导致劫夺银物之事发生。李氏之行径如此，自无造福桑梓之可言，弟向受邑人之重托，一切文契数目，自不便轻易移交此匪人"，并愿意将文契数目悉数交回东莞明伦堂沙田经理局整理委员会，将万顷沙自卫局沙兵携去的枪支弹药悉数追回[①]，然此事件在社会上造成的恶劣影响已无法挽回。

1928 年 1 月，东莞明伦堂沙田经理局清理委员会委员长一职由广州国民政府军事委员会主席汪精卫推荐其嫡系李家英[②]接任，委员为张尔超、钟婉如[③]、袁敬仁、香桂芳、张庆年等人。[④] 李家英任期为1928 年 1 月 8 日至 5 月 6 日，只有不到四个月的时间，其最人业绩就是购买了广州维新横路 2 号一栋两层民房，从此固定了东莞明伦堂在广州的办公地址。

①　东莞明伦堂沙田经理局整理委员会：《陈前任与徐委员长函》，《整理月刊》1937 年第 1 期。

②　李家英（生卒年不详），东莞人。曾任国民党党部主任委员。

③　钟婉如，东莞人。国立中山大学文学士，曾任汕头女子中学校长，与同学沈芷芳、陈逸云创立女权运动大同盟，时称"女中三杰"。

④　东莞明伦堂沙田经理局整理委员会：《东莞明伦堂沙田经理局整理委员会报告书》（1934 年），第 2 页。

第二节　武装力量及其万顷沙公局街

珠江水系裹挟的泥沙日积月累淤积而形成的万顷沙，一方面，由于不断地浮生消长，成为各方势力争夺的重要资源；另一方面，由于清末民初时局动乱，沙匪、盗匪猖獗，抢劫勒索沙田承佃者的事件经常发生，东莞明伦堂万顷沙田成为官兵、土匪、沙棍等眼中的"肥肉"。为了保护沙田及耕佃者利益，东莞明伦堂迫切需要成立自己的护沙武装力量。

一、沙田自卫局

清末，清政府鼓励地方开展护沙工作，两广总督派往万顷沙维护地方治安和护沙的武装力量只有广东水师提督调遣的巡防舰艇在河面上游弋，作用有限。为此，东莞明伦堂也自设沙艇、沙夫驻沙捍卫，这可从陈伯陶《东莞县志》相关记载得到佐证：光绪三十年（1904），东莞明伦堂"因巨匪区新、吴文五、黄横仔等纠党到沙打单，焚劫耕寮，枪毙耕人二名，迫得招募防勇四百余名分布各涌要害，每涌建筑围所添置枪械，数月间共糜费至一万八千金"①。

又据《广东省东莞粮食志》记载，民国元年至二年间（1912—1913），政府设置全省护沙统领，专管护沙工作，不久停办。民国六年（1917），设立全省卫沙局，卫沙局下设三个卫沙营，俗称"护沙营"。后卫沙局合并至筹饷局，又改设卫沙统领统率各营，不久又停办。民国十年至十一年（1921—1922），又设置护沙统领，直接由广

---

① 陈伯陶：《东莞县志·沙田志三》，第1076页。

东省长公署管理。① 这种时办时停的官方护沙机构及其护沙武装无法起到保护沙田的作用。

无论是清末还是民国时期，均按田亩数量收取一定的费用用于护沙。例如，光绪十一年（1885），清朝廷开设了"沙捐"，要求各地按所属沙田亩数抽收护沙费用。刚开始时，"沙捐"按年度总额的三成留地方，七成归朝廷，后因地方护沙经费严重不足，清朝统治者又允许地方按田亩抽收"捕费"弥补。后"沙捐"停办，"捕费"仍照常收取。光绪二十七年（1901），"沙捐"重办，按年度总额的二成留地方，八成归朝廷，这就是文献中所谓的"护沙二成经费"。此时，与"沙捐"并行的"捕费"仍由地方收取与管理。民国初年，护沙经费改称"护沙费"，实行"主佃各半"，即田主负责缴纳一半，佃户负责缴纳一半，分二季或三季缴纳。②

官办护沙组织虽然收取了"护沙费"，但佃户遭沙匪勒索现象仍然频繁发生，万顷沙仍然不太平。陈翰笙在《广东的农村生产关系与农村生产力》一文中指出：沙田佃户于七月和十一月纳县府田赋的一半，三月份须付土匪开耕费，七月和十一月须付土匪黑票费，又名"自卫捐"。稻谷成熟时，还要向沙匪交费领取"禾票"，否则不准收割。有的大佃户借助军队和警察赶走沙匪，却要面对军队和警察勒索的保护费。据九区业佃联合委员会代表黄开等称，该区警卫大队长曾勒索收取保护费每亩八毫，佃户因拒绝交费而被其拘去 30 余人。放人时，除照旧缴纳保护费每亩八毫外，还需缴纳罚款每亩四毫。③ 叶少华在《东莞明伦堂》中回忆："辛亥革命时，土匪非常猖獗，著匪吴皮泰纠集数百人自称泰军，入驻万顷沙，声称防范'西码'（指西边顺德方面的土匪）侵扰，后被编为民军营长。吴在石龙被击毙后，

① 广东省东莞市粮食局编：《东莞粮食志》，广东科技出版社 1992 年版，第 58—59 页。
② 广东省东莞市粮食局编：《东莞粮食志》，第 58—59 页。
③ 陈瀚生：《广东农村的生产关系与农村的生产力》，载汪熙、杨小佛主编：《陈瀚生文集》，复旦大学出版社 1985 年版，第 89 页。

其部下刘发仔率残部常常出没道滘和万顷沙之间。""吴皮泰、刘发子、刘发如都是东莞道滘人，是盘踞沙田土匪中较大的一伙，其余零星小股的还有不少。"① 马汉民《大天二刘发如》一文也指出："蔡昌、刘伦、刘发仔等都是道滘一带著名的匪首，这些匪众经常出没于沙区及附近的村落敲诈勒索。"②

综上所述，民国初年，由于官办的护沙组织发挥作用有限，而且其护沙组织三废三置，这种间断性的护沙，不仅无法起到保护沙田的作用，反给沙匪喘息与可乘之机。为此，民国四年（1915），东莞明伦堂成立了自己的护沙武装机构——沙田自卫局。沙田自卫局局长由总董任命，主要负责万顷沙耕田的保护；负责万顷沙各项税收、田租的征收；负责万顷沙批约检验；执行东莞明伦堂管理机构其他决策与指令等。沙田自卫局成立时，下设两个营，每营约300人。第一营营长是河田乡的方友三，第二营营长是道滘乡武进士叶添孙。其中，一个营的兵力驻扎在东莞县城，代替原来的护城兵丁；一个营的兵力驻守万顷沙，除留20余人驻局守卫外，其余分配为12个卡，每卡8至10余人不等，分段负责防卫。此时，东莞明伦堂沙田自卫局有武装汽轮两艘，轮回巡察；还有沙艇五艘，固定分泊于重要涌口守卫。③

东莞明伦堂沙田自卫局虽然成立了，但官办的"护沙营"并没有马上离开。1921年5月，东莞明伦堂沙田经理局与新会、顺德、香山等县的沙田公会为了防止"护沙营"继续染指沙田利益，以"护沙营""害沙"为由，向广东省国民政府财政厅申诉，要求免交护沙费并让"护沙营"撤出万顷沙。后经反复沟通协商，广东省国民政府财政厅同意收取部分费用后，将"护沙营"撤离万顷沙。1922年初，上述四县与番禺县沙田公会表示愿意每亩抽4角，共缴交56万元给

① 叶少华：《东莞明伦堂》，第164页。
② 马汉民：《大天二刘发如》，《东莞文史》1993年第22期，第105—106页。
③ 李炳球：《东莞明伦堂史略》，第388页。

广东省国民政府财政厅，换取"护沙营"的撤离。[①] 1922 年 2 月 18
日，广东国民政府省长陈炯明就此事发布训令：

> 案照东、香、新、顺各县沙田，现经另定办法筹卫，所有护
> 沙营已无设置之必要，亟应从事收缩。为此，令仰该统领即便遵
> 照，迅将所部各营一律妥为收缩，并将经征之特别军饷，造具清
> 完、实欠各册，扫数清解具报，毋延此令，等因。奉此，当即遵
> 令，待饷收缩。唯是春耕已届，各沙农已陆续开耕，际此蕉荷遍
> 地，盗贼如毛，若不设法维持沙面治安，则春耕实难收效。演明
> 既奉令收缩，所部营队自应陆续清饷遣散，沙面空虚，盗匪乘时
> 窃发，势所不免。除咨请四属县长维持治安外，伏恳令行四属县
> 长，维持地方，安保农佃，不胜急切待命之至，等情。前来查护
> 沙营队现在陆续收缩，所以各沙沙局，自应由县暂行会同附近防
> 营，发率原有自卫沙通，认真巡缉，保护以安农业。[②]

1922 年 2 月 21 日，广东国民政府省长陈炯明再次发布训令：

> 照得东（莞）、香（山）、新（会）、顺（德）、番（新）五
> 邑沙田，现由五属沙田公会召集各属业户议决，情愿每亩抽收一
> 次过收索军队费四毫，共缴五十六万元，分于本年夏历六月、十
> 月两期缴足，倘有盈余亦尽数拨归政府。此后该五县沙田照旧归
> 各该县原有自卫机关自筹自卫。所有官办之护沙营队即行裁撤，
> 业已呈经本署核准照办，并令行东（莞）、香（山）、新（会）、
> 顺（德）护沙统领迅速将所部营队顶手收来在案，除饬该公会将

---

① 《沙棍伎俩一语道破》，《广东群报》1921 年 5 月 23 日。
② 《广东省长公署训令——令东莞、新会、香山、顺德县县长（第 367 号）》，《广东公
  报（2876 号）》1922 年 2 月 18 日。

应行着手办理各事暨开征收索军费办法、日期，拟具简明条款，再行布告遵照外，合行令仰该县即便分别转饬通告，知照。此令。①

自此，官方的"护沙营"撤离万顷沙，东莞明伦堂沙田自卫局开启了独立护沙的新篇章。

二、 万顷沙业佃自卫局自卫团

东莞明伦堂沙田自卫局成立后，逐渐衍生走私、包烟、包赌等不良社会风气。据叶少华《东莞明伦堂》记载："明伦堂的武装力量盘踞沙田地区，一方面包烟包赌，组织走私；另一方面，则勾结承耕人（往往是承耕集团）进行粮食投机活动。"② 针对东莞明伦堂沙田自卫局诸多不端行为，以致保护农业出工不出力，再加之供养沙勇经费短缺等因素，1923 年 6 月，东莞明伦堂沙田经理局清理委员会委员长李章达着手对沙田自卫局进行改革。他呈文请示省长行署，希望将"沙田自卫局"改组为"万顷沙业佃自卫局自卫团"：

查万顷沙沙田向由职局练养沙勇自卫，现值地方多故，非认真整顿，不足以保卫农业。故为谋安全起见，拟由业主、佃人合组自卫机关，定名为"东莞明伦堂万顷沙业佃自卫局自卫团"，庶能主佃联络，捍卫盗匪。谨拟具章程十八条、预算书一扣呈请察核备案，批示施行，实为公便。

---

① 《广东省长公署训令——令东莞、新会、香山、顺德、番新县县长（第 379 号）》，《广东公报（2878 号）》1922 年 2 月 21 日。

② 叶少华：《东莞明伦堂》，第 159 页。

时任省长廖仲恺收到呈文后，表示同意此举，并指令东莞明伦堂沙田经理局清理委员会委员长李章达、东莞县县长：

> 据呈，组设"东莞万顷沙田业佃自卫局自卫团"，系为联络保护起见，既将章程、预算拟订呈缴，应准备案。至该沙自卫事宜，前曾由五属沙田业佃公会呈明，归东莞全属沙田自卫局兼办，现已另组，自应将"兼办"一案取消，以归画一。令行东莞县转函东莞全属沙田自卫局遵照外，仰该委员长即便知照。[①]

自此，业主和佃人合组的自卫机关——"东莞万顷沙业佃自卫局自卫团"开始承担起万顷沙沙田的保卫工作。

1924 年 5 月，孙科的随从孙绳武任东莞明伦堂沙田经理局总董不久，发生了严兆丰率军进驻万顷沙事件。万顷沙农商维持会（会长张树南、副会长谢月墀）、万顷沙佃户义务联团（团长方士良、副团长张仲慈、团副陈恒泰）、万顷沙商团（团长刘锦全、团副陈瑞南）为了"激励"孙绳武率领东莞万顷沙田业佃自卫力量对抗严兆丰的部队，联合在《广州民国日报》刊登了《恭颂东莞明伦堂沙田经理局总董兼万顷沙业佃自卫局局长孙绳武德政》的启事：

> 我邑万顷沙业佃自卫局孙局长到任以来，锐意整顿。首先蠲免禾、虫、鱼、窦、嫁、娶、船头等苛细杂捐，恢复平民义学，创办医院，训练自卫团勇，兴办佃户联团，雇设炮船，以御盗贼。又呈奉大元帅准万顷沙自筹自卫，并饬军政部转令各军不得入沙驻扎，以免骚扰。此后全沙农民得以安居乐业，皆拜我孙局

---

① 廖仲恺：《指令东莞明伦堂沙田经理局清理委员会委员长李章达、东莞县县长据东莞明伦堂沙田经理局委员长呈组设万顷沙业佃自卫局自卫团连同章程呈请核示由》，《广东公报（3188 号）》1923 年 6 月 29 日。

长苦心整顿之赐，久食德惠，伸谢无从，谨登数言聊表忭颂。①

此则启事，不管发起者是受孙绳武授意所为，还是为了暂时激励孙绳武驱逐严兆丰出沙的缓兵之计，暂且不去探究，至少通过这则启事，我们可以佐证文献中提及孙中山关于任何军队不得入驻万顷沙的"大元帅令"的真实存在。刘兆伦曾在《关于万顷沙的调查》一文中提到："万顷沙码头立有两块石碑，石碑上刻有红字，一块写着'奉大元帅令，嗣后无论何项军队不得入驻万顷沙'，另一块则叙述上令原委的东莞县国民政府布告。"② 吴建新《解放前后的东莞万顷沙农村社会史料》指出，东莞明伦堂是万顷沙的直接统治者，万顷沙的码头上有两块石碑，通过这两块石碑，充分说明晚清时期建立的东莞明伦堂对万顷沙的特权得到了民国政府的承认。③

1925 年 2 月，王若周任万顷沙自卫局长期间，将自己的军队作为护沙武装，非但未尽保护之责，还向佃户勒收军饷。④ 1925 年《工人之路》第 99 期《来函》专栏刊载了二篇报道，一是《关于太平商民伤毙纠察队员事》："王若周在万顷沙设立机构，包运粮食、人口前往香港，破坏省港大罢工，并联络太平民团反革命利用三百万元运动散军，伤毙纠察队员"；二是王若周致省港罢工委员会函，解释说自己任职第五军，绝对服从党训，专心任务并不过问乡事，希望省港罢工委员会调查核实清楚太平商民伤毙纠察队员一事。⑤ 以上报道给王若周造成了一定的影响，1926 年，王若周的部队离开万顷沙，陈孚木

---

① 万顷沙农商维持会等：《恭颂东莞明伦堂沙田经理局总董兼万顷沙业佃自卫局局长孙绳武德政》，《广州民国日报》1924 年 5 月 23 日。

② 刘兆伦：《关于万顷沙的调查》，《珠江通讯》1985 年第 1 期。

③ 吴建新：《解放前后的东莞万顷沙农村社会史料》，载东莞市政协编：《东莞历史文化论文集》，广东人民出版社 2008 年版，第 295 页。

④ 韦锦新：《地方公产与地方控制——东莞明伦堂研究（1845—1953）》，第 40 页。

⑤ 王若周：《来函》，《工人之路》1925 年第 99 期，第 2 页。

重新组织了两个护沙中队。1928 年，东莞县统编地方武装，东莞明伦堂管辖的护沙队不愿意接受统编，终未编入东莞县警卫队。尔后，护沙中队不断发展壮大，扩编成两个大队，每个大队下又设四个中队，继续承担东莞明伦堂万顷沙的护沙等工作。[①]

东莞明伦堂万顷沙自卫队存在时间较长，直至抗日战争爆发，万顷沙沦陷后，绝大部分兵丁星散，只剩下少数几人负责万顷沙的情报搜集工作。1943 年，避居国统区曲江的东莞明伦堂董事会针对万顷沙自卫局形同虚设的局面，决定在常平圩重新组建万顷沙自卫局，与驻莞通讯处合署办公，下辖 3 个自卫大队，每个大队下辖 4 个中队，每个中队下辖 3 个小队。1944 年 1 月，常平沦陷，万顷沙自卫局再次解散。1944 年 5 月，东莞明伦堂董事会针对田租收取困难、加租几经曲折等问题，临时成立了三百余人的护沙总队。1945 年 10 月，抗日战争胜利后，东莞明伦堂董事会收缴了伪万顷沙自卫局和伪万顷沙联防大队的枪支弹药和公物，恢复成立了东莞明伦堂万顷沙自卫局，并将抗战期间临时成立的万顷沙护沙总队改编为万顷沙自卫大队。1949 年 10 月，东莞明伦堂沙田自卫局局长蒋静庵率领自卫大队起义，不愿意留下的武装人员上交武器后遣散，愿意留下的武装人员参与到东莞县万顷沙军管处农场的工作之中。

三、 万顷沙公局街

据叶少华《东莞明伦堂》所载，东莞明伦堂沙田自卫局成立后，特别是官方"护沙营"撤离后，沙田自卫局作为一个小"王国"在万顷沙获得合法存在。东莞明伦堂为了维护这种状态的长期存在，历来不允许农民在万顷沙建筑砖屋，只准搭盖茅棚居住。当时，在万顷沙耕田的农民约有千户人家，他们有的向二、三路耕家承耕，收入按

---

① 东莞市地方志编纂委员会编：《东莞市志》，第 1003 页。

三七或四六比例分成；有的直接受雇于二、三路耕家，这些代耕者以及农忙时被聘用的临时工都居住在万顷沙。他们在涌边搭建一座茅棚小屋，就算安家立户。据说，这些农民多为水上人家，即疍民。他们农忙时上沙田，农闲时下渔船。万顷沙作为淤积沙田，土地肥沃易耕，每年虽然收割早、晚两季稻，但耕田、插秧一次完成，即插秧时间行插种，一行早稻，一行晚稻；收割时，割了早稻，留下晚稻秧苗继续生长。一年中除了播种、收割外，其他时间，不需要怎么劳作，农民便下河打鱼为生。① 东莞明伦堂之所以不允许农民在万顷沙建造砖屋，一方面担心农民一旦有了砖屋，会固定集居而占耕；另一方面害怕有了砖屋后，会形成村庄或集镇，农民由临时耕户变为常住人口需要接受政府户籍行政管理，对其行使"职权"极为不利。

据叶少华《东莞明伦堂》所述，当时，东莞明伦堂沙田自卫局的"职权"不过是打着保护沙田的旗号明目张胆地从事走私活动，并收取民间走私者的保护费。他们充分利用万顷沙接近香港、澳门的地理优势，从内地贩运鸦片、钨砂销往香港、澳门；又从香港、澳门运进煤油、布匹、海味、日用品等向内地倾销。以万顷沙为集散地的外来走私者必须向沙田自卫局缴纳保护费，否则无法在万顷沙立足；被政府缉私舰艇追逐而逃入万顷沙的走私者，也要向沙田自卫局缴纳保护费才可得到掩护。有时，沙田自卫局为了向政府缉私机关邀功，也没收部分走私者的货物送缴缉私机关，不过送缴的只是货物的一小部分，自己留下的则是大部分。当地的防军、土匪、虎门要塞炮台的士兵经常将走私货物运到万顷沙分船转运，也要交保护费才能得到自卫局的掩护。渔船如因避风或其他原因湾泊万顷沙时，要向沙田自卫局缴纳湾泊费。由此可见，缺乏政府管制的万顷沙，已然成为沙田自卫局行使"走私职权"的小"王国"。

万顷沙最初只有关帝庙、"四君子祠"、义勇祠、沙田自卫局等几

---

① 叶少华：《东莞明伦堂》，第 160 页。

间砖屋，后由于"落沙"的农民和停泊万顷沙的渔船日益增多，消费需求随之增加，沙田自卫局在此逐渐开设了杂货商店、米店、布店、五金店、洋货店、肉菜市场、茶楼、酒馆、烟馆、赌馆等。其中，烟馆、赌馆均采取公开招投标的方式进行招标，中标者按沙田自卫局的要求经营，沙田自卫局按期征收"烟税"和"赌捐"。自此，万顷沙逐步形成了一条熙熙攘攘、热闹非凡的"公局街"。公局街的街道由青石铺砌，商店大部分为板皮瓦盖，建筑比较简陋。据东莞明伦堂民国后期档案所载，东莞明伦堂董事会时期拥有公局街铺面 298 间，分甲、乙、丙等分别收租，收入颇丰。与此同时，在街市中心点还设有一座码头，经常停泊有来往太平、大岗、东莞城、市桥等地的机动木船。[①]

[①]　东莞明伦堂档案 001—7—0037—0035 · 东莞明伦堂董事会财务组报告（1946 年 10 月 20 日），东莞市档案馆藏。

第三节　沙田经理局清理委员会及其债务清理

一、债务形成的原因

东莞明伦堂拥有万顷沙沙田公产以来，民国早期年收入可达 30 余万元，支助全县教育、公益事业应绰绰有余，然随着时间的推移，逐渐入不敷出。"民国九年（1910），收入为二十二万一千八百两，支出为四十一万四千二百两，比较不敷十九万二千四百两。"[1] 于是，借款度日，债台高筑，至 1925 年，东莞明伦堂沙田经理局负债达 150 万元之多。[2] 综合相关文献，东莞明伦堂除在"割县置厅"风波以前借款承购官田，以及报垦、升科、筑坝诸项已积欠三十余万两[3]外，其他积欠的形成主要有以下几个方面的原因：

（一）高息借款。纵观东莞明伦堂沙田经理局历任总董借款，"其利率最低者为月息一分二厘，重者则月息一分五厘至一分七厘不等。平时，有担保品的大批借款，其利率很少有这样之高的"[4]，"据民国六年（1917）该局决算表，长期借款一十五万余，短期借款一十三万余。民国七年（1918），该局又增加外债七八万元"[5]。年年高利息借款，使东莞明伦堂沙田经理局债务越积越多。

---

① 谭伯扬：《整理本邑沙田局之我见》，《留京东莞学会半年刊》1923 年，第 47 页。

② 东莞明伦堂整理委员会：《东莞明伦堂整理委员会报告书·本会建设之大概》，1934 年，第 1 页。

③ 杨宝霖：《东莞割县置厅的一段史实》，《东莞文史》1989 年第 15 期，第 2 页。

④ 欧宗祐：《改革明伦堂理财之办法》，《留京东莞学会半年刊》1923 年，第 7 页。

⑤ 伦达如：《我邑沙田财团革命之筹备》，《留省东莞学会杂志》1918 年，第 24—25 页。

（二）低租投田。历任总董在没有办法生财时，除以提前收租方式向承耕佃户借款外，还采取"将各项田亩提前廉价开投，现已投到民国十五年（1926）以后了"①。如此提前低租投田，"局绅董事之辈往往从投承人中接受红股，分得投承人的一份利润"②。

（三）政府摊派。民国时期的广东，摊派之风盛行。1924 年 1 月 15 日《香港华字日报》的报道可见一斑："广州政府现在对于筹款方法无所不用其极，昨闻又向东莞明伦堂沙田经理局令缴军饷二十万元，惟该局经理之公产虽有四五百万，然历年为官厅勒索与劣绅盘据已负债百余万，早已入不敷出，各种公益事业尚多停办，须十余年始能清脱债务。故现只有数间公立学校以为点缀，无论如何断难应政府之命，惟该局局绅拟酌量裁剪教育经费，将筹得之款缴交。因此，各校俱大恐慌，拟联同反对云。"③

（四）军阀勒索。孙绳武、黄侠毅、叶少华任总董期间，都曾遭到桂系军阀刘震寰部的勒索。据叶少华《东莞明伦堂》记载："入驻沙田严兆丰部的一旅人向我索要十五万元开援费，我乃偕同王若周和几位董事前往会见刘振寰，几经磋商，我卒以十五万元把他们请出了万顷沙，这笔款直到民国十七年（1928）我在广东财政厅代折代行时，在明伦堂历年积欠财政厅沙捐税款十七万元项下，由我批准明伦堂七折缴纳旧欠，并从中扣抵了十五万元作为财厅拨交刘振寰部的军饷，才销了账。"④

（五）局董舞弊。由于缺乏相关的规章制度，不能将权力关闭在制度的笼子里，东莞明伦堂沙田经理局部分局董不仅离任时拒不交接，田契簿据尽失，无可勾稽，使预算无法实施，财产无从得到保障，而且还中饱私囊。例如，上文提到的 1924 年孙绳武卸任之际，

---

①　欧宗祐：《改革明伦堂理财之办法》，《留京东莞学会半年刊》1923 年，第 7 页。

②　叶少华：《东莞明伦堂》，第 161 页。

③　《政府又令东莞明伦堂缴款二十万元》，《香港华字日报》1924 年 1 月 15 日。

④　叶少华：《东莞明伦堂》，第 168 页。

"以任内垫支款项万余元，须新任负担"① 为由，要求新任黄侠毅负担该款项，黄侠毅与之交涉无果后，孙绳武竟"胆敢将局内所有重要契据、田照卷逃，强不交代"②。再如，上文提及的总董叶深庆造成东莞明伦堂公产亏空一万六千余两亦为贪腐例证。

二、债务清理的举措

面对东莞明伦堂沙田经理局严重的债务危机，李章达在任期内不仅将"东莞明伦堂沙田经理局"改为"东莞明伦堂沙田经理局清理委员会"，而且开展"更换批约、借约"等工作，然其任期较短，清理工作并未走向深入。继任者黄侠毅、孙绳武、陈晴峰、叶少华、刘植廷等任期都不长，且相互之间关系盘根错节。其中，黄侠毅与孙绳武、黄侠毅与陈晴峰甚至互不交接，可想而知，债务清理工作也就无法提上日程。1925 年 12 月，东莞县农会发布了《东莞县人民大会对整理明伦堂财产宣言》，指出"我邑明伦堂公款向为劣绅及腐败分子所剥蚀……"号召"合力打倒之"。③ 1925 年 12 月 9 日，东莞县长毛秉礼以东莞自治筹办局的名义在《广州民国日报》上发布启事：东莞明伦堂沙田经理局"历年由少数人主持，迁地广州，应请官厅转饬该局迁回莞城，财政须公开联合各界各会举出若干人组织一监督财团机关认真稽核，以杜侵挪亏空等弊"④。在此背景下，时任广东省国民政府农工厅副厅长、兼任东莞明伦堂沙田经理局委员会委员长的陈孚木重启债务清理工作，采取了一系列行之有效的清债举措。

（一）重新登记批约和借约。为了彻底消灭局绅与佃户之间的勾

---

① 东莞明伦堂沙田经理局：《东莞沙田局总董不允交待》，《广州民国日报》1924 年 6 月 6 日。

② 东莞明伦堂沙田经理局：《通缉孙绳武启事》，《广州民国日报》1924 年 9 月 30 日。

③ 陈铣鹏：《东莞农民运动的兴起与高涨》，《东莞烽火》1987 年第 11 期，第 100 页。

④ 《东莞自治筹办局启事》，《广州民国日报》1925 年 12 月 8 日。

结与利益输送关系，1925 年 12 月 11 日，东莞明伦堂沙田经理局委员会在《广州民国日报》上刊登《东莞明伦堂沙田经理局启事》，要求重新检验登记批约和借约，否则，所有批约、借约一律无效。启事原文如下：

> 本局现为检验批约、借约清理起见，凡所有历任批约及借约均重新检验登记，自本月一号起至本月三十号止，凡批耕明伦堂沙田各佃户及债权人务必于限期内携同批约、借约到广州市广卫路十一号本堂验明登记，逾期不到，一律无效，特此通告。[①]

此项举措，旨在理清历年积欠债务的实际情况，有效避免假冒债务等问题。

（二）发布决不向外借债声明。1926 年 1 月 7 日，东莞明伦堂沙田经理局委员会在《广州民国日报》上刊发《东莞明伦堂沙田经理局委员会紧要声明》：

> 本委员会现决不向外借债，查前各任曾私行发出收据多种，注明准向各耕佃预借丙寅年头季租项，此属违反本委员会定章，且用途多不正当，于法律上不发生效力。为此，特登报声明：凡持有此项收据，概作无效。各佃人有收受此项收据借出款项者，亦概作私相授受论，本委员会绝不承认，此布。[②]

此项举措虽然遭到了各沙田佃户和债权人的一致抵触和抗议，但东莞明伦堂沙田经理局委员会清理债务的决心昭然若揭。

---

① 东莞明伦堂沙田经理局委员会：《东莞明伦堂沙田经理局启事》，《广州民国日报》1925 年 12 月 11 日。

② 东莞明伦堂沙田经理局委员会：《东莞明伦堂沙田经理局委员会紧要声明》，《广州民国日报》1926 年 1 月 7 日。

（三）拟定加租和还债简章。为了改变因为欠债而受佃户制约的被动局面，东莞明伦堂沙田经理局委员会决定取消低租批约，将万顷沙所有围田收回再重新加租批约，并于1926年1月拟定了加租及还债简章，经东莞县公民大会决议通过后，呈请广东省国民政府民政厅同意后施行。1926年2月18日，东莞明伦堂沙田经理局委员会在《广州民国日报》上刊登了《东莞明伦堂加租广告》，并附《万顷沙各围田纳租额表》：加租标准以各围生产全额的45％纳租；承耕人投资筑围情况一经查明，将在每年交纳租金项下返还筑围经费；增租由民国十五年（1926）开始征收；凡现耕及三年内接耕各围，于1926年2月27日内携带旧批约依照增租标准换发新耕批；凡现耕及三年内接耕各围，如不愿增租，或不依期来局换发新批者，即另行招佃承耕，原发之低租批约作废；凡预承至民国十八年（1929）后始得接耕各围之低租批约一律废除；废除之低租批约者借与东莞明伦堂之款项，依照原定息率逐年清还，本息最迟不超过六年；各围田借款债权人在六年内可推举代表与本局委员协同监督收租，作为还债保障；如遇水灾、风灾而导致围坐维修，其费用由主、佃各半；如佃户发现各围田纳租有不公之处，须前来声明修改，逾期不到，即照表征收，等等。①

以上加租广告发布后，东莞明伦堂沙田经理局委员会针对佃户反映的"加租应结合围田质量""旧约如何处置"等问题进行了完善，并于1926年3月19日又在《广州民国日报》上刊登了《东莞明伦堂沙田经理局声明启事》：

> 本局前与佃人商量加租废约事，现经本局议决，所有各围照最高租价三五成收租，前日旧约注明作废，准予粘存新约存案，

---

① 东莞明伦堂沙田经理局委员会：《东莞明伦堂加租广告》，《广州民国日报》1926年2月18日。

为此，特登报郑重声明，防有抵耕本局，沙田佃人务即依照本议决案来局换约，以免歹人、讼棍藉端请托行骗，此布。

此启事发布后，针对还有十余围承佃人没有在规定时间内按要求前往换约的情况，东莞明伦堂沙田经理局委员会又于 1926 年 5 月 17 日在《广州民国日报》上再次刊登了《东莞明伦堂沙田经理局启事》：

> 本局前订定加租换约办法经登报定期执行，现计佃人遵照加租换约者已过半数，惟尚有十余围仍未来局换约加租，实属意存反抗。兹特登报声明，凡未换约各围限五日内即新历（五月十六至二十日止）来局换约，逾期不到，即行取消批约另招别佃，决不宽限，特此声明。

1926 年 6 月 28 日，东莞明伦堂沙田经理局委员会登报将期限推至 1926 年 7 月 14 日[①]，直至 1926 年 9 月 16 日，东莞明伦堂沙田经理局委员会才宣布万顷沙所有围田加租换约完竣，但最后的加租额与拟加租标准"以各围生产全额的 45% 纳租"仍有明显距离。例如，合记堂承佃的德安围共 9 顷 60 亩，按原定加租方案，每亩应纳租 13.2 元（占生产额的 45%），然合记堂于 1926 年 4 月 30 日与东莞明伦堂沙田经理局委员会换约之时，德安围的纳租额却为"二成九租额"，即每亩纳租 8.45 元（占生产额的 29%）。究其原因，东莞明伦堂前任总董黄侠毅曾向其预借款 23996 元，双方约定 1925 年旧历九月初一日起息归还，并每年于新历 6 月 10 日和 10 月 10 日分两季清息，借

---

① 东莞明伦堂沙田经理局委员会：《东莞明伦堂沙田经理局启事》，《广州民国日报》1926 年 6 月 28 日。

本分八年平均摊还，批约承耕至 1948 年 12 月。[①] 正是由于东莞明伦堂与合记堂之间有债务关系，更换批约时，加租额也就降低了 16%。

此次加租换约，虽然暂时缓解了低租批约问题，但因租期过长、物价上涨等因素，后来又进行了几次加租换约改革。此次还债目标虽然拟定为 6 年还清，但还债经费筹措仍然异常困难，直至 10 年后的 1936 年才完全还清。[②] 不过，陈孚木在其任期内，大胆开展债务清理的系列改革举措，为东莞明伦堂沙田经理局整理委员会继续清理债务奠定了基础。

---

① 东莞明伦堂档案 001—7—0001—0003·东莞明伦堂沙田经理局委员会关于合记堂旧批作废改发新批承耕德安围田批约底本（1926 年 4 月 30 日），东莞市档案馆藏。
② 李扬敬：《东莞明伦堂财产保管确立信条碑记》，1937 年 1 月。

第四节　教育及其他公益事业发展概况

辛亥革命以后，东莞明伦堂沙田经理局继续承担东莞教育发展之职责，东莞县立、私立中小学校由民国前的 57 所[①]发展至 1918 年的 145 所。[②] 其中，官办学校由原来的 11 所发展至 27 所，例如，1917 年官办学校主要有东莞县立中学校、东莞县立第一高等小学、东莞县立第二高等小学校、东莞县立女子高等小学校、东莞县立女子国民学校、东莞县立第一至第十八国民学校、东莞县立模范国民学校、东莞县立育才国民学校、东莞县立开民国民学校、东莞县明新国民学校等，其经费均由东莞明伦堂沙田经理局拨给。1917 年，东莞明伦堂沙田经理局分别拨给东莞县立中学校、东莞县立第一高等小学校、东莞县立第二高等小学校经常费 10046400 厘[③]、5407513 厘、2232000 厘。与此同时，东莞明伦堂沙田经理局也给部分私立学校进行经费补贴。例如，1917 年补助私立成达国民学校、私立濬智国民学校、私立新民国民学校、私立鸣凤国民学校、私立群益国民学校、私立濬智乙种商业学校等经常费 475200 厘；拨给劝学所[④]经常费 5826485 厘[⑤]。1917 年，东莞明伦堂沙田经理局投入教育经费 34000 余两[⑥]（约占总

---

① 莫纪彭等：《最近官民立学校之调查》，《东莞旬报（创刊号）》1908 年第 1 期，第 54—58 页。

② 留省东莞学会：《东莞县全属学校一览表》，《留省东莞学会杂志》1918 年第 1 期，第 89—98 页。

③ 民国时期，1 分 = 10 厘，10 分 = 10 仙 = 10 文 = 1 毫，1000 文 = 一块银元。

④ 劝学所始设于清光绪三十二年（1906），为各厅、州、县全境学务之总汇。民国初年被废除，1915 年复设，唯章程有修改，1922 年改为教育局。

⑤ 东莞明伦堂沙田经理局：《民国六年明伦堂支出各局所学校决算表（1917）》，《留省东莞学会杂志》1918 年第 1 期，第 99 页。

⑥ 伦达如：《我邑沙田财团革命之筹备》，《留省东莞学会杂志》1918 年第 1 期，第 23 页。

收入的 1/15①），与东莞明伦堂沙田自卫局团警开支 55740 两（约占全年收入的 1/5）相比偏低。1920 年，沙田自卫局团警预算 36650（约 5 万余元，占全年收入 1/7），学务经费预算（指拨与东莞县中各公私学校款项）23092 两②，教育经费比例仍然偏低，且比 1917 年又减少了 32.1%。

一、 东莞教育经费保管委员会

1919 年，东莞明伦堂沙田经理局移居广州办公后，为了方便东莞明伦堂沙田经理局所资助各学校经费的支取与管理，在东莞县城内成立了东莞教育经费保管委员会，其委员由东莞县各公办学校推举人员组成。东莞明伦堂沙田经理局将荣安、东安、新中和等十七围拨给该会直接收租，租款用于东莞县各学校日常开支，资助平民义学等。

东莞教育经费保管委员会独立收租以后，历年收支账目从未前往广州向东莞明伦堂汇报，暂成自立局面。虽然东莞县立中学校也是东莞教育经费保管委员会的一分子，但分配经费时并未对其倾斜。东莞教育经费保管委员会认为，东莞县立中学校拥有原宝安书院之公产——牛侧沙围田，其租金应作为教育经费一部分，而东莞县立中学校则认为：该围田是东莞县立中学校之校产，其收入不应计入教育总经费之列，双方对此产生分歧。1926 年，东莞县立中学校抓住东莞明伦堂沙田经理局委员会"重新登记批约和借约""现决不向外借债"等改革之契机，借机向东莞教育经费保管委员会发难，于 1926 年 3 月 3 日在《广州民国日报》刊发启事，表明东莞教育经费保管委员会向外借债未经东莞县立中学校承认，一律无效。启事如下："本

---

① 留省东莞学会：《致本邑明伦堂编制民国八年度预算书》，《留省东莞学会杂志》1918 年第 1 期，第 215 页。

② 谭伯扬：《整理本邑沙田局之我见》，《留京东莞学会半年刊》1923 年第 1 期，第 49 页。

校系东莞教育经费保管委员会分子之一，现在该会章程正在修改期中，所有该会向外交涉及借款，非经本校承认，不生效率。特此声明。"[1] 同日，东莞明伦堂沙田经理局委员会也刊发特别启事，以示声援："本局现为维持公产，整理债务起见，对于所辖及与本局有关系之各机关（如东莞教育经费保管委员会等）一概不准预向佃人借款。同时，并望各佃人亦不可将款私自擅借，如未得本局允许擅借款项者，一概不予承认。此布。"[2] 以上两则启事发布后，在一定程度约束了东莞教育经费保管委员会惯于借款的行为。

为了解决东莞教育经费管理委员会历来不向东莞明伦堂汇报工作，以及荣安、东安、新中和等十七围佃户唯东莞教育经费管理委员会马首是瞻等问题，1926 年 3 月 5 日，东莞明伦堂沙田经埋局委员会以业主身份在《广州民国日报》刊登《东莞明伦堂投田广告》：

> 本局加租还债章程经呈准民政厅及登报声明，所有以前向本局批耕万顷沙各围佃人限元月十五日以前来局磋商改订批约，过期即行开投易佃在案。兹有现耕之荣安、东安、新中和、新宝安下等四围及接耕之兆安、旧宝安上、新宝安下、新中和、东安、庆安、同安东等七围不能履行本局加租章程，应行取销批约，并订旧历二月初十日在本局当众开投，凡欲承耕以上各围者，请先期到本局取阅章程可也。[3]

该投田广告不仅给予东莞教育经费管理委员会釜底抽薪般的打击，而且也让荣安等十一围佃户倍感压力。在巨大经济利益面前，他

---

①　东莞县立中学校：《东莞县立中学校启事》，《广州民国日报》1926 年 3 月 3 日。

②　东莞明伦堂沙田经理局：《东莞明伦堂沙田经理局特别启事》，《广州民国日报》1926 年 3 月 3 日。

③　东莞明伦堂沙田经理局委员会：《东莞明伦堂投田广告》，《广州民国日报》1926 年 3 月 5 日。

们转身投向东莞明伦堂沙田经理局委员会，并一概承认其加租方法。1926 年 3 月 10 日，东莞明伦堂沙田经理局委员会又在《广州民国日报》上刊登撤销该投田广告的说明：

> 本局前因批耕荣安等十一围沙田佃人反对本局加租办法，故有登报招人投耕，今该荣安等十一围佃人来函，谓此后对于本局加租办法一概承认，并请将投田告白撤销，以免误会等语，当经本局会议准予照办。①

1926 年 3 月 29 日，东莞明伦堂沙田经理局委员会以东莞教育经费保管委员会拨给各校经费有失公平，"如一高（即东莞县立第一高等小学）则款项裕，莞中（即东莞县立中学校）则因无款支领及至停办""而历年收支数目又无报告，叠经派员函催将收支数目报告来局，均置弗恤"等为由，宣布将荣安等十七围收回管理，各学校经费亦由东莞明伦堂沙田经理局委员会直接发给，并在《广州民国日报》上刊登了《东莞明伦堂沙田经理局取消拨给教育经费独立保管委员会告白》②。至此，东莞教育经费保管委员会的存在历史暂时告一段落。

可以说，东莞县立中学校对当时撤销东莞教育经费保管委员会起到了助推作用。"独立"的东莞教育经费保管委员会解散后，东莞明伦堂后因工作需要，于 1928 年前后又重组了东莞教育经费保管委员会③，东莞县立中学校的教育经费在东莞明伦堂教育经费支出中，重新占据了主导地位。甚至在沦陷期间，远在曲江的东莞明伦堂董事会

---

① 东莞明伦堂沙田经理局委员会：《东莞明伦堂沙田经理局撤销投田告白》，《广州民国日报》1926 年 3 月 10 日。

② 东莞明伦堂沙田经理局委员会：《东莞明伦堂沙田经理局取销拨给教育经费保管委员会告白》，《广州民国日报》1926 年 3 月 29 日。

③ 东莞明伦堂沙田经理局整理委员会：《1928 年 7 月 10 号常务会议录》，《整理月刊（筑路号）》1928 年，第 4 页。

仍然优先保证对其经费的划拨。据东莞明伦堂董事会《袁良骅提案》记载："东莞中学为我邑之公立学校，以往成绩昭著，人才辈出，此富有历史性之学校，应使其健全，宁减少其他学校之补助而增加其经费，以免陷于半停顿状态。"① 可见，东莞县立中学校在东莞明伦堂历任管理者心目中的地位始终高于其他学校。

二、留学津贴及奖励金制度

为了扶助莞籍邑外求学青年，东莞明伦堂沙田经理局拟定了留学津贴及奖励金制度。"凡到西洋（欧、美）留学的每人每年津贴 160 两银；在北京读书和到日本留学的每人每年津贴 80 两银，在广州读书的每人每年津贴 8 两银。"② 其后，又改为每年额定留学津贴，分两季度按人数发给。③ 与此同时，还对学年成绩平均分数 80 分以上，且操行为甲等的学生发放奖励金。④

留学津贴及奖励金发给之前，例先登报，以便学生携带凭证前来报名登记。例如，东莞明伦堂沙田经理局 1926 年 5 月 11 日在《广州民国日报》刊发《东莞明伦堂沙田经理局发给留学津贴启事》："本局每年额定留学津贴向分两季发给，其未给发之先，例先登报，以便留学生携同凭证来局报名挂号，以凭支配而杜伪冒。兹本局拟于阳历六月二十日止为各生报名挂号日期，所登留学外国、外省各生务须依期由各亲属携同凭证到广州市广卫路十一号二楼本局报名挂号，以便

---

① 东莞明伦堂董事会：《东莞明伦堂董事会议录·袁良骅提案》，1943 年，第 47 页。
② 东莞市地方志编纂办公室编：《东莞市志·教育编（征求意见稿）·东莞明伦堂与教育》，1986 年版，第 96 页。
③ 叶少华：《东莞明伦堂》，第 165 页。
④ 东莞明伦堂档案 001—7—0022—0042·东莞明伦堂董事会关于定期发放留学津贴、学业奖励金通告稿（1944 年 5 月 23 日），东莞市档案馆藏。

摊发。尚有延期不报，是为自误。特此声明，希各留意为盼。"①

学生登记以后，再登报进行公示，以防伪冒。例如，东莞明伦堂1926 年 5 月 17 在《广州民国日报》上刊发了《东莞明伦堂沙田经理局公报留学生挂号名数广告》："为布告事照得本局发给本年上季留学津贴业已登报，定期六月二十号来局挂号，七月一日发给津贴在案。现因挂号期已满，但未给之前，例先将各生到局挂号姓名登报……有冒名来局挂号者，亦请各界函知，俾得将该名除去，以杜伪冒。兹将各生挂号姓名列后，传众周知。"②

东莞明伦堂沙田经理局设置的留学津贴及奖励金制度资助了一大批莞籍留学海外、外省、旅省的学子。据民国八年（1919）《北京东莞学会会员录》、民国十二年（1923）《留京东莞学会会员录》记载，民国元年（1912）至民国七年（1918）间，东莞旅京读书学子加入北京东莞学会的总计有 152 人，其中，袁振英、邓盛仪、王铎声、陈达材、翟俊千、徐思达、黎国材、翟瑞元、陈仲和、容庚、容肇祖、何作霖、王荣佳、陆宗祐、卢翊、张拔超、麦骞等 58 人就读国立北京大学，其他分别就读清华学校（今清华大学）、中国大学、朝阳大学、国立北京法政专科学校、国立北京税务学校、国立北京农业专门学校、北京民国大学、清河陆军第一预备学校、铁路管理学校、北京医学专门学校、陆军军医学校、北京警官高等学校、北京培华女子高等学校、北京畿辅中学校等，这批学人中绝大多数受惠于东莞明伦堂留学津贴的资助。学年成绩平均分数 80 分以上，且操行为甲等的学生还有额外的奖励金。

东莞明伦堂沙田经理局设置留学津贴及奖励金制度，旨在资助莞籍优秀贫苦学生成材，这本身是一件功在千秋的大好事，然在规则制

---

① 东莞明伦堂沙田经理局委员会：《东莞明伦堂沙田经理局公报留学生挂号名数广告》，《广州民国日报》1926 年 5 月 11 日。

② 东莞明伦堂沙田经理局委员会：《东莞明伦堂沙田经理局公报留学生挂号名数广告》，《广州民国日报》1926 年 5 月 17 日。

定和实施过程中，并没有规定富家子弟和贫家子弟申领的比例及其相关条件，且在执行后期，因年度津贴专款过少（在北京留学的，年度总额 4 千元；在广州留学的，年度总额 2 千余元；其他外省留学的，年度总额 2 千元），而留学申领者过多，东莞明伦堂沙田经理局不得不采用按人数平均分配的方法来执行，这种看起来相对公平的操作方式，实际上导致每位申领者所得无几。例如，1928 年下学期，省外大学生每季每名学生领取 16.39 元、中学生每季每名学生领取 8.2 元①，领取以上区区之款，"富者得之固不足贵，贫者得之亦无补于事"，得益者寡，结果与初衷相去甚远。叶少华在《东莞明伦堂》一文中也曾回忆道："廖仲恺问我明伦堂的田租怎么开销，我把一向开销的情况，如补助外地读书人的学费等等告诉了他。廖说：能够到省城或北京去读书的人，都是有钱人，何必要锦上添花，而不向穷苦人打算。廖说时面露怒容，这句话我记忆很深刻，我当时无词可答，只说这是惯例，一向都这么开销。"② 由此可见，东莞明伦堂沙田经理局留学津贴和奖励金制度还存在诸多不完善的地方。

此外，东莞明伦堂沙田经理局还资助在广州、北京留学的学生团体组织。例如，1917 年，留省东莞学会成立，东莞明伦堂沙田经理局自该会成立之年起，每年资助该会 500 元。③ 1923 年，留京东莞学会（原为北京东莞学会）恢复成立，东莞明伦堂沙田经理局每年资助该会 200 小洋。④

---

① 东莞明伦堂沙田经理局整理委员会：《东莞明伦堂订改津贴国内留学生办法》，《广州民国日报》1929 年 4 月 3 日。

② 叶少华：《东莞明伦堂》，第 168—169 页。

③ 留省东莞学会：《本会大事记》，《留省东莞学会杂志》1918 年第 1 期，第 206 页。

④ 留京东莞学会：《会务纪要》，《留京东莞学会半年刊》1923 年第 1 期，第 21 页。

三、 其他公益事业

据文献记载，东莞明伦堂沙田经理局除资助东莞教育事业外，还在力所能及范围内资助东莞修建盂山公园①（现人民公园前身）、建设通俗图书馆、编修县志、开办工艺厂等。

1912 年，东莞第二任县长岑学吕建设盂山公园时，东莞明伦堂沙田经理局拨款 600 两银资助②。盂山公园是我国最早的公园之一。

1917 年，东莞明伦堂沙田经理局提取修建盂山公园后的余款以及劝学所经费 360 元，在盂山公园红棉山庄建设通俗图书馆。③ 这在《粤海道尹王典章巡行日记》中也有记载：1917 年 5 月 7 日 "下午六时三十分赴公园，园在城西南隅，盂山挺秀，风景颇佳，登临一览，全城在目。对盂山者为钵山，上建一亭，下为红棉山庄，结构雅适，附设图书报社，设置略备"④。

1915 年，陈伯陶在香港九龙设局修编《东莞县志》，历时 6 年，至 1920 年完成，经费 2 万余元均由东莞明伦堂沙田经理局承担。⑤ 其中，民国六年（1917），拨款 400 万厘。⑥

---

① 盂山公园建立于 1912 年，为民国时期第二任县长岑学吕所建，是我国民国时期最早的公园之一。1925 年改名中山公园，1956 年改名人民公园。

② 留省东莞学会：《社会教育调查表》，《留省东莞学会杂志》1918 年第 1 期，第 99 页。

③ 留省东莞学会：《民国六年明伦堂支出各局所学校决算表（1917）》，《留省东莞学会杂志》1918 年第 1 期，第 98—99 页。

④ 转引自李炳球《〈海道尹王典章巡行日记〉摘录》，《东莞文史》1998 年第 28 期，第 342 页。

⑤ 马汉民：《东莞明伦堂概况》，《东莞文史资料选辑》1984 年，第 12 页。

⑥ 留省东莞学会：《社会教育调查表》，《留省东莞学会杂志》1918 年第 1 期，第 99 页。

　　1917 年，东莞明伦堂沙田经理局拨给工艺厂经费 432 万厘[1]，这在《粤海道尹王典章巡行日记》中也有相关记载："工艺厂总理以商会会长邓庆光兼充，厂中分织染、木器、藤器三科，兼授国文、珠算、笔算、图画等应用之学。织染科学徒四十人，藤器科学徒二十人，木器科学徒十二人，所出成品尚属良美，麻强、棉织各布成绩尤佳。每年经费六千元，由沙田经理局拨给，各科艺徒膳、学费一律免收。"[2] 此文中的沙田经理局，即为东莞明伦堂沙田经理局。

　　"沙田经理局"时期，是东莞明伦堂承前启后的时期。虽然由于社会动荡，各方在其背后势力的支持下，争夺管理权异常激烈，导致管理者更迭频繁，但东莞明伦堂向前发展的步伐并未停止，不仅成立了自己的护沙武装力量——沙田自卫局、万顷沙田业佃自卫局自卫团，还致力于发展地方教育和公益事业；制定了不同于清朝晚期的留学津贴和奖励金制度；将东莞明伦堂巨额债务清理提上议事日程并开始付诸实际行动，为东莞明伦堂后续改革和发展奠定了一定的基础。

---

① 　留省东莞学会：《社会教育调查表》，《留省东莞学会杂志》1918 年第 1 期，第99 页。

② 　转引自《〈海道尹王典章巡行日记〉摘录》，第 346 页。

附　录

民国六年（1917）东莞明伦堂支出各局所学校决算表

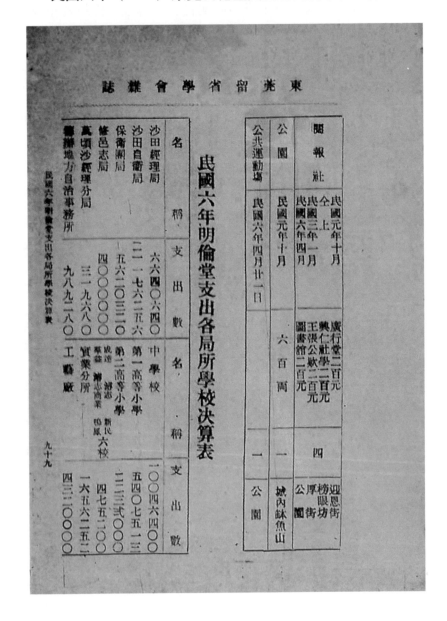

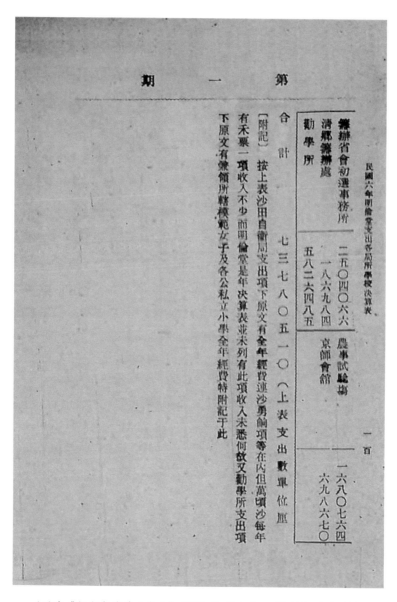

民國六年明倫堂支出各局所學校決算表

第　一　期

農事試驗場	一六八〇七六四
京師會館	六九八六七〇
籌辦省會初選事務所	二五〇四〇六六
清鄉籌辦處	一八六九八四
勸學所	五八二六四八五
合計	七三七八〇五一〇（上表支出數單位圓）

一百

〔附記〕按上表沙田自衛局支出項下原文有全年經費連沙勇餉項等在內但萬頃沙每年有禾票一項收入不少而明倫堂是年決算表並未列有此項收入未悉何故又勸學所支出項下原文有彙領所轄模範女子及各公私立小學全年經費特附記于此

（原載《留省东莞学会杂志》1918 年 第 1 期，第 102—103 页）

东莞明伦堂沙田经理局换立借约办法

第一条　本堂债务除投田捐款以批约为借约外，其余无论长期借款、短期借款，所有旧日所发一切揭约须换立新借约。

第二条　借款有一年以上未清息者即按月计清复，将此项利息作为借本连原借本概填在新借约之上。

第三条　此项换约手续在本堂驻省办事处办理，各债权人限在新历七月内携原约换领新约，若逾期不到，照第四条办理。

第四条　自换新约之后所有旧纸概为无效。

第五条　本办法呈请省长批准实施。

广东省长公署指令第一千零四十七号

（原载《广东公报》3184 号/省长公署 1047 号，1923 年 6 月 25 日）

东莞明伦堂沙田经理局委员会关于裕安公司旧批作废改发新批承耕就丰围田批约（1926－04－30）底本

为旧批作废改发新批事照得莞邑明伦堂土名万顷洋沙有就丰围二顷十亩一分四厘，原批由李章达于民国十二年批与裕安公司承耕至民国三十四年十二月期满，因前订租价过低，又因本堂债务急须整顿，兹由全邑人民大会议决，将旧批作废，另订租价。本堂接受议决案，酌定办法奉呈广东民政厅核准，当即召集佃人双方商议改定公平租价。经得佃人完全同意，由民国十五年起（即旧历丙寅年）有就每斗收租银十二元二毛八分，兹特发新批与佃人收执，至从前各佃人借与本堂款项仍照每年于新历六月十日、十月十日分二季清息。除清息外，其借本分年平均摊还。兹装饰就丰围批耕合约条件订立如下：

一、此批约凡约内所载均经呈准，民政厅有案，此后无论何项命令不得增损，以照信实。

二、本堂万顷沙就丰围田二顷十亩一分四厘，依约批与裕安公司承耕，由民国旧历二十一年正月一日起至民国三十四年十二月批满之日止，连批十四年为满批，期内须照此次加定租额输租，无论谷价高低，年月丰欠，租额永无增减。

三、下列租项等由佃人按年分二季平均亲自缴交本堂，如或银号汇交，其汇水均由佃人自理。交租时期头季于新历六月初十日，尾季于新历十月初十日行之，不得逾期拖欠其每年应纳本堂租金、沙夫工食等费如下：

（甲）田租每亩十二元三角八分，全年共二千六百零一元五角三分；

（乙）草坦租每亩租银一元二毫，全年共缴十一元八角；

（丙）依租额每百元纳二元之经费，全年共缴五十二元零三分；

（丁）沙夫工食每亩六角，全年共缴一百二十六元零八分；

（戊）沙捐照政府定例，佃人值二成，全年共缴十五元七角；

（己）护耕费每亩国币三角五分，主佃各半，全年共缴国币一百八十五元四角四分；连加二五大洋水在内，倘有加收，佃人亦照二成加纳。

四、佃人每年必须依照本堂所定之租额缴纳，如有藉端短纳租项，一经查实，即行取销批约，另行批耕，其短纳之租项加三倍追缴。

五、以后无论官厅核准与否，佃人不得借款及预借租款与本堂。如违作出，同舞弊论，所有借过本堂之款项及批约一概无效。倘因官厅及军队以势力压迫强借及预取租项等事，至不能割禾以致损失谷粒时，本堂不负维持之责。

六、自经此次换批之后，以前各任所属之旧批约一概作废，只准粘存新批内备查，所有条件概要依照新批约办理，不得借存旧批为口实。

七、本堂民国十一年八月十七日投田预借到该围银　万　千　百　十　元，除已还外，现尚存本银　万　千　百　十　元。

八、前以借款利息一分算，其尚存本银以后由该围应交明伦租项分年扣还。

九、该围如未到期得耕之时，准佃人迟年向该围现在承耕人应纳租项下分两季收清借款利息，并由现在承耕人在约内签名承认，如现在承耕，佃人有延抗不交情事，应报由明伦堂负责追偿。

十、清扣本息，另以簿据签注，分八年摊还之，其分配法另列表在簿据之内。

十一、到期应扣之本息如佃人逾期不扣，作为扣了。

十二、佃人除政府通令业佃应缴之款外，其他若有藉名保护勒收之款，佃人因缴过沙夫工食，明伦堂应负保护之责，故若遇勒收之时，佃人应报明伦堂负责之交涉。

十三、沙夫工食专为本堂设自卫局勇保护沙田业佃饷项之用，至于每年护沙饷项如有增减时，概由本堂负责，若佃人遇必要时，欲自行集合各围组织义务联团时，其款项由佃人自理，但仍须得本堂许可。

十四、前收过　堂（公司）押银　千　百　两　分　厘，至满批之年尾造方得扣除。

十五、佃人如有犯下列各事，立即驱逐出沙，另招别佃承耕，不得藉批阻碍。若犯丁甲、乙两项，则交过押批银概不发还。

（甲）逾期拖欠租项及不依照本批约租额纳租者；（乙）中途退耕或私顶别人；（丙）聚赌；（丁）吹烟；（戊）窝匪；（己）贩私；（庚）收藏违禁品（物）；（辛）其他违背规约及法行为。

十六、所有围堂、耕馆、晒场、窦口、板寮、树木等一切原明伦堂管业，批满之时佃人须完全交回，不得毁伐，而围堂尤须完全无缺。

十七、遇风、水坏及围堂，佃人自行修理完好，其修理费用不得索明伦堂赔补。修理围堂只准在围外就近取泥。

十八、围内各基堂均属明伦堂税地，除由本堂建筑外，永禁佃人擅自起造房屋、店铺。如有支搭板棚以便买卖者，务须报明本堂点明若干所，本堂得随时给价收回。

附注：一、因有借款关系投四时，不用缴押批银，如借款清还后，即须按例每亩缴押批银一元五毛，待尾年尾季方得扣除。

二、如遇地方变故，交通梗阻，因有借款关系，准其便宜收割，但仍不得迟过二个月之外。

三、本堂当堂各任与佃人借款数目及支付利息如下：照本约第七条由黄侠毅手借到该围本银七千六百元整，此款由民国十四年旧历九月初一日起息。

委员长　陈孚木

委　员　朱念慈　邓章兴　何　冀

黎樾廷　骆用弧　谢星南

刘　陶　曾宪盛　谭桂萼

中华民国十五年四月卅日　发批

（原载东莞市档案馆编，刘志伟主编：《东莞明伦堂档案·第一辑》（第1册），广东人民出版社2020年版，第43—50页）

东莞旅京同人整顿东莞明伦堂沙田经理局宣言

吾人对吾邑明伦堂沙田经理局，痛心疾首久矣！以岁入二三十万，而十数年来负债至百五十万。使支出也皆为正当之支出，举债也皆为正当之举债，对于董事委员会者，犹不能无罪言。一按其实，支出也，举债也，其果正当否乎？大者淈其泥而扬其波，小者哺其糟而啜其漓。使吾人疑为经理局董事委员会者，无一洁廉忠信之人，而深恶痛绝之者，非一朝一夕之故矣。使吾国而长此混乱终古也，国将不国，我躬不阅，遑恤我后，城狐社鼠，又何责焉！现广东政府百度维新，清明有望，而东莞明伦堂沙田经理局委员会于此时有"以廉洁自矢……决不营私舞弊"之誓词。吾人虽受十数年来之教训，不敢轻于一信：然君子与人以为善，吾人于此又不能不冀诸委员会之可与为善也，故不惧词费而愿与之商榷焉。吾人所欲言者有三：

一、法之必立。

二、贪之必惩。

三、信之必守。

吾邑沙田公产之亟应整顿，此为邑人应努力进行之第一义，原属全邑人之公论，自不待言。观于委员会之宣言暨各委员发表之意见，于开源节流诸端，订有计划，其用意自属可嘉。善乎！朱委员念慈之言曰："万项沙围四百余项，前人费尽心力，始得争回，确定为我邑公有财产。后之经理其事者，必须永永保存勿失，且须将所有出息概用以发展至正当而有利益之事业，绝非建一报功祠，订有酬劳费，便可谓对于前人可无愧色"云云。诚以吾邑沙田公产自陈、何、方、陈诸先哲创设以来，永贻一邑美利。凡我邑人，一方面当从积极的设法整理，使此项公产继长增高，庶几邑中各善举得以次第偏行，俾邑人永蒙利赖；一方面当从消极的慎重度支，兢兢保守，俾此项公产永无损失。必如此，然后服畴食德，庶可稍副陈、何诸先哲艰难创造之苦心。今该经理局委员宣言所举四事：一决不再借债，二财政公开，三加租废约，四不许地方官染指。吾人于此，不能无疑。明伦堂今日之境地，实借无可借。使委员等于二三年前而有此宣言，吾人或有一听之价值。今处不能再借之境地，而言不借，毋乃近于滑稽乎？所谓财政公开者，特门面语耳。前数年来，每任局董皆有征信录之印，在彼辈何尝不曰财政公开也。宣言所云："同人此后收支数目，当力求公开，按月宣布，务使一丝一毫，其用途皆有来历，无一事不可公布于邑人之前，防滥支之弊。"呜呼！所谓财政公开者，固如是乎？此种收支布告，其果有以异于征信录否乎？使委员等于用途之支配，不征求全邑之公议，而第于此后收支数目，力求公开，"则亦犹吾大夫翟子耳"。委员等竟将自鸣得意曰"财政公开"也耶？不许地方官染指，"地方官"是否包括政府在内。地方官即不染指，对政府又将何如？均之思染指者大有人在；地方官也，政府也，何择焉？斯言也，吾人不能不疑委员等为政府预留染指之地步。独吾人亦不能不谅委员等之由官派实无拒绝政府之魄力，又不能不疑委员等或有被政府染指之可能。然则委员等所宣言四事，既去其三，无非欲实行第三项加租废约一事而止耳！且读八委员之大文，其目的亦莫不在于加租废约；加租废约，便足以整顿明伦堂乎？今日之明伦堂不在于财少而在于财多，财愈少则其整顿也愈易。使明伦堂而穷至于借无可借之时，斯正明伦堂剥极而复之时也。委员等"不揣其本，而齐其末"徒治丝而纷之，未见其能益明伦堂也。请言其整顿之法：

一、法之必立

夫官派委员，所派之委员，大悉皆夤缘而来，每藉官政以为护符，营私舞弊，邑人莫敢何。即有席卷而去，以巨数之收支，而无一册征信录者，比比皆是也。吾邑即岁入数百万数千万财产，宁能尽餍此辈之欲乎？财愈多，弊愈甚，十数年来之经验，固不待智者而后知矣。无已，其普还乎？经理局亦尝为一度之普选矣，其果能代表民意矣乎？普选之舞弊，邑人当未能忘，故其选出之人，与其职守未见其能胜于官派委员者，且舞弊益加甚焉。夫官派之弊如彼，而普选之不足恃也，又如此，其果无办法矣乎？吾人讨论之结果，以为莫若行职业代表制。选出便易，无普选手续之繁重；委员即不称职，得随时由各团体撤回而改选之。又不若官派之专横也。略举办法如下：

1. 委员之产出

（1）全邑学会选一员（由东莞教育会各地留学会及其他关于教育事业之会社等互选之）；

（2）全邑商会选一员（莞城、石龙、太平、香港商会等互选之）；

（3）全邑工会选一员；

（4）全邑农会选一员；

（5）东莞中学校选一员；

（6）全邑小学校选一员（由公私立小学校互选之）；

（7）全邑团保局选一员（由城乡各地团保局互选之）；

（8）全邑慈善团体选一员（由城乡各地善堂医院等互选之）；

（9）东莞侨居各地公会选一员（由广州香港等处公会互选之）。

以上选出代表九人为委员，委员长由九人中互选之。

2. 预算之编制

经理局预算之编制，虽有数次，然为董事者，皆以预算之不利于己，未有一次之实行。各委员选出就职后，即须为预算之编制，于每年十月制定公布全邑。由公布日后一月内，如无邑人反对，即作为明年预算定案。如有邑人反对，得由委员会复议决之。如预算案争议不决，得照上年预算案执行之。预算外之支出，委员会负赔偿责任。政府意外之提取，由全邑人民公共拒绝之。

3. 委员与会计之分立

会计员向来隶属于委员会之下，禀承委员会之意旨，支收款项，不负何种之责任。窃以为此后之会计员，宜与委员分立。会计员由委员提出，以过半数之通过，由委员会聘任之。会计员须具有相当之担保金。预算外之支出，会计员可以拒绝委员之支付。千元以上之存款，宜存于指定殷实之银行。而款项之支取，须经委员过半数之签字。每月进之须公布于众。

4. 委员之任期

定为二年。

5. 委员之撤回

委员各有不称职时，得由原选举团体撤回而改选之。

如是则普选于官派委员之弊可革，而真正之民意可期。果现任之委员等有意于整顿明伦堂，当必有取于是。不然，由官派而来，虽日言整顿，自矢不贪，未能得吾人之赞同也。

二、贪之必惩

自民国以来，历任局董，几无不有作弊之事实，为邑人所控告。叶深庆任内，算出侵吞巨款，而未见严惩。陈逸川任内，发出揭约最多。李章达任内，投得之款最巨，而未见核算。其最甚者，莫过于黄侠毅任内，投田所得，约二十万，此单糊涂账，吾人诚不能忖度其如何开支；闻投效军队一项，已六万矣。委员等果有意于整顿，当将历任开支，严行核算，苟有非理之支出，呈请省政府查封通缉；并将历任私相授受之移交数目，为之汇印，使邑人知彼辈舞之情实，与众共弃，庶以后为委员者，或有所惮而不敢于为恶。委员等如想履行誓言"决不畏难苟安"，必自清算起，雷厉风行，示邑人以整顿之实。不然，日汲汲于生财之道，安知委员等之不为前此之续乎？或谓委员等之不清算前任，正为他日下台之计，盖历任委员未有不须清算者，现在委员当亦不能出乎例外，则非吾人所敢知矣！

三、信之必守

围田之预投，自清末已然。十数年来相安无异。其批约经双方同意而订立，复经省政府之批准备案。此而可取消也，吾人不知委员等所主张重新另订之批约何以加于此也。今日谓甲批约不公允可取而与之于乙，明日亦可谓乙批约不公允可取而与之于丙；今日谓若干两租银为少而加租若干，明日亦可谓若干两加租为少而再加租若干。蔑约弃信，吾人诚不知何据以为信守也。吾人之为此言，非为佃人张目也。吾人既为邑人，其爱护明伦堂也，当不后于委员等；其加租订约也，人心之所同然。然加租订约，自有其法，不若委员等之加入"资本豪商，得乘瑕抵隙，厚集资本，与舞弊总董狼狈为奸"等种种罪名，而加租废约也。总董而舞弊也，何以不闻检举？茹柔吐刚，委员等自省，得毋厚颜乎？善乎朱念慈委员之言曰："明伦堂借债至一百五十万矣，再不急起整顿，则破产之期不远。今日死里求生之办法，惟有加租换批，不再借债。以上办法，已为舆论所赞同。前此承佃或债权者，无论为本邑，或外邑人，虽稍有牺牲，在理亦宜慨然赞成此举。盖过优之权利，无永久享用之可能，利益不均平之契约，必有废除之日。及今确定办法，本息可以计期清还，事实上并无万损，过此不图，恐债愈多，纠纷愈甚，求如今日有条例之办法而不可得，终亦债权人之利也。"

此真心平气和之言，双方皆宜本此以为协商，互相让步，以谋和平之解决。至于土地有肥瘠之不同，利息有高低之各异，此双方之协议，而非吾人所能代谋矣。

吾人窃有为委员正告者，委员等誓词，固自承为"受公民之信托"。则吾人之公意，委员等有执行之必要。吾人今以"立法""惩贪""守信"三事相托，委员等之足信托与否，将于此卜之。委员等苟能如吾等公民之所期，于最短时实行此三事，而后乃有"受公民之信托"之可言。不然，法之不立，贪之不惩，信之不守，而唯冒利恋位，托言为全邑谋利益以自便其私图。吾等公民唯有深恶而痛绝之，绝对不能听其假借"受公民之信托"之名义也。

十五年三月十八日

（原载《留京东莞学会年刊》1926 年 6 月）

第五章 沙田经理局整理委员会时期
（1928—1937 年）

　　1928 年 2 月，李济深任国民党中央政治会议广州分会主席、广东省国民政府主席、国民革命军第八路军总指挥，将广东分设东、南、西、北四个善后区。善后区设委员，以指挥区内驻军，领导市、县。此时，徐景唐任东区善后委员、第五军军长；王应榆①任北区善后委员；蒋光鼐任南区善后委员、第十一军军长陈铭枢的副军长，李扬敬②任西区善后委员、第四军军长陈济棠的第十一师参谋长。自此，以徐景唐、王应榆、蒋光鼐、李扬敬等为代表的莞籍军官逐步在军中掌握了实权，东莞明伦堂的管理权也随之牢牢掌握在这批莞籍军官手中。徐景唐等莞籍军官认为，造成东莞明伦堂入不敷出、无法开展莞邑公益事业的重要原因就是沙田投承期过长，多年未改的租金与时谷价格相差过大，导致东莞明伦堂收入大幅减少，主张推翻旧约，另立新约，重新开投。与此同时，他们还顺应地方自治全面推行的时局，将"东莞明伦堂沙田经理局清理委员会"改为"东莞明伦堂沙田经理局整理委员会"，决心在其任期内对东莞明伦堂进行全面整治。由

---

① 王应榆（1890—1982），东莞虎门南栅人，保定陆军军官学校毕业。历任广西贺县国民政府县长、国民党广东北区善后委员，甘肃省国民政府民政厅、广东省国民政府民政厅、广东省国民政府建设厅厅长等职。中华人民共和国成立后任广东省人民政府水电厅参议、珠江水利工程总局顾问。

② 李扬敬（1894—1988），字钦甫，东莞莞城县后坊人。就读于广东陆军速成学校、保定陆军军官学校、国立北京大学预科。历任孙中山总统府警卫团中校营长、国民革命军第四军第十一师总部参谋长、黄埔军校教育长和特别党部筹备委员、陈济棠部第一集团军第三军军长、中央训练团副教育长等职。抗战期间，历任国民党军事委员会参议等职。

此，东莞明伦堂进入沙田经理局整理委员会时期。这一时期，为了避免沙田公产再蹈纷乱，利用好沙田收入推进东莞教育事业、开展社会救济等公益事业大计，东莞明伦堂沙田经理局整理委员会一方面整顿东莞明伦堂财产，以求收入增加；另一方面，继续清理东莞明伦堂债务，以求恢复产业。①

第一节　东莞明伦堂沙田经理局整理委员会及其人事更迭

在 1928 年 5 月至 1937 年 2 月近 9 年的时间里，东莞明伦堂沙田经埋局整理委员会经历了分别以徐景唐、陈达材①、王铎声③、李明生④、林直勉、李扬敬、袁煦圻等为领导核心的七届整理委员会。

1928 年 5 月 7 日，东莞明伦堂沙田经理局第一届整理委员会成立。设委员长 1 人，委员 10 人。其中，4 人为常务委员，负责处理日常事务。第一届整理委员会委员长为徐景唐，委员为蒋光鼐、王应

---

① 东莞明伦堂沙田经理局整理委员会：《东莞明伦堂整理委员会报告书·本会整理工作之经过》，1934 年，第 2 页。

② 陈达材（1898—1944），又名达才，东莞望牛墩洲涡人。毕业于国立北京大学法科。历任国民革命军第八路军总部政训处副处长、国民革命军第一集团军总部军法处处长、少将高参、东莞县国民政府县长、国民党广州市地方法院院长等职。抗战期间，任伪广东省国民政府财政厅护沙总队队长。抗战胜利后，在广东肃奸委员会第一批通缉汉奸名单之列，后匿居香港。

③ 王铎声（1873—1951），原名挺乔，东莞厚街菊塘坊人。毕业于保定陆军军官学校。历任国民党广州市地方法院推事，澄海、高要检察厅厅长，广州市国民政府土地局、财政局局长，国民政府广东省银行顾问，国民党肇罗、惠州、琼崖、汕头等地方法院院长，广东南海、信宜、高要、东莞等县国民政府县长等职。1936 年在厚街创办"经实中学"，1946 年兴办"竹溪中学"，中华人民共和国成立前夕迁居香港。

④ 李明生，东莞莞城县后坊人，李扬敬之父。李扬敬为纪念其父，创办了"明生中学"。

榆、李扬敬、叶少华、何作霖①、黎汝旋、陈达材、林直勉、朱念慈、袁峻等。他们拟定了整理时期的短期发展规划,包括"增加收入""确定收支预算""完成莞太(莞城至太平)、莞龙(莞城至石龙)公路及其他支路""明浚河道""在县属万顷沙内,设立农民银行,以最低利息放款,发展农业,以次普及于全县""划分属内的童山、荒山,造成森林""厘订本局组织法、选举法,实行民选制度""增加及确定教育经费,建立大规模之完备学区规划""其它关于建设事项"等等。东莞明伦堂沙田经理局第一届整理委员会认为,在以上各项工作计划完成后,便应依照选举法实行选举。一旦民选委员选出后,整理委员会的任务即告完结,遂可由整理时期进入自治时期。②事实上,除了加租增加收入,进行会计制度改革,确定收支预算,完成莞太、莞龙公路,建设樟木头林场等计划在短期内完成外,其他计划特别是自治计划因广东政局变动而搁置,建立大规模之完备学区经历了相当长的一段时间才勉强完成。

据叶少华在《东莞明伦堂》中回忆:徐景唐担任委员长后,委派其妻舅王绍光担任万顷沙自卫局局长,其族亲徐东来③带领自卫队两个营,其心腹张拔超④任东莞县国民政府县长,其秘书罗瑶任东莞中

---

① 何作霖(1900—1982),东莞万江大汾人。毕业于国立北京大学预科哲学系,与东莞籍同学翟俊千、王荣佳、欧宗祐等参加五四运动。1928年,应徐景唐之邀,担任国民革命军第五军司令部秘书长,后因参与"反蒋"被开除国民党籍并遭通缉。1932年,赴日本早稻田大学就读获博士学位。1937年学成回国后潜心学问,任国立中山大学教授。

② 东莞明伦堂沙田经理局整理委员会:《东莞明伦堂经理局委员长呈请择委该局整理委员案》,《广东省政府周报》1928年,第34—36页。

③ 徐东来(1896—1951),原名赐根,东莞东城鳌峙塘人。历任徐景唐随从副官、中校舰长、广东省国民政府保安第八团团长、国民革命军第七战区惠淡守备区挺进纵队独立第一支队上校支队长等职。解放战争期间,曾率部搜捕东江纵队复员战士,1949年秋前往香港,1951年在香港被暗杀。

④ 张拔超,字卓立,东莞篁村人,毕业于国立北京大学政治系。在1927年5月19日至11月16日、1928年1月2日至6月24日期间,两次担任东莞县国民政府县长。

学校长，并正式收编了袁虾九等一批土匪势力。[①] 1929 年 3 月，蒋介石与桂系军阀李宗仁、白崇禧之间爆发"蒋桂战争"。3 月 15 日，李济深被蒋介石以伙同李宗仁、白崇禧"争头发难，谋反党国"之罪名软禁于南京汤山，剥夺军政大权，并"永远开除党籍"。1929 年 6 月，紧密追随李济深的徐景唐公开反对蒋介石，被免职、开除党籍后避居香港，无法继续管理东莞明伦堂沙田经理局整理委员会事务，东莞明伦堂沙田经理局第二届整理委员会委员长人选呼之欲出。

李济深被蒋介石软禁后，陈济棠深得蒋介石的信任和青睐，接替李济深出任第八路军总指挥。陈济棠广东陆军速成学校的同学李扬敬作为其忠实追随者，由第四军第十一师参谋长跃升为第八路军总指挥部参谋长，兼国民党广东省党部组织部秘书。为了借用李扬敬当时的社会影响力，更好地发展东莞明伦堂以及万顷沙田产业，东莞明伦堂沙田经理局整理委员会决定推举其接任委员长，然李扬敬以身任总部参谋长及黄埔军校教育长、省党部委员等职无暇兼顾为由，坚辞不任，并于 1929 年 6 月 7 日在《广州民国日报》刊登启事，辞去东莞明伦堂沙田经理局整理委员会委员职务："扬敬昔本敬恭桑梓之义，就东莞明伦堂沙田经理局整理委员之职，继以职务纷繁，故两三月来少闻局内事，今并将委员辞职去，此白。"[②] 有鉴于此，东莞明伦堂沙田经理局整理委员会又推荐委员蒋光鼐继任，而蒋光鼐此时任广东编遣区第三师师长，正率军在东江打仗，无暇顾及委员长一职，遂推荐委员陈达材接任。1929 年 6 月 26 日，陈达材作为代委员长组建了东莞明伦堂沙田经理局第二届整理委员会[③]，委员为林直勉、朱念慈、

---

① 叶少华：《东莞明伦堂》，第 171 页。
② 李扬敬：《李扬敬启事》，《广州民国日报》1929 年 6 月 7 日。
③ 觉悟社：《省府民厅委任东莞明伦堂委员长》，《广州民国日报》1929 年 6 月 18 日。

黎国材①、王铎声、叶宝仑②、李枚叔③、翟宗心④、欧宗祐⑤、李春乔等。在任职的一年时间里，陈达材拟定并公布了东莞明伦堂"永不借款"六条根本原则，进行了会计制度改革，完成了对东莞县博物图书馆，莞龙、莞太公路的建设，并着手东莞县自治与选举等工作。

陈达材主持东莞明伦堂沙田经理局整理委员会一年后，因"身兼军职，势难兼顾，恳准辞职"⑥，经广东省国民政府第五届委员会第八十六次会议议决，代委员长职务由委员王铎声接任。王铎声接任代委员长后，组建了东莞明伦堂沙田经理局第三届整理委员会，委员为陈达材、朱念慈、黎国材、林直勉、叶宝仑、李枚叔、翟宗心、欧宗祐、李春乔，并在1930年6月18日至1931年3月14日的任期内，继续推进前两任委员长未尽的工作，将"永不借款"、会计制度改革等内容落到实处。

1931年，李扬敬已升至广州第一集团军第三军军长兼国民政府军委会委员，在广东军界的政治地位不断提高。1932年3月15日，

---

① 黎国材，东莞望牛墩人，留法勤工俭学学生。1931年12月至1932年11月任东莞县国民政府县长。

② 叶宝仑（1873—1936），东莞茶山龙头人，光绪二十七年（1901）举人。曾任广东蕉岭县县令，东莞县学堂首届国文教员。

③ 李枚叔，东莞常平横江厦村人，早年留学日本攻读法律，学成后回国。曾先后担任广东省国民政府财政厅厅长，广东肇庆、阳光、罗定、惠阳以及广西梧州国民政府地方法院院长等职。中华人民共和国成立后，任广州市东山区政协委员。

④ 翟宗心（1900—1967），别号静存，东莞篁村周溪人，毕业于黄埔陆军速成学校。历任黄埔军校中校宣传科长、国民革命军第一集团军第二军司令部秘书长、汕头市国民政府市长、国民革命军广东第四军司令部秘书长、第七战区司令部少将总务处长、国民党衢州绥靖公署代理秘书长等职。1949年移居香港。

⑤ 欧宗祐（1899—1951），字孙保，莞城人，国立北京大学毕业后公费赴日本留学，学成后回国。历任上海商务印书馆编辑、国民革命军第三军独立十六师政治部主任、东莞县国民政府秘书等职，1951年8月以"勾结土匪罪"被处决，1990年5月平反。

⑥ 广东省档案馆：《民国时期广东省政府档案史料选编（2）》，广东省非营利性出版社1987年版，第402页。

东莞明伦堂沙田经理局整理委员会呈请广东省国民政府委任其父李明生为第四届委员会委员长，委员为黎国材、李春乔、朱念慈、林直勉、叶宝仑、李枚叔、翟宗心、欧宗祐、陈达材、王铎声。李明生在任期内最突出的工作就是对东莞明伦堂沙田经理局整理委员会进行改组，增设的3个参议均由广东省国民政府委任。[①] 同时，还进行了公益、水利、实业等方面的建设，完成了东莞明伦堂留置公产——北京东莞会馆不动产登记等工作。据马汉民《东莞明伦堂概况》记载：在李明生任委员长期间，借助儿子李扬敬的军界势力，收编水乡土匪头子刘发如为道滘乡自卫大队长，并通过其管家李威接收了刘发如不少产业与财物。[②] 1932年11月，李明生女婿邓庆史[③]任东莞县国民政府县长，李明生为了避嫌，以及年老、身休等原因辞职。

　　1933年4月，东莞明伦堂沙田经理局整理委员会推荐委员林直勉任委员长。1933年4月21日，广东省国民政府在《广东公报》第221期发布了任命林直勉为东莞明伦堂沙田经理局第五届整理委员会委员长的委任令，并任命朱念慈、黎国材、钟之杰[④]、翟宗心、李振良[⑤]、王若周、邓庆史、叶宝仑、罗植椿[⑥]、李枚叔等为委员[⑦]。林直勉在任职期间，提议修建寒溪水闸等，但其任职后期，肺病越来越严

---

① 东莞市档案馆：《东莞明伦堂文集》，中央编译出版社2019年版，第489页。

② 马汉民：《东莞明伦堂概况》，《东莞文史资料选辑》1984年第3期，第18页。

③ 邓庆史，字逊迟，东莞莞城南街人，毕业于广东公立法政学校。1932年11月21日至1936年12月13日任东莞县国民政府县长。

④ 钟之杰，东莞寮步横坑人，号梅朋。曾担任国民革命军第三军司令部秘书长。

⑤ 李振良（1902—？），字乐山，东莞人，毕业于广东省西江陆军讲武堂。历任国民革命军第二军第五帅少将师长、抗日救国军（广东、广西）第一集团军第二军师长等职。

⑥ 罗植椿（1893—1944），字灵甫，东莞人，毕业于保定陆军军官学校、日本陆军大学。历任粤军独立旅旅长、第二军参谋长、广东军事政治学校教导团长、国民党广东军管区参谋等职。

⑦ 广东省国民政府：《广东省政府委任令》，《广东公报》1933年第221期，1933年4月19日。

重，无法承担东莞明伦堂沙田经理局整理委员会更多工作，于 1934年 11 月 12 日去世，年仅 46 岁。

1934 年 10 月 26 日起，李扬敬重新被任命为东莞明伦堂沙田经理局第六届委员会委员长，委员为李振良、邓庆史、罗植椿、朱念慈、钟之杰、陈仲英①、李枚叔、王若周、翟宗心，直至 1937 年 2 月。李扬敬就任委员长后，随即召开了委员全体会议，提出了年度预算应充分考虑农田水利建设，应"择其受害最深者先解救之""择其农产品出产最多者或最优者改良之""开办垦殖以谋增加明伦堂生产"；其次应充分考虑学校教育、职业教育、乡村教育、民众教育、留学津贴、救济事业、县立银行、贫民借贷所等重点工作内容的经费比例，并推定委员朱念慈、黎国材、李枚叔按会议要求起草年度预算及重点工作发展规划。② 李扬敬在任期内，最有影响的工作主要有：镌刻了"东莞明伦堂财产保管确立信条碑"，成立了龙太公路董事会，筹办了农民借贷所，等等。

1937 年 2 月，广东省国民政府任命张达③为东莞明伦堂沙田经理局第七届整理委员会委员长，袁煦圻、邓植仪④、李振良、罗昕余、

---

① 陈仲英（1877—1947），东莞万江人，毕业于保定陆军军官学校。历任国民革命军第八路军南路总指挥部参谋长、东区善后委员公署参谋长、国民革命军第十二集团军高级参谋、总司令部办公厅主任、国民党军事委员会中将参议等职。

② 东莞明伦堂沙田经理局整理委员会：《李扬敬提议东莞开各界代表会》，《香港工商日报》1934 年 10 月 28 日。

③ 张达（1896—1975），原名张长淦，字豫达，东莞莞城博厦人。先后就读于广东陆军小学、保定军校。毕业后曾参加"讨袁"、北伐、东征、"反蒋"等行动。历任虎门要塞司令，国民革命军第 2 军军长，国民革命军第 62 军军长兼琼崖守备司令，第十二集团军参谋长、副总司令，国民党广州行营高级参谋等职。1946 年，申请退役。1948 年，任东莞明伦堂董事长，中华人民共和国成立前夕移居香港。

④ 邓植仪（1888—1957），字槐庭，东莞桥头邓屋人，青年时留学美国，我国著名的农业教育家、土壤学学家，国立中山大学教授，华北农业科学研究院土壤研究所、中国农业科学院和华南农业科学研究所等单位研究员。

王超①、潘树勋、朱念慈、李牧叔、张鹤朋、翟瑞元②为委员。③ 在张
达未到任之前，由委员袁煦圻代理委员长完成与前任李扬敬的交接事
项，并于 1937 年 3 月 10 日到会接事④。后因李达在多次催促后仍不
愿前来就职，广东省国民政府于 1937 年 4 月 3 日正式任命袁煦圻接
任委员长一职⑤。袁煦圻接任委员长后，为了改变委员会松散的履职
状态，将常务委员撤销，改为各委员分管各科事务：农林组由邓植
仪、李振良负责；水利组由王超、李枚叔负责；教育组由袁煦圻、翟
瑞元负责；实业组由罗听余、张鹤朋负责；救济组由潘树勋、朱念慈
负责，并委任祁伯仁任万顷沙自卫局局长，原局长李飞另候任用。⑥
袁煦圻任职后不久，抗日战争全面爆发，香港的暂时安全和澳门的中
立所营造出来的空间被其充分利用，袁煦圻把东莞明伦堂沙田经理局
整理委员会搬至香港办公。

① 王超（1896—1959），号一之、若鹄，东莞虎门南栅人，毕业于保定陆军军官学校。
历任国民革命军第八路军第四军第十二师参谋长、国民革命军第四战区司令长官部
高级参谋、广东省国民政府保安司令部第四师师长、东莞县国民政府县长等职，中
华人民共和国成立前夕迁居香港九龙。
② 翟瑞元（1902—1962），东莞篁村周溪人，毕业于国立北京大学政治系。曾任国民革
命军第五军政治部主任，后赴日本考察军事，回国后，先后任潮阳县、电白县国民
政府县长，国民革命军第一集团军第二军政治部少将主任、东莞明伦堂董事会总干
事。1950 年初，受委派前往香港将东莞明伦堂董事会全部存款带回东莞，上交东莞
县人民政府，后在香港养老直至离世。
③ 广东省国民政府：《广东省政府令（第 5210 号）》，《广东公报（第 3589 号）》，1937
年 2 月 20 日。
④ 东莞明伦堂沙田经理局整理委员会：《呈省政府文》，《整理月刊》1937 年第 10 期，
第 9 页。
⑤ 《袁煦圻接任东莞明伦堂委员长通知》，《香港华字日报》1937 年 4 月 4 日。
⑥ 东莞明伦堂沙田经理局整理委员会：《东莞明伦堂沙田经理局整理委员会整理意见
书》，《整理月刊》1937 第 1 期。

第二节　会计制度改革与东莞明伦堂
财产保管确立信条碑

东莞明伦堂沙田经理局整理委员会成立后，继续执行陈孚木任期内重新批约升租、逐年还债等规定，还以软硬兼施的"革命手段"对非莞籍大耕家邹殿邦、何同益等进行"革命"。据叶少华《东莞明伦堂》回忆：李扬敬自告奋勇扮"黑脸"，公推叶少华扮"白脸"，前去窥探邹殿邦、何同益的底细。邹殿邦在此形势下表现非常乖巧，同意放弃旧批约重新开投。何同益唯邹殿邦马首是瞻，也表示按邹殿邦的意思办。邹殿邦、何同益两个大耕家同意后，徐景唐委员长主持召开大、小耕家会议，声明废除旧批约，重新开投。李扬敬还在会场大喊"革命手段，势在必行"等口号，邹殿邦、何同益两个大耕家首先表示赞同，支持东莞明伦堂沙田经理局整理委员会的决定，其他中、小耕家事前不明原委，看会议现场的情形，也只好同意重新开投。会后，邹殿邦、何同益找人前往东莞明伦堂沙田经理局整理委员会说情，认为重投的目的不过是为了调整租值，不如直接让耕家加租，没必要因废约而牵涉到法律问题。最后，耕家们均同意加租 30% 或 40% 不等，东莞明伦堂沙田经理局第一届整理委员会通过软硬兼施的"革命手段"达到了加租目的。[1] 东莞明伦堂经过陈孚木和徐景唐的连续整顿后，每年增加收入 10 万余元。[2] 据 1928 年 6 月份《东莞明伦堂沙田经理局整理委员会收支决算书》，"收入共三十二万零三百五

---

① 叶少华：《我所知道的东莞明伦堂》，第 16 页。
② 东莞明伦堂沙田经理局整理委员会：《东莞明伦堂整理委员会报告书·本会整理工作之经过》，1934 年，第 2 页。

十元六毫三仙，支出共一十八万五千八百五十九元整"①，绝大部分支出为佃户借债的利息。

一、 会计制度改革

东莞明伦堂的产业为全县公产，所得收入除发展教育等公益事业外不得随意乱用，然长期以来缺乏有效的监督和管理，部分主持人惯于私开收据，向承耕佃户预借下一年的租金，承耕佃户持有借款收据，每每能够在围田满批之前预先投田，且与该主持人相互串通，承耕佃户维持长期低租批约，而该主持人则能收到一份"红利"，久而久之，东莞明伦堂渐渐失去了管理沙田的公信力。为了改变东莞明伦堂财务因缺乏监督机制与有效管理而产生的无序乃至混乱现象，1929年，东莞明伦堂沙田经理局第二届整理委员会代委员长陈达材迫于东莞地方社会压力，领衔进行了会计制度改革。

1928 年 5 月，东莞明伦堂沙田经理局第一届整理委员会委员长徐景唐曾想以南京国民政府颁布实施的《县组织法》为抓手，将会计制度改革纳入东莞县自治准备工作之一。诸如，徐景唐委员长曾将"确定收支预算及鳌定明伦堂组织法、选举法列入工作计划，作为自治前的准备"②。然而，由于当时政局变化，东莞县自治工作暂时搁浅，会计制度改革未能开展。

1929 年 6 月，东莞明伦堂沙田经理局第二届整理委员会代委员长陈达材面对"预算外之支出，委员负赔偿责任。政府意外之提取，应由全邑人民公共拒绝之""委员与会计必须分立""贪之必惩，信之

---

① 东莞明伦堂沙田经理局整理委员会：《东莞明伦堂沙田经理局整理委员会收支决算书》，《整理月刊（筑路号）》1928 年，第 30 页。

② 东莞明伦堂沙田经理局整理委员会：《东莞明伦堂经理局委员长呈请择委该局整理委员案》，《广东省政府周报（34—36）》1928 年 5 月 21 日。

必守"① 等东莞民众不绝于耳的呼声，断然进行了会计制度改革。他认为，要杜绝东莞明伦堂的舞弊现象，应建立起财务独立制度，设立财产审核委员会和财产管理委员会，只有会计、审计以及管理者三权独立，才能解决东莞明伦堂经费监管不力的问题。

按照陈达材的设想，1929 年 9 月 1 日起至年底，筹备会计选举事宜，会计由人民选举；1930 年 1 月 1 日起至 6 月底，筹备账务审核事宜，审核委员会审核预算、决算，审核委员由人民选举；1930 年 7 月 1 日起至年底，筹备全部自治，现任整理委员会解散，财产管理委员会管理东莞明伦堂的财产，管理委员亦由人民选举。② 于是，他组织草拟了《东莞明伦堂沙田经理局整理委员会会计股组织章程》《东莞明伦堂沙田经理局整理委员会会计股办事章程》《东莞明伦堂沙田经理局整理委员会会计股主任选举章程》《东莞明伦堂沙田经理局整理委员会选举进行程序日期表》等各一份，呈请广东省国民政府核准备案。③

《东莞明伦堂沙田经理局整理委员会会计股组织章程》明确设立会计股，会计股直属于东莞明伦堂沙田经理局整理委员会，其职能包括掌握东莞明伦堂一切收支及存款、提款等，保证预算的实施，对于公款的用途则无权支配。会计股设主任 1 人，任期 3 年，主持该股一切事务；设干事 1 人，由会计股主任提请东莞明伦堂沙田经理局整理委员会任命，协助主任办理该股一切事务。会计股主任月薪 150 元，干事月薪 60 元，均不得兼职。如遇会计股主任中途解职，新主任未选出之前，由东莞城商会派员暂行代理。会计股主任候选人必须是 30

---

① 东莞旅京同人：《东莞旅京同人整顿东莞明伦堂沙田经理局宣言》，《留京东莞学会年刊》1926 年。

② 东莞明伦堂沙田经理局整理委员会：《东莞明伦堂会计股主任选举及各项章程汇编》，1930 年。

③ 广东省民政厅：《令东莞明伦堂沙田经理局整理委员会代理委员长陈达材》，《广东民政厅训令（第 2408 号）》，1929 年。

岁以上粗通文字且通晓会计的东莞人，同时，需要本人有 1 万元不动产保证或各有 4000 元资产之 3 名本邑人士担保，这主要是从东莞明伦堂财产属于公产，管理责任重大，且每次收租达 10 余万元之巨等要素综合考虑。如果是素质不高、财务知识不丰富的非东莞人管理，恐有管理不善之虞；如果没有相当数量财产作保证，恐有卷逃之虞。另外，东莞明伦堂委员、审核委员、直接承耕人、侵吞或亏空东莞明伦堂公产者，以及被剥夺公权者、已宣告破产者、精神病患者、吸食鸦片者等，均不得成为会计股候选人。会计股主任如果不存在上述情况，任期内不得中途随意撤换；如存在上述情况，须征得审核委员会或东莞教育会同意才能撤换，由此避免东莞明伦堂沙田经理局整理委员会独断专行，保障会计之独立性。①

《东莞明伦堂沙田经理局整理委员会会计股选举章程》明确规定，在东莞县未完成自治之前会计股主任候选人暂从全县学校教职员与校董、公立图书馆职员的东莞人中选举产生。其理由主要有四：一是东莞明伦堂教育经费占比最大，以上人员为预算实施既得利益者，便于保障预算正常实施；二是东莞县自治未开始之前，未进行人口调查，如进行全县普选，调查选举人困难，可能出现伪造信息的情况。若从教职员中选举，教育局均有名册可稽，选举比较容易且信息准确；三是东莞明伦堂的财产原属学田，为育人所设，以从事教育之人选举管理学田之会计，与最初设立学田的宗旨甚为符合；四是教职员等均为受过相当教育之人，素质较高，对于是非利害较一般人更为明白清晰。东莞县自治完成后，会计股主任候选人由国民党东莞县党部、县事委员会、东莞城商会、石龙商会、太平商会、县工会、县农会等团体以及 10 个以上乡事委员会提名。其中，国民党东莞县党部代表中国国民党，县事委员会代表地方国民政府，县城商会、石龙商会、太平

---

① 东莞明伦堂沙田经理局整理委员会：《东莞明伦堂沙田经理局整理委员会会计股组织章程》，1930 年，第 5—10 页。

商会、县工会、县农会代表东莞各界人士，乡事委员会则代表地方相关利益者。陈达材认为，如此确定会计股主任候选人提名资格团体，颇能集合职业团体代表主义及地域团体代表之精义。会计股主任候选人必须在选举一个月前提名，以便社会监督，并有时间让选民调查后审慎选择。提出候选人的团体，要列举候选人履历以及保证人的详细财产情况交付东莞明伦堂沙田经理局整理委员会审查。为了避免故意虚报，东莞明伦堂沙田经理局整理委员会将在 10 天内公布审查结果。[①]

《东莞明伦堂沙田经理局整理委员会会计股办事章程》明确规定：东莞明伦堂沙田经理局整理委员会的一切开支，须整理委员会委员长署名及会计股主任副署方能生效。这主要是考虑到若由委员长一人署名即生效，会计独立制度则名存实亡；若仅有会计一人署名即生效，则大权旁落，易生流弊，故折中两者，方能产生效果。东莞明伦堂一切支款不得超出预算范围，如超过预算，或不在预算范围内，会计股主任负有拒绝付款之义务，违者将承担赔偿之责。会计股主任不能直接收受 500 元以上现款以及非东莞明伦堂指定银行的支票或凭证，须通知交款人先将现款或支票凭票交东莞明伦堂指定银行代收；收受 500 元以内款项时，收受证据须有委员长和会计共同署名方能生效。东莞明伦堂每年早、晚稻将熟之际，收款额巨大，由委托银行代收，既避免了会计收钱的繁杂，又避免了会计携款潜逃之风险。会计股主任可以收取 500 元以下的款项，是因为有 1 万元不动产保证。会计股存款无论何时均不得超过 6000 元，委员长负监督与考核之责。会计股主任每日应将前日的收支情况、每月 5 号之前应将上月的决算情况呈报委员长审核后公布，以尽财政公开之义务。委员长或委员有 2 人以上在场的情况下可以随时到会计股检查、稽查，等等。[②]

---

① 东莞明伦堂沙田经理局整理委员会：《东莞明伦堂沙田经理局整理委员会会计股主任选举章程》，1930 年，第 11—15 页。

② 东莞明伦堂沙田经理局整理委员会：《东莞明伦堂沙田经理局整理委员会会计股办事章程》，1930 年，第 18—24 页。

东莞明伦堂通过此次会计制度改革，不仅在会计股的设置、会计的权限、会计股主任签字的有效性、账册的明细等方面形成了一个完善而独立的会计体系，而且也使东莞明伦堂的预算和决算程序最终以规章形式得到了固定，逐步恢复了元气。尤其是会计股主任的设立，是东莞明伦堂沙田经理局整理委员会与地方民选制度有机结合的一个新的尝试。为巩固会计制度改革成果，1930 年，东莞明伦堂沙田经理局第二届整理委员会制定了《东莞明伦堂沙田经理局整理委员会预算暂行章程》，为一切经费支出提供了依据和标准。[①] 1934 年，东莞明伦堂年收入约 54 万元，还债约 29 万元，其他经费支出 25 万元。其中，教育经费 13.2 万元，约占除还债支出外的 53%，教育经费的投入明显增加；慈善及其他公益费 3.4 万元；各项税捐 3 万元；万顷沙自卫局经费 1 万余元；东莞明伦堂管理经费 1.8 万余元。[②]

二、　东莞明伦堂财产保管确立信条碑

在进行会计制度改革的同时，1929 年 7 月 12 日，东莞明伦堂沙田经理局第二届整理委员会代委员长陈达材在《广州民国日报》上刊登了《东莞各界人士公鉴》："吾邑明伦堂基金不下数百万元，因历任办事人员多非其人，至今日负债累累，邻于破产，全县教育事业萎靡不振。兹为巩固基金，杜绝将来舞弊起见，议决拟定本堂根本原则六条，公布全县征求意见。各界人士对于下列六条根本原则如有意见，希于七月底以前函寄省城维新横路明伦堂沙田经理局，以便编列条文，发交全县各乡事委员会征求各地人民意见。一俟通过，即勒之碑文，视为永典，以资信守。但此种根本原则乃向将来发生效力，从

---

① 东莞明伦堂沙田经理局整理委员会：《本会整理工作之经过》，《东莞明伦堂整理委员会报告书》，1934 年，第 3 页。

② 东莞明伦堂沙田经理局整理委员会：《本会经费收支概况》，《东莞明伦堂整理委员会报告书》，1934 年，第 4—5 页。

前本堂与各方面所订契约，如非违法，自当不受影响。计开根本原则六条列下：一是卖田押田无效；二是借租押租无效；三是一切借款无效；四是于满批一年前预先投田无效；五是投田不预先两个月通告无效；六是支出不按预算无效。"①

东莞明伦堂所借欠款，直至 1936 年才基本清偿完毕。1937 年 1 月，为了不使东莞明伦堂后来管理者重蹈覆辙，李扬敬在任期内，将陈达材公示之六条永不借债信条镌刻于石上，即"东莞明伦堂财产保管确立信条碑"，"拟在莞城、太平、石龙、万顷沙及广州维新路东莞明伦堂会址内各树一碑，以垂永久，使邑人共知共见，有所遵循"②。今立于东莞人民公园内的碑记内容为："我邑明伦堂财产，每年租息所入达四十余万，为邑中最大之公产。前人创造艰难，载在县志，兹不具述。所惜者，历任举债，累积过巨。自民国十五年订立逐年摊还办法，茹苦含辛，迄于今日始克清偿。然一则以喜，一则以惧。何也？所喜者重负既释，所惧者覆辙相寻。苟无治法以保障之，恐将来管理无方，终沦于万劫不复之境。扬敬等有见及此，从长规划，佥谓必须重申永不借债信条，使邑人共知共见，有所遵循，乃能垂之永久。因检成案所规定信条六项，附以说明，共同讨论，觉其思深虑远，先得众心。但恐邑人视察未周，日久相忘，仍难收尽美尽善之效。现经议决，将规定永不借债缘由并信条六项镌诸碑石，树立于邑中繁盛之区，以资信守，俾众父老兄弟姊妹人人得而见之，庶几触目警心，不啻当头之喝棒，而一邑公共之财产乃可互相维持于不敝云尔。是为记"。碑记后，刻列《东莞各界人士公鉴》中的"六信条"，以及东莞明伦堂沙田经理局第六届整理委员会委员长、委员等落款。③

---

① 东莞明伦堂沙田经理局整理委员会：《东莞各界人士公鉴》，《广州民国日报》1926 年 7 月 12 日。

② 本报记者：《东莞明伦堂镌不举债碑》，《香港华字日报》1937 年 2 月 27 日。

③ 李扬敬：《东莞明伦堂财产保管确立信条碑记》，1937 年 1 月。

第三节　发展教育文化医疗慈善公益事业

在东莞明伦堂沙田经理局整理委员会时期，最大的任务是清理债务和整理改革财务，然这需要一个过程。在这个过程中，东莞明伦堂沙田经理局整理委员会各任委员长、委员认为：如一味抱残守缺，对东莞公益事业不作任何推进，则东莞的公益事业不进则退。为此，他们一方面抓整理和改革，一方面积极筹集款项，不遗余力地助推东莞教育、文化、医疗、慈善等公益事业发展。

一、发展教育事业

（一）拟定《整顿本邑教育计划大纲》。1928年6月，张拔超担任县长期间，拟定了《整顿本邑教育计划大纲》十六条，函达东莞明伦堂沙田经理局整理委员会，希望修订后实施。该大纲的主要内容为："拟给县立中学增加经费，组织高中一班，以便该校初中毕业生无力往广州升学者，就地升学，以资深造；县立第一小学班数多，经费少，办学困难，拟在原有经费银六千七百七十六元余的基础上增加一千元或八百元；县立第一女子高小国民学校应改为六四二新制完全小学，在原有每年经费一千八百元基础上增加一千八百元；原有县立国民学校十八间，私立国民学校六间，在每年津贴银一百一十元的基础上增加一百一十元；原有私立小学六间，在每年津贴银二百二十元的基础上增加至三百元；拟在私立学校每年补助费一千元的基础上，增加补助费二千元；拟在城外设立六四二新制女子小学或女子职业学校一间，每所拨给经费三千六百元，开办费一千元或二千元；拟在全县十区每区组办六四二新制完全小学一间，每年每间拨经费三千六百元，开办费一千元或二千元；拟在乡村八百人以上者，劝令筹款，组办免费平民义学一间或两间，每年每间补助费二百元；拟将公立通俗图书馆改建，每年经费二千元，图书购置费一千元，并在石龙、太平组建图书馆各一间，每年经费和图书购置费各一千元；拟就县立中学内附设一所幼稚园，开办费三千元，年度经常费三千元；拟在公园内设立公共体育场和游泳池，开办费分别为二千元，年度经常费分别为五百元，另拨体育会举办游艺会三百元；拟组织一个巡回演讲团开启民智，开办费五百元，年度经常费三千六百元；拟按前劝学所成案，拨给县教育局年度补助费一千元或八百元；拟在全县设立公共阅报所一百间，拨开办费三千元，年度经费六千元，以启民智”等等①。《整顿本邑教育计划大纲》为东莞教育、文化、体育等公益事业的发展指明了下一步努力的方向。

（二）完善东莞中学校舍与班级。据1928年《广东省督学民国十七年度视察全省学务报告书》，广东省国民政府教育厅督学视察东莞时，反映东莞中学“建筑简陋，几不可用。内有图书馆一座，纵横合计八百方尺，图书二千余册，多属残本。仪器标本，尚属缺如”②。有鉴于此，1929年至1934年间，东莞明伦堂沙田局整理委员会持续拨款维修、扩建东莞中学校舍，增加教学仪器设备以及图书的购置费。诸如，1929年，拨款47000余元扩建校舍3座③，教室12间④；1930年，拨款增设高中文科班和师范班以及初中一班⑤，增办附设小学五、六年级各一班⑥；1931年至1934年间，又拨款增办乡村师范

① 东莞明伦堂沙田经理局整理委员会：《整顿本邑教育计划大纲》，《整理月刊（筑路号）》1928年，第7页。
② 广东省国民政府教育厅：《广东省督学民国十七年度视察全省学务报告书·第一区·东莞》，1928年。
③ 东莞明伦堂沙田经理局整理委员会：《本会建设工作之大概》，《东莞明伦堂整理委员会报告书》，1934年，第3—4页。
④ 鲁平：《东莞县立中学史略》，《民国报》1936年10月2日。
⑤ 东莞明伦堂沙田经理局整理委员会：《本会建设工作之大概》，第3—4页。
⑥ 鲁平：《东莞县立中学史略》，1936年10月2日。

班、高中班以及初中班①。据《民国二十一年广东全省教育概况》记载：1932 年，东莞中学"学校建筑物面积六亩，操场面积三亩余，图书馆面积四井，园艺实验室面积约二亩，礼堂面积一亩，宿舍面积一亩，可容纳一百三十余人。学校有教室九间，办事室一间，实验室一间，学生团体办事室一间，博物标本室一间，图书数千册，理化仪器约值七千余元，博物标本约值一千余元。校内设高中二年级一班，初中三年级二班，初中二年级一班，初中一年级二班，乡村师范班一班，小学六年级一班，小学五年级一班，高、初中合共七班，学生三百二十人，教职员二十七人。年度经费三万三千六百一十元八角"②，"至民国二十六年，初中增至八班，高中增至三班，全校人数达六百余人"③。与 1929 年以前相比，东莞中学校舍环境、教学设备、学生人数、师资力量等均有较大改善。

（三）增办了一批新学校。位于石龙的龙溪书院 1905 年停办后，石龙的地方教育一度处于停滞状态。1929 年，东莞县第三区区立中学（今石龙中学前身）成立。1930 年 2 月开学，设预备班 40 人。1930 年秋，开设初中一年级一班 50 人，另设升初预备班 40 人。是年，因学校未经县正式立案而被勒令停办。1933 年 8 月，经正式立案后复办，招收初一新生并增设二班，连同原来的学生约 200 名。1934 年，东莞县奉广东省国民政府教育厅 4 月 24 日批复指令，将"东莞第三区区立中学"易名为"东莞县立石龙初级中学"，自此以后，东莞县立石龙初级中学由东莞县国民政府教育局直接管理，经费由东莞明伦堂沙田经理局整理委员会拨给。④

1932 年，东莞明伦堂沙田经理局整理委员会拨款 8400 余元在太

---

① 东莞明伦堂沙田经理局整理委员会：《本会建设工作之大概》，第 3—4 页。

② 广东省国民政府教育厅：《民国二十一年度广东全省教育概况·中等教育·东莞县立中学》，1932 年。

③ 杨宝霖：《东莞县立中学堂史略》，第 42 页。

④ 东莞市石龙镇人民政府编：《东莞市石龙镇志》，第 385 页。

平镇"莲溪书院"创办太平县立简易师范学校（东莞师范学校前身）。该校原为乡村师范学校，是东莞明伦堂沙田经理局整理委员会委员黎国材任县长期间（1931年12月21日至1932年11月20日）创办。该校设备相对比较简陋，当时只有一个班，学生约30人。此后，逐年增班，经费均由东莞明伦堂承担。[①]

此外，1932年，时任县长的邓庆史函请东莞明伦堂沙田经理局整理委员会借银1万元在城厢内外开办民众学校4所，主要对城市员工进行教育。[②] 1933年，东莞明伦堂沙田经理局整理委员会将东莞县立第一小学校由彭氏宗祠迁往城内万寿里资福寺，拨迁建费4190元。[③] 增办第四区、第七区、第十一区完全小学各1所，将莞城模范小学扩建改办成东莞县立第三完全小学，共计开办费约5000元，年度经常费约28000元。[④] 1934年，李扬敬为纪念其父李明生，建立了私立明生中学，校址位于县城内北关头（今新风路）[⑤]，东莞明伦堂每月资助经费1000元[⑥]。

（四）改革留学津贴制度。东莞明伦堂沙田经理局整理委员会不仅在力所能及的范围内助推东莞县立中小学教育、师范教育、民众教育建设，而且还针对原有留学津贴总量不足而留学人数不断增多，导致学子领取留学津贴额越来越少，且因平均分配而致贫穷学子求学无助等问题进行了改革，拟定了《东莞明伦堂津贴留学生章程》。

根据该章程，一是增加留学津贴总量。在原有年度津贴总额8000元（北京4000元、外省2000元、广州2000余元）的基础上，增加

---

① 东莞明伦堂沙田经理局整理委员会：《本会建设工作之大概》，第3—4页。

② 东莞市地方志编纂办公室：《东莞市志·教育编（征求意见稿）》，第56页。

③ 东莞市政协文史组：《民国时期东莞大事记摘录》，《东莞文史》1986年第10辑，第69页。

④ 东莞明伦堂沙田经理局整理委员会：《本会建设工作之大概》，1934年，第4页。

⑤ 东莞市地方志编纂办公室：《东莞市志·教育编（征求意见稿）》，第48页。

⑥ 东莞明伦堂沙田经理局整理委员会：《本会建设工作之大概》，1934年，第3页。

至 14100 元。其中，外省由 6000 元增加至 12000 元，广州由 2000 元增加至 2100 元。二是严格审定留学津贴领取资格。为解决僧多粥少的问题，裁撤中学津贴。其理由是当时东莞莞城已有初中，且正在筹办高中，均免收学费，本邑贫苦学生无留学外地之必要，而中学留学外地者多家境优渥，也无需发放留学津贴。同时还规定，女子已出嫁于外邑人者、学期中途退学者、公费或三年以下学校肄业者，不得报名领取津贴。因女子出嫁外地后，户籍不再属于东莞，当然不能申领津贴；公费学校一切费用由学校供给，无申领津贴之必要；三年以下学校多属专修速成之类，与培养全才之津贴宗旨无关。通过以上限定，以及指定成绩优良学校之优秀本科生为留学津贴发放对象等举措，有效地解决了申领津贴人数过多、领取津贴额过少等问题。三是指定领取津贴的学校以及名额。广州指定中山大学本科生 35 名。其中，文科、法科名额不得超过 17 名，每名学生全年可支取 60 元；外省指定南京中山大学、北平大学、上海交通大学、清华大学、北洋大学、同济大学、北平税务专门学校肄业者，每名学生全年可支取 120 元，是原来全年支取 32.78 元（每学期支取 16.39 元）的 3.66 倍。四是采用递补制度。如果申请津贴人数过多且超过总额，额外学生依先后递补，在同一学校入学之新生递补顺序以抽签决定，这一举措也打破了过去平均摊分的做法，使贫苦学生有了满额候补的机会。[①] 根据以上津贴改革举措，东莞一大批优秀学生在求学阶段均成为东莞明伦堂留学津贴领取者和奖励金激励措施的受益者。

二、完善北京东莞会馆的产权手续

北京东莞会馆作为东莞明伦堂的公产，每年均有一定的经费支

[①]　东莞明伦堂沙田经理局：《东莞明伦堂订改津贴国内留学生办法》，《广州民国日报》1929 年 4 月 3 日。

持。例如，1917 年，东莞明伦堂沙田经理局资助北京东莞会馆698670 厘①。1932 年，在李明生任委员长期间，东莞明伦堂沙田经理局整理委员会出资向北平财政局申请北京东莞会馆的税契，领得第4695 号建筑契，并向北平地方法院申请不动产登记，领得党字第65号据照，完善了北京东莞会馆的产权手续。②

历史上，东莞先贤在北京宣武门外的南横街珠巢街、烂缦胡同和上斜街先后建立了三所会馆，均与东莞人才培养息息相关，也与东莞明伦堂助教树人的初心和宗旨一脉相承。明、清两朝施行科举制度，明成祖迁都北京后，于永乐十三年（1415）恢复科举考试。每年考试期间，成百上千的各地举子纷纷来到京城，会馆不仅可以解决离乡赶考、等待选任期间学子们落脚居住的问题，还可以让学子们在乡音与乡情的抚慰下发奋苦读，考取功名，结交乡党。这些会馆一般由在京官员捐资兴建，或由京官外放时捐献私宅改建而成，或由本籍有影响、有地位的达官、新科贵人牵头筹资建造，并得到本籍地方官员、工商业者、社会团体的资助。

据张伯桢③《明代张家玉先烈故居》记载，最早的北京东莞会馆在南横街珠巢街（后改名珠朝街）15 号，是典型的清代四合院民居，有青砖瓦房 10 间，占地面积 0.4 亩，后因"乡人少其湫隘，谋更张之"④，在清光绪年间转卖给他人。2007 年，此地拆迁盖楼。

北京烂缦胡同会馆原为东莞籍抗清名将张家玉⑤故居，明朝晚期，

---

① 留省东莞学会：《民国六年明伦堂支出各局所学校决算表》，《留省东莞学会杂志》1918 年第 1 期，第 100 页。

② 伦志清：《明伦堂留置公产》，《东莞日报》2009 年 2 月 16 日。

③ 张伯桢（1877—1946），东莞篁村人。曾赴日留学，回国后，受聘为两广方言学堂任教，1910 年为"钦点"七品京官，任法部制勘司主事，中华民国司法部监狱司第一科长。

④ 李炳球：《〈容庚北平日记〉中的东莞会馆》，《文化·旗峰雅韵》2020 年 11 月 29 日。

⑤ 张家玉（1616—1647），字玄子，号芷园，东莞万家租村头村人，明崇祯十六年（1643）进士，南明抗清将领，"岭南三忠"之一。

张家玉和袁崇焕一南一北抵抗清军，素有"东莞二烈"之称。光绪元年（1875），乡人捐资九百二十五两白银，经邓蓉镜①之手购得烂缦胡同会馆。1918 年 5 月，康有为曾为烂缦胡同东莞会馆书额"莞园"，叶恭绰跋曰："莞园为明末张文烈公家玉故居，公在粤起义抗清，名垂历史，乡人与有荣焉！每过斯园，辄想慕风徽，肃然起敬。"② 当时住在会馆的张伯桢曾访得张家玉和袁崇焕遗像各一幅，每逢佳节，乡人们总会依惯例祭拜袁崇焕和张家玉。根据《东莞会馆总登记表》1947 年 12 月 4 日的记载："时有不动产馆舍一所，共 53 间，占地 2.073 亩，同乡人数 58 人。负责人及董事张仲锐（次溪）③。办事员（长班）胡永增。许可机关东莞明伦堂。"由此可见，东莞会馆为东莞明伦堂公产无疑。根据历史资料显示，陈伯陶、尹庆举、张伯桢、伦明④等均在烂缦胡同东莞会馆老馆居住过。

北京上斜街东莞会馆曾是清朝大将军年羹尧故宅，于宣统二年（1910）秋经陈伯陶购得。当时，他与同仁商议"谋添设邑新馆，藉陈孝廉锡恭介绍，与杨东皋订约"，出资"五千数百金"以改建东莞会馆新馆。北京上斜街东莞会馆"前临上斜街与番禺新馆接壤，后通金井胡同，与四川会馆毗连。闻诸父老，年大将军故后，辗转归诸蜀人。自某君返蜀后，东洋人赁之居，即曩日东文学堂之旧校地也"。

---

① 邓蓉镜（1831—1900），东莞莞城南街人，清同治十年（1871）进士，授翰林院编修，充国史馆纂修。历任詹事府左赞善、右中允、江西督粮道等职。光绪十九年（1893）冬因母丧归家，主持广雅书院四年。光绪二十六年（1900），两广总督李鸿章命其总办广东团练，因积劳成疾而逝，卒年 69 岁。

② 李炳球：《〈容庚北平日记〉中的东莞会馆》。

③ 张次溪（1909 -1968），名涵锐、仲锐，字次溪，号江裁，别署肇演、燕归来主人、张大都、张四都，东莞篁村人，张伯桢之子。我国著名史学家、方志学家。

④ 伦明（1878—1944），字哲如，一作哲儒、喆儒、节予，东莞望牛墩人。1901 年庚子辛丑并科举人，1902 年入读京师大学堂，毕业后曾任国立北京大学、私立北平辅仁大学、北平民国学院等校教授，是近代中国著名的藏书家、版本目录学家，中华传统文化传承的突出代表之一。

宣统三年（1911）春，"复筹数千金筑前院，八月工竣"。时值辛亥武昌起义，旅京乡人纷纷南下避乱。当时会馆负责人尹庆举"避兵旋里"，会馆事务遂由张伯桢代理。张伯桢于 1912 年春将内部加以修饰，前院随后落成。时陈高第（与张伯桢同为康有为的弟子）、李青等人宿于馆内。是年五月，"陈吏部高第病殁于馆"，居住者以为不吉利，遂于 1914 年 3 月"聘遂溪李青卜吉改之"，又于 1915 年 7 月"添立式古堂于后院，为供奉邑先贤之所"。1918 年 5 月，"于前院添筑一照墙，遂告苟完矣"。上斜街东莞会馆新馆从动工到全部落成，前后用了 9 年时间，竣工后，刻有《东莞会馆新馆兴建记》，撰文者为张伯桢，书者为光绪三十年（1904）甲辰恩科榜眼朱汝珍。根据 1947 年 11 月 12 日《东莞会馆新馆登记表》所记：负责人及董事为陈宝剑、伦绳叔，长班为白文通。有同乡 52 人，1948 年选举伦绳叔为理事长，陈宝剑、钟亮洲、吴如林、吴松林等四人为理事，负责管理馆务。据北京市广东会馆管理委员会 1953 年 12 月调查，东莞会馆新馆有房 90 间，面积 5.745 亩。民国时期，由于东莞县在京没有商业会馆，因此，东莞会馆新馆既让旅京莞籍知识分子及其后代居住，也供东莞籍商人暂住，"留京东莞学会"也设在馆内。伦明、伦绳叔、张荫麟、容庚、容肇祖、翟宗心、翟瑞元、麦应昌（际可）、何作霖、罗瑶、卢翊等曾在此居住。[①]

上斜街东莞会馆新馆落成后，与烂缦胡同东莞会馆并存，各立门户，分别管理。1956 年，北京东莞会馆老馆与新馆均根据有关规定转交北京房管局统一管理。[②] 东莞明伦堂留置公产——北京东莞会馆使乡人在京有"一榻之屋"的私密空间，有"一院之中"的乡土人情，这既是东莞明伦堂对东莞教育的支持和鼓励，也是其教育价值追求的充分实现。

---

① 李炳球：《〈容庚北平日记〉中的东莞会馆》。

② 伦志清：《我所知道的东莞会馆：明伦堂留置公产》，《东莞日报》2009 年 2 月 16 日。

三、　建设东莞博物图书馆

1928 年，徐景唐任委员长时，考虑到 1917 年建在盂山公园禅心院的东莞县通俗图书馆"偏于一隅，设备太差，图书太少"，倡议在中山公园宴林园故址修建东莞博物图书馆楼。①

1929 年，陈达材任东莞明伦堂沙田经理局整理委员会代委员长，他主张"多文为富"，决定拨银 2.8 万余元在中山公园宴林园修建东莞博物图书馆楼。同年 6 月 7 日，东莞明伦堂沙田经理局整理委员会在《广州民国日报》刊登该楼的招投广告："东莞图书楼六月九日一时开投，如有意承建者，希于期内备购图二元到广州维新横路二号东莞明伦堂取阅章程图，则届期到投也，此布。"② 后该楼由广州昌发公司投承建造，并于当年竣工。馆舍占地面积 489 平方米，建筑面积 1289 平方米。馆舍建成后，因购书经费及运营经费均无着落，空置一年有余，导致"瓦面窗户，多有破漏"。1931 年 9 月，时任县长兼东莞明伦堂沙田局整理委员会委员的陈达材认为"一邑之文化与图书馆之设备，最为关系"，而东莞博物图书馆建成后"荒馆闭置，殊为可惜"，于是又拨银 1600 余元作为馆舍修理与购置费用，并聘任邓屺望③任馆长、卢銮球④为秘书、卢瑞⑤为会计成立筹备委员会，负责东

---

① 张铁文：《东莞市人民公园》，东莞市莞城街道办事处 2005 年版，第 46 页。

② 东莞明伦堂沙田经理局整理委员会：《招投东莞图书楼广告》，《广州民国日报》1929 年 6 月 7 日。

③ 邓屺望（1883—1942），又名邓念慈，东莞莞城梅墅旧址人，日本大学法科毕业。曾任东莞第一高等小学校长。

④ 卢銮球，又名卢翔，东莞莞城宝积巷人，卢彭铿的哥哥。曾任东莞县国民政府教育局局长等职。

⑤ 卢瑞，原名卢贯，字贯之，东莞莞城内横巷梓人，毕业于国立北京大学。曾任东莞县国民政府庶务主任等职。

莞博物图书馆维修、开馆等事宜,办公地点设于中山公园禅心院。[①]
东莞明伦堂与东莞县国民政府每月分别拨给经常费 60 元,总计 120
元。其中,馆长 1 人,月送夫马费 20 元;书记 1 人,月薪 40 元;杂
役 2 人,每人工食 14 元,共 28 元;杂费 30 元。[②]

　　东莞博物图书馆开馆筹备委员会成立后,一方面积极开展东莞博
物图书馆的维修,另一方面积极发动莞人捐款、捐书。据《东莞博物
图书馆特刊》记载,此次捐款、捐书活动,共收到钱款 10079 元,书
籍 8400 余册、碑帖 100 余册。其中,麦际可经手捐款 3900 余元,为
最高者;麦朴农捐款 3000 元、捐书 2100 余册;徐景唐捐款 1000 元;
陈伯陶捐书 2181 册;东莞明伦堂捐书 1300 余册;邓诵芬堂(邓尔雅
父亲邓容镜的堂额)捐款 440 元、捐书 1500 余册;莫伯骥捐书 1000
册;友簃家塾捐书 1000 余册;陈联辉堂捐书 1000 册;容绍述堂(容
庚祖父的堂额)捐书 800 册;卢瑞捐书 654 册;罗惠贻、王玉麟、叶
作朋分别捐款 500 元。根据《东莞博物图书馆捐助办法》,捐助 100
元以下、100 元—500 元、500 元—1000 元、1000 元—3000 元者,分
别将捐赠者名字标贴馆内墙壁、刻立石碑、制作瓷像、制作铜像以资
纪念。其中,制作铜像者有麦朴农、徐景唐;制作瓷像者有麦际可、
罗惠贻、莫伯骥、王玉麟等。

　　1932 年 5 月 1 日,东莞博物图书馆开馆,举行了有千余人参加的
开馆仪式,县长黎国材等参加并讲话。东莞博物图书馆开放时,共有
图书 17785 册,其中东莞文库 855 种(经部 82 种、史部 173 种、子
部 103 种、集部 497 种)。每月经常费 240 元,其中购置费 64 元,职
工工资 176 元。馆长邓岊望为兼职,只领车马费每月 20 元;馆员罗
洪光、何景炎(又名何与成)每月工资 40 元;助理馆员陈汉明、张
伯棠每月工资 24 元;另有杂役 2 名,每月工资 14 元。

---

① 庆子:《解放前的东莞博物图书馆》,《东莞文史》1999 年第 30 辑,第 129—133 页。
② 东莞明伦堂沙田经理局整理委员会:《本会建设工作之大概》,第 3—4 页。

东莞博物图书馆除日常借阅开放外，还设有印书部，或委托东莞名人编书，或刊印旧版书出售。目前能够实证为东莞博物图书馆印售的图书有两种：一种是苏泽东的《明苏爵辅事略》（家刻本，二册），书末页印有"东莞县城内中山公园东莞博物图书馆印书部发行""南扣八开定价大洋一元，六开定价一元二角，连史纸六开定价大洋二元"等字样，以及"东莞博物图书馆印书部发行之记"的长方形朱印；另一种是尹守衡的《明史窃》（清光绪刻本，十八册），书末页同样印有"东莞县城内中山公园东莞博物图书馆印书部发行""定价大洋十二元"等字样。东莞博物图书馆除印书出售外，还代售东莞人的著作。据当时登载的广告，代售之书有张伯桢《袁督师卷》（二册）、张其淦《东莞诗录》（二十二册）、苏泽东《宋台秋唱》（一册）、邓蓉镜《诵芬堂诗草》（二册）、邓锡祯《蠹馀诗稿》等。①

经过五六年的苦心经营，东莞博物图书馆藏书已达 24000 余册，在广东省内颇有名气，但在 1938 年 10 月东莞沦陷后，东莞博物图书馆成为日军兵营房，所有图书均堆放于馆舍门口的路旁，东莞博物图书馆被荡涤一空。据罗洪光的后人罗菁《我所知道的东莞博物图书馆》记载："日军把藏书抛到路边，抛了好几天，一直堆积成几座连绵数十尺的书山。"期间，有路过的小贩大胆地偷书用来包蚬肉、豆豉或其他杂物，有的则倒卖图利，其中许多书被倒卖给当时的伪东莞县第一中学。抗战胜利后，东莞中学接收了伪东莞县第一中学，这批原东莞博物图书馆的藏书也被一并接收，现藏于东莞中学图书馆。②

东莞博物图书馆先后走出了何鼎华、何与成、祁烽三位革命工作者。其中，何鼎华 1932 年秋在东莞博物图书馆工作，离开后创办了《东莞新闻》，成为中共东莞中心支部的喉舌。1941 年至 1942 年，作

① 庆子：《解放前的东莞博物图书馆》，第 129—133 页。
② 李东来主编：《继往开来——东莞图书馆七十五年》，花城出版社 2005 年版，第 5—6 页。

为骨干力量参与了著名的"香港大营救"行动，转移了邹韬奋、茅盾等 800 余名爱国民主人士和文化名人前往抗战后方。何与成就是上文提到的何景炎，是何鼎华的弟弟，1933 年春在东莞博物图书馆工作，离开后创办力行小学，力行小学后成为中共东莞县工委和中共东莞中心县委等领导机关所在地。1938 年春，他参与东莞抗日模范壮丁队的筹办，担任东莞青年抗敌同志会主席，参与组织指挥了"榴花阻击战"。1940 年春，被国民党以谈判为名扣押并杀害于惠州，时年 24 岁，史称"东移六烈士"之一。祁烽于 1938 年 7 月进入东莞博物图书馆工作，并以此为掩护开展革命活动。离开后，参加东莞抗日模范壮丁队，担任东江华侨回乡服务团东宝队党支部书记、广东人民解放军江南支队副政治委员、中国人民解放军粤赣湘边纵队东江第一支队副政治委员、东莞县军事管制委员会主任等职。

四、 发展医疗慈善事业

民国早期，东莞县的医疗条件相对落后，全县医疗机构屈指可数，仅有德国基督教礼贤会于光绪十四年（1888）在莞城创办的普济医院，东莞明伦堂拨款补助、曾守约与黎旭澜等于光绪二十九年（1903）创办的石龙惠育医院，东莞明伦堂资助的东莞稍潭麻风院和东莞石龙若瑟洲麻风院，以及一些私人诊所，医疗资源极为短缺。

（一）资助东莞县立医院建设。民国十五年（1926）十一月，为了解决乡民看病难的问题，由胡乾亭、陈敬明等发起倡办的东莞民间慈善组织——勉行善社决心通过募捐等方式在莞城筹建一座中西医结合的医院，于是，其董事会致函部分旅居海外的华侨、港澳同胞以及旅居省城广州的热心人士，积极主动地开展建设资金的筹措。其中，以勉行善社董事陈月宾出力最多。倡议提出后，各地捐募踊跃，共筹得捐款 6 万余元。民国十七年（1928），勉行善社选址于王屋街（今东莞市人民医院第一门诊部所在地），用筹款建成三层主楼、两层手术室、两层护士楼各一座以及病房等建筑。医院竣工后，勉行善社无力开业，乃商请东莞明伦堂沙田经理局整理委员会介入，由双方各派6人组成董事会，负责医院开业有关事宜。后东莞明伦堂沙田经理局整理委员会议决，划拨开办经费1万元，开业后每月拨经常费300元资助其开业及运转。1930年12月22日，医院举行了隆重的开业典礼，定名为"东莞医院"，聘香港著名医生吴天保博士为院长，院名由清末探花陈伯陶题写，院徽由陈月宾设计，医院大门有清代进士徐夔飔石刻的对联："东海此慈航，医能永命；莞沙开广厦，院号长春"。

民国二十二年（1933），东莞奉广东省国民政府民政厅的指令，要求办两家公立医院。于是，东莞县国民政府于当年4月28日接收东莞医院，将其更名为"东莞县立医院"。东莞县立医院成立之初，由东莞县国民政府、东莞明伦堂、勉行善社派员组成董事会，县长邓庆史任董事会主席，苏剑秋、罗有恒、钟汝祥、邓竞持、张佑恒、何湛、陈达材、欧宗祐等18人任委员。董事会委任罗嵩翰为院长兼西医主任，罗树轩为副院长兼中医部主任，其运营经费主要来自东莞明伦堂拨款。1938年东莞沦陷后，东莞县立医院被日军侵占而停办，直到抗战胜利后的1946年复办。①

（二）资助虎门医院建设。1930年，东莞明伦堂沙田经理局整理委员会第一届委员会委员蒋光鼐目睹家乡医疗状况，萌生创办医院之念。他约见走访了当地的一些乡绅与好友，大家对此极表赞赏，并测算此工程需经费20余万元。有鉴于此，蒋光鼐邀请对此事极为热心的王若周、藩树勋、苏鸣一、方人矩、蔡枢、蒋敬明、蒋严博、王光海②、陈庆堂、陈旭等组建筹备委员会，分头开展募捐活动，蒋光鼐自捐5万元，劝捐21970元；王若周自捐1万元，劝捐11090元；潘

---

① 东莞地方志编纂委员会编：《东莞市志》，第1271页。

② 王光海（1891—？），东莞虎门南栅人，李扬敬女婿。曾任第九战区长官司令部秘书长、湖南省党部执行委员、湖南省政府委员兼秘书长、徐州绥靖公署中将办公厅主任、广东省国民政府民政厅厅长等职。中华人民共和国成立前夕，随薛岳前往台湾。

树勋自捐 1 万元，劝捐 9580 元；苏鸣一自捐 2500 元，劝捐 11440 元；方人矩自捐 1 万元，劝捐 4000 元。其中，蒋光鼐劝捐款大部分由其夫人刘暮雨经办，她不仅自己捐出了 5000 元，还劝捐蔡廷锴 1 万元，李扬敬、徐景唐、邹敏初、黄侠毅各 1000 元，沈载和、郑炳忠、南洋烟草公司各 500 元；王若周劝捐陈济棠、李宗仁各 2000 元，谭启秀 1000 元，毛维寿、香翰屏各 500 元，孙科、麦朝枢各 100 元。1932 年，虎门医院在虎门镇鹅公山北麓正式动工兴建，蒋光鼐在筹款开始，就和东莞明伦堂沙田经理局整理委员会联系，希望其按照资助公益事业的原则捐款 2 万元，时任委员长李明生复函表示："经开会议决，如数捐助。"答应先捐款 1 万元，余下 1 万元在 1935 年前付清。1933 年，虎门医院成立后，因每月经费不足，蒋光鼐又函请东莞明伦堂沙田经理局整理委员会每月补助经常费 500 元，时任委员长林直勉回函表示："此案已提交第三次委员会议决在案。"应该说，虎门医院能正常运作，东莞明伦堂功不可没。1938 年东莞沦陷后，虎门医院被日寇所占，成为万虎水警区警备部队司令部。①

（三）资助东莞县立中医院建设。清朝咸丰、同治年间，东莞已有中医及中药店铺。民国十一年（1922）四月中旬，东莞中医界名宿张子绳、卢月湖、邓寿生等人以联络感情、交流经验、保障中医权利等为宗旨，组织成立东莞县中医公会，入会者 394 人。1930 年，南京国民政府成立国医馆，各省设支馆，作为中医学术与行政管理机构。1931 年，位于石龙第九区的东莞县立国医院（东莞国医支馆）成立。作为中医学术联络与行政管理机构的广东国医支馆委派邓秋生前来东莞县立国医院任馆长。东莞明伦堂拨开办费 25 元，办公费 10 元，院长及杂役月薪共 75 元。②邓秋生走马上任即发号施令，规定中医处方笺统一由东莞国医馆印发，每张收银 0.5 元，国药店每配药一剂，须

---

① 方良：《东莞杂俎》，中国文化出版社 2008 年版，第 309—310 页。
② 东莞市档案馆编：《东莞明伦堂文集》，中央编译出版社 2019 年版，第 489 页。

交银 0.1 元，后经东莞县中医公会派员交涉，始取消该"苛税"，东莞国医馆自此由东莞县中医公会负责管理，东莞名医李雨泉、徐寿如等先后任馆长。抗日战争期间，东莞国医馆业务停顿，直至抗战结束后的 1946 年春才逐渐恢复。[①]

（四）资助东莞救济院建设。1934 年 11 月，由东莞明伦堂资助的集恤孤、养老、惩教于一体的东莞救济院在岗贝南端（今南城路与金牛路交汇处）建成。该院设有总务、训育、劳作三股，共有职员 10 余人，主要承担收养孤儿、孤寡老人，以及通过授以手艺或农业技术帮助各乡族行为不端的"不肖子弟"自谋生计之职责。东莞救济院内设有一个 200 平方米的手艺实习工场，为李扬敬的母亲欧合桂捐资搭建，名"李欧合桂工场"。工场设"织染科""草鞋科""雨伞科"，救济院收养的孤儿分配在此学习技艺，待年龄稍大一点便送回户籍所在地区。孤寡老人不用参加劳动，生病由救济院进行治疗。行为不端的"不肖子孙"平时不得外出，主要在农场种植水稻、甘蔗等农作物，表现好的每月可回家一天，教化一段时间便送返回家。

东莞救济院是东莞明伦堂兴办的慈善事业单位，由东莞县政府负责管理，常年派 8 名武警驻院。在经费上，东莞明伦堂沙田经理局整理委员会首拨开办费 5000 元，每月拨经常费 1700 余元。[②] 罗有恒、张景宜、梅放洲等分别担任过院长。抗日战争爆发，1938 年 10 月莞城沦陷后，该院成为日军占驻东莞的大本营。[③]

此外，1934 年，东莞明伦堂沙田经理局整理委员会出资在普济医院附设助产学校，修建护士助产学校宿舍，并招收两届学制 2 年的学员，每期学员 30—40 人不等，他们一边上课，一边实习，学费与膳食等经费均由东莞明伦堂沙田经理局整理委员会资助。

---

① 东莞市卫生志编写组：《东莞市卫生志》，1988 年版，第 119—120 页。

② 东莞明伦堂沙田经理局整理委员会：《本会建设工作之大概》，1934 年，第 3—4 页。

③ 罗菁：《东莞救济院史略》，《东莞文史》1999 年第 30 辑，第 182—184 页。

第四节　兴办交通水利林业实业

一、　兴办交通与水利

（一）兴办交通。根据民国十四年（1925）出版的《公路年报》，莞太（莞城至太平）、莞龙（莞城至石龙）两路修建计划于 1925 年毛秉礼任县长时提出，后因经费问题被搁置。《公路年报》记载："现据东莞县县长毛秉礼呈称：查石龙、太平两外均系县属繁盛市场，亦为交通要道，前奉蒋总指挥面谕，将该两处马路赶速筹款兴建，以利交通。业经遵照设立公路筹办处，遴委本邑士绅分别担任，由县督同筹办并备文呈报在案。现拟先筑县城至石龙一路，约计工程总需十余万元，非分行筹集，难底于成。兹据该筹办处绅董提议，县属明伦堂万顷沙有田四百顷，拟每亩征收五毫，主客各半，每年各可得贰万元。其办法由佃人先行交足每亩五毫，至交租时持据向明伦堂扣回每亩二毫半。"①

1928 年，东莞明伦堂沙田经理局整理委员会委员长徐景唐将建设莞太、莞龙两公路提上议事日程，着手东莞明伦堂沙田经理局筑路委员会等组织的筹建和修路经费的筹措。其中，筑路委员会设总务股、会计股、购买股，任命陈良士为顾问，李春乔、翟幹楫、陈汝成为委员，徐月泉②为稽核员。根据《筑路委员会办事细则》：筑路委员会每周由总务股组织召开常务会议，稽核员必须出席发言；"十元

---

① 《东莞市交通志》编纂委员会编：《东莞市交通志》，岭南美术出版社 2010 年版，第611—612 页。

② 徐月泉（1891—1956），东莞人。1927 年至 1933 年、1945 年至 1949 年期间任东莞县立第一小学校长。

以上，五十元以下购置费""各职员之委任""雇员之任免""预算编定与决算审查""路线勘定""物品估价及公役事项""民地收买与民力征发""规则拟定""公款保管"等事项必须经常委会议决，并报东莞明伦堂沙田经理局整理委员会审定后执行；各委员、工程师、技师、稽核员不得加入与本路订有契约的公司，违者以营私舞弊论处。同时，对总务股、会计股、购买股、稽核员的职责作了明确的规定。

关于修路资金的筹集，东莞明伦堂沙田经理局整理委员会曾召开专门会议，提出了三种办法让佃人选择，并在《广州民国日报》刊发筹款启事："本会议筑邑中公路，需款浩繁。现拟向万顷沙各佃人筹措办法如下：（一）停付本息一年及认股三十五万元；（二）停付本息并加租；（三）取消契约，分期还本。以上二事约各佃人于五月二十七日正午十二时来局择定照办，逾期不到，作为默认。此启。"[1] 此启事发布后，万顷沙各佃人"历次东推西诿"，后东莞明伦堂沙田经理局整理委员会一致决定，无论佃人认可与否，均照第一项办法执行，并限佃人于 1928 年 7 月 8 日答复，否则按第三项办法执行。[2] 最后，采用了第一种办法，停付一年债务本息 30 万元，各耕佃股本 35 万元，总计筹款 65 万元。[3]

1928 年 7 月 8 日，莞龙、莞太两公路在博厦炮台街总署旧址总车场举行了盛大的奠基典礼。东莞明伦堂沙田经理局整理委员会委员长徐景唐，偕同委员何作霖、陈达材、朱念慈、黎汝璇，以及时任县长沈兢、党务指导委员欧宗祐等前往参加活动，参加观礼的群众数千人。首先，徐景唐发表讲话，并携锄至总车站前大路动土奠基。其

---

① 东莞明伦堂沙田经理局整理委员会：《东莞明伦堂沙田经理局整理委员会启事》，《广州民国日报》1928 年 5 月 23 日。

② 东莞明伦堂沙田经理局整理委员会：《筹备筑路经过情形》，《整理月刊（筑路号）》1928 年，第 6 页。

③ 东莞明伦堂沙田经理局整理委员会：《本会建设工作之大概》，《东莞明伦堂沙田经理局整理委员会报告书》，1937 年，第 3 页。

次，由陈达材汇报筹备筑路之经过情形。再次，何作霖、郑嘉猷、张仲勉、唐月池、德国牧师温达理等先后讲话。其中，德国牧师温达理用英语演讲，现场由翟瑞元翻译。最后，宣读完广东总工会东莞支会执行委员会、勉行善社的祝贺词，以及筑路委员会的答谢词后，典礼结束。[①]

1928 年 7 月 27 日，东莞明伦堂沙田经理局筑路委员会发布了《为建筑莞龙莞太公路告邑人》，再一次强调了修建莞龙、莞太两路的重要性和必要性："我邑地处东江下游，水道通达，航行便利。可惜陆行除了广九铁路路过石龙，樟惠公路直达惠阳，此外就没有了。""莞龙、莞太在上可以达到惠（州）、潮（州），在下可以通过港、澳，实扼我邑交通要卫。这次东莞明伦堂沙田经理局成立筑路委员会，筹有的款，实事求是；将来莞龙、莞太和其他支路完成，通行各种车辆，旅行便利，转运快捷，岂不是我邑人的幸福。"[②]

为了筑路工作的顺利进行，东莞明伦堂沙田经理局整理委员会成立了路款保管委员会，委员为陈达材、朱念慈、何作霖、张拔超、黎汝璇等。路款保管委员会成立后，为了让邑中人士知晓各款项的去向并共同监督，又在《广州民国日报》上刊发《东莞各界人士公鉴》："本邑明伦堂沙田经理局整理委员会议决，推同人等为本局路款保管委员，经已收到本局会计交来银毫三十四万余元改买西纸（平均补水每千约二百九十九元，详见《整理月刊》，至已用去公款数目由会计另行公布），用明伦堂名义存渣打银行二十一万八千元，万国宝通银行四十二万元，台湾银行五千元，并声明非有保管委员会四人以上签名不能提款，其余前存陈村同安泰银毫四万二千元，并会计存款万余元，经已着其汇交天泉银号改买西纸，分别存上列各银行（俟收到后

① 东莞明伦堂沙田经理局整理委员会：《莞邑空前未有之盛典》，《整理月刊（筑路号）》1928 年，第 1 页。
② 东莞明伦堂沙田经理局整理委员会：《为建筑莞龙莞太公路告邑人》，《整理月刊（筑路号）》1928 年，第 4—5 页。

再登报），以确保此宗款项依照原订计划用于发展交通、教育、森林、慈善各事业，以副邑人期望。谨此声明。"①

　　1929 年初，由陈达材代理委员长主导设计修建的峡口桥动工，年底建成通车，用款 3.7 万元（毫洋），成为当时国内设计先进的最新式公路桥梁之一。② 1929 年 6 月 7 日，招投莞城至太平公路 10 万余尺③；1929 年 6 月 14 日，又将莞龙公路第一段、加高第四段与第五段桥边公路并第五段鳌峙塘涵洞分开招投④；1930 年 5 月 6 日，用款 39 万余元的莞太路（27 千米）和莞龙路（12.5 千米）正式通车，成为东莞县最早建成的县道。1934 年，由蒋光鼐、王若周两委员及太平士绅筹资建设的宝太（宝安至太平）公路通车，东莞明伦堂沙田经理局整理委员会认股 2 万元。后又修建与东莞莞樟公路接连的惠樟公路，东莞明伦堂沙田经理局整理委员会认股 5000 元。⑤

　　东莞明伦堂沙田经理局整理委员会通过修路建桥，控制了莞龙路、莞太路的运输经营权。1929 年 8 月 6 日，东莞明伦堂沙田经理局整理委员会刊发启事："莞龙、莞太路决定招商行车（包修路及铺石、种树等），批期十年。八月十号起发章程，三十号正午在维新横路东莞明伦堂开投，有意承办者先到本堂询问章程大意，并到沿路调查可也。"⑥ 经过招投，最后由东莞龙太公路交通长途汽车有限公司投得两路运营权，该公司有客车 10 辆，往来于石龙、莞城、太平之间，

---

① 东莞明伦堂沙田经理局整理委员会：《东莞各界人士公鉴》，《广州民国日报》1929 年 6 月 7 日。

② 广东省东莞市交通局编：《东莞市交通志》，1988 年版，第 114 页。

③ 东莞明伦堂沙田经理局整理委员会：《招投东莞公路广告》，《广州民国日报》1929 年 6 月 7 日。

④ 东莞明伦堂沙田经理局整理委员会：《东莞明伦堂招投工程》，《广州民国日报》1929 年 6 月 14 日。

⑤ 东莞明伦堂沙田经理局整理委员会：《本会建设工作之大概》，1934 年，第 4 页。

⑥ 东莞明伦堂沙田经理局整理委员会：《莞龙莞太招承行车》，《广州民国日报》1929 年 8 月 6 日。

每月收入可达国币6383元①。后由于东莞龙太公路交通长途汽车有限公司欠东莞建筑公司工程费，被迫将该两路的行车权转让给东莞建筑公司，后东莞建筑公司经营不善，又与东莞明伦堂沙田经理局整理委员会合办两路运输。1937年3月，东莞明伦堂沙田经理局整理委员会年度股份收入达至8.03万元。② 1938年，日本侵入东莞后，两路的交通运输由日商承办。

（二）兴办水利。1932年，委员林直勉倡办建筑寒溪水闸，东莞明伦堂沙田经理局整理委员会先后共计拨款3万元③，各乡筹集5万元，广东治河委员会贷款8万元，广东财政厅贷款5万元，李扬敬积极筹款，陈仲英、陈达材参与工程监督。1935年5月竣工后，使得56个乡村、8万余亩田地受其利。④

二、 兴办林业与实业

（一）兴办林业。东莞明伦堂沙田经理局整理委员会非常重视东莞造林工作。据民国十七年十月发行的《农事双月刊》"农事消息——东莞造林计划之实施"："东区善后委员徐景唐，本省东莞县人，昨为发展东莞林业，特在该县委会提出讨论，由该会决定造林计划，并函请北区善后委员王应榆派员协助。查该会议决造林办法：一、拨二万元为造林经费。二、派人调查森林地点。三、用东莞农业试验场故址作苗圃。四、预先购买树秧。五、应买松秧十万株，杉秧十万株，托北区善区公署代买。六、往岭南大学买白树栽五千株，种植公路两旁。"

---

① 《东莞市交通志》编写组编：《东莞市交通志（初稿）》，1987年版，第180页。
② 东莞明伦堂沙田经理局整理委员会：《致龙太公司董事会函》，《整理月刊》1937年第1期，第20页。
③ 东莞明伦堂沙田经理局整理委员会：《本会建设工作之大概》，第3—4页。
④ 广东省东莞市水利局编：《东莞水利志》，1990年版，第219页。

又据民国二十三年（1934）发行的《农声》"农林消息——李扬敬条陈造林"：时任广东东区绥靖委员、东莞明伦堂沙田经理局整理委员会委员长的李扬敬向广东省国民政府建设厅提出《关于广东造林的意见书》，该意见书针对当时广东省国民政府建设厅颁布的造林章则，提出改进意见，并拟定《军人造林方法》，后经广东省国民政府建设厅审查而采用。①

无论是徐景唐的"造林计划"，还是李扬敬的《军人造林方法》，都为东莞明伦堂沙田经理局整理委员会创办"东莞明伦堂宝山示范林场"创造了条件。据李仁苏《东莞县志拟目》记载："民国二十五年一月，东莞明伦堂择定宝山设立林场，李扬敬派工兵两个班驻樟木头，协助开垦林地、林道、苗圃及保护工作。宝山林场进展迅速，已具规模。讫廿七年（1938）年秋，共造成林地七千七百五十市亩。"②该林场在抗日战争期间被毁，抗日战争结束后又复垦。

（二）兴办实业。1932 年，东莞明伦堂沙田经理局整理委员会委员黎国材建议开辟新洲商埠。该埠与太平毗连，多聚集停泊登岸的艇户，商贸繁荣，交通地位甚为重要。1933 年 8 月，新洲商埠动工，翌年完成第一期工程，东莞明伦堂先后拨款 6 万元。③

1936 年 2 月，东莞明伦堂沙田经理局整理委员会为了扶持农民种植甘蔗，在十区槎滘乡莞花基筹办农民借贷所，委任李金为所长，并布告农民，如欲贷款种植甘蔗，携带种植甘蔗亩数、位置以及联保人等资料到槎滘乡东莞糖厂登记核明后即可。④ 据 1935 年 12 月 19 日《天光报》报道："东莞明伦堂以一集团总部军垦处名义在该县设立蔗糖厂，惟年来因世界经济不景气影响，农村破产，农民无力经营，

---

① 杨宝霖：《两则有关邑人李扬敬、徐景唐倡助造林的资料》，《东莞文史》1986 第 10 期，第 9—10 页。

② 李仁苏：《东莞县志拟目》，东莞县政协文史组 1982 年油印本，第 37 页。

③ 东莞明伦堂沙田经理局整理委员会：《本会建设工作之大概》，第 3—4 页。

④ 《东莞明伦堂设立农贷所》，《香港华字日报》，1936 年 2 月 24 日。

特具呈陈总司令济棠，请在总部借款三千万元，由该堂转贷与农民种植甘蔗，一方面利以救济农村衰落，一方面供给糖厂需求。此款由该堂负责，由农民种植甘蔗入项下分期清还。陈总司令据情，以此事尚属可行，故已有允意，规定于明年元月间，如数拨款予该堂转贷云。"据此可知，东莞明伦堂沙田经理局整理委员成立农民借贷所的经费均由陈济棠部提供。

"沙田经理局整理委员会"时期，是东莞明伦堂继往开来的重要时期。在此期间，徐景唐、李扬敬等一批莞籍军官牢牢掌握了东莞明伦堂的管理权。他们一方面继续按照前任陈孚木清理债务的思路整顿财产，增加收入；另一方面进行更加深入的会计改革，确立"永不借款"六条准则，建立起独立的财务制度，使东莞明伦堂收入不断上升，不仅于1936年还清了所有债务，而且还大力发展教育、文化、医疗、慈善、交通、水利、林业、实业，使东莞明伦堂再现勃勃生机。

附　录

东莞明伦堂整理委员会工作规划

［各属通讯·东莞］明伦堂须整理

东莞明伦堂沙田经理局，为东邑之公共管理财政机关。拥有沙田四百余顷。每年收入，约达四十余万元。只以当事者不得其人，遂至负债累累。邑中建设事业，莫由举办。省政府有鉴于此，特委第五军军长徐景唐为该局整理委员长，俾资整理。徐军长奉委后，即呈请委任蒋光鼐、王应榆、李扬敬、林直勉、叶青、何作霖、陈达材、黎汝璇、朱介如、袁峻第为委员，锐意整理。鉴于邑政之腐败，于是向佃人征集巨款约六十万元，首先兴筑莞龙（东莞石龙）莞太（东莞太平）公路。该两路已于八日举行奠基典礼，预计年内即可完竣。其他教育实业，亦将次第整理。徐委员长等昨并拟具对莞邑各界宣言书一通，凡千数百言，整理东计莞划，略其于是。其计划大要如下：一增加全年收入；二、确定收支预算；三、完成莞龙、莞太公路及其他支路；四、明浚河道；五、先在县属万顷沙田设立农民银行，以最低利息收款开发农业，以次普及于全县；六、确定教育经费，建立大规模之完备的学校区划；七、分属内童山荒山，造成森林；八、整订本局组织法、选举法、实行民选制度；九、其他建设事业，又筹款计划如下：其一另向佃人商借巨款，其二停付本息一年，并向佃人征取巨款云。

注：此为 1928 年徐景唐等将东莞明伦堂沙田经理局改组为经理局整理委员会后制定的工作规划，但由于广东政局变动而搁置。

（原载《香港工商日报》1928 年 7 月 13 日）

东莞明伦堂订改津贴国内留学生办法

增加总额为一万四千一百元

严限留学资格以优良学校本科生为准

广州指定中大本科生三十五名

东莞明伦堂为补助该县留学国内学生起见，每年划拨留学专款一万四千一百元，分别津贴外省及广州各专门学校，及大学本科肄业东莞籍学生，使之得以成材，为党国效力。迨因支领者过多，而津贴额有限，苟仍按数均，所得无几（以前大学每季每名支十六元三毫九，中学生支八元二毫），富者得之固不足贵，贫者得之亦无补于事，徒费巨款，得益则寡。该堂沙田局整理委员会有见及此，因改订新章。（一）增加津贴总额；（二）严限留学资格、拟自本年秋季开始实行。查广州留学津贴总额计二千一百元，学额则定为三十五名，并指定肄业于国立中山大学者方有领取资格，该会因将新订章程附理由书，函请中山大学转知东莞籍各生。兹将该校布告及该堂章程附理由书照录于下：

《为公布告事》

准东莞明伦堂沙田经理局整理委员会函开：敝邑前设有留学津贴，其本旨在资助无力升学之优秀贫苦学生，使之得以成材，为党国效力。迨因津贴总额过少，而支领者过多，按数均分，所得无几。经第六次委员大会议决，改订国内留学津贴章程并附理由书，自本年秋季起，所有发给国内各地留学津贴，均照本章程办理，除登敝邑整理公布及分函外，相应函送察阅，并转知为何等处，附送津贴国内留学生章程五份过校。为此，合将该章程随同布告，仰东莞籍各生，一体知照。此布。附东莞明伦堂津贴国内学生章程及理由书如下：

《东莞明伦堂津贴国内留学生章程附理由书》

第一条　东莞明伦堂（以下简称本堂）为补助本县留学国内学生起见，每年划拨津贴留学专款，所有发给国内各地留学津贴，均照本章程办理。

第二条　国内留学津贴之种类及总额列左：（甲）外省，全年一万二千元；（乙）广州，全年二千一百元。

第三条　各类津贴每年均分两学期发给，每期发全年总额二分之一。

第四条　外省留学津贴，在专门学校本科及大学本科肄业者，每名全年支一百二十元，但在预科肄业者支半数。

第五条　要在左列指定各校肄业者，方得报告领取外省留学津贴：（一）南京中山大学；（二）北平大学；（三）交通大学；（四）清华大学；（五）北洋大学；（六）同济大学；（七）北平税务专门学校。

第六条　外省津贴遇人数过多，超过总额数，额外学生依先后递补，在同一学期入学之新生其递补之先后，以抽签定之。但年支六十元者，应两名合为一组同抽，以便分配。

第七条　广州留学津贴额定三十五名，每名年支六十元，指定在中大本科肄业者方得领取，但文法科名额不得超过十七名。

第八条　广州津贴遇人数过多，超过总额数，适用本章程第六条之规定办理，但书所列事项除外。

第九条　国内留学生有左列各项招事之一者，不得报名领取津贴：

（甲）女了已出嫁于外邑人者；（乙）在本学期中途退学或被学校除名者；（丙）在公费或未及三年毕业之学校肄业者。

第十条　留学生支津贴之年数，不得超过该校或该科毕业年限一年以上。

第十一条　由民国十八年秋季始业起，非在本章程指定之各学校肄业者，不得支领津贴。

第十二条　于民国十七年秋季在本章程指定外之学校肄业者，仍照该秋季所领津贴之原额继续支至毕业止，但最长不得过二年。

第十三条　预料学生升学时，如无缺额，仍带原有津贴升学，疑有缺额则递补。

第十四条　每期发给津贴前一个月，由本堂登报通告各留学生报名登记，以便发给，在报名期内不照章报者，不得领取津贴。

第十五条　留学生到本堂报名时，要携同所肄业之学校本学期最近学费正式收据或该学校证明书，以备考查。

第十六条　报名书内要注明校名，何时入校，在某科某年级肄业，及毕业时期，并竟具该校长之保证，或文职荐任军职校官以上一人之保证，或殷实商店之盖章保证，方为有效。（报名书格式，由本堂制定之）

第十七条　留学生领津贴时，须书回收条，亲自签字盖章，如系代表人代领，除写回收条外，仍要觅本章程第十六规定之保证人保证之。

第十八条　领款人领取津贴后，如发现冒领情弊，所有保证人应负其责。

第十九条　本章程如有未尽事宜得随时由本堂修改之。

《改订国内留学津贴章程理由书》

本堂津贴留学生，其本旨在资助无力升学之优秀贫苦学生，使之得以成材，为党国效力，而因津贴总额过少，而支领者过多，按数均分，所得无几。照去年下学期统计，就省外一项而论，大学每季每名支一十六元三毫九，中学每名支八元二毫，是区区之款，富者得之固不足贵，贫者得之亦无补于事，徒年费八千余元，（北京四千外省二千广州二千余）得益则寡，其与本旨相去正远也。今欲消除种种弊病，使本旨回复，款得其用，非改订该项章程不可。改订之必要条件有二：

（一）增加津贴总额。

（二）严限留学资格。粥少僧多，难得一饱，欲求僧饱，惟有加粥。故外省一项由六千元增至一万二千元，使贫苦学生得到较多津贴，以资补助。僧多粥少，固不得饱，粥多僧多，亦未必饱，所以增加总额之外，同时要严限留学资格，使支者人少，则支额自多。其严限办法：（1）裁汰中学津贴，因莞城已有初中，现正筹办高中，免收学费。本邑贫苦学生，无留学外处中学之必要，其留学外中学者，该生父兄非充军政界即为大腹贾，若准支津贴，转与津贴本旨相违矣；（2）指定成绩优良之学校，凡在未经指定之学校肄业者，不得支津贴。因成绩不良之学校正多，考入亦易，纨绔子弟，挂名学籍，便占少苦学生津贴一份，于理不合。

（三）裁汰公费学校学生津贴。因学校不属公费，一切费用，由校供给，无津贴之必要。

（四）三年以上毕业之学校方得支津贴。因短期毕业之学校，多属专修速成之类，非所以制造全才，无关本旨，不必津贴。

实行上述四个办法，则领津贴者人少，而所领数最为多矣。至于从前过额均分之制度，亦要打破。因过额均分，则支额无定，贫苦学生，无预算可打，不敢升学，转失津贴之本意，不如改为满额候补，补不上不敢升学，影响不过及于少数人，过额均分，则影响及于全体，两害相权宜取其轻也。

（原载《广州民国日报》1929年4月3日）

东莞明伦堂沙田经理局整理委员会会计股组织章程

（说明）查该堂财政紊乱之原因，在主持人视该堂为私产，任意挥霍，致历任多无交代，田契簿据尽失，无可勾稽，非实行会计独立，则该堂预算无从实施，而该堂财产亦无法保障，此本章程所由立也。

第一条　本堂为保障财产之安全，与收支之确实，特设立会计股。

（说明）此条在规定会计之职务，释明会计股仅为保管及收支之机关，而不得与闻公款用途之如何分配，盖与闻公款用途之如何分配，乃审核委员会与管理委员会之任务也。

第二条　会计股直隶沙田经理局整理委员会，掌理一切款项收支。

第三条　会计股设主任一人，主持该股一切事务，干事一人协助主任办理该股一切事务。

第四条　会计股主任任期三年，在东莞全县自治未完成以前，暂由全县学校教职员与校董暨公立图书馆职员之东莞人选举，选举章程另订之。

（说明）会计主任之任务在保障预算之实施，对于公款之用途无权支配，既无权支配，则关于该会计主任之选举，在地方自治未完成之前，委之县中一部分人当不致发生公款分配不公之弊，然会计主任之任务，既为保障预算之实施，则会计主任之选举人，自当以与预算实施有密切利害关系之人为妥，按照该堂财产用途之分配，教育费占最大部分，学校教职员等实为最与预算有利害关系之人，倘预算蹂躏，受其害者，职教员等首当其冲，以之为保证预算之实施较为适合，本条规定教职员等为选举人之理由，此其一；全县人口全未调查，倘举行全县人民选举，选举人调查困难，选举结果完全虚伪，若由教职员等选举教育局均有名册可稽，选举较易得其真确，本条规定教职员等为选举人之理由，此其二；查明伦堂财产原属学田，为作育人材而设，以从事教育之人而选举管理学田之会计，与原日设立学田之本旨相符合，本条规定教职员等为选举人之理由，此其三；职教员等均会受相当教育之人，对于是非利害当较一般民众为清晰，以之选择会计主任比较当能得人，本条规定教职员等为选举人之理由，此其四。

第五条　会计股主任须有一万元不动产保证或各有四千元不动产之本邑人士三人保证。

（说明）该堂每次收租达十余万元，而会计主任保证金仅一万元，盖照会计股办事章程第四条、第五条、第六条之规定，会计股存款仅六千元也。

第六条　会计股主任有下列情形之一时，整理委员会得征求审核委员会或东莞教育会之同意撤换之：

一、触犯刑章；

二、侵吞公款；

三、怠废职务；

四、滥用职权；

五、保证财产之减少。

（说明）会计股主任有本条所列五种情形时，当然免除职务，其所以必须征求审核委员会与东莞教育会之同意者，为限制整理委员会之专断而保障会计之独立也。

第七条　会计股主任除有前条所列情形外，不得中途撤换，依照前规定撤换者，须即选举新主任。

（说明）除上条所列情形之外，会计股主任不得随整理委员会之喜怒中途撤换，盖所以保会计之独立也，因前条所规定之原因而撤换，须即补选，盖恐此缺长久虚悬，反便整理委员会之私图也。

第八条　遇会计股主任中途解职，新主任未选出以前，应函请东莞城商会派员暂行代理。

（说明）本堂会计不能一日无人主持，惟选举会计股主任，非旦夕所能竣事，为便利该堂办事起见，暂由东莞商会派员代理，以商会为商界中人组织，以之担任会计自较他团体为宜也。

第九条　会计股干事由该股主任荐请沙田经理局整理委员会委任之。

第十条　会计股主任月薪一百五十元，干事月薪六十元，均不得兼职。

（说明）会计股主任责任较大，报酬不能不加多。

第十一条　会计股办事章程另订之。

第十二条　本章程如有未尽事宜，整理委员会得于二个月前公布理由，并征求审核委员会之同意修改之。

（说明）在防止不肖委员临时推翻会计独立之制度以便私图，故不可不于其间规定期限予邑人以监督之机会。

第十三条　本章程经整理委员会呈请广东省政府民政厅核准施行。

（原载《东莞明伦堂会计股主任选举及各项章程汇刊》，1930 年 1 月 18 日）

东莞明伦堂沙田经理局整理委员会会计股办事章程

（1930 年 1 月 18 日起实行）

（说明）本堂会计股日常任务厥为掌理本堂一切收支及存款提款等，然款项之收支及存提手续纷繁，若不明加规定，则一出一入之间，当事者每易上下其手，流弊滋多，本章程之设立，盖所以明定办理会计之手续，即所以防患于未然也。

第一条　会计股对于本堂一切收支及存款提款等办事手，均依照本章程处理。

（说明）本条规定会计股办事所必须依照之准据，盖一所以明本章程适用之范围，一所以示会计股办事若非依照本章程，其行为即归无效也。

第二条　本堂一切收支，应由整理委员会委员长署名及会计股主任副署方生效力。

（说明）本堂一切收支，若仅由委员长署名即生效力，则所谓会计独立恐名存而实亡，若仅由会计署名生效力，则大权旁落，易生流弊，而委员长监督之权末由行使，盖会计股主任之最大职责厥为保障预算之实行，而委员长对于本堂一切收支皆有权监督，折衷两当，莫如由委员长署名由会计股主任副署方生效力，盖如是而后一方可以保障会计独立，一方复可以实行监督也。

第三条　本堂一切收支须根据预算，凡一切支款经委员长批准后，如在预算范围内，会计股主任须立即付现或银店支票，不得留难延宕，如不在预算范围内，会计股主任负有拒绝付款之义务，违者负赔偿之责。

（说明）本堂一切支出均有一定之预算，委员长根据预算批准付款，则此款当属必要，而且急需者，会计股主任只有权考察该款是否在预算范围以内，若在预算范围以内，须即付款不得留难，盖所以防止会计主任之滥权也，然若发觉该款不在预算范围以内，虽有委员长之署名，会计股主任须拒绝付款，否则，负赔偿之责，盖所以保障预算之实施，即所以保障会计之独立也。

第四条　会计股主任不得直接收现款，及未经本堂指定之银行支票、凭票，并应通知交款人先将现款或支票凭票交本堂指定之银号、银行代收，但五百元以内之款得直接收受，收受证据以委员长及会计股主任共同署名方始生效。

（说明）本堂收入为数颇巨，悉皆于每年早晚造将熟之际收款，若由会计直接收受现款，再存储于银行、银号，则不特手续麻烦，且易生卷逃之危险，本条所以规定不得由会计股主任收受现款，而由本堂委托银行、银号代收者，即为免除此种弊端起见。但五百元以内之现款，则可以直接收受，盖会计股主任有一万元不动产以为保证，收受五百元现款当不虞其有他也。未经本堂指定之银行支票、凭票，会计股主任之所以不得收受者，盖一方面恐其误收信用不敷银行之支票，一旦因银行倒闭，致令本堂受其损失；而其他一方面，则以未经本堂指定之银行、银号，与本堂无定约，会计一旦收受此种支票，凭票即可自由兑取现款，而有卷款潜逃之危险也。收款须委员长及会计股主任共同署名方生效力者，盖一方所以实行委员长监督之权，一方所以保会计之独立也。

第五条　前条所列之银号、银行，须经整理委员会议决，存款须用东莞明伦堂沙田经理局名义，及委员长会计股主任共同署名，并须与该银行、银号订明非有委员长及会计股主任共同署名不得提取。

（说明）本堂存款之银行，须经整理委员会议决指定者，因集多数人之智力必能选择信用素着之银行也。必须用明伦堂沙田经理局名义存储，所以明其为公款也；必须委员长及会计股主任共同署名，方得提取者，盖为防止任何一方舞弊，且保障会计独立也。

第六条　会计股存款，无论何时不得超过六千元，委员长须随时负责监督。

（说明）会计手中存公款过多，究非安善，故本条规定无论何时，会计股存款不得超过六千元，但在此数目中，委员长仍须随时负责考核，务使其手中存款越少越妙，盖所以预防卷逃及其他弊端之发生也。

第七条　会计股主任每日应将收支情况呈报委员长审核，并公布之。

（说明）本条规定会计股主任每日应将收支情况呈报，一所以使委员长明了收支实情，一所以防止会计股主任舞弊，委员长须将其公布之者，盖即财政公开之义也。

第八条　每月五号以前，会计股主任应将前一月之收支情况成决算表，并附单据，呈报整理委员会审核，并公布之。

（说明）同前。

第九条　委员长或委员二人以上得随时到会计股检查稽核。

（说明）委员长有监督会计股之权，故得随时到会计股检查稽核，至委员会中委员人数不下十余人，若每人随时到会计股稽核，则会计股将不胜其烦，故须委员二人连同到会计股稽核，以减少麻烦。

第十条　本章程如有未尽事宜，得由整理委员会议修改之。

（说明）本章程乃规定会计股办事手续，其性质等于普通之办事细则，故其中遇有未尽事宜，得由整理委员会议决修改之。

第十一条　本章程经整理委员会呈请广东省政府民政厅核准施行。

（说明）同前。

（原载《东莞明伦堂会计股主任选举及各项章程汇刊》1930年1月18日）

东莞明伦堂沙田经理局整理委员会会计股主任选举章程

（说明）本堂会计股主任既决定由邑人选举矣，顾何种人应有选举之权，何种人应有被选举之权，此在地方自治完成之后，方有讨论之余地。而在尚未实行自治之县份，其人民本无选举之可言，即有，亦等于虚伪。但吾人认选举为最终目的，在此种环境困难之下，不可不谋一过渡办法，以资训练，使邑人对于将来审核委员与管理委员之选举，均有相当认识，不致蹈目前选举之弊害，致选举本身失其价值。故本章程之规定，一方谋本堂选举制度之确立，一方求选举效果之完满，双方兼顾，以渐求进步，非所语于普通选举之空头的政论家也。

第一条　本章程根据本堂会计股组织章程第四条订立之。

（说明）本条之规定，所以明本章程之根据也。

第二条　会计股主任由下列之东莞人选举：

（一）经教育厅或教育局立案本县公私立学校之现任教职员与校董；

（二）公立图书馆职员。

（说明）会计主任选举人之资格须为（一）经教育当局立案之本县公私立学校之现任教职员与校董；（二）公立图书馆职员。盖明伦堂田产本为学田，上列之学校及图书馆须受其辅助或津贴，其职员教员与明伦堂有莫大之关系，故对于明伦堂会计有选举之权，但须有两种限制：其一为现任者，盖若经去职，则与明伦堂之关系不如在职时之密切也；其二为东莞人，盖东莞明伦堂之财产为东莞人之财产，当由莞人处理，外邑人士可无庸代庖也。

第三条　下列各团体各得于选举期前一个月提出候选人一名至二名：

（一）东莞县党部；

（二）东莞县城商会、石龙商会、太平商会；

（三）县事委员会；

（四）县工会；

（五）县农会；

（六）十个以上乡事委员会。

（说明）东莞县党部、县事委员会所以得提出候选人者，以其一则代表中国国民党，一则代表地方政府方面在吾邑实施训政之工作也。莞城、石龙、太平商会，县工会，县农会所以得提了候选人者，以其能代表本邑各该界人士以表示意见也。十个以上乡事委员会联合而能提出候选人者，以其能代表地方利益也。本条颇能采取职业团体代表主义，及地域团体代表主义之精义而汇通之。候选人所以须于选举一个月前提出者，一方面于社会以监督之机会，一方面使选民有调查审择之余暇也。

第四条 候选人资格须具备下列各条件：

（一）三十岁以上；

（二）东莞人；

（三）一万元不动产保证或各有四千元不动产之本邑人士三人保证；

（四）粗通文字并通晓会计。

（说明）候选人须三十余岁以上者，以其责任颇大，非有相当经验不能充任会计之职也。须为东莞人者，以东莞明伦堂之财产为邑之财产，故须属邑人方能管理也。须有一万之不动产保证或各有四千元不动产之本邑人士三人保证者，以会计职司款项之出纳，非有巨大之保证，恐有卷逃之虞也。须粗通文字及通晓会计者，以其非如此则不能胜任愉快也。此为本堂会计股主任候选人之积极条件。

第五条 凡有下列情事之一者，不得为候选人：

（一）本堂直接承耕人；

（二）本堂委员及审核委员；

（三）曾经侵吞或亏空本堂公款者；

（四）褫夺公权尚未复权者；

（五）受破产之宣告确定后尚未撤销者；

（六）有精神病者；

（七）吸食鸦片烟者。

（说明）本堂直接承耕人不得为本堂会计者，因本堂利益与直接承耕人利益各不相同，以之为本堂会计，恐于本堂有不利之处也。本堂委员及审核委员负监督及审核会计之责，其本身当然以不兼会计职务为宜。曾经侵吞或亏空本堂公款者，因恐其故态复萌，故不准其为本堂会计股主任。候选人至有四、五、六、七各项之一者，亦不得为本堂会计股主任之候选人，盖按照现行法律此等人皆我参加公务之能力也。此为本堂会计股主任候选资格之消极的条件。

第六条　提出候选人之团体，须将候选人及保证人履历与其财产之情形详细列举，交本堂整理委员会审查，整理委员会应将审查之结果于选举前十日公布之。

（说明）提出候选人之团体须将候选人及保证人履历与财产之情形详细列举，交会审查者，因恐其有不尽不实及故意虚报也。须交本堂整理委员审查者，因候选人当选之后，该委员会即将本堂款项交其保管，故不可不由其负责审查也。须于十日前将审查结果公布者，欲选民有选择之余暇也。

第七条　被选举人以候选人为限。

（说明）被选举人若不限于候选人，则第三条之规定失其意义，不肖者得乘机暗中运动当选也。

第八条　选举用记名选举，选举人每人有一投票权，以得票最多之候选人为当选。

（说明）用记名选举者，盖所以明投票之责任，希望投票者不致将票随意地投于不能胜任之人也。选举人每人有一投票权者，以示平等也。以得票最多者为当选者，盖在缺乏选举经验之群众，断不能律以过半数，或投票人几分之几然后当选之例也。

第九条　选举后舞弊之制裁用现行法令。

（说明）吾人须慎之于始，使选举不致有舞弊情事，故对于选举舞弊适用现行法令从严惩罚。

第十条　本章程施行细则，由本堂沙田经理局整理委员会制定之。

第十一条　本章程如有未尽事宜，整理委员会得征求审核委员会或东莞教育会之同意修改之。

（说明）本章程如有未尽事宜，整理委员会须征求审核委员会或东莞教育会之同意始行修改之者，因恐整委会独断独行擅将选举人及候选人资格更变，以便私图，从而推翻会计独立之精神也。

第十条　本章程绍历整理委员会呈请广东省政府民政厅核准行。

（原载《东莞明伦堂会计股主任选举及各项章程汇刊》1930 年 1 月 18 日）

东莞明伦堂整理委员会报告书

（1934 年）

我邑明伦堂赖乡先哲何云劢、陈云亭、陈百木、方湖洲四先生之急公好义，张继邹、柏贵两邑宰之廉明公正，遂有今日万顷沙广大之沙田公产。数十年来，政潮之起伏，邑事之纷更，我明伦堂公产亦常受影响。此中经过，固有仓库充盈之黄金时代，亦有债台高筑之危险时期。反正后至民国十四年，所负债务达一百五十余万元数目之巨，殊足惊人。此巨额之债务，经八九年之整理，至于今日将次清偿。故今后吾人最大之责任，第一在如何维持先贤所艰难缔造之沙田公产，俾免再蹈纷乱之境；第二如何利用先贤所辛苦遗留之公款决定建设教育、救济种种大计，使全邑永受其利。凡此种种，关系重大，既非本会同人所欲独专，实亦我全邑父老昆弟、诸姑姊妹不可推避之共同责任。现当建设讨论大会开会之日，聚全邑贤豪于一堂，集众思广公益，诚属一时盛会。将本会组织变迁及历年整理进行经过略述大概，以为到会诸君子讨论之助云尔。

一、本会组织变迁之经过

本组织在民国十四年以前称为沙田经理局，局设总董一人、董事若干人主持一切局务。自民国十四年始，改委员制，称委员会。自民国十七年直至今日，则改称整理委员制，盖此时之重要任务在清理债务，并整理明伦堂全部财产也。兹将历届组织人员列后：

（一）委员会（清理委员会）

第一届委员会（1925 年 11 月 26 日至 1928 年 1 月 7 日）[①]

委员长：陈孚木

委　员：朱念慈、邓章兴、何冀、骆用弧、谢星南、黎樾廷、刘陶、曾宪盛、谭桂萼

---

① 时间原为中文，今为方便起见改为阿拉伯数字。

第二届委员会（1928 年 1 月 8 日至 5 月 6 日）

委员长：李家英

委　员：张尔超、钟婉如、袁敬仁、香桂芳、张庆年

（二）整理委员会

第一届委员会（1928 年 5 月 7 日至 1929 年 6 月 25 日）

委员长：徐景唐

委　员：蒋光鼐、王应榆、李扬敬、叶少华、何作霖、黎汝旋、陈达材、林直勉、朱念慈、袁峻

第二届委员会（1929 年 6 月 26 日至 1930 年 6 月 17 日）

委员长：陈达材

委　员：林直勉、朱念慈、黎国材、工铎声、叶宝仑、李枚叔、翟宗心、欧宗祐、李春乔

第三届委员会（1930 年 6 月 18 日至 1931 年 3 月 14 日）

委员长：王铎声

委　员：陈达材、朱念慈、黎国材、林直勉、叶宝仑、李枚叔、翟宗心、欧宗祐、李春乔

第四届委员会（1931 年 3 月 15 日至 1933 年 4 月 21 日）

委员长：李明生

委　员：黎国材、李春乔、朱念慈、林直勉、叶宝仑、李枚叔、翟宗心、欧宗祐、陈达材、王铎声

第五届委员会（1933 年 4 月 22 日至 1935 年 7 月 31 日）

委员长：林直勉

委　员：朱念慈、黎国材、钟之杰、翟宗心、李振良、王若周、邓庆史、叶宝仑、罗植椿、李枚叔

第六届委员会（1934 年 10 月 26 日至 1937 年 2 月）

委员长：李扬敬

委　员：李振良、邓庆史、罗植椿、朱念慈、钟之杰、陈仲英、李枚叔、王若周、翟宗心

第七届委员会（1937 年 2 月至 1939 年初）

委员长：张达（未到任）、袁煦圻

委　员：邓植仪、李振良、罗听余、王超、潘树勋、朱念慈、李牧叔、张鹤朋、翟瑞元

二、本会整理工作之经过

查民国十四年以前，明伦堂每年收入已有四十余万元，以之办理全邑教育公益本属有余裕，何致举债度日？但反正以后，政府财政竭蹶，派消大量公债，本省军阀时常苛索诛求，名目百出，加以当时主持者未尽得法，乏开源节流之术，遂有捉襟见肘之忧。明伦堂财政之紊乱，盖非一朝一夕之故矣。本会成立以后，整理工作约分两点：第一，对于明伦堂财产谋根本整顿，以求收入之增加；第二，对于明伦堂债务谋根本清理，以求产业之回复。关于第一点，自第一届陈委员长孚木就职后，对于各围田从前批租过少者，一律废约加三升租；对于水滩新生成田者，一律升科丈溢。自经此次整理后，每年收入增加十万余元，使明伦堂办理公益费用增益不少。关于第二点，亦在陈委员长孚木任内制定八年分期清付债款本息计划。本会债务之整理盖以此时为嚆矢。自此以后，历届委员切实执行此项还债计划，逐年清付，绝无拖欠，从前一切浪费消耗之陋习根本铲除，无为支出丝毫去尽。

兢兢惟求债务之早日清理，数年以来紧缩沉默之态度，其苦衷真有不敢为外人道者也。至民国十八年，本会更决定今后明伦堂根本原则六项：（一）卖田押田无效；（二）借租押租无效；（三）一切借款无效；（四）于满批一年前预先投田无效；（五）投田预先两个月通告无效；（六）支出不按照预算无效。并同时议决修正本会整理纲要，其目的不但求以前债务之清理，并且欲根本免除以后再有随意举债之弊。民国十九年，本会更制定预算暂行章程，为一切经费支出之标准，此为整理经过之大概。要而言之，自废约、加租、升科、丈溢之办法行，本堂收入乃有增加之可能；自分年还债之计划定，本堂债务

乃有清理之望；自整理大纲及预算章程出，本堂一切整理工作及收入支出乃有轨道可循；又自根本原则确立，则后之有谋不利于我明伦堂之公产而便私图者亦将不容于清议。至是，整理工作始粗具头绪焉。

三、本会建设工作之大概

查在明伦堂整理期间，本会最大任务为清理债务。然清理计划需八年，在此长久之期间，若一味抱残守缺，对于邑中教育建设及地方公益丝毫不作进步之想，则时不我与，不进则退。在此十年中，吾邑不论为文化落后之邦者几何。然地方公益不谈则已，如欲举办，非有巨大之款项不为功。在明伦堂本身，清还债务之不暇，尚有何余力更为百尺竿头之想。然在此八九年中，吾邑公共事业得有相当之进展者，实有赖于历任委员长、委员特别筹款，以资运用其最著者。在徐前委员长景唐任内，决定停付应还债务本息，一年得款三十万元。又向万顷沙各耕佃募集筑路股本三十五万元，共六十五万元。又在李前委员长明生任在决定发出兴学抵纳证十五万元，先后共集款约八十万元。吾邑近年所得而建设者，若学校、若图书馆、若医院、若救济院、若公路、若商埠，盖无一非受此八十万元之赐。兹谨将明伦堂整理期间本会建设事业之较大者约举于后：

（一）关于教育

1. 建筑校舍

（甲）东莞中学校校舍——十八年（1929）拨款四万七千余元扩充建筑校舍；

（乙）虎门中学校校舍——十八年（1929）拨给二万元建筑即现在太平简易师范学校内进校舍；

（丙）公园图书馆——徐前委员长景唐任内计划建筑，十九年（1930）工程完竣，需费二万四千元，每月拨经常费一百二十元。

2. 添办学校及扩充班级

（丁）东莞中学——十九年（1930）增办高中文科师范两班又初中一班，廿一年（1932）增办乡村师范班，廿二年（1933）增高中一班，廿三年（1934）增高中初中各一班；

（戊）太平县立简易师范学校——此校原为乡村师范学校，系本会黎委员国材在东莞县长任内创办，就地筹款。廿二年（1933）以后逐年增班经费概由明伦堂负担，每年八千四百余元；

（己）明生中学——系本会现任李委员长扬敬创办，廿三年（1934）起本会每月拨款一千元补助办理；

（庚）增办完全小学——廿二年（1933）拨款增办第四区、第七区、第十一区完全小学各一所，又拨款将莞城模范小学扩充改办县立第三完全小学，增设各小学计共需款开办费共约五千元，常年费共约二万八千余元。

（二）关于交通

（甲）莞龙、莞太两公路——十七年（1928）徐前委员长景唐计划建筑，十八年（1929）陈前委员长达材任内完成，共需款三十九万余元；

（乙）宝太公路——系本会蒋前委员光鼐、王委员若周及太平当地人士集资建筑，东莞段廿二年（1933）完成，明伦堂认股二万元；

（丙）惠樟公路——系惠属人士集资建筑，因与吾邑莞樟路接连，明伦堂认股五千元。

（三）关于实业

开辟新洲商埠——系本会黎委员国材廿一年（1932）在东莞县长任内创办，廿二年（1933）本会拨款一万元。本年十月委员大会议决增拨五万元。

（四）关于水利

建筑韩溪水闸——廿一年（1932）本会林前委员长直勉倡办最力，本会先后拨借款项三万元。

（五）关于救济

（甲）救济院——本会邓委员庆史在现东莞县长任内创办，本会拨开办费五千元，每月经费一千七百余元；

（乙）东莞医院——由莞城人士向各埠募捐举办，本会拨建筑费一万元，经常费每月三百元；

（丙）虎门医院——系本会蒋前委员光鼐、王委员若周、当地及各处人士捐资举办，廿二年（1933）建筑完成，开医建筑费八万余元。本会议决拨助二万元，先付一万元，又每月补助经常费五百元。

（六）关于建筑

本会会址——本会在省会址日久颓塌，本年议决改建现建筑，完成工程费共二万八千余元。

上述六端仅就较为重大者择要列举，陈其大凡，其详细情形想到会诸君子及全邑父老昆第不少事然胸中者也。

四、本会经费收支概况

本会常年收入自经整理后增至约共五十四万元。全支出方面，每年还债约二十九万元。其他费支出约二十五万余元：计教育费一十三万二千余元；慈善及公益费三万四千余元；各项税捐三万余元；万顷沙自卫局经费四万余元；本会经费一万八千余元。

以上所列为本会经费收支之大概，在不明内情者或以为明伦堂每年收入五十余万之巨款，其预算决算为非常复杂，欲求明了，殊非易易，实则以地方之财办地方之事，一经陈述，其项目至为单简，其内容至易明了，开门见山，无须费力。同人等所郑重期望于我到会诸乡先生者，对于本会以前种种之措施是非得失切实批评，对于今后清还债务以后，此一年五十余万之公款共同规划，务求用得其当。盖重农兴学、通商惠工，见仁见智，各有其利，若一一举办，人力财力两恐不胜。惟有熟审地方需要，分别缓急，决定先后，合众人之聪明才智，谋一邑之进步繁荣。知我诸父弟昆必合力以赴之。

（原载广东省立中山图书馆藏《东莞明伦堂整理委员会报告书》，1934 年）

东莞明伦堂财产保管确立信条碑记

我邑明伦堂财产，每年租息所入达四十余万，为邑中最大之公产。前人创造艰难，载在县志，兹不具述。所惜者，历任举债，累积过巨。自民国十五年订立逐年摊还办法，茹苦含辛，迄于今日始克清偿。然一则以喜，一则以惧。何也？所喜者重负既释，所惧者覆辙相寻。苟无治法以保障之，恐将来管理无方，终沦于万劫不复之境。扬敬等有见及此，从长规划，佥谓必须重申永不借债信条，使邑人共知共见，有所遵循，乃能垂之永久。因检成案所规定信条六项，附以说明，共同讨论，觉其思深虑远，先得众心。但恐邑人视察未周，日久相忘，仍难收尽美尽善之效，现经议决，将规定永不借债缘由并信条六项镌诸碑石，树立于邑中繁盛之区，以资信守，俾众父老兄弟姊妹人人得而见之，庶几触目警心，不啻当头之喝棒，而一邑公共之财产乃可互相维持于不敝云尔。是为记。

信条列后：

——卖田押田无效。

——借租押租无效。

——一切借款无效。

——于满批一年前预先投田无效。

——投田不预先两个月通告无效。

——支出不按照预算无效。

委员长　李扬敬

委　员　朱念慈　罗植椿　邓庆史

李振良　翟宗心　王若周　等撰并泐石

李枚叔　陈仲英　钟之杰

中华民国二十六年一月吉日，端州梁俊生刻石

第六章　两个沙田整理委员会并存时期
（1937—1945 年）

袁煦圻把东莞明伦堂沙田经理局整理委员会搬至香港后，其奢侈挥霍，引起了当时在粤北曲江第四战区的莞籍军官蒋光鼐、冯次淇①，以及时任广东省国民政府委员兼建设厅厅长徐景唐等人的严重不满。1939 年初，他们联名请求广东省国民政府主席李汉魂委任叶少华为东莞明伦堂沙田经理局整理委员会委员长，委员由暂时避居香港、澳门的黄侠毅、王铎声、潘树勋、叶昴、荇严博、岁瑶、崔瑞元、方彪等担任，办公地点为香港九龙山林道。1938 年 10 月 21 日，广州沦陷后，伪政权所属的广东治安维持会任命莫振廷为伪东莞明伦堂沙田整理委员会委员长。此时，香港、广州各有一个东莞明伦堂，东莞明伦堂进入"两个整理委员会并存时期"。

在"两个整理委员会并存时期"，谷价高涨，国币贬值，避居香港、澳门的大耕家为了维持批约，两边交租。位于香港（后移至曲江）的东莞明伦堂沙田经理局整理委员会由于战争影响，原有的万顷沙自卫局星散，再加上交通阻断，无法就近管理，无法公开招投，致使原订批约之围田退耕、弃耕、霸耕、低价延耕等现象发生，收入极

---

① 冯次淇（1889—1954），字少田，东莞万江人。毕业于保定陆军军官学校。1907 年加入同盟会，曾参加声讨龙济光，驱逐陆荣廷，北伐陈炯明，平定刘希闵、杨震寰叛乱等役，历任闽浙赣皖边区"清剿"总指挥部、苏浙边区绥靖主任公署中将总参议、国民革命军第三战区右翼军总司令部中将总参议、第八集团军总司令部中将总参议、国民革命军第四战区司令长官部中将总参议、国民党军事参议院中将总参议、广州行营中将总参议兼参议室主任、广东肃奸委员会主任委员、国民党广东省党部监察委员、广东省国民政府委员等职。

为有限，各项工作开展步履维艰。位于广州的伪东莞明伦堂沙田整理委员会拥有日方背景以及汪伪政府的支持，以"正统"自居，不仅"光明正大"地拥有万顷沙围田及其他物业，而且一些大耕家为了攀附讨好每年向其缴纳数十万元"谷价上涨费"和"公益捐赠费"，年收入是东莞明伦堂沙田经理局整理委员会的数十倍。

第一节　东莞明伦堂沙田经理局整理委员会

1938年10月12日，日寇在惠州大亚湾登陆。1938年10月19日，广东省国民政府主席吴铁城率领省府人员撤离广州，前往粤北翁源县临时办公。1938年10月28日，在日军集中主力进攻翁源前夕，吴铁城又率领省府机关由翁源迁往连县三江镇（今连南县城）办公，后又迁至曲江县，曲江成为广东抗战时期国统区的临时省会。1938年12月，在广东面临全面沦陷的危险时刻，国民政府命令参加过武汉保卫战的李汉魂将军率部回粤主政。1939年元旦，李汉魂在连县民众会堂宣誓就任广东省国民政府主席，兼任第三十五集团军总司令。1940年1月，李汉魂辞去三十五集团军总司令，全力主持广东省国民政府工作，直至抗日战争全面胜利。

1939年11月上旬，国民革命军第四战区司令长官张发奎奉命由广东粤北移师广西柳州，指挥桂南作战，广东军事由副司令长官兼第十二集团军总司令余汉谋主持。1940年9月，因第四战区迁往广西，国民政府军事委员会决定重新恢复1938年1月撤销的第七战区建制，由余汉谋、蒋光鼐任正、副司令长官，管辖第十二集团军、第三十五集团军以及地方武装。其中，第十二集团军总部设于曲江大塘。此时，徐景唐为第十二集团军副司令，张达为第十二集团军副司令兼参谋长，陈仲英为第十二集团军总令部办公厅主任，罗瑶为第十二集团军总部秘书。抗战时期，曲江不仅成为东莞明伦堂沙田经理局整理委员会继香港、澳门后的主要办公地，而且也形成了以第七战区第十二集团军蒋光鼐、徐景唐、张达、陈仲英、罗瑶等莞籍军官为核心的东莞明伦堂领导力量。

1939 年初，叶少华担任东莞明伦堂沙田经理局整理委员会委员长后，在蒋光鼐、徐景唐等第十二集团军莞籍军官的大力支持下，带领各委员在香港积极开展工作。一是对退耕的广同丰、同安泰等围田清缴欠租，重新开投；对到期的福生、务安、旧宝安下、兆安等围田公开招投。根据价高者得原则，熟坦年度每亩租银国币 11.5 元至 16.1 元，草坦每亩租银国币 1 元，批期均为 10 年。① 1939 年 12 月至 1940 年 5 月，累计收入国币 29.483 万元，累计支出"沙田经理局委员会""万顷沙自卫局""学校教育""林场""救济""报功祭祀""社团补助""第四游击区第四游击纵队补助"等项目经费国币 27.96 万元。② 二是积极追缴万顷沙自卫局解散后的枪支弹药。东莞明伦堂沙田经理局整理委员会通过"有偿服务"等方式，委托时任伪万顷沙自卫局局长兼大队长刘发如③代为追缴完毕后，交由东莞明伦堂万顷沙自卫局局长李威清点，然后交由国统区游击大队暂时代理保管。④ 三是想方设法为避居非沦陷区的各学校提供经费。委派督学员何哲到

---

① 东莞市档案馆编，刘志伟主编：《东莞明伦堂档案·第一辑》（第 1 册），广东人民出版社 2020 年版，第 233 页。

② 东莞市档案馆编，刘志伟主编：《东莞明伦堂档案·第一辑》（第 1 册），第 245—266 页。

③ 刘发如（1903—1978），又名刘尊藩，浑名"哨牙仔"，东莞道滘人。青年时沦为土匪，组建"广东堂"，拥有土匪千余人。1929 年被县长陈达材"招抚"，任东莞县地方警卫中队长。抗日战争期间，先率队抗击日军，任国民革命军第四战区东江游击指挥所第四游击纵队第三大队大队长，后又投靠日军，进驻万顷沙，任伪万顷沙自卫局局长。1946 年，再次被东莞县国民政府"招抚"，任保安警察第三大队大队长等职。1949 年 12 月逃亡香港。

④ 东莞市档案馆编，刘志伟主编：《东莞明伦堂档案·第一辑》（第 1 册），第 232 页。

非沦陷区各学校巡视，根据班级、学生人数拨发补助经费。① 诸如，1939 年 12 月至 1940 年 5 月，累计拨发避居香港的东莞联合中学校国币 5000 元，东莞联合小学校国币 1150 元，东莞县立中学校国币 7500 元，东莞县立石龙中学校国币 4600 元，东莞县立简易师范学校国币 5616.3 元，私立明生中学国币 11382 元，东莞县立第一、二、三、四、六、七小学校国币分别为 2300 元、1860 元、1860 元、1800 元、1800 元、2300 元，东莞县立短期小学国币 3150 元，等等。②

　　1940 年 5 月，东莞明伦堂沙田经理局整理委员会委员长叶少华申请辞职，函请已辞去国民革命军第四战区军法执行监事职务而闲居在曲江的李章达接任委员长一职，相关工作暂由避居香港的委员黄侠毅代理，后经广东省国民政府主席李汉魂批准，李章达接任委员长一职，在原有委员的基础上，增补陈仲和、陈哲梅、麦骞等为委员。③ 1941 年 12 月 25 日，香港沦陷，黄侠毅把东莞明伦堂沙田经理局整理委员会搬至澳门，与避居在澳门的委员叶显筹设东莞明伦堂沙田经理局整理委员会驻澳门办事处，后又将部分文件和财产移交位于曲江的委员长李章达。由于避讳"蒋委员长"一称，1942 年 6 月，经广东省国民政府主席李汉魂同意，东莞明伦堂沙田经理局整理委员会"委员长"改为"主任委员"，仍由李章达担任，委员为黄侠毅、叶显、翟瑞元、蒋严博、潘树勋、王铎声、方彪、麦骞、陈仲和、陈哲梅、罗瑶等人。④

　　1942 年 12 月，东莞明伦堂沙田经理局整理委员会在东莞旅韶同

---

① 东莞市档案馆编，刘志伟主编：《东莞明伦堂档案·第一辑》（第 1 册），第 237 页。
② 东莞市档案馆编，刘志伟主编：《东莞明伦堂档案·第一辑》（第 1 册），第 245—266 页。
③ 东莞市档案馆编，刘志伟主编：《东莞明伦堂档案·第一辑》（第 1 册），第 226 页。
④ 东莞市档案馆编，刘志伟主编：《东莞明伦堂档案·第一辑》（第 33 册），第 405—406 页。

乡会①召开大会，决定对东莞明伦堂沙田经理局整理委员会进行改组，将"东莞明伦堂沙田经理局整理委员会"改为"东莞明伦堂董事会"，"主任委员"改称"董事长"，"委员"改称"董事"。公推时任第七战区副司令长官蒋光鼐为董事长，徐景唐、李扬敬、冯次淇、王若周、李章达、袁良骅②、张达、李节文、罗瑶、陈仲英等20 余人为董事。1942 年 12 月 29 日，东莞明伦堂董事会召开第一次常务董事会议，讨论董事长、董事的具体分工。由于蒋光鼐军务繁重，东莞明伦堂董事会公推袁良骅、李节文、李章达、罗瑶等 4 人为常务董事。其中，常务董事袁良骅主持日常事务。总干事麦韶，文牍干事李子受，会计组长李威，会计干事梁冠英，助理干事李汎萍、莫孟麟、郑梅村、赵雪舟等负责具体事务。③ 1944 年 5 月，因与陈兆兰等大佃户收租斡旋之需要，东莞明伦堂董事会特聘陈铁伍④为顾问。⑤

　　在抗日战争期间，无论是前期的东莞明伦堂沙田经理局整理委员会，还是后期改组的东莞明伦堂董事会，都由于收入有限，处境维艰，最突出工作就是加强驻莞通讯处、万顷沙自卫局以及驻澳门办事

---

① 抗战期间，设于曲江的东莞同乡会组织，常务理事张我东、罗永钦、王荣佳、莫序云、袁春晖，常务监事李节文。东莞明伦堂每月拨经常费国币 500 元资助各项工作开展。参见东莞市档案馆《东莞明伦堂档案（001—7—0006—0020）》之《东莞旅韶同乡会致东莞明伦堂沙田经理局整理委员会关于派罗永钦列席报告并请支持经费函件（1942 年 9 月 6 日）》。

② 袁良骅（1895—1981），字子襄，东莞茶山上元村人，毕业于广东海军学校。曾任北洋舰队舞风号舰长，参与讨伐陈炯明叛变。抗战期间，辅助陈策固守虎门要塞，任国民党港澳总支部执行委员。抗战胜利后，任广州市国民政府临时参议会参议员、副议长兼代议长、法院立法委员，中华人民共和国成立前夕移居台湾。

③ 东莞市档案馆编，刘志伟主编：《东莞明伦堂档案·第一辑》（第 1 册），第 529—530 页。

④ 陈铁伍（1878—1962），号有恒，东莞人。毕业于澳门岭南学校。曾参加新军起义、黄花岗起义、北伐战争、抗日战争，中华人民共和国成立前夕，前往香港寓居。

⑤ 东莞市档案馆编，刘志伟主编：《东莞明伦堂档案·第一辑》（第 4 册），第 594 页。

处等组织建设，并通过以上组织开展力所能及的围田开投、租金收缴和非沦陷区学校联络与经费发放工作。

一、 设立驻莞通讯处

（一）驻莞通讯处的设立与主要职责。1938 年 11 月 19 日，日军向南继续扫荡，广九铁路首尾已为日军所占领，但中段自平湖至横沥等 9 个站还控制在抗日军队手中，当时国民党守军和地方部队沿线驻军一万余人，故国民党东莞县党部、东莞县国民政府都搬至樟木头石马圩临时办公。其中，国民党东莞县党部在书记长香棣方的率领下，搬至石马圩承平社附近临时办公；东莞县国民政府在县长张我东①的率领下，搬入石马圩北部的养贤学校临时办公。国民政府所属的广东省金库东莞分库、交通部电政局东莞分局，以及驻军司令部等也陆续迁往樟木头石马圩。抗战初期，樟木头石马圩成为国统区东莞县临时政治、经济、军事中心。②

为了加强东莞、香港与曲江之间的联系，经东莞明伦堂沙田经理局整理委员会第一次常务委员会决定，在国民党东莞县党部、东莞县国民政府临时办公地点樟木头石马圩成立"驻莞办事处"，指派李威任办事处主任，其主要职责是"督摧租项""联络社团""传达本会文件往来""就近照料林场""本会交办其它事项"等等。1942 年 2 月，常平相对于樟木头来说，暂时较为安全，于是"驻莞办事处"迁往常平继续办公。后常平沦陷，驻莞通讯处又迁往惠州等地办公。在

---

① 张我东（1898—1965），东莞虎门龙眼人。毕业于日本东亚高等预备学校。历任孙中山大元帅府宪兵司令部军务处长，广东省连山县、普宁县、东莞县国民政府县长，国民革命军第四战区第四游击纵队副司令，广东省国民政府参议员等职，中华人民共和国成立前夕移居香港。

② 《东莞市樟木头镇志》编纂委员会编：《东莞市樟木头镇志》，文物出版社 2008 年版，第 411 页。

此期间，东莞明伦堂沙田经理局整理委员会以及后来的东莞明伦堂董事会与其联系，均需通过东莞县国民政府或游击队相关人员中转。

1942 年 4 月 25 日，东莞明伦堂沙田经理局整理委员会委员长李章达电告驻莞办事处主任李威，将该会在曲江讨论通过的多项重要议案即刻抄录避居澳门等地的叶少华、潘树勋、陈仲和、陈哲梅等委员，并将遵办情形分别呈复至该办事处。同时，再次强调驻莞办事处的主要职责与任务："（一）代表本会向佃人催租，其租项仍由佃人自行向本会委员叶显投缴；（二）代表本会经常与东莞县国民政府各学校及游击队负责当局保持联络；（三）保护本会林场。而第一项尤为重要，因租项为吾邑文化教育标废盛衰之所系，务宜向各佃户分别晓谕，使其明白大义，辨别利害，速将前欠租项赶速遵缴，印发通知一份，仰杳明填发，并将各佃应缴数目造具清册两份分送本会及叶显委员查考为要。"[①]

1942 年 6 月 21 日，东莞明伦堂沙田经理局整理委员会委员长李章达认为"驻莞办事处"之名无法体现其职能，经东莞明伦堂沙田经理局整理委员会第四次常务委员会议决，改为"驻莞通讯处"，其主任仍为李威，副主任由东莞明伦堂沙田经理局整理委员会学务干事何哲兼任。[②] 下设书记员 1 人，事务员 2 人，雇员、公役各 1 人，均由原万顷沙自卫局职员兼任，不另支薪酬。东莞明伦堂沙田经理局整理委员会除继续承担何哲的薪金外，还每月拨给"驻莞通讯处"伙食津贴国币 1650 元。其中，职员每员月津贴国币 200 元，公役每人月津贴国币 150 元。[③]

（二）李威任"驻莞通讯处"主任期间的工作概况。李威任"驻莞通讯处"主任期间，按照岗位职责要求，一方面，与暂时分散于非

---

① 东莞市档案馆编，刘志伟主编：《东莞明伦堂档案·第一辑》（第 33 册），第 410—411 页。

② 东莞市档案馆编，刘志伟主编：《东莞明伦堂档案·第一辑》（第 37 册），第 66—67 页。

③ 东莞市档案馆编，刘志伟主编：《东莞明伦堂档案·第一辑》（第 37 册），第 32—33 页。

沦陷区各地持续开展教学的东莞县立中学、东莞县立石龙中学、东莞县立简易师范学校、私立明生中学、东莞县立一小学、东莞县立二小学、东莞县立三小学、东莞县立四小学、东莞县立六小学、东莞县立七小学、东莞县立短期小学校等[①]取得联系，了解开课情况，并函告[②]各学校将每月应领经费数目列报，待领到租项时再按数核发。另一方面，经常往来于常平与澳门之间，与澳门负责收租的叶显和会计阮李树密切联系，收到租银后，便在澳门将钱汇往常平，再从常平汇往曲江，常平通讯处在其中发挥了非常重要的中转和桥梁纽带作用。

东莞明伦堂沙田经理局整理委员会虽然设立了澳门办事处，但澳门佃户的田租收缴工作仍多有曲折。起初，澳门佃户以未收到正式公函为由拒绝向叶显、阮李树交租。李威知悉后，迅速电告位于曲江的主任委员李章达，李章达旋即发函给大佃户陈兆兰："东莞李县长（指李鹤龄）转明伦堂常平通讯处李威，速转澳门大街鸿利银号转陈兆兰兄：本会设韶，在河西三段十九号之二办公，旧钤记遗失作废，经启用新钤，并派叶委员显、阮会计李树在澳门收管租项事宜，所有应缴租款着速清交，并以上各情节希转达各佃遵照。"[③] 电告之后，委托大佃户陈兆兰组建驻澳门佃户理事会，并由陈兆兰任理事会会长，以保障万顷沙田租收缴工作更为顺利开展。[④]

1942 年，万顷沙部分到期的围田因为交通阻断无法公开招投，东莞明伦堂沙田经理局整理委员会根据战时实际情况，通过佃户函文申请的方式进行围田发批，仍然是价高者得。例如，和隆、仁隆、新

---

① 东莞市档案馆编，刘志伟主编：《东莞明伦堂档案·第一辑》（第 37 册），第 234 页。

② 东莞明伦堂档案 001—7—0006—0026·驻莞办事处主任李威致东莞中学校长卢彭铿关于将东莞中学校应领东莞明伦堂经费实数及领到各月份列报的函件（1942 年 4 月 8 日），东莞市档案馆藏。

③ 东莞明伦堂档案 001—7—0006—0011·李章达致陈兆兰函（1942 年 4 月 11 日），东莞市档案馆藏。

④ 东莞明伦堂档案 001—7—0006—0012·李章达致委员叶显关于东莞明伦堂收租手续详细规定代电稿（1924 年），东莞市档案馆藏。

宝安中、新宝安上等围田于 1942 年年底到期，茂生堂、地利公司等均函文申请。其中，茂生堂申请按照原批约承租，且要求承批后，"如果沙中发生故障，无田耕植时，则停止纳租，但仍保留批权至解除故障后有田耕植之时，耕足十年为止"①。地利公司则函文申请，以每亩 18 元发批，无论丰欠，不得更改。② 根据以上两家的函文竞价，最后东莞明伦堂沙田经理局整理委员会将以上四围发批给了地利公司。

1942 年，东莞明伦堂沙田经理局整理委员会各田坦收入国币 25.7 万元③，伪东莞明伦堂沙田整理委员会收入军票约 70 万元④，按 1942 年 100 元国币兑换 50 元新法币、100 元新法币兑换 18 元军票计算⑤，伪东莞明伦堂沙田整理委员会 1942 年的收入是东莞明伦堂沙田经理局整理委员会收入的 30.27 倍。

（三）袁大远任"驻莞通讯处"主任期间的工作概况。1943 年，为了加强对常平驻莞通讯处的监督与管理，袁良骍在东莞明伦堂董事会第二次常务委员会议上提议："本堂在常平办事处主任，推举董事一人任之，俾收监督指挥及本堂联络之效。"⑥ 为此，常平通讯办事

① 东莞市档案馆编，刘志伟主编：《东莞明伦堂档案·第一辑》（第 1 册），第 520 页。

② 东莞市档案馆编，刘志伟主编：《东莞明伦堂档案·第一辑》（第 1 册），第 456—467 页。

③ 东莞市档案馆编，刘志伟主编：《东莞明伦堂档案·第一辑》（第 2 册），第 40—44 页。

④ 伪东莞明伦堂沙田经理局整理委员会：《本会发展概况》，《东莞明伦堂沙田整理委员会年刊》1942 年第 1 期，第 50 页。

⑤ 赵学禹：《抗日战争时期日寇的货币侵略》，《武汉大学学报》1989 年第 2 期，第 74—80 页。根据该文所提供 1941 年 5 月 27 日旧法币（1935 年国民党政府废止银本位币，采用法币，后称"国币"）与新法币（伪国民政府中央储备银行发行的货币，为区别国民政府发行的货币，称为"新法币"，又称"伪中储券"）100：50 的兑换比价，以及 1941 年 4 月 1 日新法币与日本军票 100：18 元的兑换比价。

⑥ 东莞明伦堂档案 001—7—0022—0047·袁良骍关于设立护沙总队的提案（1943 年），东莞市档案馆藏。

处主任改由时任万顷沙自卫局局长袁大远兼任，统领相关事务。① 即万顷沙自卫局一套人马，兼办两个机构的事务。常平通讯办事处不再设置专门经费，利用万顷沙自卫局原有每月 3600 元经常费，兼理所有事务。② 李威改任东莞明伦堂董事会会计组组长，负责澳门收租等相关事务。

在袁大远任驻莞通讯处主任期间，由于战乱，粮价持续上涨，国币持续贬值，"每亩租银市值每亩租谷十余斤而已"③。为此，东莞明伦堂董事会深入贯彻领会国民党五届八中全会"为调剂各地军民粮食起见，得由中央统筹斟酌各地方供需情形，改征实物，收储运济，使产销得以平衡，粮价赖以稳定"④ 等精神，议定田租收缴实物"谷租"。1943 年 2 月，东莞明伦堂董事会召开第二次常务董事会议议决："新批田租每亩以实物二百司码斤为准，在非常时期暂收二五折，即每亩收谷五十司码斤，其价格按当地时价折收代金，旧批租额俟调查后再议。"⑤ 东莞明伦堂董事会发布加租通告后，并没有佃人理会和答复。于是，董事长蒋光鼐分别发电至澳门的叶显、李威，常平通讯处的袁大远，驻沙收租委员李荣基，要求他们尽快调查佃人对该加租方案的态度。⑥ 叶显与李威旋即电报回复称：澳门佃户理事会对东莞明伦堂董事会改收实物租谷非常抵制，均要求依照旧批约缴租。针

---

① 东莞市档案馆编，刘志伟主编：《东莞明伦堂档案·第一辑》（第 37 册），第 32—33 页。

② 东莞明伦堂档案 001—7—0012—0024·万顷沙自卫局局长袁大远致董事长蒋光鼐关于本局民国三十二年月份经常费预算书及驻莞通讯处编制表呈文（1943 年 4 月 18日），东莞市档案馆藏。

③ 东莞市档案馆编，刘志伟主编：《东莞明伦堂档案·第一辑》（第 4 册），第 537 页。

④ 荣孟源：《中国国民党历次代表大会及中央全会资料（下）》，光明日报出版社 1986年版，第 689 页。

⑤ 东莞明伦堂档案 001—7—0007—0001·东莞明伦堂第二次常务董事会议录（1943年），东莞市档案馆藏。

⑥ 东莞明伦堂档案 001—7—0007—0001·东莞明伦堂董事会议常董谈话录（1943 年），东莞市档案馆藏。

对此种情况，东莞明伦堂董事会考虑到战时的社会政治形势，以及董事会与佃户关系维持等实际情况，经 1943 年 9 月 5 日东莞明伦堂董事会第十一次常务会议议决："准暂不征谷，每年最少加缴代金八百万元，并派代表来韶洽办，如佃不遵办，本年度租决不接收。"① 后由于驻澳门佃户理事会会长陈兆兰以加缴代金数额过高为由，从中梗阻，拒不执行，该方案又未能实施。于是，东莞明伦堂董事会再次开会议决："将每年最少加缴代金 800 万元"降为"每年最少加缴代金 500 万元"，陈兆兰仍不同意，坚持按亩加租，且荒头减半。最后，经双方多次沟通与协商，以围田每亩加租 100 元、荒头每亩加租 50 元为此次加租举措的最终结果。②

1943 年 10 月 1 日，东莞明伦堂董事会议决将到期的隆安、仁安两围在常平驻莞通讯处进行公开招投，虽然在《东莞周报》上刊登了投田广告，并将投田章程电告澳门佃户，监票人卢彭铿按照要求按时到达招投现场，然而没有一人前来招投。此次招投失败的其主要原因是：伪东莞明伦堂沙田整理委员会也在广州开投以上两围，每亩年租谷 270 司码斤，批期十年。有意者受此影响，认为成本过高，均不敢前往常平投田。③

通过以上"加租"和"招投"事例，可以清晰地了解到，一部分佃人虽然向两个东莞明伦堂交租，但态度和金额明显不同。在此期间，由于一部分到期的围田无人投票，一部分围田租金过低，东莞明伦堂董事会曾向银行借钱度日。例如，1943 年，东莞明伦堂董事会

---

① 东莞明伦堂档案 001—7—0007—0001·东莞明伦堂董事会第十一次常务会议录（1943 年），东莞市档案馆藏。
② 东莞市档案馆编，刘志伟主编：《东莞明伦堂档案·第一辑》（第 4 册），第 512 页。
③ 东莞市档案馆编，刘志伟主编：《东莞明伦堂档案·第一辑》（第 4 册），第 471—472 页。

曾向浙江地方银行韶州分行透支国币 5 万元①，年支入 36.81 万元。其中，月度支出董事会经常费国币 13380 元②，自卫局、通讯处国币 3600 元，示范林场国币 1950 元，国民党东莞县党部《民国日报》国币 150 元，国民党东莞县社会服务处国币 300 元，国民党东莞县宣传委员会国币 50 元，非沦陷区所属 12 所学校国币 10145.20 元，东莞县立国医院国币 85 元，东坑、大朗、常平、清溪、塘厦等 5 所赠医所国币 375 元，第一赠医接产所国币 140 元，东莞旅韶同乡会国币 500 元。③

二、 加强自卫局组织建设

1938 年，万顷沙沦陷后，万顷沙自卫局绝大多数兵丁星散，只剩下局长卢玉汝和局员王镜真、霍仲明等三人负责万顷沙的情报搜集工作。1940 年 2 月，卢玉汝辞职，由驻莞办事处主任李威兼任万顷沙自卫局局长④。李威接任后，按照东莞明伦堂沙田经理局整理委员会（东莞明伦堂董事会）的要求，定期向其汇报万顷沙的最新情况。例如，1942 年 9 月的汇报内容如下："兹将万顷沙最近情形分别陈述如下：一、敌情方面，现查伪万顷沙自卫局系由陈澄斋充任并兼大队长，驻沙自卫队兵约四十名，另有绥军一营，营长名罗景，兵约二百余人。二、治安方面，伪军驻沙，商民常受骚扰，秩序紊乱，劫案频生。三、商业方面，烟赌林立，商民多系走运私货藉图渔利。四、农

---

① 东莞市档案馆编，刘志伟主编：《东莞明伦堂档案·第一辑》（第 5 册），第 642—643 页。
② 东莞市档案馆编，刘志伟主编：《东莞明伦堂档案·第一辑》（第 4 册），第 67—69 页。
③ 东莞市档案馆编，刘志伟主编：《东莞明伦堂档案·第一辑》（第 4 册），第 77—81 页、第 235—237 页。
④ 东莞市档案馆编，刘志伟主编：《东莞明伦堂档案·第一辑》（第 1 册），第 223、229 页。

业方面，本年头造谷粒现已收割完竣，惟今年收获成数比去岁较低，谷价因而高涨。五、交通方面，交通颇为便利，有顷太渡两艘，顷省渡一艘，来往客商颇为拥挤。六、伪堂内幕：（甲）伪明伦堂委员长系莫振廷，委员王之先、陈干、张孝宽、刘萼藩（又名刘发如，下同）；（乙）伪明伦堂登报检验万顷沙沙田批约，期限定于本年九月十五日以前缴验，如无批约到验，即行取销批权。又满批之仁隆等四围，伪堂登报定期本年九月二十日开投。"①

1943 年 2 月，东莞明伦堂董事会执行董事袁良骅针对万顷沙自卫局形同虚设、万顷沙围田被占耕、田租收缴困难等现实问题，决定加强万顷沙自卫局的组织建设，并拟定了《东莞明伦堂万顷沙自卫局组织暂行条例》。根据该条例，万顷沙自卫局暂设于东莞常平圩，与驻莞通讯处合署办公。万顷沙自卫局设局长 1 名、局员 4 名、雇员 2 名。万顷沙自卫局管辖 3 个自卫大队（必要时随时增减），每个大队下辖 4 个中队，每个中队下辖 3 小队。其主要职责是：执行董事会议决案及交办事项，征收万顷沙沙田租项，保卫耕佃之安全，指挥监督所属员役及自卫大队。② 与此同时，袁良骅还向东莞明伦堂董事会提出："自卫局长之人选应择其有能力控制佃人、使其缴租者任之""自卫局原有护沙营之组织似拟恢复，改称护沙大队，大队长由局长兼任"③。根据袁良骅的提议，东莞明伦堂董事会经过遴选和考察，委任袁大远任东莞明伦堂自卫局长兼大队长④，局员为卢康、李平、李积仓、梁柱勋等 4 人，雇员为梁文彬、周正等 2 人，公役为卢铸、

---

① 东莞明伦堂档案 001—7—0126—0009·关于万顷沙最近情形报告（1942 年 9 月 1 日），东莞市档案馆藏。

② 东莞市档案馆编，刘志伟主编：《东莞明伦堂档案·第一辑》（第 2 册），第 434 页。

③ 东莞明伦堂档案 001—7—0022—0047·袁良骅关于设立护沙总队的提案（1943 年），东莞市档案馆藏。

④ 东莞市档案馆编，刘志伟主编：《东莞明伦堂档案·第一辑》（第 2 册），第 430 页。

李玉华等 2 人。^① 以上 4 名局员都曾领过军衔，卢康由第四战区干训团毕业，任股长主任；李平由西南游击干训班毕业，任中队大队长副参谋；李积仓从东莞县立中学毕业，任乡长大队长；梁柱勋在税警总团干训班毕业，任小队长副官组长。^② 对佃户而言，具有一定的威慑力。

1943 年 12 月 9 日，常平沦陷，敌军日夜搜索各村，万顷沙自卫局局长袁大远致电董事长蒋光鼐："相关文件已烧毁，员役卫已散返乡，自己已经脱险抵惠，请示今后工作如何。"^③ 1943 年 12 月 20 日，万顷沙自卫局局长袁大远又致电董事长蒋光鼐："局务停顿，乞准辞职。"^④ 1944 年 1 月 6 日，东莞明伦堂董事会董事长蒋光鼐致电袁大远，准予辞职，并委托李威发放万顷沙自卫局职员遣散费，并兼任通讯任务。^⑤

东莞明伦堂董事会万顷沙自卫局解散后，针对一些围田被人霸耕、业权无法保障、田租收取困难、加租几经曲折等问题，1944 年 5 月，东莞明伦堂董事会常务董事袁良骅提案恢复万顷沙护沙队："查万顷沙向设有护沙队，所以保障业权、预防耕佃欠租及霸耕等情事。自地方沦陷，队兵星散，因而本堂收租问题即感困难。本属董事会接办以来，以整理租务，向佃交涉加租，几经曲折，仍未收效，其后运用武力为告，初步成功，但以后难保会中有观望、霸耕等情事，最重似有恢复护沙队，以资控制之必要。"^⑥ 1944 年 5 月 15 日，东莞明伦堂董事长蒋光鼐致电梁玉阶，委任其为万顷沙护沙总队队长，并拨付

---

① 东莞市档案馆编，刘志伟主编：《东莞明伦堂档案·第一辑》（第 2 册），第 278 页。
② 东莞明伦堂档案 001—7—0012—0010·关于请报委任卢康、李平、李积仓、梁柱勋接充局员呈文并附简历（1943 年 4 月 7 日），东莞市档案馆藏。
③ 东莞市档案馆编，刘志伟主编：《东莞明伦堂档案·第一辑》（第 2 册），第 302 页。
④ 东莞市档案馆编，刘志伟主编：《东莞明伦堂档案·第一辑》（第 4 册），第 297 页。
⑤ 东莞市档案馆编，刘志伟主编：《东莞明伦堂档案·第一辑》（第 4 册），第 298 页。
⑥ 东莞市档案馆编，刘志伟主编：《东莞明伦堂档案·第一辑》（第 5 册），第 594 页。

开办费10万元，在民众组建队部，负责沙田的保护和租金的收取。[①]东莞明伦堂万顷沙护沙总队成立之初，总队部10人，下辖三个中队，每个中队下辖三个分队，每个分队士兵30名，还设有特务队，总计310余人。[②]

三、 国统区的教育情形

1938年，东莞沦陷后，东莞中学等学校校舍均成为日军驻军的主要场所，东莞县立各中小学纷纷迁往香港以及国统区，居无定所，颠沛流离。其中，东莞中学"卢校长（彭铿）与同事十余人，义不帝秦，辗转逃亡，后达香港。鉴于在港莞邑学生失学者众，遂谋复校。因邑明伦堂收入无着，不果。后几经奔走，终得徐庚陶先生之鼎力，始于二十八年春，与石龙中学及私立明生中学合办东莞县临时联合中学。计办高中一班、初中六班，经费为国币一千五百元，校址借用香港知行中学、九龙德明中学教室，于夜间开课。设备简陋，而生活辛苦，不难想象。办理以来，校舍屡更，如流浪之氓，栖无定所。后几经撙节，始获得固定校舍于九龙长沙湾道，即私立明生中学校址。校址既定，邑中子弟来学者日众，几达三百人"[③]。据张士升《东莞教育史话》，东莞县立第一小学、东莞县立第二小学、东莞县立第五小学、东莞县立第六小学迁往香港后，合并为东莞县联合小学。[④]

1940年，香港危急，各中、小学又迁回东莞。东莞中学迁往常平屋厦乡，借用桥梓小学校舍，办高中三班、初中六班，全校人数达382人。后因各沦陷区学生纷纷前来复学，人数遽增，东莞县国民政

---

① 东莞市档案馆编，刘志伟主编：《东莞明伦堂档案·第一辑》（第4册），第661页。

② 东莞市档案馆编，刘志伟主编：《东莞明伦堂档案·第一辑》（第5册），第595—597页。

③ 杨宝霖：《东莞县立中学史略》，第42—43页。

④ 张士升：《东莞教育史话》，《东莞文史资料选辑》1985年第7期，第1—6页。

府的战时县长李鹤龄、常平屋厦乡乡长周校南，以及绅耆周允初、周崇谋等热心捐助，增加教室数间，收容学生至492人。[①] 石龙中学迁往清溪乡，借用鹿鸣小学校舍，办初中二班、高中一班，全校共有学生200余人。后日寇侵扰清溪，石龙中学几经兵燹，又迁往马嘶，借用陈氏宗祠和敦文书院作为校舍，其时学生只有41人。[②] 简易师范学校在抗日战争期间，先后迁往篁村张氏宗祠、东坑、马坑、马嘶等地，东莞县立第一小学迁往樟木头，东莞县立第二小学先后迁入常平司马乡、桥头石水口，东莞县立第五小学迁往樟澎后不久停办，东莞县立第六小学迁往大朗，私立明生中学迁往桥头。[③] 在此期间，东莞明伦堂沙田经理局整理委员会每月补助东莞中学国币2500元、石龙中学国币1200元、简易师范学校国币936元、私立明生中学国币1800元、东莞县立第一小学国币500元、东莞县立第二小学国币560元、东莞县立第三小学国币560元、东莞县立第四小学国币500元、东莞县立第六小学国币560元、东莞县立第七小学国币500元、东莞县立短期小学国币529.2元。[④] 1942年，东莞明伦堂沙田经理局整理委员会因经济拮据，曾断绝各学校经费一年，逐步恢复后补清积欠。

1943年11月14日，常平沦陷，东莞中学492名学生全被遣散。[⑤] 1944年1月，东莞中学迁往与惠阳、博罗交界的东莞黎村。远在后方的爱校人士认为，如果惠阳沦陷，则进退两难，为长久计，均主张迁往河源。校长卢彭铿则认为：东莞中学，应教育东莞青年，倘迁地他县，莞籍学生不能远道相随，学校则失去其意义，无论如何艰难，应设校于县境，以争取莞籍青年，免为敌伪所利用。于是，他坚持在黎村复校，与石龙中学联合办校，命名为东莞县立联合中学，共开设高

① 杨宝霖：《东莞县立中学史略》，第42—43页。

② 东莞市石龙镇人民政府编：《东莞市石龙镇志》，第386页。

③ 张士升：《东莞教育史话》，《东莞文史资料选辑》，1985年第7期，第1—6页。

④ 东莞市档案馆编，刘志伟主编：《东莞明伦堂档案·第一辑》（第4册），第76页。

⑤ 杨宝霖：《东莞中学五十年》（上），东莞中学2002年印行，第631页。

中 3 个班、初中 6 个班，初为 295 人，后增至 382 人，总计全校师生 390 人。在此期间，东莞明伦堂董事会按高中每班每月补助 5000 元、初中每班每月补助 4000 元，月拨补助经费 3.9 万元，并补清以前积欠。私立明生中学仍在桥头丰乐乡，开设初中 5 个班，全校生员 180 余人，东莞明伦堂董事会月拨经费 2 万元；简易师范学校从马坑迁到黎村新群小学，后又迁至马嘶田头村，1944 年 6 月份以前的补助经费按月已清发完毕，1944 年下学期因延期开学，班级不明，经费等正式开学后再补发。东莞县立小学仅存东莞县立第二小学迁往桥头司马乡，仍然按照旧预算给予补助，每月 560 元。①

东莞中学与石龙中学在黎村联合办校一年后，日寇悄然进占惠州，黎村遂如瓮中之鳖。为了师生安全起见，1944 年 12 月 26 日，东莞县立联合中学宣布疏散，各学生得以安全返回家乡。1945 年初，在全县敌骑四处掠扰的情况下，卢彭铿在附城博厦乡借用祠堂坚持办学，将学校改名为"光中学塾"，收容学生 207 人，直至抗日战争胜利。②

抗日战争初期，东莞明伦堂沙田经理局整理委员会虽然入不敷出，仍然坚持给在外读书的上进青年发放留学津贴和奖励金。例如，1941 年，中山大学、西南联合大学、中正医学院等学校 32 名东莞籍学生领取了年度奖励金，平均每人 109.37 元。③ 1942 年，共有中山大学、暨南大学、广东省立文理学院、武汉大学、广西大学、贵阳医学院、西南联合大学、重庆大学、浙江大学、同济大学等 16 所大学的 151 位东莞籍学生领取了平均每人 43 元的年度津贴，116 位学生领取了半年度津贴。④ 1943 年，一方面由于东莞明伦堂董事会经济拮

---

① 东莞市档案馆编，刘志伟主编：《东莞明伦堂档案·第一辑》（第 4 册），第 119—124 页。

② 杨宝霖：《东莞县立中学史略》，第 45 页。

③ 东莞市档案馆编，刘志伟主编：《东莞明伦堂档案·第一辑》（第 2 册），第 47 页。

④ 东莞市档案馆编，刘志伟主编：《东莞明伦堂档案·第一辑》（第 2 册），第 45 页。

据，另一方面考虑到学生提交送审材料至东莞明伦堂董事会战时办公地韶关多有不便，于是，1943 年至 1945 年国内外留学津贴，以及 1942 年至 1944 年的学业奖励金均停发，直至抗日战争胜利后的 1946 年才补发。

与此同时，东莞明伦堂董事会考虑到时局紧张，一些学校停办，学生疏散急需路费，于是通过贷款的方式发放学生疏散贷金，避免莞籍学生因无旅费而困于沦陷区。例如，1944 年 6 月，东莞明伦堂董事会为东莞滞留韶关中等以上各学校、中山大学等的 437 名学生发放疏散贷金国币 30.56 万元，人均国币 700 元，根据东莞明伦堂董事会规定，该贷金限学生复课后二个月内归还，如逾期未还，则由本人负清还之责。①

---

① 东莞市档案馆编，刘志伟主编：《东莞明伦堂档案·第一辑》（第 5 册），第 57—92、440、574 页。

第二节　伪东莞明伦堂沙田整理委员会

抗战期间，位于广州越华路 51 号的伪东莞明伦堂沙田整理委员会历经四任委员长，委员基本上还是按照东莞五属、每属一人的形式组成，五位委员中，以一人为伪委员长，主理相关事务。[①] 1938 年底至 1940 年 7 月，第一任伪委员长为莫振廷，伪委员王之先、陈干、张孝宽、刘萼藩；[②] 1940 年 7 月至 1942 年 5 月，第二任伪委员长为卢德，伪委员陈瑶宝、卢子枢、李家英、莫培远、阮谷贻（万顷沙承佃理事会代表）；[③] 1942 年 6 月至 1944 年 7 月，第三任伪委员长为莫章民，伪委员陈干、王之光、张孝欢、刘萼藩；[④] 1944 年 7 月至 1945 年 9 月，第四任伪委员长为刘包恩，伪委员为王之光、骆用弧、叶衍龄、莫伯郐、莫章民、刘萼藩。[⑤]

伪东莞明伦堂沙田整理委员会的组织构架为：伪委员长主理会务，下设伪万顷沙自卫局、伪万顷沙联防大队、伪总务股、伪财务股、伪购料股、伪教育股、伪社会事业股等内设机构，以及伪总干事、伪设计事员等主管、主创人员。其中，伪总务股、伪财务股、伪购料股、伪教育股、伪社会事业股接受总干事管理；伪设计事员由伪

---

① 伪东莞明伦堂沙田整理委员会：《（伪）东莞明伦堂沙田整理委员会组织章程》，《（伪）东莞明伦堂沙田整理委员会年刊（季刊）》，1942 年第 1 期，第 1 页。

② 东莞明伦堂档案 001—7—0126—0009・关于万顷沙最近情形报告（1942 年 9 月 1 日），东莞市档案馆藏。

③ 伪东莞明伦堂沙田经理局整理委员会：《（伪）东莞明伦堂沙田整理委员会征信录》，《（伪）东莞明伦堂沙田整理委员会年刊》，1941 年，第 15 页。

④ 伪东莞明伦堂沙田经理局整理委员会：《本会改组概况》，《（伪）东莞明伦堂沙田整理委员会季刊》，1942 年第 1 期，第 39 页。

⑤ 伪东莞明伦堂沙田经理局整理委员会：《（伪）东莞明伦堂沙田整理委员会第五十九次会议记录》，《（伪）东莞明伦堂沙田整理委员会季刊》1944 年第 9 期，第 1 页。

东莞明伦堂沙田整理委员会聘请东莞县 10 余名专门人才担任①，以"专任制"替代了以前的"咨议制"，为推进伪东莞明伦堂沙田整理委员会后续各项事业发展规划奠定了基础。

伪东莞明伦堂沙田整理委员会还在第三任伪委员长莫章民主持工作期间，修订了《伪东莞明伦堂沙田整理委员会组织章程》，拟定了《（伪）东莞明伦堂沙田整理委员会办事细则》《（伪）东莞明伦堂沙田整理委员会会计规程》（草案）《（伪）东莞明伦堂沙田整理委员会自办教育事业拨给经费章程》《（伪）东莞明伦堂沙田整理委员会补助学校教育事业经费章程》《（伪）东莞明伦堂沙田整理委员会自办暨补助社会教育事业章程》《（伪）东莞明伦堂沙田整理委员会补助东莞慈善事业经费章程》《（伪）东莞明伦堂沙田整理委员会设置中医施诊所章程》等规章制度，为各项工作的开展奠定了基础。在伪东莞明伦堂沙田整理委员会时期，主要围绕万顷沙田业权、沙田经营与管理、教育事业、慈善社会事业等方面开展工作。

一、收回万顷沙沙田业权

广州沦陷前，东莞明伦堂沙田经理局整理委员会迁往香港。据1941 年《伪东莞明伦堂沙田整理委员会年刊》记载：广东沦陷后，"所有属下之万顷沙至安平、大澳、两沙各围田均被人接受利用，先由兴粤公司施行管理，计收去租项共一年有余，本会损失极巨。至兴粤公司退出，台拓公司又继续进驻沙内，采购军谷。"② 由此可见，广东沦陷后，东莞明伦堂万顷沙围田也随之"被人接受利用"了。

（一）兴粤公司与万顷沙沙田。广州沦陷后，侵华日军为谋求

---

① 伪东莞明伦堂沙田整理委员会：《（伪）东莞明伦堂沙田整理委员会组织章程》，《（伪）东莞明伦堂沙田整理委员会年刊（季刊）》，1942 年第 2 期，第 1—9 页。

② 伪东莞明伦堂沙田整理委员会：《本会收回万顷沙业权之经过》，《（伪）东莞明伦堂沙田整理委员会年刊》，1941 年，第 2 页。

"亲善""睦邻"，打着"构建大东亚共荣圈""中日经济合作""振兴广东"等旗号，与汪伪广东省政府合作成立了"兴粤股份有限公司"（以下简称"兴粤公司"）。该公司股本 500 万日元，共 10 万股。其中，日方占 6 万股，中方占 4 万股。中方由汪伪广东省政府所属的广东治安维持会负责，日方由其国策公司——台湾拓殖株式会社（以下简称"台拓公司"）负责，所有具体事务均由日方主理。

1939 年，日方为解决在粤日军的粮草问题，接管了日军所占区域之农业与畜牧业，达到"以战养战"之目的，兴粤公司"接收"了东莞明伦堂万顷沙围田及中山大学农场的经营与管理，在万顷沙雇佣当地 300 余名华人组成"兴粤军"，遵从驻沙日军的指导，一方面耕种沙田，一方面维持治安，以屯田的方式拓展"兴粤"业务，为占领广东日军供应粮草。1939 年，兴粤公司为日军提供军谷 354 万斤、粮草 347500 斤、稻粮 76120 斤、甘薯 20680 斤。

1940 年 3 月 8 日，兴粤公司日方主要负责人新谷胖技师在经营期间，因违反驻广东日军与日本中央政府多项禁令，擅自将广州西村硫铵肥料厂之硫铵运出销售、擅自将万顷沙之稻谷高价卖给日军以外的客户、擅自在广州贩卖食盐、擅自输入鸦片等，被日本宪兵队逮捕。由此，汪伪广东省政府终止了与兴粤公司经营万顷沙等围田的合作契约，直接与日方国策公司——台拓公司合作。①

（二）台拓公司与万顷沙田。台拓公司是 1936 年（日本昭和 11 年）台湾总督府成立的拓殖型国策会社，创社资本 3000 万元，是当时台湾最大的拓殖型会社。营运组织包括社长室、总务部、拓务部、业务部，并随业务扩张而进行调整。总部之下，逐渐发展出支店、出张所、事务所、工场及农场等地方分支机构。初期为配合台湾总督府"先巩固岛内事业，再向南方发展"的政策，以台湾岛内拓殖事业为

---

① 韦锦新：《地方公产与地方控制——东莞明伦堂研究（1845—1953）》，载东莞市档案馆编：《东莞明伦堂文集》，第 199—201 页。

主。1939 年后，事业范围遍及中国华南、印度以及南洋、澳洲等地区。该社接受日本政府与台湾总督府的双重监督与管理，其发展方针受日本国家意志主导，是战时经济的产物。①

在侵华日军的干预下，对万顷沙的经营与管理仍然以中日合作的方式进行。1940 年 3 月中旬，台拓公司出张所接受了汪伪广东治安维持会提出的经营万顷沙围田之条件，诸如"保留当地人民的食粮米，不可完全收购""雇佣劳动力时，应该尊重当地以往的佃农关系""为了增加生产，应努力指导农民改良农业"等②，正式接手万顷沙围田的拓殖与管理。1940 年，虽然他们分两次向日军上交军粮 900 余万斤，但实际上也遭遇到了前所未有的拓殖困难：一方面，因无力从事技术改良及宣抚事业，农作物增产有限，且汪伪广东省政府所收赋税过重，每亩年收军票 1 元 10 钱，致使其收入明显减少；另一方面，因为他们在万顷沙社会治安管理中过于严厉，遭到了通过战时贸易发财的原大耕家们的一致排斥与抵抗，收购军谷十分困难，无法完成日本军方所需军粮之数量。③

（三）收回万顷沙田业权。1940 年 7 月，伪东莞明伦堂沙田整理委员会在广州改组成立后，开始考虑收回万顷沙田业权。第二任伪委员长卢德多次派员与台拓公司出张所农产部部长高木进行沟通，坚称因"经费无着，日前所办之一切文化慈善公益事业均陷停顿"，要求收回万顷沙沙田权益。几经交涉，再加上台拓公司出张所在万顷沙经营确实困难重重，最后同意交出万顷沙围田总收入的 1/3，以及所订之《万顷沙事业概况》《万顷沙事业发展计划》等资料各一份，而且还明确要求交回的"三分之一"总收入需按其指定谷价全部销售给台拓公司，

---

① 林玉茹：《国策会社的边区开发机制：战时台湾拓殖株式会社在东台湾的经营系统》，《台湾史研究》2002 年第 1 期，第 1—54 页。

② 朱德兰：《日汪合作与广东省政府关系的一个侧面考察》，"中央研究院"中山人文社会科学研究所 2000 年版。

③ 东莞市档案馆编：《东莞明伦堂文集》，第 201 页。

以作日方军谷之支配。对此，伪东莞明伦堂沙田整理委员会虽然持有异议，但在当时环境下，仍然秉持"亲善""睦邻"之大方针，接受了台拓公司出张所的无理要求。① 由此，伪东莞明伦堂沙田整理委员会终于拥有了万顷沙围田 1/3 的收入。1940 年上半年，万顷沙围田收入军票② 75291.25 元；下半年，万顷沙围田收入军票 141177.19 元。③

1941 年 3 月，日方"南支派遣军特务机关敦睦邦交，热诚赞助，饬台拓公司万顷沙出张所退出，将万顷沙田产收益之权交回本会管理，并将所有经营建筑之仓库、棚厂交回本会"④。1941 年 3 月 5 日，伪东莞明伦堂沙田整理委员会委员长卢德向委员陈瑶宝发出训令：

> 直驻在万顷沙采购军术之台拓公司现奉令退出，将权责交回本会办理，兹派该委员带同本会干事赖庆辉前往，将该台拓公司所有仓库及收支账目、公务文件等妥为接收。仰该员即使遵照，克日出发，乃交接收情形具报。⑤

自此，万顷沙围田的业权回到伪东莞明伦堂沙田整理委员会手中。

① 伪东莞明伦堂沙田经理局整理委员会：《本会收回万顷沙业权之经过》，《（伪）东莞明伦堂沙田整理委员会年刊》，1941 年，第 25 页。

② 军票，又称"军用手票""手票"等，是抗战时期侵华日军发放的货币。由于该货币发行时，没有保证金作为兑换支持，也没有特定的发行地，故不能兑换日元。侵华日军利用此货币在占领区大量购卖粮草，以此作为支配占领地经济的一种手段。在抗日战争期间，汪伪政府发行的新法币（中储券）100 元兑换军票 18 元。

③ 伪东莞明伦堂沙田经理局整理委员会：《1940 年各项收入详细说明》，《（伪）东莞明伦堂沙田整理委员会年刊》，1941 年，第 49 页。

④ 伪东莞明伦堂沙田经理局整理委员会：《本会收回万顷沙业权之经过》，《（伪）东莞明伦堂沙田整理委员会年刊》，1941 年，第 25 页。

⑤ 伪东莞明伦堂沙田经理局整理委员会：《（伪）东莞明伦堂沙田整理委员会训令（训字第四号）》，1941 年 3 月 10 日。

二、 万顷沙沙田的经营与管理

万顷沙田业权回归前后，伪东莞明伦堂沙田整理委员会一方面向汪伪广东省政府民政厅呈请，要求恢复成立伪万顷沙自卫局和伪万顷沙联防大队；另一方面，重新清理与佃户所订之批约，要求将"银租"改为"谷租"，或重新批约。

（一）成立伪万顷沙自卫局。广州沦陷后，东莞明伦堂沙田经理局整理委员会迁往香港，原有万顷沙自卫局人员星散，万顷沙围田的管理与保卫工作随之落入"兴粤军"等具有日方背景的相关机构手中。

为了改变以上局面，伪东莞明伦堂沙田整理委员会第二任委员长卢德等认为，只有拥有自己的武装力量，才能拥有万顷沙经营与管理的话语权，于是，1940 年 9 月 23 日，呈请汪伪广东省政府民政厅要求恢复成立伪万顷沙自卫局：

> 东莞明伦堂万顷沙围田保卫事宜，向由本会设局自办有案，复蒙孙总理勒石保护暨通令全省军队一律不许进驻，以杜纷扰而专责成。故十余年来，本沙治安日臻完善，农商店户咸得乐业安居。迫事变后，原有自卫局因队员星散，停顿至今。现本会业经遵令改组成立，对于负有保卫农场及本沙治安专责之自卫局似宜急于恢复，以安家作。现查有友邦台拓公司在本沙置办军粮，本会为敦睦邦交及免误会起见，经与台拓公司接洽，该公司亦深知前情，亟盼本会将原日之自卫局从速恢复，以资保卫。

随后不久，汪伪广东省政府民政厅厅长王英儒批复："所请恢复万顷沙自卫局，应予照准。"① 自此，伪万顷沙自卫局成立。

---

① 伪东莞明伦堂沙田经理局整理委员会：《本会拟恢复万顷沙自卫局由》，《（伪）东莞明伦堂沙田整理委员会年刊》，1941 年，第 15—16 页。

（二）成立伪万顷沙联防大队。1941 年 1 月 11 日，伪东莞明伦堂沙田整理委员会又呈请汪伪广东省政府民政厅，要求恢复成立万顷沙联防大队：

> 查本会所属之自卫局原为保卫本沙农场一切治安而设，故本会奉令改组成立伊始，即呈奉钧厅核准恢复在案，惟原有实力（即隶属自卫局之农民常备后备队等）尚付阙如，本沙农民失其保障咸抱不安，致本沙治安及农村经济与本会收益均蒙影响，兹谨将拟请恢复自卫局原有常备后备队之组织。①

伪东莞明伦堂沙田整理委员会认为，"农民常备后备队"由万顷沙有资产的农民组成，其团队性质与军队不同，由业主与佃人理事会共同主持管理，保卫自己赖以生存的田业更为主动尽力，相较军队进驻后，"护沙有费、护耕有费、护割有费，势必弄至农人体无完肤"等局面，因此，恢复农民常备后备队更为稳妥。不过，伪东莞明伦堂沙田整理委员会也充分考虑到当时已有各方势力组成的保安队约 90 人驻沙防卫，恢复农民常备后备队可能有一定的难度，故在呈文中也提到："如关于请求恢复原有常备后备队组织一事须与友军、陆军、特务机关联络协商，或时势暂有未便，则拟请将本沙临时设立而经东莞县查明主张撤销之维持会自警队交由本会接收。"②

1941 年 1 月 17 日，汪伪广东省政府民政厅厅长王英儒向伪东莞明伦堂沙田整理委员会委员长卢德发出指令，同意将原日维持会所属

---

① 伪东莞明伦堂沙田经理局整理委员会：《呈请准予恢复原有组织以卫农耕而维收益事》，《（伪）东莞明伦堂沙田整理委员会年刊》，1941 年，第 15 页。
② 伪东莞明伦堂沙田经理局整理委员会：《呈请准予恢复原有组织以卫农耕而维收益事》，《（伪）东莞明伦堂沙田整理委员会年刊》，1941 年，第 16—17 页。

之自警队改编为万顷沙联防大队，由万顷沙自卫局直辖管理①，并指令陈瑶宝为伪万顷沙自卫局局长兼大队长，陈伦任干事。伪联防大队下辖第一中队、第二中队、第三中队。② 1942 年 8 月，由于陈瑶宝的辞职，汪伪广东省政府民政厅批准陈澄斋任伪万顷沙自卫局局长兼大队长，陈文川任伪万顷沙自卫局副局长。③ 此时，驻沙自卫局有队兵约 240 余名。④

与此同时，为了加强伪万顷沙联防大队经费的筹集与管理，伪东莞明伦堂沙田整理委员会设立了伪万顷沙联防队财政管理委员会⑤。伪万顷沙联防队的经费 1941 年 7 月底以前，仍按照惯例"主八佃二"，即伪东莞明伦堂沙田整理委员会出八成、万顷沙佃户出二成实施。1941 年 8 月起，改为"主佃各半"，即伪东莞明伦堂沙田整理委员会出五成，万顷沙佃户出五成。⑥ 伪万顷沙联防队财政管理委员会的成立，使伪万顷沙联防大队的护沙经费从此有了专门的管理机构，实现了专款专用与专账管理。

（三）万顷沙沙田的经营。1941 年 3 月，伪东莞明伦堂沙田整理委员会收回万顷沙田业权后，着手梳理原东莞明伦堂沙田整理委员会

---

① 伪东莞明伦堂沙田经理局整理委员会：《广东省政府民政厅指令》，《（伪）东莞明伦堂沙田整理委员会年刊》，1941 年，第 18 页。

② 伪东莞明伦堂沙田经理局整理委员会：《万顷沙自卫局恢复成立暨组织联防大队之经过》，《（伪）东莞明伦堂沙田整理委员会年刊》，1941 年，第 25 页。

③ 伪东莞明伦堂沙田经理局整理委员会：《本会派陈澄斋为万顷沙自卫局长陈文川为副局长呈请省府备案》，《（伪）东莞明伦堂沙田整理委员会季刊》，1942 年第 1 期，第 93 页。

④ 东莞市档案馆，刘志伟主编：《东莞明伦堂档案·第一辑》（第 37 册），第 69—71 页。

⑤ 伪东莞明伦堂沙田经理局整理委员会：《本会一年来事业表》，《（伪）东莞明伦堂沙田整理委员会年刊》，1941 年，第 46 页。

⑥ 伪东莞明伦堂沙田经理局整理委员会：《本会呈报民政厅对于万顷沙各围田改收租谷之经过情形并与佃人新订合约呈文》，《（伪）东莞明伦堂沙田整理委员会年刊》，1941 年，第 14 页。

与佃户所订之批约。抗日战争爆发前，由东莞明伦堂沙田经理局整理
委员会与佃户所订租约均以"国币"为单位，抗日战争爆发后，国币
贬值，粮价持续高涨，"如照前批约履行收租，则本会收入值得十二
万余军票，比较台拓公司进驻万顷沙经营军谷时尚约有二十万余元，
以之办理全县公益事业，推进文化，则不独杯水车薪，于事无济，抑
且捉襟见肘"。为此，伪东莞明伦堂沙田整理委员会要求将"银租"
改为"谷租"，或重新批约，此举遭到了一部分佃户的坚决抵制。诸
如，裕安堂佃户张俭上诉至伪广州地方法院，要求伪广州地方法院确
认原批约有效；广同丰等围佃户陈森呈文汪伪广东省政府民政厅，要
求维持批约："每年租金，原订批约租金均以国币缴纳，现该会拒绝
收受国币，请饬令维持批约。"为了既兼顾伪东莞明伦堂沙田整理委
员会收入不受损失，又尊重佃户所据批约之法律地位，双方通过多次
沟通与协商，最后达成和解意向：依照原批约所定租额，分早、晚两
季缴纳"银租"；由万顷沙承佃理事会在晚造收割后，负责每年补交
粮价与"银租"差价 20 万元军票；倘若以后大洋纸币仍与本年同样
低落而谷价高涨，承佃理事会应报效相等数目，但报效数目连同全年
"银租"并计，以不超过收割时每亩 60 斤稻谷之价为限度。[1] 1940 年
7 月至 1941 年 6 月，伪东莞明伦堂沙田整理委员会收入万顷沙围田租
军票 21.73 万元，承佃理事会按谷价上涨情况报效军票 20 万元，鱼
埠租（在万顷沙捕鱼、虾、蚬等所交费用）军票 2.99 万元，码头租
（船只停靠万顷沙码头所交费用）军票 1786 元。[2] 1941 年，伪东莞明

---

[1] 伪东莞明伦堂沙田经理局整理委员会：《本会呈报民政厅对于万顷沙各围田改收租谷之经过情形并与佃人新订合约呈文》，《（伪）东莞明伦堂沙田整理委员会年刊》，1941 年，第 13 页。

[2] 伪东莞明伦堂沙田经理局整理委员会：《民国二十九年七月至三十年六月实收实支数目清表》，《（伪）东莞明伦堂沙田整理委员会年刊》，1941 年，第 48 页。

伦堂沙田整理委员会年度总收入军票 46 万余元。①

　1941 年 6 月至 1944 年 7 月，在伪东莞明伦堂沙田整理委员会第三任委员长莫章民主持工作期间，针对未到期的围田，除继续沿用前任卢德的做法外，万顷沙承佃理事会还需在报效谷价上涨军票 20 万元的基础上，每年再捐助军票 22 万元作为公益费。② 针对到期的围田，伪东莞明伦堂沙田整理委员会分两批重新开投，改收"谷租"。仁隆、和隆、新宝安中、新定安上、怡安、义和、田安等 10 余顷围田在广州重新开投时，年收"谷租"每亩 260 斤至 275 斤不等。③ 针对农业技术革新试验的需求，伪东莞明伦堂沙田整理委员会自行试耕智隆围田。④ 针对到期的万顷沙公局街各铺户，重新开投，最高加租20%，并以 10 年为期换发新批约。⑤ 针对万顷沙相关田产升科问题，考虑到"因事变时，所有契证，被前管明伦堂者携同他迁"等原因，请求汪伪广东省政府财政厅允许伪东莞明伦堂沙田整理委员会先预交升科费中储券 20 万元，待万顷沙围田测量完毕、伪东莞明伦堂沙田整理委员会取回契约后，再以多退少补的方式进行办理。⑥ 截至 1942

---

① 伪东莞明伦堂沙田经理局整理委员会：《公牍》，《（伪）东莞明伦堂沙田整理委员会季刊》，1942 第 1 期，第 86 页。

② 伪东莞明伦堂沙田经理局整理委员会：《本会与万顷沙承佃理事会代表订立和解条件全文》，《（伪）东莞明伦堂沙田整理委员会季刊》，1942 年第 1 期，第 97 页。

③ 伪东莞明伦堂沙田经理局整理委员会：《本会发展概况》，《（伪）东莞明伦堂沙田整理委员会季刊》，1942 年第 1 期，第 44—45 页。

④ 伪东莞明伦堂沙田经理局整理委员会：《东莞明伦堂逐年满批围田改收租谷预计收益增加比较图》，《（伪）东莞明伦堂沙田整理委员会季刊》，1942 年第 2 期，第167—168 页。

⑤ 伪东莞明伦堂沙田经理局整理委员会：《本会民国三十一年四月发给万顷沙公局涌各铺户批约原文》，《（伪）东莞明伦堂沙田整理委员会季刊》，1942 年第 2 期，第102 页。

⑥ 伪东莞明伦堂沙田经理局整理委员会：《函复财厅关于沙田升科因本会契约被前经营者携去俟取回再行办理升科登记》，《（伪）东莞明伦堂沙田整理委员会季刊》，1942 年第 2 期，第 169—178 页。

年底，万顷沙已有成田 450 余顷、水白坦约 300 余顷，年度总收入约军票 70 万元。① 1943 年，伪东莞明伦堂沙田整理委员会收入围田租金新法币（中储券）1880928 元，承佃理事会根据约定报效年度军票 20 万元（按 18 元军票兑换新法币 100 元计算，折合新法币约 111.11 万元），报效年度公益捐助军票 22 万元（折合新法币约 122.22 万元）。此外，收缴垗头租新法币 1280 元、埠头租新法币 3518 元、原会址维新横路二号以及东莞城外竹排铺物业租金新法币 1299 元、佃户缴纳沙田税新法币 74337 元、佃户缴纳护沙费新法币 247800 元、自耕围田收入新法币 54986 元、其他收入新法币 13948 元，伪东莞明伦堂沙田整理委员会年度总收入约 461.14 万元新法币②，折合军票 83 万余元，比 1941 年的年度总收入军票 46 万余元上涨了 0.8 倍。

三、 沦陷区教育事业概况

1938 年 11 月，莞城沦陷后，东莞原有的中小学校均受到战争威胁，一部分搬迁至暂时未沦陷的香港、樟木头、常平等地，一部分停办，沦陷区原有的公立教育基本处于停滞状态，不少学校校舍已被日军用作军营。1940 年 5 月 10 日，汪伪广东省政府成立。1940 年 6 月 5 日，汪伪广东省东莞县政府成立，卢宝永任东莞县伪政府第一任县长。1943 年，卢宝永调往中山县，伪县长一职由黄恩澧接任。1943 年冬，黄恩澧去职，伪县长一职由侯文安接任，直至抗战胜利。汪伪广东省东莞县政府设有秘书室、宣传科、教育科、建设科、财政局、警察局、联防总局、地方法院等办事机构。③ 为了配合汪伪广东省东

---

① 伪东莞明伦堂沙田经理局整理委员会：《本会发展概况》，《（伪）东莞明伦堂沙田整理委员会季刊》，1942 年第 1 期，第 50 页。

② 伪东莞明伦堂沙田经理局整理委员会：《本会最近概况》，《（伪）东莞明伦堂沙田整理委员会季刊》，1943 年第 3 期，第 69 页。

③ 东莞市地方志编纂委员会：《东莞市志·政务篇（征求意见稿）》，1986 年，第 16 页。

莞县政府"通过争夺失学青年赢得民心"之目的，伪东莞明伦堂沙田整理委员会在沦陷区不仅自办中小学校，而且也给学生发放求学津贴及奖励金。

（一）在沦陷区自办中小学校。1940 年 2 月，在东莞县城东正街建立了伪东莞县立中学，每月补助经常费手票 550 元、临时费手票 2000 元，其中，图书仪器购置费 1500 元，其余 500 元由校长自由支配；[①] 1940 年 8 月至 1941 年 2 月，在东莞县城万寿里、石龙镇竹溪洲、东莞县城外阮涌、太平华光道、万顷沙等地分别建立了伪东莞县立第一小学、第二小学、第三小学、第四小学以及伪万顷沙小学等[②]，每月补助县立小学校手票 972 元，临时费手票 2000 元，其中，图书仪器购置费 1500 元，其余 500 元由校长自由支配；每月补助伪万顷沙小学校经常费国币 800 元，修缮费国币 520 元，开办临时购置费手票 750 元。[③] 1942 年 4 月至 8 月，在望牛墩乡、济川乡分别建立了伪东莞县立第五小学、第六小学；1943 年 8 月，在石龙、太平、道滘分别建立了伪东莞县立第二中学校、第三中学校、第四中学校，以及其附属小学 3 所；[④] 1944 年，常平等地相继沦陷后，在常平设立伪东莞县立第五中学校、伪东莞县立第七小学以及在林村设伪东莞县立第八小学[⑤]，以上中小学校均为全额经费学校。与此同时，还补助厚街、篁溪等乡立、私立学校 24 所，以及广州私立鸣崧纪念学校。其中，

---

① 伪东莞明伦堂沙田整理委员会：《本会每月补助东莞教育经费之大概情形》，《（伪）东莞明伦堂沙田整理委员会民国三十年征信录》，1941 年，第 3 页。

② 伪东莞明伦堂沙田整理委员会：《教育一周年概况》，《（伪）东莞明伦堂沙田整理委员会季刊》，1943 年第 4 期，第 116 至 120 页。

③ 伪东莞明伦堂沙田整理委员会：《本会每月补助东莞教育经费之大概情形》，《（伪）东莞明伦堂沙田整理委员会民国三十年征信录》，1941 年，第 3 页。

④ 伪东莞明伦堂沙田经理局整理委员会：《新办县立各中学校之概况》，《（伪）东莞明伦堂沙田整理委员会季刊》，1943 年第 5 期，第 3 页。

⑤ 伪东莞明伦堂沙田整理委员会：《本会推进常平各中小学概况》，《（伪）东莞明伦堂沙田整理委员会季刊》，1944 年第 7 期，第 29 页。

补助厚街第五区乡立小学校全年经费小洋 1000 元①。此外，针对社会教育，在篁溪、厚街、茶山各乡自办平民识字学校 3 所，在各小学内自办附设阅书报社 10 家，补助县立民众学校 10 家。② 1944 年，支出教育经费国币 1373.18 万元（其中，第一季度 88.97 万元，第二季度160.0544 万元，第三季度 513.4263 万元，第四季度 610.7323 万元）③，约占国币总收入 3823.95 万元④的 35.9%。

此外，伪东莞明伦堂沙田整理委员会还在莞城、石龙、太平设立民众教育馆，通过设置书报室、儿童阅览室、平民识字学校以及儿童游乐场等开展社会教育。其中，平民识字学校由各中小学兼办，伪东莞明伦堂沙田整理委员会派员协助，并给予一定的经费支持。⑤

（二）发放求学津贴及奖励金。针对贫困学生，伪东莞明伦堂沙田整理委员会设定了贷款求学办法。1940 年 10 月 1 日起实施了《东莞明伦堂沙田整理委员会奖励国内外公立专科以上学校学生贷款求学暂行办法》：

凡邑人在国内外公立专科以上学校肄业，其学业与操行成绩

① 伪东莞明伦堂沙田整理委员会：《本会每月补助东莞教育经费之大概情形》，《（伪）东莞明伦堂沙田整理委员会民国三十年征信录》，1941 年，第 3 页。
② 伪东莞明伦堂沙田经理局整理委员会：《两周年教育概况》，《（伪）东莞明伦堂沙田整理委员会季刊》，1944 年第 8 期，第 35—37 页。
③ 伪东莞明伦堂沙田整理委员会：《（伪）东莞明伦堂沙田整理委员会教育费每月实支明细表》，《（伪）东莞明伦堂沙田整理委员会季刊》，1944 年第 7、8、9、10 期，第69、50、86、50 页。
④ 伪东莞明伦堂沙田整理委员会：《（伪）东莞明伦堂沙田整理委员会每月实收数目简明表》，《（伪）东莞明伦堂沙田整理委员会季刊》，1944 年第 7、8、9、10 期，第63、42、77、41 页。
⑤ 伪东莞明伦堂沙田经理局整理委员会：《（伪）东莞明伦堂沙田整理委员会自办暨补助社会教育事业章程》，《（伪）东莞明伦堂沙田整理委员会季刊》，1942 年第 1 期，第 18 页。

俱优而家道清贫无他补助者，得向本会请求贷款。暂定名额30名（本省20名，省外10名）。每名每月贷款国币30元……毕业后在社会服务时，月薪在120元以上者按月偿还10元。月薪在200元以上者，按月偿还20元，不收利息……贷款学生如有前学期之学业成绩有二科以上不及格者，前学期之学业成绩平均分不及七十分者，操行成绩不及乙等者，本会贷款名额已满者，本会认为有停贷之必者，均不得贷款……贷款学生如有学业成绩平均在九十分以上且操行成绩在甲等者，免还全学期之贷款；学业成绩平均在八十分以上、操行成绩列在乙等以上、并有特殊著作或译述经本会审查确定有价值者，免还半学期之贷款；对所习之学科有特殊之新发明，并有研究心得或作战报告经本会审查确定有相当价值者，酌情免还一部分贷款。[1]

该办法既可支助并鼓励贫困青年上学，又可以收回贷款，在当时的战争环境下，不失为一个比较好的教育资助举措。1941年，伪东莞明伦堂沙田整理委员会总计发放助学贷款新法币11000元。[2]

针对官派就读知名私立学校的学生，伪东莞明伦堂沙田整理委员会设定了专门的求学津贴办法。抗日战争爆发后，出于"亲善"目的，伪东莞明伦堂沙田整理委员会选派了一批莞籍学生前往日本留学，为了解决这批学生留学经费短缺等问题，1942年12月15日，伪东莞明伦堂沙田整理委员会第十五次委员会议决：

> 凡考送日本、台湾的官费生，留学私立学校，不论在专门

---

① 伪东莞明伦堂沙田经理局整理委员会：《（伪）东莞明伦堂沙田整理委员会奖励国内外公立专科以上学校学生贷款求学暂行办法》，《（伪）东莞明伦堂沙田整理委员会年刊》，1941年，第7页。

② 伪东莞明伦堂沙田经理局整理委员会：《（伪）东莞明伦堂沙田整理委员会实际收支报告表》，《（伪）东莞明伦堂沙田整理委员会年刊》，1941年，第73页。

部，亦或大学本科肄业者，均可接受本会津贴费。又私费留学生，如在日本有名之私立大学庆应义塾大学、早稻田大学、明治大学、法政大学、中央大学、日本大学等六校肄业者，亦可依章领取津贴。①

针对小学生，增补了小学生求学津贴办法。以往发放求学津贴，东莞明伦堂很少考虑小学生。1943 年 1 月 29 日，伪东莞明伦堂沙田整理委员会第十八次委员会议决，特增设莞籍小学生津贴费："每学期每名拨给津贴费中储券三十元，由三十二年一月份起，并拟具小学生津贴章程，呈奉省政府核准备案……津贴费于每学期或学年之终一个月内，分别发给之。"② 该办法进一步完善了学生津贴发放体系。1944 年，伪东莞明伦堂沙山整理委员会发放学生津贴国币 102.31 万元。其中，第一季度 24.86 万元，第二季度 35.18 万元，第三季度 14.27 万元，第四季度 28 万元。③

针对优秀学生，设定了奖励金发放办法。从 1942 年上学期开始，奖励金定为每学期军票 500 元，凡中等以上学校学生，不分国内外，如属东莞籍贯，"学习成绩平均 80 分以上，操行成绩在乙等以上者""有特殊著作或课题，经本会审查，认为有价值者""对于所习学科，有特殊新发明，并能将其研究心得制作成报告书，经本会审查，认为有相当价值者"均可获得奖励金。④ 1944 年，总计发放奖励金国币

① 伪东莞明伦堂沙田经理局整理委员会：《邑人留学国外有名私立学校及官费生一律给予津贴费》，《（伪）东莞明伦堂沙田整理委员会季刊》，1942 年第 2 期，第 15 页。

② 伪东莞明伦堂沙田经理局整理委员会：《增设莞籍小学生津贴费》，《（伪）东莞明伦堂沙田整理委员会季刊》，1942 年第 3 期，第 10 页。

③ 伪东莞明伦堂沙田经理局整理委员会：《财政概况：每月实际收支报告表》，《（伪）东莞明伦堂沙田整理委员会季刊》，1942 年第 7、8、9、10 期，第 64，41，78，42 页。

④ 伪东莞明伦堂沙田经理局整理委员会：《教育概况：发给学生奖励金》，《（伪）东莞明伦堂沙田整理委员会季刊》，1943 年第 3 期，第 10 页。

11.29 万元。其中，第一季度国币 40053 元，第二季度国币 34566 元，第四季度国币 38296 元。[①]

四、 沦陷区慈善事业概况

针对沦陷时期东莞县成千上万饥寒交迫的贫民，伪东莞明伦堂沙田整理委员会为了收买民心，也开展了一些慈善救济工作。

（一）筹设施诊所。1940 年 10 月，在第二任伪委员长卢德主持工作期间，经伪东莞明伦堂沙田整理委员会第十一次委员会议决，在东莞县城、中堂、龙湾、厚街分别设立第一、二、三、四中医施诊所。1942 年 11 月，在第三任伪委员长莫章民主持工作期间，针对第一、二、三、四中医施诊所名存实亡的现状，拟定了《（伪）东莞明伦堂沙田整理委员会设置中医施诊所章程》，重新在东莞县城内、东莞县城外、石龙镇、太平镇、中堂墟、道滘乡、厚街乡、广州市小东门、广州市河南尾分别设立第一至第九中医施诊所，并于 1943 年 1 月 1 日同时开业施诊。1944 年 4 月，又在茶山乡、常平乡、塘厦乡、广州河南南华中路 168 号、丰乐乡、同安乡等地分别设置了第十至第十四中医施诊所，自此，伪东莞明伦堂沙田整理委员会在东莞、广州等地设置的中医施诊所达到了 14 间[②]。伪东莞明伦堂沙田整理委员会还根据所在地人口密度，将中医施诊所分为甲、乙两个等级。其中，甲等中医施诊所"医生每月薪水手票 80 元，杂役每月薪水手票 20 元，办公费每月手票 30 元；乙等中医施诊所医生每月薪水手票 75

---

① 伪东莞明伦堂沙田经理局整理委员会：《财政概况：每月实际收支报告表》，《（伪）东莞明伦堂沙田整理委员会季刊》，1942 年第 7、8、10 期，第 64，41，42 页。

② 伪东莞明伦堂沙田经理局整理委员会：《各中医施诊所暨万顷沙医院每月经费一览表》，《（伪）东莞明伦堂沙田整理委员会季刊》，1944 年第 8 期，第 91—92 页。

元，办公费每月手票 25 元"①。

1941 年 4 月始，伪东莞明伦堂沙田整理委员会与普济医院在东莞县城外振华路合办西医施医赠药所，给予开办费国币 1100 元，每月经常费国币 500 元，一次性修缮费国币 600 元。② 1941 年 6 月，伪东莞明伦堂沙田整理委员会又成立具有职业教育性质和提高全县医护水平的护士助产学校（普济医院内），学制 3 年，每期招培护士 30 人左右，每名学员每月发放津贴及伙食费军票 10 元。③ 1942 年，在与普济医院合办西医施医赠药所、护士助产学校的基础上，在城内万寿里和城外合办贫民留产所，在东莞县城外脉沥洲合办了一所护士助产学校。1942 年下半年，还筹建了万顷沙医院，每月补助东莞普济医院新法币 833.33 元。④

此外，还资助东莞县城外的同善堂、石龙的民众治疗所、贫民留产所、若瑟洲麻疯院，以及稍谭麻疯院、虎门慈善会、伪东莞周报社、伪东莞公会等机构的慈善社会事业。⑤

（二）成立施赈委员会。1941 年，伪东莞明伦堂沙田整理委员会拟订了《（伪）东莞明伦堂施赈委员会组织章程》，确定设立伪东莞明伦堂施赈委员会办理施粥赈济事宜，办公地点位于东莞城内储济仓。该

---

① 伪东莞明伦堂沙田经理局整理委员会：《东莞明伦堂沙田整理员会设置中医施诊所章程（附表）》，《（伪）东莞明伦堂沙田整理委员会季刊》，1942 年第 2 期，第 10—14 页。

② 伪东莞明伦堂沙田整理委员会：《本会每月补助东莞教育经费之大概情形》，《（伪）东莞明伦堂沙田整理委员会民国三十年征信录》，1941 年，第 6 页。

③ 伪东莞明伦堂沙田经理局整理委员会：《本会筹设莞城、中堂、厚街、龙湾、中医施振所及办理西医赠药所之经过》，《（伪）东莞明伦堂沙田整理委员会年刊》，1941 年，第 5—6 页。

④ 伪东莞明伦堂沙田经理局整理委员会：《本会最近概况》，《（伪）东莞明伦堂沙田整理委员会季刊》，1942 年第 1 期，第 41—42 页。

⑤ 伪东莞明伦堂沙田经理局整理委员会：《本会继续补助各慈善团体暨社会事业团体经费》，《（伪）东莞明伦堂沙田整理委员会季刊》，1944 年第 8 期，第 96—98 页。

委员会由伪东莞明伦堂沙田整理委员会派员 2 人协同汪伪东莞县党部、各伪区公署、各伪社团组成，主任由时任汪伪东莞县县长卢宝永兼任。伪东莞明伦堂沙田整理委员会每月拨经费 150 元，并呈请汪伪广东省政府民政厅转函"南支派遣军经理部"，要求台拓公司在 1940 年伪东莞明伦堂沙田整理委员会应收晚造租谷项目下拨出 30 万斤稻谷用以施赈。同年 4 月，该委员会提取 6 万斤稻谷在莞城、石龙、太平、中堂、万顷沙施粥派米。其中，莞城占总量的 40%，石龙占总量的 30%，其他三地分别占总量的 10%。另制棉衣 5000 件，分发给各区贫民。① 1942 年，伪东莞明伦堂沙田整理委员会成立的伪万顷沙善社在抗战期间与莞城、石龙、太平等有影响力的慈善机构协同开展社会救济。1943 年，伪东莞明伦堂沙田整理委员会拨款新法币 11 万元在莞城、石龙、太平三地施粥。1943 年至 1945 年间，每年均通过公开招投棉衣制作商的方法，制作棉衣 1—2 万件在东莞县城等 13 地发放。② 1944 年，以重修报功祠，增设何耘劬、方瑚洲、陈云亭、陈百木等先贤遗裔为由，每年发放酬金国币 5000 元，以示其传承"正统"。③

（三）筹设莞邑职业救济所。为收容失业贫民，实行以工代济举措，生产各种赈灾用品，自 1941 年下半年开始，伪东莞明伦堂沙田整理委员会成立了伪莞邑职业救济所，编订了《（伪）东莞明伦堂职业救济所组织章程》，设所长 1 人、副所长 1 人。其中，所长由伪东莞明伦堂沙田整理委员会委员长兼任，副所长由伪东莞明伦堂沙田整理委员会认可的专门人才担任。伪职业救济所下设会计

---

① 伪东莞明伦堂沙田经理局整理委员会：《（伪）东莞明伦堂沙田整理委员会民国三十年征信录》，（伪）《东莞明伦堂沙田整理委员会年刊》，1941 年，第 3—5 页。
② 伪东莞明伦堂沙田经理局整理委员会：《本会施赈棉衣》，《（伪）东莞明伦堂沙田整理委员会季刊》，1943 年第 4 期，1944 年第 7 期，1945 年第 11 期，第 224—228，113—114，96 页。
③ 伪东莞明伦堂沙田经理整理委员会：《本会增加报功祠先贤何耘劬等遗裔酬金》，《（伪）东莞明伦堂沙田整理委员会季刊》，1944 年第 9 期，第 120 页。

组、工务组、总务组。其中，会计组设主任 1 人，会计和出纳若干；工务组设主任 1 人，技术员 1 人，事务员若干；总务组设主任 1 人，推销员、购料员、文员、事务员若干，分管本组事务；伪救济所下辖草制厂、腐竹厂、棉织厂、麻织厂、陶瓷厂，共收容贫民数千人。[①]

　　1937 年至 1945 年的"两个整理委员会并存时期"，是东莞明伦堂历史上最为特殊的时期。东莞明伦堂沙田经理局整理委员会经历了广州、香港、澳门、曲江四地的迁徙，在处境维艰的情况下仍想方设法推进驻莞通讯处、澳门收租办事处、万顷沙自卫局等组织建设，积极主动与佃户取得联系以收取沙田租金，并利用这些微薄的收入，积极支持四处漂泊的东莞中小学校教育事业以及其他公益事业，其行为可圈可点。伪东莞明伦堂沙田整理委员会以日伪为靠山，以"正统"自居，虽屈节投敌，遭人不齿，然通过"亲善""睦邻"等方式与日军、伪军斡旋，收回了万顷沙田业权，并以此收入在东莞沦陷区开办教育事业，进行战时施赈，开展慈善救济和卫生医疗等活动，虽有收买民心之目的，但在特定历史环境下，客观还是具有一定的积极意义。

---

① 伪东莞明伦堂沙田经理局整理委员会：《筹设莞邑职业救济所之经过》，《（伪）东莞明伦堂沙田整理委员会年刊》，1941 年第 7 期，第 8—10 页。

附　录

东莞明伦堂沙田经理局整理委员会关于国泰堂承耕平安等围田批约
（1936 年 1 月）

立批耕合约：东莞明伦堂沙田经理局整理委员会

　　　　　国泰堂

　　东莞明伦堂（以下备本堂）将万顷沙围田东安等贰拾壹围共税田壹佰贰拾贰顷玖拾陆亩壹分捌厘五毫陆丝贰忽，分作甲乙丙丁戊己六组开投招人来耕，于民国二十五年一月十日在本堂内当众开投，其戊组平安、新宝安下等围共税田贰拾伍顷伍拾陆亩捌分陆厘零四丝贰忽由国泰堂按年每亩纳租银捌元捌毫柒分为出价最高投得，经照章缴交押批银即为承耕。该组各围田之佃人理应分别定立批耕合约共十四条，以资遵守。兹将戊组平安、新宝安下围批耕合约条件订立如下：

　　一、本堂万顷沙戊组平安围田一十三顷七十五亩四分七厘八毫六丝，另丈溢七十五亩七分五厘零五丝七忽，合计一十四顷五十一亩二分二厘九毫一丝七忽，又另草坦二十五亩。新宝安下围田一十顷九十六亩二分六厘七毫五丝，另丈溢九亩三分六厘三毫七丝五忽，合计一十一顷零五亩陆分三厘一毫二丝五忽，又另草坦二十五亩，依约批与国泰堂承耕，由民国廿五年一月一日起至民国卅四年十二月底止，凡承耕十年。

　　二、下列租项等由佃人按年分二季平均缴交本堂，头季于国历六月十日，尾季于国历十月十日行之，不得逾期拖欠，计应交纳租款各费如下：

　　（甲）租银每亩八元八角7分，全年共银二万二千六百七十九元三角五分；

（乙）草坦五十，每亩纳租一元二角，全年共银六十元；

（丙）依租额每元纳二分之经费，全年共交银四百五十三元五角九分；

（丁）沙夫工食每亩六角，全年共缴银一千五百三十四元二角；

（戊）沙捐照政府定例，佃人值二成，全年共缴银一百九十九元四角五分，连加三补大洋水在内，但如有加收及大洋补水有增减时，佃人亦照二成加纳及照大料补水增减额计算；

（己）每亩护耕费国币三角，业佃各半，全年共缴银三百八十三元五角五分；

三、佃人每年必须依照批约所定之租额及交租期缴纳，如有借端短纳，一经查出，即行取销批约，另行批耕，其短纳之租项加三倍追缴。又过约定之交租期一星期内不缴租款，则每亩以利息一分五厘罚息，过半月不缴，复经本堂限期严催不缴者，即停止发打禾票，扣留谷粒清偿。

四、每亩应缴押批银一元五角，合共银三千八百三十五元五角，于订立批约之时缴交，否则，满批之年尾造扣除。

五、以后无论官厅核准与否，佃人不得借款及预借租款与本堂。如有违用，以串同舞弊论，所有借款一律无效，并将批约取消，倘有强力侵扰至不能割禾，以至损失谷粒时，本堂应负维持之责。

六、佃人除政府通令主佃应缴之款外，其他若有借名保护勒收之款，佃人因缴过沙夫工食，本堂应负保护之责，妥为拒绝勒收。

七、沙夫工食专为本堂设自卫局勇保护业佃饷项之用，如有增减时，概由本堂负责。若佃人遇必要时，欲自行集合各围组织义务联团时，其款项由佃人自理，但须经本堂核准方得实行。

八、所有租项，年月丰欠，两无增减。

九、承批未满期，不得中途退耕。

十、佃人如有犯下列各事，立即驱逐出沙，另行开投承耕，不得借批阻碍，并该围所属之组全组批约作无效论。凡被驱逐出沙及取销批约者，所缴押批银概不得追还。

（甲）逾期拖欠租项；（乙）中途退耕或私顶别人；（丙）聚赌；（丁）庇吹洋烟；（戊）窝匪；（已）贩私；（庚）收藏违禁物；（辛）重大危害全沙公益；（壬）不遵守本堂之约束；（癸）其他违背条约及犯法行为。

十一、所有围堂、耕馆、晒场、窦口、板寮、树木等一切原本堂管业，批满之时佃人须完全交回，不得毁伐，而围堂尤须完全无缺。

十二、围内蔬、果、鸭、埠、虾、蟹、禾、虫等俱为佃人收管，为年中修补围堂之费。

十三、倘遇风、水坏及围堂，佃人自行修理完整，不得索本堂赔偿，修理围堂只准佃人在围外就近取泥。

十四、围内各基堂均属本堂税地，永禁起造房屋、店铺。如旧有支搭板棚以便买卖者，佃人务要先行点验报明本堂若干所，由该围管理，佃人不得私自添多及勒索重租，否则，本堂得随时收回。

委员长　李扬敬

委　员　朱念慈　李枚叔　邓庆史

　　　　黎国材　钟之杰　叶宝仑

　　　　李振良　王若周　罗植椿

　　　　翟宗心

中华民国廿五年一月

东莞明伦堂沙田经理局整理委员会

东莞明伦堂沙田经理局整理委员会关于大成堂承耕广同丰围田批约

（1940 年 3 月 23 日）

东莞明伦堂沙田经理局整理委员会为发给批约事照得本堂所辖万顷沙有广同丰围田十顷四十二亩七分一厘二毫七丝当经议决于本年三月二十日在本堂当众开投，由大成堂按年每亩纳租国币十三元八角五分为出价最高投得，经照章缴交押批银即为该佃承耕而订立条件共十四条，以资遵守须至批约者。

批耕条件如下：

一、本堂所辖万顷沙广同丰围田十顷四十二亩七分一厘二毫七丝，另丈溢卜七亩，又另草坦三十亩二分二厘三毫，依约批与大成堂承耕，由民国廿九年头季起至民国卅八年尾季底止，凡承耕十年为限。

二、下列租项等由佃人按年分二季平均缴交本堂，头季于国历三月十日，尾季于国历九月十日行之，不得逾期拖欠，计应交纳租款各费如下：

（甲）每亩纳租国币十三元八角五分，全年共国币一万四千六百七十七元二分；

（乙）草坦三十一亩二分二厘三毫，每亩纳租国币一元，全年共国币三十一元二角二分；

（丙）依租额每百元纳经费二元，全年共交国币二百九十三元五角四分；

（丁）沙夫工食每亩国币五角，全年共缴国币五百二十九元八角六分；

（戊）沙捐照政府定例，佃人值二成，全年共缴国币六十三元伍角八分；

（己）护耕费每亩国币三角五分，主佃各半，全年共缴国币一百八十五元四角四分；

（庚）上列沙捐、护耕费两项照现时财厅所颁数目计算，如将来政府对该二项再有增收时，佃人亦须照定例增缴。

三、佃人每年必须依照交租期间完缴应纳租款各费，如有借端短纳，即行取销批约，另行开投，其短纳之租项加三倍追缴。又过约定之交租期一星期内不缴租款，经申请延期者，则每亩以利息一分五厘罚息，过半月复经本堂限期催缴仍不遵缴者，即停止发打禾票，并扣留谷粒清偿。

四、每亩应缴押批银一元五角，合共国币一千五百九十元，经手订立批约之时缴交，否则，满批之年尾造扣除。

五、佃人不得借款及预借租款与本堂。如因特别需用时，并经呈奉官厅核准及由本堂议决者不在此例。

六、佃人除政府通令主、佃应缴之款外，其他若有借名保护勒收之款，佃人因缴过沙夫工食，本堂应负保护之责，妥为拒绝勒收。

七、沙夫工食专为本堂设自卫局卡兵保护业佃饷项之用，至若每年护沙饷项如有增减时，概由本堂负责。若佃人遇必要时，欲自行集合各围组织义务联团时，其款项由佃人自理，但须经本堂核准方得实行。

八、所有租项，年月丰欠，两无增减。

九、承批未满期，不得中途退耕。

十、佃人如有犯下列各事，立即驱逐出沙，另行开投承耕，不得借批阻碍。凡被驱逐出沙及取销批约者，所缴押批银概不发还。

（甲）逾期拖欠租项；（乙）中途退耕或私顶别人；（丙）聚赌；（丁）庇吸洋烟；（戊）窝匪；（已）贩私；（庚）收藏违禁品（物）；（辛）重大危害全沙公益；（壬）不遵守本堂之约束；（癸）其他违背条约及犯法行为。

十一、所有围堂、耕馆、晒场、窦口、板寮、树木等一切原本堂管业，批满之时佃人须完全交回，不得毁伐，而围堂尤须完全无缺。

十二、围内蔬、果、鸭、埠、虾、蟹、禾、虫等俱为佃人收管，为年中修补围堂之费。

十三、倘遇风、水，坏及围堂，概由佃人自行修理完整，毋得索本堂赔偿，修理围堂只准佃人在围外就近取泥。

十四、围内各基堂均属本堂税地，永禁起造房屋、店铺。如旧有板棚以便买卖者，佃人务要先行照验报明本堂若干所由本堂管理，佃人不得私自瞒报，否则，本堂得随时收回。

委员长　叶　青

委　员　黄侠毅　王绎声　潘树勋

　　　　叶　显　蒋严博　罗　瑶

　　　　翟瑞元　方　彪

中华民国廿九年三月十三日　发

（原载东莞市档案馆编，刘志伟主编：《东莞明伦堂档案·第一辑》（第 1 册），广东人民出版社 2020 年版，第 3—9 页）

东莞明伦堂沙田经理局整理委员会
关于在韶会议重要议决案等事宜训令稿

（1942 年 4 月 25 日）

令本会驻莞办事处主任李威：

　　查港九沦陷，本会应事实之需要，迭经召集在韶委员会议决定，移韶继续进行，并通过重要议案多起，先后电报饬知遵办有案。兹再随文检发历次会议纪录各一份，希即抄录叶、潘、陈等各委员，并由该主任详阅，遵办情形分别呈复至该办事处。主要任务兹特指定如下：（一）代表本会向佃人催租，其租项仍由佃人自行向本会委员叶显投缴；（二）代表本会经常与东莞县政府各学校及游击队负责当局保持联络；（三）保护本会林场。而第一项尤为重要，因租项为吾邑文化教育标废盛衰之所系，务宜向各佃户分别晓谕，使其明白大义，辨别利害，速将前欠租项赶速遵缴，并印发通知一份，仰查明填发，并将各佃应缴数目造具清册两份分送本会及叶显委员查考为要。

委员长　李章达

中华民国三十一年四月

　　（原载东莞市档案馆编，刘志伟主编：《东莞明伦堂档案·第一辑》（第 33 册），广东人民出版社 2020 年版，第 410—411 页）

东莞明伦堂董事会民国三十二年度经常费支付预算书

（1943 年 3 月 9 日）

单位：元

科　目	月支预算数	年支预算数	备　考
本会经常费	6690	80280	
董事长车马费	600		1 人，月支 600 元
常务董事车马费	1200		4 人，月支 300 元
职员薪水	1540		总干事 1 人 400 元，干事 3 人，月支 260 元，助理干事 3 人，其中 1 人月支 160 元，2 员各支 100 元
伙食津贴	1400		
车马薪水合计	4740	56880	
公役工食	250		
伙夫工食	200		
工食费合计	450	5400	
文具	150		
邮电	100		
购置	100		
消耗	150		
什支	100		
房租	500		
办公费合计	1100	13200	
会议费合计	400	4800	
总计		160560	

注：第三次常务会议通过。

（原载东莞市档案馆编，刘志伟主编：《东莞明伦堂档案·第一辑》（第 4 册），广东人民出版社 2020 年版，第 67—69 页）

东莞明伦堂董事会沙田开投章程

（1943 年 7 月 5 日）

一、围名：隆安　仁安

二、日期：定于本年十月一日下午一时开投

三、地址：常平办事处

四、底价：每亩年租谷低价二百司码斤，战时减收二五折

五、押票：每亩国币十五元

六、押批：全年每亩押批租谷五斤，按当地时价折收代金于满批之年尾季，租内扣回租谷五斤作为交还。

七、批期：各围均以五年为期，由民国三十三年一月起。

八、租期：每年分两造交租，头造农历八月十五日，尾造十二月十五日，头四尾六不得拖欠。

九、缴租：在战时准照当地时价折收代金。

十、投票：投票者须先缴纳票银领取本会票证，票面数目须用大写。

十一、当选：以年出租谷超过底价最高者为当选，开票后留取头二三票，如头票不就，递选二票，二票不就，递选三票，凡放弃之前，本会皆没收其押批银。其余不获选者，票银当场发还。

十二、领批：凡获选之票均限于开票十日内到会领批，如逾期不到，作为放弃，另行递选二票，仍限十日，如再不到，改选三票，至十日限满而仍不到则另行开投。

十三、费用：投得之田每年除缴纳田租外，其余获耕费、沙捐、钱粮沙夫工食、经费、草坦租等项概照本会规定缴纳。

（原载东莞市档案馆编，刘志伟主编：《东莞明伦堂档案·第一辑》（第 4 册），广东人民出版社 2020 年版，第 458—460 页）

东莞明伦堂董事会每月补助全县各机关、学校、医院经费表

（1943 年）

机关名称	地　址	每月补助数目（元）	备考（万元）
自卫局通讯处	常平	3600	4.32
林场	樟木头	1950	2.34
县党部民国日报		150	0.18
县社会服务处		300	0.36
宣传委员会		50	0.06
合计		6050	
莞中	常平	2500	3
龙中	清溪	1200	1.44
简师	东坑	936	1.12
明生中学	桥头	1800	2.16
县立一小		500	
县立二小		560	
县立三小		560	
县立四小		500	
县立五小		停办	
县立六小		560	
县立七小		500	
县立短期小学		529.2	
合计		10145.2	
县立国医院		85	
东坑赠医所		75	
大朗赠医所		75	
清溪赠医所		75	
塘厦赠医所		75	

（续表）

机关名称	地　址	每月补助数目（元）	备考（万元）
常平赠医所		75	
第一赠医接产所		140	
合　计		675	
总　计		16870.2	

（原载东莞市档案馆编，刘志伟主编：《东莞明伦堂档案·第一辑》（第4册），广东人民出版社2020年版，第77—81页、第235—237页）

东莞明伦堂万顷沙自卫局组织暂行条例

（1943 年 2 月 22 日）

一、为执行董事会议决一切法益，协助征收万顷沙沙田租项及保卫耕佃起见，设置东莞明伦堂万顷沙自卫局。

二、自卫局暂设于东莞属常平墟，但为适应局势需要得设于东莞属内适宜地区。

三、自卫局长由董事会遴派。

四、自卫局设局长一员、局员四员、雇员二员，均受局长指挥，监督办理指定事务，其组织系统、办事细则另定之。

五、自卫局之下辖自卫队三大队（必要时得随时增减之），每大队辖四中队，每中队辖三小队。

六、局内职员及自卫队各级大中小队长得由自卫局长荐委。

七、自卫局长秉承董事会之命令主办之职务如左：

甲、执行董事会议决案及交办事项；

乙、协助征收万顷沙沙田租项；

丙、保卫耕佃之安全；

丁、指挥监督所属员役及自卫大队；

八、本细则由董事会议决后施行；

九、本细则如有未尽事宜，得由董事会随时修正之。

（原载东莞市档案馆编，刘志伟主编：《东莞明伦堂档案·第一辑》（第 2 册），广东人民出版社 2020 年版，第 434—436 页）

东莞明伦堂董事会关于委任梁玉阶为护沙队队长及本年收租办法

（1944 年 5 月 23 日）

令本会万顷沙护沙总队队长梁玉阶：

　　查该队成立开办伊始正需财，特给开办法十万元，并自成立日起每月发给经费二万五千元。除开办费由本会顾问陈铁伍代领转发外，经费由李会计按月组发。合行令仰知照，并将成立日期、印模呈核。

　　查本会现委梁玉阶为本会万顷沙护沙总队长，已由本会发给开办费十万元，该队成立日起，按月发级经常费二万伍千元。又本年份收租办法批耕围照卅二年办法，每亩除租什外加收一百元，荒头围加收五十元。因成立护沙队，沙夫工食每亩改收十元，希望照办理并通知各佃知照为要。右通知本会会计李威。

　　此令。

蒋光鼐

　　（原载东莞市档案馆编，刘志伟主编：《东莞明伦堂档案·第一辑》（第 4 册），广东人民出版社 2020 年版，第 589—590 页）

第七章　董事会时期（1945—1949 年）

1945 年 8 月 28 日，位于曲江的东莞明伦堂董事会副董事长袁良骅奉董事长蒋光鼐之密电，偕同李威前往广州，交涉并点收伪东莞明伦堂沙田整理委员会财产，勒令伪万顷沙自卫局、伪万顷沙护沙大队悉数交出枪支和公物。随后，又指令东莞明伦堂董事会万顷沙护沙总队队长梁玉阶进驻万顷沙维持社会治安。1945 年 8 月 30 日，东莞明伦堂董事会共接收伪东莞明伦堂沙田整理委员会中储券 1800 余万元，万顷沙租谷 30 余万斤。同时，遣散伪东莞明伦堂沙田整理委员会职员 70 余人，安排东莞明伦堂董事会 6 名职员前往广州临时办公。紧接着，又将 1937 年袁煦圻离开广州前往香港时寄存于广州沙面万国宝通银行的各种契据、执照、清册领回。① 至此，东莞明伦堂董事会接管工作初步完成。

1945 年至 1949 年间，东莞明伦堂进入发展的最好时期——董事会管理时期。在此期间，东莞明伦堂董事会强化组织建设，整顿沙田事务，大力发展东莞教育、慈善、卫生、交通、水利等社会公益事业。

第一节　强化组织建设

东莞明伦堂董事会虽然顺利接管了伪东莞明伦堂沙田整理委员

---

① 东莞明伦堂档案 001—7—0036—0021 · 报告接收伪明伦堂情形由（1945 年），东莞市档案馆藏。

会，但也深刻地认识到，要使战后整个组织正常有序运转，还需强化
和完善组织与管理，规范各项办事流程和细则，才能有效地利用东莞
明伦堂所属财产收益促进东莞教育文化及其他地方福利事业发展。

一、 健全东莞明伦堂董事会会务管理组织

东莞明伦堂董事会自 1942 年 12 月在曲江改组以来，虽然收入有
限，但以蒋光鼐为董事长的第一届董事会成员仍攻坚克难，想方设法
维持战争时期非沦陷区的教育、文化、卫生等公益事业的生存与发
展。为了更好地履行为莞邑服务的社会职责，东莞明伦堂董事会充分
利用换届选举的机会，对其组织架构、岗位职责、办事细则等会务管
理组织工作进行了细化和完善。

（一）强化东莞明伦堂董事会管理组织。1946 年 4 月 28 日，东
莞明伦堂董事会在广州召开会议，蒋光鼐、徐景唐、张达、陈仲英、
王体端①、方育之（又名方彪）、叶显、邓庆史、李节文、何仲达②、
王光海、邓植仪、罗瑶、冯次淇、吴建华、张尔超、王铎声、张我
东、袁良骅、麦骞、李章达、王应榆、李扬敬等董事和名誉董事 24
人参会，囊括了广东军政界东莞籍最有权威之人士。该会主要讨论修
订《东莞明伦堂董事会组织章程（1946）》，确定东莞明伦堂董事会
的宗旨、会址、人员设置、任选资格、会议时间、议决事项、改选要
求与资格等等。③

---

① 王体端，字庄持，东莞虎门南栅人。毕业于日本陆军士官学校。曾任广东陆军小学
督办、粤军许崇智顾问、东莞县国民政府县长、东莞县国民政府参议长等职。
② 何仲达（1888—1975），又名何振，东莞万江大汾人。毕业于广东陆军速成学堂。同
盟会会员。曾参加新军起义、讨伐袁世凯行动，后任虎门要塞司令、增城县国民政
府县长、广东省国民政府参议员等职。中华人民共和国成立前移居澳门，后又受莫
纪彭之邀移居台北。
③ 东莞明伦堂档案 001—7—0043—0027·东莞明伦堂董事会全体董事会议纪录（1946
年），东莞市档案馆藏。

　　会议首先推选李扬敬、王光海、王应榆、罗瑶等负责选举法的起草工作，随后就是否设置副董事长以及常务董事人数等问题进行讨论：蒋光鼐自言公务繁忙，欲辞去董事长一职，推荐徐景唐继任董事长；徐景唐听后直言自己绝不担任，并主张本届董事会延长一年，让蒋光鼐董事长有机会继续为邑人造福；王应榆为了折衷蒋光鼐和徐景唐两人意见，主张增设副董事长一职；冯次淇提出增设副董事长一职后，常务董事则应减少一人，方符合决策层必须为单数之惯例；何仲达认为，董事长辞职与增设副董事长是两件事，应分别讨论，主张蒋光鼐董事长不必辞职，增设副董事长可再讨论；李章达认为，蒋光鼐董事长辞职与增设副董事长，从表面上看确是两件事情，然实有关联；徐景唐提议，对蒋光鼐辞职问题进行表决。在大家一致赞成其继续主持工作后，蒋光鼐考虑到自己公务繁忙，甚少在广东省内停留，且经常缺席会务，而徐景唐常年留在省内，且职级、资格均高于其他董事，不宜与其他董事一个级别，便提议设立副董事长。为了避免副董事长以后独断擅权，他又主张设立副董事长的同时，增加常务董事一人，对副董事长的权力加以限制。邓庆史等人即刻明白了蒋光鼐的良苦用心，并就该议项进行表决。在表决通过后，蒋光鼐又提名徐景唐为副董事长，亦表决通过。[①] 会议最终订定了《东莞明伦堂董事会组织章程（1946）》。

　　根据《东莞明伦堂董事会组织章程（1946）》，"董事会由董事长一人、副董事长一人、董事若干人组织之，其总额不得超过二十一人""董事会设常务董事四人，由董事长提出加倍人数交董事会选定之，辅助董事长处理日常会务，任期为一年""董事会设总干事一人，承董事长、副董长之命，董事之指导指挥所属办理会务。总干事下分设总务组、财务组、教育社会组及水利组四组，组置组长一人，干

---

① 东莞明伦堂档案 001—7—0043—0027·东莞明伦堂董事会全体董事会议纪录（1946年），东莞市档案馆藏。

事、助理干事各若干人，水利组并得设置技术人员，分别办理各该组业务"等条款，会议一致表决通过蒋光鼐为东莞明伦堂第二届董事会董事长，徐景唐为副董事长，袁良骅、李章达、李节文、罗瑶等为常务董事，并聘请李扬敬、王光海、王应榆等为名誉董事。东莞明伦堂第二届董事会推选麦骞为首任总干事，香棣真任总务组组长，李威任财务组组长，卢翊任教育社会组组长，李汝亮任水利组组长。其后，由于工作需要又设立了储运组，由董事邓庆史负责。①

1947 年 1 月，东莞明伦堂董事会经过一年多的运行，根据实际情况对《东莞明伦堂董事会组织章程（1946）》进行了修订。修订的内容主要体现在以下四个方面：一是将原来董事的"具体当选条件""不得当选条件"修订为"董事依该会董事选举法选出"，更加规范、简洁、明了地强调民主选举的作用；二是将原来"每三个月开一次董事会"改为"每一个月开一次董事会"，强化董事会决策的及时性；三是取消了常务董事的设置和常务董事会制度，强化了董事长之职权，包括"执行董事会议决案""主理本会日常事务""本堂兴革计划及有关规章之拟定""预算决算及工作报告之编造""干事以下及所属机关职员之任免"等等；四是建立起业务、财务公开与监督机制：公推年高德劭公正严明之邑人为监察行使稽核"本会之收支状况""监察本会业务之办理状况""审查本会之预决算"等监察之职权。② 从此，东莞明伦堂董事会步入规范化管理的轨道。1948 年底，蒋光鼐、徐景唐双双辞任，由张达、邓植仪分别继任东莞明伦堂第三届董事会董事长与副董事长，直至东莞解放。

（二）完善东莞明伦堂董事会办事规程。自东莞明伦堂董事会成立后，董事会会议、常务董事会议成为决定各项重大事项的重要形

---

① 东莞市档案馆编，刘志伟主编：《东莞明伦堂档案·第一辑》（第 6 册），第 559 页。

② 东莞市档案馆编，刘志伟主编：《东莞明伦堂档案·第一辑》（第 32 册），第 131—132 页。

式。为保障各项工作顺利推进，东莞明伦堂董事会总干事麦骞牵头制定了《东莞明伦堂董事会办事细则》①，明确了各组办事流程、办事要求、办事时间等。其中，凡发文系"各组组员撰拟文稿，须经组长修正，再送总干事审核，呈董事长判行后送总务组缮发"；凡加印系"经董事长判行之稿件或条谕，加盖之件应由收发填送印部送印，乃得照钤"；凡本会职员领取办公物品，"须签具领物单，由总务组长核批，交庶务发给"；凡日常庶务杂项支出，"如超过五千元以上不足叁万元者，须签请总干事核准方得支付；其超过三万元者，并应转呈董事长核准"；凡财务组所存现金超过二十万元，"逾额即须存入银行"，"财务组须将每日收支数目列表呈阅，并须将数目列入账簿"；凡所有一切支出，"无论补助费、经常费，须先由领款者填具请款单，送董事长核准方得支付"；凡常务会议，"须由总务组编列议程，会议时记录，会议后整理呈送核定之后，并于下次会议二读后油印，分送各董事参阅"；职员每日办公时间"为上午八时至十一时，下午一时至五时，星期日及例假休息，但遇急要公务得随时延长办公时间或不休假"；职员有事请假"需经请假手续，并须商请同事代理所办公务"；等等。《东莞明伦堂董事会办事细则》的颁布与实施，使东莞明伦堂董事会的各项业务管理进一步规范化、公开化和民主化。

二、 健全东莞明伦堂董事会沙田事务管理组织

东莞明伦堂董事会的会务工作由董事会在广州主持，万顷沙沙田事务则主要由东莞明伦堂董事会所属的万顷沙自卫局负责管理，这是东莞明伦堂长期以来维护沙田产业的主要手段。

（一）恢复成立东莞明伦堂万顷沙自卫局。1945 年 10 月，东莞明伦堂董事会指派总干事麦韶进入万顷沙，接管了伪东莞明伦堂沙田

---

① 东莞市档案馆编，刘志伟主编：《东莞明伦堂档案·第一辑》（第 6 册），第 561 页。

整理委员会万顷沙自卫局，筹备恢复 1944 年 1 月因常平沦陷而解散的东莞明伦堂董事会万顷沙自卫局。1945 年 11 月，鉴于麦韶在前期筹备恢复工作中的显著成绩，东莞明伦堂董事会任命麦韶为抗日战争后万顷沙自卫局首任局长。① 1946 年 2 月，东莞明伦堂董事会第九次常委会通过了麦韶提出的辞职申请，议决由抗战前的原委员长袁煦圻接任局长。1946 年 4 月，东莞明伦堂董事会第十三次常委会因"袁煦圻因广州行营委任为日俘管理主任"②，议决由潘耀东接任局长。1948 年 2 月，因潘耀东"年事已高、体力有限"辞职，议决由蒋静庵接任局长。③ 短短几年，虽然万顷沙自卫局人事更迭频繁，但其管理与保护万顷沙围田，维护社会治安，催收赋税，协助万顷沙收租办事处收取租谷④，开具沙田收割禾票，检验批约，派沙艇护送租谷前往广州、莞城及太平等地谷仓储存⑤，以及执行东莞明伦堂董事会临时决策与指令等职责始终未变。

（二）改编成立东莞明伦堂万顷沙自卫队。万顷沙自卫局恢复成立后，东莞明伦堂董事会又着手对抗战期间临时成立的万顷沙护沙总队进行改编。1945 年 11 月 9 日，经东莞明伦堂董事会第二次常务董事会议决："查政府现已设有护沙队，故本堂之护沙队应易名为'东莞明伦堂万顷沙自卫队'，以免雷同。一俟冬防过后，即将总队缩编为一大队，共辖三中队。"⑥ 1946 年 1 月 10 日，东莞明伦堂董事会第七次常务董事会议决："万顷沙护沙总队拟缩编为自卫大队，中队部

---

① 东莞市档案馆编，刘志伟主编：《东莞明伦堂档案·第一辑》（第 6 册），第 359 页。
② 东莞明伦堂董事会：《东莞明伦堂董事会第十三次常委会会议录》，1946 年 4 月 11 日。
③ 东莞市档案馆编，刘志伟主编：《东莞明伦堂档案·第一辑》（第 45 册），第 23 页。
④ 东莞明伦堂档案 001—7—0270—0002·为将办理情形及收运各项谷数连同收租处支出办公费用暨各项数目清表一并呈报核明入账并准核销由（1949 年 9 月 5 日），东莞市档案馆藏。
⑤ 东莞市地方志编纂委员会编：《东莞市志》，第 1003 页。
⑥ 东莞明伦堂董事会第二次常委会会议纪要（1945 年 11 月 9 日）。

不设小队，班长改为中下士，不设副班长。"① 1946 年 1 月 14 日，东莞明伦堂董事会董事长蒋光鼐发出《关于将万顷沙护沙总队由民国三十五年二月十日起改组为自卫大队（省堂字第 74 号训令）》："决定由民国卅五年二月十日，万顷沙护沙总队改组为万顷沙自卫大队。"②由此，"东莞明伦堂万顷沙护沙总队"正式更名为"东莞明伦堂万顷沙自卫大队"。

　　东莞明伦堂万顷沙护沙总队缩编前，总部下辖 1 个特务队、2 个大队、4 个中队。其中，总队部 16 人，特务队 36 人，2 个大队部分别有 13 人，4 个中队部分别有 78 人，总计兵力 390 人，其月度薪饷预算谷 53540 斤，均由万顷沙护沙队经费管理委员会拨给。③ 缩编后，自卫大队下辖 3 个中队，总计兵力 251 人，减员 139 人，隶属万顷沙自卫局管理。④ 1946 年 7 月，鉴于万顷沙自卫大队缩编后人力不足，又成立了后备大队。后备大队下辖 4 个中队，总人数达 600 余人。该后备队队员、械弹、经费均出自佃农，由自卫大队负责组织训练和指挥。⑤

　　东莞明伦堂将军事力量的配备贯穿于万顷沙社会组织整个发展过程之中，通过规定承佃农民必须拥有一条枪、一头牛才能承耕土地的相关要求⑥，为不同发展时期形成强大的后备自卫组织创造了条件。东莞明伦堂董事会万顷沙自卫局后备力量增加后，在地广人稀的万顷沙广修工事，设置防守关卡和炮楼，以备守望。又在全沙范围内，铺

---

① 东莞明伦堂董事会第七次常委会会议纪要（1946 年 1 月 14 日）。
② 东莞市档案馆编，刘志伟主编：《东莞明伦堂档案·第一辑》（第 27 册），第 440—441 页。
③ 东莞市档案馆编，刘志伟主编：《东莞明伦堂档案·第一辑》（第 31 册），第 16—20 页。
④ 东莞明伦堂万顷沙自卫局自卫大队部兵力驻地表（1948 年 9 月），中山市档案馆藏。
⑤ 东莞明伦堂档案 001—7—0037—0035·东莞明伦堂董事会总务组报告（1946 年 10 月 20 日），东莞市档案馆藏。
⑥ 吴建新：《解放前后的东莞万顷沙农村社会史料》，第 296 页。

设电话，设置通讯排，购置武装汽轮。1947 年底，万顷沙全沙 12 涌、纵横 84 围，共设卡 32 个，每卡直线距离仅 10 千米。[1] 东莞明伦堂董事会通过武装力量和当时先进的电话通讯设备，牢牢控制了万顷沙这个小小的社会组织。

（三）改组成立了东莞明伦堂万顷沙护沙队经费管理委员会。抗战胜利后，李威与梁玉阶奉命接收了伪东莞明伦堂万顷沙联防大队经费管理委员会。1945 年 11 月 12 日，东莞明伦堂董事会议决，将"伪东莞明伦堂万顷沙联防大队经费管理委员会"改组为"东莞明伦堂万顷沙护沙队经费管理委员会"，并任命李威为该委员会主任，接受东莞明伦堂董事会直接管理。[2] 根据该委员会的组织章程草案，委员会由 5 人组成，其中，东莞明伦堂董事会指派 2 名、佃人选派 3 名，主任委员从东莞明伦堂董事会指派的 2 人中选任，主要负责东莞明伦堂万顷沙护沙总队经常费薪饷之筹集、出纳与审核。具体来说，就是每月向佃户征收月费每亩 5 元，以及筹备临时费用，并负责款项的支出与审核等事宜。[3] 1946 年 2 月 10 日，东莞明伦堂万顷沙护沙总队改编为自卫大队后，其薪饷、经常费、临时费等均由东莞明伦堂董事会万顷沙自卫局下发，东莞明伦堂万顷沙护沙队经费管理委员会完成过渡性使命后被裁撤。[4]

[1] 韦锦新：《地方公产与地方控制——东莞明伦堂研究（1845—1953）》，第 29 页。

[2] 东莞市档案馆编，刘志伟主编：《东莞明伦堂档案·第一辑》（第 6 册），第 356 页。

[3] 东莞市档案馆编，刘志伟主编：《东莞明伦堂档案·第一辑》（第 31 册），第 6—9 页。

[4] 东莞市档案馆编，刘志伟主编：《东莞明伦堂档案·第一辑》（第 31 册），第 54—55 页。

第二节　整顿沙田事务

一、　清理汉奸与伪产

1945 年 8 月，日本宣布投降后，严惩汉奸、伸张正义的呼声日益高涨。1945 年 9 月至 12 月，南京国民政府相继颁布了《处置汉奸案件条例草案》和《惩治汉奸条例》（以下简称《条例》）等，明确规定了汉奸检举范围、量刑规则、财产处置等内容，开始大规模的审奸、惩奸工作。东莞明伦堂董事会接管了伪东莞明伦堂沙田整理委员会后，在广东肃奸委员会的指导下，积极贯彻落实《条例》精神，严格按照广东肃奸委员会公告和通缉的莞籍汉奸名单，梳理与东莞明伦堂相关的汉奸，落实相关处置要求。据《东莞市检察志》记载：广东肃奸委员会第一批公告中，东莞籍汉奸有 9 人，其中与东莞明伦堂相关的有 6 人，他们是卢宝永（伪东莞县县长）、侯文安（伪东莞县党部委员）、王沛槐（收购军谷资敌的奸商）、叶衍龄①（外号凤凰九，伪广东省财政厅护沙总队长）、陈达材（伪广东省财政厅护沙队长）、麦浩（伪护沙大队长）。第二批公告名单中有 5 人，其中与东莞明伦堂相关的有 3 人，他们是骆用弧（伪广东省社会福利局局长、伪东莞明伦堂沙田整理委员会委员）②、陈良士③（伪广东大学工学院院长）、

---

① 叶衍龄（1905—1976），外号凤凰九，东莞道滘北水坊人。抗日战争期间，曾协助日寇征收军谷，日寇投降后，曾一度被国民政府定性为汉奸，没收家产并被通缉，经国民党军事委员会驻粤特派员李福林证实为他所派，让其潜伏沦陷区开展地下工作，后国民政府发布《总统训令》，撤销对叶衍龄的通缉。1949 年东莞县解放前夕，叶衍龄（时任广州水巡队警备司令）率部起义投诚，为东莞县和平解放作出了贡献。

② 陈立平：《东莞受降纪实》，载中共东莞市委党史研究室编：《东莞抗日实录》，中共党史出版社 2006 年版，第 813 页。

③ 陈良士，1928 年任东莞明伦堂沙田经理局筑路委员会顾问。

陈莹润（伪万顷沙自卫队队长）。1946 年 12 月，广东省高等法院检察官公布通缉逃亡汉奸人犯名单中东莞籍占 14 人，与东莞明伦堂相关的卢宝永、侯文安、叶衍龄、陈达材、麦浩、骆用弧、陈良士、陈莹润等人均在通缉逃亡名单之列。[①] 与此同时，东莞明伦堂董事会还按照《东莞县民众检举汉奸办法》等相关要求，清查所辖佃户，一旦发现汉奸行为，即行取消批约，迅速捉拿。例如，1945 年 11 月 5 日，常务董事长袁良骅致函万顷沙护沙总队队长梁玉阶："查本会佃人陈兆兰在县属沦陷时期，依附敌伪势力，胁迫沙农抵抗本会，实属罪大恶极。其子陈月波充敌宪兵，勒收军谷，压榨耕人，恶迹尤为昭著。现政府明令肃清奸伪，合行令仰该队长即便派人赴澳门，先将其子陈月波逮捕，转解来省，俾便特呈军政当局惩治，以维国法。"[②] 陈兆兰、陈月波父子依仗背后有日伪势力的支持，在 1943 年东莞明伦堂董事会加租过程中，曾联合佃人百般阻挠，不仅致使东莞明伦堂董事会"银租"改"谷租"的议案无法施行，而且也致使东莞明伦堂董事会退而求其次的加收年代金的方案流产，最后只能按其父子能够接受的条件每亩年度增加 100 元、荒头每亩年度增加 50 元执行加租议案。

1946 年 1 月，东莞明伦堂董事会发布启事，对在沦陷时期，凭借敌伪势力抗缴田租之人的田产，一律取消批约。[③] 启事发出后，东莞明伦堂董事会针对佃人要求区别对待股份公司股权、以免累及其他股东等相关要求，加强了对合股公司中敌伪股权的甄别，并加以区别对待。例如，东莞明伦堂董事会按照务安围、广同丰围佃人代表邓公达

---

① 《东莞市检察志》编纂委员会编：《东莞市检察志》，广东人民出版社 2008 年版，第 105 页。

② 东莞市当案馆编，刘志伟主编：《东莞明伦堂档案·第一辑》（第 26 册），第 224—225 页。

③ 东莞明伦堂档案 001—7—0045—0016·东莞明伦堂董事会敬启者（1946 年 1 月 23 日），东莞市档案馆藏。

等股东的呈函，明确该围田股东除万胜堂、储庆堂、利农堂有攀附敌伪事实外，其余股东并无攀附敌伪、冒认、代名之行为后，通过 1946 年 4 月 11 日召开的第十三次常务会议议决："根据该围佃人代表呈送围份簿载明共股份一百二十股，万胜堂、储庆堂、利农堂等三户共占三十九股，即将该三十九股没收充公。"①

二、　追缴欠谷与欠费

1945 年 9 月 10 日，东莞明伦堂董事会发出了《致各佃户关于各佃本年头季预交伪佃租项悉数交本堂通知书》：

> 查本堂在抗战期间，会址屡迁，鞭长莫及，以致几年来租收大受影响。现喜恶势肃清，旧观重振，自应整顿收入，以维邑产。惟在本会未决定今后收租办法前，本年度头季租项，除照本会前通知每亩加收三百元及沙夫工食三十元（荒头田壹佰五十元）外，所有佃人预定缴交伪堂租额，应悉数缴交本堂，合行通知，希即照办为荷。②

该通知发出后，只有少数公司按照要求前往交租。于是，1945 年 10 月 2 日，东莞明伦堂董事会再次发出了《致各佃户从速清缴租项通知书》：

> 查本会返省复原后，即经先后通知各佃，限期清缴三十三年度欠租及将本年头季谷交伪堂之租悉数缴交本堂，惟佃人依期来

---

① 东莞市档案馆编，刘志伟主编：《东莞明伦堂档案·第一辑》（第 29 册），第 453—454 页。

② 东莞市档案馆编，刘志伟主编：《东莞明伦堂档案·第一辑》（第 6 册），第 260 页。

会交租者只有同福公司、合益公司、义成堂、益昌成等外，其余尚多延滞，似此情形影响本堂公支，殊为不合。兹再通告，仰告佃人务须克日来会计缴租项，否则以主心拖延论罚，决不宽贷，希为留意。①

第二次通知发出后，绝大部分佃户仍持观望态度。1945年10月7日，东莞明伦堂董事会第三次发出清缴欠租的紧急通告：

查本会自返省接收伪堂各项业务，亟须整顿。迭经通告万顷沙佃户，清缴卅三年度以前欠租及卅四年头季租款在案，唯佃人尚多观望，依期缴纳者甚少，再通告限定本月十八日以前扫数缴租，如过期不缴，即将批约取消，以照惩儆，希勿自误。②

第三次通告发出后，针对部分佃户拒不前来清缴欠谷与欠费的情况，东莞明伦堂董事会采取"封存存谷，以资抵偿"的强硬态度和手段。例如，1946年初，东莞明伦堂董事会催收佃人叶衍龄所欠租谷，叶衍龄置之不理，后经东莞明伦堂董事会第六次常务会议决："叶衍龄欠交伪堂谷租三十余万斤，已令万顷沙自卫局封存该佃所耕礼隆围存谷，以资抵偿。"③ 再如，东莞明伦堂董事会指令催收前任委员长陈达材承耕伪东莞明伦堂沙田整理委员会牛侧沙坦所欠租谷时，陈达材"始终避匿不见，无从追缴"④。后经东莞明伦堂董事会第七次常

① 东莞市档案馆编，刘志伟主编：《东莞明伦堂档案·第一辑》（第44册），第402—403页。
② 东莞市档案馆编，刘志伟主编：《东莞明伦堂档案·第一辑》（第6册），第260页。
③ 东莞明伦堂董事会第六次常委会会议录（1946年1月2日）。
④ 东莞明伦堂档案001—7—0036—0035·东莞县警察队第一大队长李飞复东莞明伦堂董事长蒋光鼐关于催收半侧沙草坦租该承批人避匿不见无法追缴公函（1945年12月23日），东莞市档案馆藏。

委会议决："陈达材欠交租谷屡催不交，本会已令护沙队将其在沙承批围田本造收割之谷封存。"① 东莞明伦堂董事会采取软硬兼施的手段，使清理伪产、追缴欠谷与欠款等工作进一步走向深入。

三、"银租围" 改 "谷租围"

1946 年以前，东莞明伦堂所有沙田批约不仅租期长达 10 年或以上，而且均以立约时的国币单位计算租额，即"银租围"。随着时间的推移，特别是经历抗日战争和战后的谷价飞涨，"银租围"已完全不能体现围田产谷量的价值，低租批约问题不但没有解决，甚至更趋恶化。东莞明伦堂董事会从抗战时期粮价飞涨的残酷事实中明白，只有把粮食控制在手，才是真正控制万顷沙这一公产的实质所在。为此，1946 年 1 月，东莞明伦堂董事会趁南京国民政府没收汉奸逆产以及广东省国民政府财政厅重新清丈沙田实际亩数之机，决定将批约全部收回重批，把所有"银租围"改为"谷租围"，发出了《省明字第172 号通告》：

> 因原银租围所纳租额太低，从民国三十五年份起，重新订定租额，每亩一律改收谷租二百五十司斤，分头四尾六缴交。已改为谷租围的，如租额原定不满二百五十司斤，照银租围方法办理。如有愿意继续承耕者，即携原批来会签注。其不愿继续承耕者，限文至三日内来会声明，明伦堂将另行开投。②

通告发出后，遭到部分"银租围"佃户的反对和抵制，他们认为

① 东莞明伦堂董事会第七次常委会会议录（1946 年 1 月 10 日）。
② 东莞明伦堂档案 001—7—0044—0027 · 东莞明伦堂董事会通告（省明字第 172 号）（1946 年 1 月），东莞市档案馆藏。

原来批约有法律效力，不能随意变更。例如，1946 年 2 月 21 日，利安围佃户陈伟初致函东莞明伦堂董事会，认为"《省明字第 172 号通告》每亩一律收谷二百五十司斤于法于情都不合理，实难遵办。按当事人合法订立之契约，双方应受拘束，不得任意变理，此属法也，恳请收回每亩收租谷二百五十司斤之成命"[1]。与此同时，佃户们还认为，他们为万顷沙田坦的开发作出了贡献，且耗资不菲，如果不分彼此，每亩一律收谷二百五十司斤，有失公平且不合情理，要求按过去订约时的租值比对当时的谷价纳租。[2]

1946 年 2 月，针对佃户所提意见，东莞明伦堂董事会根据实际情况采取了因人施策、因地制宜的策略。一是按照南京国民政府没收汉奸逆产的指示精神，将沦陷时期依附敌伪势力佃户所承批的旧约废除，重新开投。例如，1946 年 2 月 21 日，登报开投了陈达材承批的广同丰围、务安围，陈达材、陈瑶宝承批的怡安围、义和围，陈兆兰承批的广兴围上中下、陆安围东、稳安围、顺安围、德安围、均和围，李家英占耕的田安围等。[3] 二是针对愿意按照"银租围"改"谷租围"的继续承耕者，按照"谷租围"办法重新签发批约。三是针对不愿意按照"银租围"改"谷租围"，又未按照规定日期到东莞明伦堂董事会说明原因者，其承批的围田另行开投。另行开投之围田，按照《东莞明伦堂董事会投田章程》，例先在报纸上刊登投田启事，然后投田者每亩交国币 100 元押票，领取东莞明伦堂董事会特制的投田票报投。如果投田 1 顷，需交纳押票 10000 元，零碎数化为整数。到期开投时，以超过底价最高者得。投得之票，如超过五日不领批，

① 东莞市档案馆编，刘志伟主编：《东莞明伦堂档案·第一辑》（第 12 册），第 120 页。

② 东莞明伦堂档案 001—7—0044—0036·陈伟初致东莞明伦堂董事会关于恳请收回每亩改收租谷二百五十斤成命呈文（1946 年 2 月 21 日），东莞市档案馆藏。

③ 东莞市档案馆编，刘志伟主编：《东莞明伦堂档案·第一辑》（第 31 册），第 206—207 页。

则视为弃权，押票充公，其余未投中的押票，即时发还。①

通过"银租围"改"谷租围"，东莞明伦堂董事会不仅达到了加租的目的，还降低了谷价涨跌对收入的影响，田租收入明显上升。1946 年 8 月至 1947 年 7 月，万顷沙田租谷 11661732 斤，牛侧沙田租谷 121811 斤，漳澎沙田租谷 9450 斤，鸡抱沙草坦租谷 431 斤，万顷沙自耕农场收谷 595743 斤，铺地租谷 44736 斤，埠头租谷 6000 斤，鱼虾蚬埠租谷 3000 斤；② 总收入达 1244.2903 万斤。截止 1949 年 9 月，东莞明伦堂董事会所属万顷沙各围田面积 51450 排亩 5 分、附基草坦面积 867 排亩 2 分③，按照 1 排亩约等于 1.26 亩计算④，东莞明伦堂董事会所属的万顷沙田产已达 65920.302 亩（含草坦）。根据《东莞明伦堂董事会 1949 年稻谷预算表》，东莞明伦堂董事会收入稻谷 1277.7468 万斤。⑤

四、 申请恢复优惠赋税

1945 年 12 月，广东省国民政府财政厅向东莞明伦堂董事会催收 1945 年护沙费，其所收需按沙田面积 95253 亩 2 分 4 厘缴纳，远远超过抗日战争前缴纳护沙费的 36975.6 排亩（折合市亩约 46681 亩），这无疑增加了东莞明伦堂董事会和佃农的经济负担。1946 年 2 月 12 日，东莞明伦堂董事会蒋光鼐致函广东省国民政府财政厅厅

---

① 东莞明伦堂档案 001—7—0037—0014·东莞明伦堂董事会投田章程（1946 年 2 月 21 日），东莞市档案馆藏。

② 东莞市档案馆编，刘志伟主编：《东莞明伦堂档案·第一辑》（第 42 册），第 571 页。

③ 东莞市档案馆编，刘志伟主编：《东莞明伦堂档案·第一辑》（第 40 册），第 91—99 页。

④ 根据 1946 年 2 月 12 日，东莞明伦堂董事会董事长蒋光鼐致函广东省国民政府财政厅厅长林梅和载"东莞明伦堂管业万顷沙各围田历年呈缴贵厅护沙费向系照排亩三六九七五亩六分，即折合市亩四六六八一亩"，1 排亩约等于 1.26 亩。

⑤ 东莞明伦堂档案 001—7—0236—0020·东莞明伦堂董事会三十八年度稻谷收入预算书，东莞市档案馆藏。

长林梅和：

> 东莞明伦堂管业万顷沙各围田历年呈缴贵厅护沙费向系照排亩三六九七五亩六分，即折合市亩四六六八一亩计算。其中，业主所负担护沙费半数，因该田租原用诸全邑教育公益慈善事业，经专案呈准豁免征收。而佃户所负担之半数以六成留作护沙队经费，以四成解厅，案前历经照案办理有案……贵厅催收卅四年度护沙费以本会沙田面积共有九五二五三亩二分四厘为词，而留六解四办法则未提及……即希饬科核明，准照战前旧案确定亩数（即排亩三六九七五亩六分）及留六解四办法，令后备案，律免逐年争议纠纷。①

1946 年 3 月 1 日，广东省国民政府财政厅厅长杜梅和致函东莞明伦堂董事会董事长蒋光鼐：

> 台函以明伦堂管业万顷沙沙田捐费系四成解厅，六成留作护沙自卫队经费，其业主负担半数并经豁免。近年因变乱搬迁，档案散失，无法寻获，惟该会历年呈缴护沙费收据仍有留存，足资证明。经检同旧存收据、函复、呈转等由，查本案前经本厅令县转知录案呈核在案，尚未据复，兹准前由应俟该项收据缴到时再行核办，相应先行函复。②

根据以上蒋光鼐与杜梅和信函得知，东莞明伦堂董事会交缴田赋谷数按战前 36975.6 排亩计算，其中东莞明伦堂董事会业主的一半由

---

① 东莞市档案馆编，刘志伟主编：《东莞明伦堂档案·第一辑》（第 13 册），第 129—130 页。
② 东莞市档案馆编，刘志伟主编：《东莞明伦堂档案·第一辑》（第 28 册），第 172—174 页。

于用于公益事业豁免交税，佃户的一半六成用于护沙自卫队的经费，四成缴交广东省国民政府财政厅以作护沙税，东莞明伦堂董事会就此节省了大笔税费。此外，同抗日战争前相比，东莞明伦堂的沙坦已越筑越宽，远超战前，而缴税仍按战前田亩计算，也节省了大笔税费。1946 年，东莞明伦堂董事会分别交纳万顷沙围田、牛侧沙围田赋税谷 100.86 万斤、4.49 万斤。[1]

五、　强化万顷沙以外的物业管理

东莞明伦堂董事会除了万顷沙围田外，还有牛侧沙围田 1301 排亩 2 分（含草坦）、漳澎沙围田 105 排亩、鸡抱沙卓坦 28 排亩 7 分[2]，以及白鹭洲储济仓田、万顷沙示范农场、樟木头宝山示范林场、大岭山农林垦殖场、莞城公园内园艺苗圃，万顷沙公局街、万顷沙局涌街、莞城和隆杉店等物业。

牛侧沙围田位于厚街，面积约 13 顷。原属宝安书院、龙溪书院产业，自科举废除后，转拨为东莞中学校产。光绪二十七年（1901），被厚街乡人王冠、王佐平等人"瞒领院照五张，据为己有"，东莞中学与其缠讼多年。1929 年 7 月，东莞中学胜诉。[3] 后出于统一教育经费起见，东莞明伦堂沙田经理局整理委员会将其收回管理。抗日战争期间，位于曲江的东莞明伦堂沙田经理局整理委员会和位于广州的伪东莞明伦堂沙田整理委员会分别招投该围田，农盛堂的股东叶衍龄和厚街乡的王秉贤分别投得其承耕权。由于一田二主、一田二价，叶衍龄一直处于无田可耕的状况。抗战胜利后，在东莞明伦堂董事会的协

① 东莞明伦堂董事会：《税捐费支出明细表（民国三十五年度）》，《东莞明伦堂董事会征信录》，1946 年。
② 东莞市档案馆编，刘志伟主编：《东莞明伦堂档案·第一辑》（第 40 册），第 91—99 页。
③ 杨宝霖：《东莞中学前五十年史料编年》，第 618 页。

调下，王秉贤同意将牛侧沙一半的围田给予叶衍龄耕种。[①] 1946 年，东莞明伦堂董事会委托东莞县警察第一大队向叶衍龄追缴沦陷期间的欠谷 49463 斤，叶衍龄既说明自己无田可耕的事实，又将全部责任推于王秉贤，王秉贤不愿意代其交租，于是，东莞明伦堂董事会将批约收回，以每亩年租谷 110 斤改批给农盛堂的王永春，年得租谷 120911 斤，围外草坦概以 60 亩计，每亩年收 15 斤，合计 900 斤。[②]

白鹭洲储济仓田当时位于厚街乡，面积六、七顷，虽归东莞明伦堂管理，但其收入全部供于东莞县政府统一划拨储粮救荒之用。白鹭洲储济仓田因经常受到道滘土匪侵扰，除当地有权有势的大户人家外，其他人都不敢投承。因其不是东莞明伦堂的直接收入，东莞明伦堂每次开投都将其租额定得较低。例如，1946 年 9 月，白鹭村村尾人王贺齐、王锦开、王九福以每亩 60 斤租谷投得，转手以每亩 150 斤转租他人，每亩从中获利 90 斤，一年获利 500 余担稻谷。白鹭村村头人曾祥、麦厚祥等人认为有利可图，企图抢租，于是联合时任东莞县国民政府警察大队长的刘定如与其械斗，死亡 13 人、重伤 2 人。[③] 惨案发生后不久，东莞明伦堂董事会将白鹭洲储济仓田交归东莞县国民政府管理。[④]

万顷沙示范农场又称自耕农场，1945 年 12 月，东莞明伦堂董事会选择满批的公安、新宝安下、智隆等围自耕，用作改良稻种和农业技术推广的试验田。1946 年 11 月，在农学家邓植仪的推动下，经东

---

① 东莞明伦堂档案 001—7—0045—0022·致牛侧沙围田农盛堂领批通知书稿（1946 年 5 月 9 日），东莞市档案馆藏。

② 东莞明伦堂档案 001—7—0045—0021·致牛侧沙围田承佃王永春关于应缴租谷通知书稿（1946 年 8 月 15 日），东莞市档案馆藏。

③ 叶振锵：《为争租东莞明伦堂储备仓田的一桩历史惨案》，《东莞文史》1993 年第 21 辑，第 99 页。

④ 东莞市档案馆编，刘志伟主编：《东莞明伦堂档案·第一辑》（第 2 册），第 479 页。

莞明伦堂董事会第三次大会议决，将智隆围开投①，剩余的公安围、新宝安下围总面积 1611.2 亩留予自耕，继续开展栽培、稻种、肥料等试验，并进行品种改良和新技术应用。示范农场稻谷产量极高，每亩平均收谷 332.43 斤。示范农场除种谷外，还种植甘蔗、香蕉等经济作物，并经营鱼塘和鸭埠。时任场长叶伯苏，下设技士 1 人、管账员 1 人、技工 9 人、士役 2 人、上役 3 人，并雇佣耕农 24 户。耕农在示范农场务农，无须向东莞明伦堂董事会承批缴租，农场收谷后，耕农收取约二成的谷物作为薪饷报酬。②

　　樟木头宝山示范林场 1936 年 1 月成立，拥有广东建设厅核发的造林证书。截至 1938 年秋，育林面积 7000 余亩，苗圃 50 余亩。③ 1943 年冬，日军入侵，林木被毁，场长尹中兴电告东莞明伦堂董事会"公物尽失，职员星散"，后经东莞明伦堂董事会议决，所有林区林木列册送东莞县国民政府转饬乡保长就近代管。④ 1946 年 1 月，东莞明伦堂董事会聘农林技工邓国安前赴该场调研，谋求恢复事宜，然因当时"地方未靖""交通管理皆成问题"⑤，恢复一事暂行搁置。1947 年 12 月 1 日，东莞明伦堂董事会决定恢复成立林场，林场场长为邓国安，副场长为尹中兴，技士为黄景熹。截至 1948 年底，林场面积已达到 45000 余亩。⑥ 1950 年 4 月，东莞县军事管制委员会和东莞县人民政府接收了该林场，改名为东莞林场，并裁撤正、副场长及办事员，只留 1 名技士，增派了驻林场军代表，另设置管理员，将原

---

①　东莞明伦堂档案 001—7—0043—0002·关于利生堂李满、蒋严博承耕万顷沙智隆围田批约（1946 年 11 月 22 日），东莞市档案馆藏。

②　邹朝春：《东莞明伦堂示范农场与万顷沙农业改良》，载东莞市档案馆编：《东莞明伦堂义集》，中央编辑出版社 2019 年版，第 294—306 页。

③　赖日昌：《解放初期东莞城乡的接管工作》，载中共东莞市党史研究室编：《东莞解放斗争纪实》，中央党史出版社 2009 年版，第 577 页。

④　东莞市档案馆编，刘志伟主编：《东莞明伦堂档案·第一辑》（第 6 册），第 557 页。

⑤　李仁苏：《东莞县志拟目》，第 37 页。

⑥　东莞市档案馆编，刘志伟主编：《东莞明伦堂档案·第一辑》（第 49 册），第 205 页。

有长工 14 人减为 9 人。①

大岭山农林垦殖场于 1948 年初成立，办事处位于大岭山南洞口。原定东莞明伦堂董事会投资该场 5 年，5 年以后该场以农养林，自筹自给。实际上，该场正常运行一年后，由于经费有限，基本上处于入不敷出的状态。截至 1949 年 12 月，该垦殖场开垦水田 50 市亩、旱地 50 市亩、苗圃地 30 市亩。② 场长为黄群，技术员为黄如柏、刘尚谋。③

莞城果树园艺苗圃前身为 1946 年东莞明伦堂董事会从农田水利年经费预算中拨 500 担谷而设立的大岭山苗圃，后因怀德水库工程施工等原因迁至莞城公园，并更名为莞城果树园艺苗圃。④ 该苗圃面积 10 亩，主要从事果树、花卉、绿植苗圃的育苗与栽培，主任为祁自强。⑤ 1950 年 4 月，由东莞县军事管制委员会和东莞县人民政府派员接收。

1946 年，东莞明伦堂董事会拥有万顷沙公局街 298 间铺面，分为甲、乙、丙等分别收租。其中，甲等 36 间，每间年收租谷 300 斤；乙等 47 间，每间年收租谷 200 斤；丙等 215 间，每间年收租谷 100 斤。⑥ 此外，还有万顷沙局涌街铺面 5 间，每月租谷 80—180 斤不等，1946 年年租收入 14090 斤；莞城和隆杉店地租每月租谷 150 斤，年租谷 1800 斤⑦；鱼虾蚝蚬等埠 1946 年发批给东成公司，批期 10 年，每

---

① 赖日昌：《解放初期东莞城乡的接管工作》，第 577 页。
② 东莞市档案馆编，刘志伟主编：《东莞明伦堂档案·第一辑》（第 48 册），第 315—316 页。
③ 东莞市档案馆编，刘志伟主编：《东莞明伦堂档案·第一辑》（第 44 册），第 574 页。
④ 东莞市档案馆编，刘志伟主编：《东莞明伦堂档案·第一辑》（第 48 册），第 315—316 页。
⑤ 东莞市档案馆编，刘志伟主编：《东莞明伦堂档案·第一辑》（第 43 册），第 377—378 页。
⑥ 东莞明伦堂档案 001—7—0037—0035·东莞明伦堂董事会财务组报告（1946 年 10 月 20 日），东莞市档案馆藏。
⑦ 东莞明伦堂董事会：《铺地租收入明细表（1946）》，《东莞明伦堂董事会民国三十五年度征信录》，1946 年。

年纳租国币 42500 元。[1]

此外，经营万顷沙与广州、太平、莞城等地往来的轮渡公司也需要交埠头租。例如，顷省恒安电船、顷省恒兴渡、顷太渡、顷莞顷岗渡、顷莞森记渡、顷太渡、顷太顺安渡、顷莞渡等每月分别交租谷 100 斤，东莞明伦堂董事会年收埠头租谷 5100 斤。[2]

---

① 东莞明伦堂档案 001—7—0045—0018・东莞明伦堂董事会关于东成公司何遂初承租万顷沙鱼虾蚬埠批约稿本（1946 年 6 月 4 日），东莞市档案馆藏。
② 东莞明伦堂董事会：《埠头租收入明细表（1946）》，《东莞明伦堂董事会民国三十五年度征信录》，1946 年。

第三节　强化教育规范发展

一、　加强战后教育恢复

1945 年 8 月底，东莞明伦堂董事会接收伪东莞明伦堂沙田整理委员会后，即着手开展战后教育的恢复工作。一方面，通知伪东莞中小学校派员保管好校产，听候改组；一方面，拨款国币 1000 万元用于接收伪东莞中小学校，并通知：

> 卢彭铿接收伪一中，复员东莞中学；黎彦林接收伪二中，复员石龙中学及附小；何仪接收太平伪三中，复员简易师范及附小；叶浩章接收道滘伪四中，改组为县立济川中学；李慧周复员明生中学（现改由翟宗汉任校长）；徐月泉接收县城伪一小；李秉枢接收石龙伪二小；王道正接收县城伪三小（现改由罗伟士任校长）；何吕接收常平伪四小；莫培燊接收望溪伪五小（现改由萧启东任校长）；李黄俊接收道滘伪六小；江吕文接收太平伪七小；万顷沙小学暂仍由该校长谭复荫维持（现改派张磻溪任校长）。只有伪八小，因校具太少，暂交塘头厦区署保管，此外，复兴办县立太和乡第二中心国民学校，由何志远任校长。①

在各校陆续整合复课后，东莞明伦堂董事会又着手各学校经费增发办法以及教师待遇改善问题。其中，各学校经费增发办法在整合初期，经常费按 1938 年各校补助额的 60 倍支付。1946 年，由于物价持

---

① 东莞市档案馆编，刘志伟主编：《东莞明伦堂档案·第一辑》（第 6 册），第 584—588 页。

续上涨，各校经费又由 60 倍涨至 100 倍、120 倍、140 倍，需要修缮或加建必需建筑者，另给以临时费。从 1945 年 8 月至 1946 年 11 月底，所有学校经费支出总计经常费国币 8493700 余元，临时费国币 975300 余元，另支出伪中储券 1264000 余元，图书费国币 560000 余元。教师薪酬在整合初期，按抗日战争前薪额的 60 倍增至 140 倍支付，后经东莞明伦堂董事会第十三次常务会议议决：从 1946 年 5 月份起，按照国民党行政院改善公务员生活所规定之广东省县级待遇办法支付，即生活补助费基本数国币 45000 元，薪俸按 140 倍标准发给。1945 年 8 月份，又从货币薪俸转为谷物薪俸。①

截至 1946 年 7 月，东莞明伦堂董事会负担全部费用的有小学 13 所、幼稚园 1 所、中学 6 所。即一小（莞城）、二小（石龙）、三小（莞城）、四小（广裕乡）、五小（望溪乡）、六小（济川乡）、七小（太平镇）、八小（仁和乡）、仁和乡二小、石龙中学附小、明生中学附小、简易师范学校附小、万顷沙小学；明生中学幼稚园；东莞中学、石龙中学、简易师范学校、明生中学、常平中学、虎门中学。据统计，13 所小学共 110 班，学生 5400 人；6 所中学共 46 班，学生 2200 人。与此同时，东莞明伦堂董事会还补助公立、私立小学 51 所，中学 1 所。其中，济川中学先补助其经常费 1/3，后又增至每月补助国币 588000 余元；公立、私立小学均按照 1938 年 7 月补助额的 100 倍进行增补。②

1946 年后，东莞明伦堂董事会又陆续资助复办和兴建了塘厦中学、竹溪中学、观澜中学、清溪中学、莞旅中学、中正小学、吉云小学、翰香小学、莞义小学、东莞县立农业职业学校、私立石龙初级女子职业学校、香港工商总会义学、妇协幼稚园、普济医院护士助产学

① 东莞市档案馆编，刘志伟主编：《东莞明伦堂档案·第一辑》（第 6 册），第 584—588 页。

② 东莞市档案馆编，刘志伟主编：《东莞明伦堂档案·第一辑》（第 23 册），第 256—259 页。

校、东莞县民教馆国语训练班、东莞早教社等。其中，设立于桥头的东莞县立农业职业学校由桥头邓盛仪等31名开明士绅倡导、时任县长徐直公批准、东莞明伦堂董事会出资、邓植仪主持创立，1946年9月正式开学，设高级部、初级部农艺科各1班，至1947年共有学生83人，其中，高级部农艺科14人，初级部农艺科69人。学校有教长（即校长）1名，专职教员7名，兼职教员1名。1951年，由于生源不足，该校于并入常平中学。东莞县立农业职业学校是东莞有史以来第一所农业职业学校，开创了东莞职业教育之先河。

与此同时，东莞明伦堂董事会还根据上级统一部署和要求，将所有公立小学改名为"中心国民学校"，即县城镇第一中心国民学校、县城镇第二中心国民学校、石龙镇第一中心国民学校、石龙镇第二中心国民学校、广裕乡第一中心国民学校、望溪乡第一中心国民学校、济川乡中心国民学校、太平镇第一中心国民学校、茶山乡中心国民学校、石排乡第二中心国民学校。此外，还开办了私立万顷沙小学的两所分校，即万顷沙小学沙头分校、万顷沙小学沙尾分校。①

二、 加强教育规范管理

为了推进东莞教育事业的发展，东莞明伦堂董事会分别建立了负责教育事务管理、教育业务指导、教育发展推进、教育经费管理等组织机构。其中，教育事务管理由东莞明伦堂董事会改组成立的教育社会组全权负责，该组相较教育业务指导、教育发展推进、教育经费管理等小组成立最早，故初期涉及到社会教育方面的事务均为其管理。例如，1945年10月，东莞明伦堂董事会讨论通过了教育社会组提交的《支付本邑公私立各级学校经常费、补助费暂行办法》，并规定由

---

① 东莞市档案馆编，刘志伟主编：《东莞明伦堂档案·第一辑》（第43册），第101—111页。

东莞明伦堂董事会承担经费的学校，除学生本身有关必须征收的费用外，不得再向其征收任何费用。① 这一举措相当于现在的义务教育制度，具有前瞻性和社会意义。教育业务指导组成立于抗日战争胜利后的 1945 年年底，其成员主要由东莞县的名流学者及教育专家组成，如王铎声、王棻庭、邓植仪、张尔超、黎樾廷、李秀然、邓柱燊、邓坚白、胡章、郑师许、王镜澄、容肇祖、吴建华、袁晴晖、陈安仁、何作霖、刘克平、黎庆铭等，他们定期到东莞明伦堂董事会举行座谈会，讨论东莞教育发展议案。从成立之初至 1946 年 3 月中旬，共举行座谈会 14 次，提出教育发展议决案 63 宗、具体实施办法 15 件。其中，有多个议案经东莞明伦堂董事会常务会议讨论通过施行。② 东莞明伦堂董事会教育委员会成立于 1948 年，由王铎声、邓植仪、吴建华、郑师许、邓柱燊、何作霖、容庚、卢颂芳、李秀然、罗瑶、卢翙等 11 名委员组成，每月开会 1 次，探讨东莞县教育发展与推进、教育设施建设与发展研究等事宜。③ 同年，又成立"东莞明伦堂教育款产管理委员会"，设正、副董事长及监察数人，议定了《东莞明伦堂教育款产管理委员会组织章程》，主管教育款项的收支。④

此外，还加强对学校校长的推荐和遴选。民国早期，凡由东莞明伦堂拨给经费的中小学校长人选，均由东莞明伦堂和东莞县政府共同决定。例如，1939 年东莞明伦堂沙田经理局整理委员会致函东莞县国民政府："向由敝会选择莞籍学历优良之士，送请贵府委荐；其或一时权宜，由贵府选定人员，征得敝会同意，然后委荐亦无不可。盖以邑中公款办理邑中教育，校长人选，必须谨慎商榷，敝会历年沿用

---

① 东莞市档案馆编，刘志伟主编：《东莞明伦堂档案·第一辑》（第 6 册），第 517 页。

② 东莞市档案馆编，刘志伟主编：《东莞明伦堂档案·第一辑》（第 6 册），第 584 页。

③ 东莞明伦堂董事会：《东莞明伦堂董事会教育委员会委员名单》，《东莞教育》1948 年第 1 期，第 33—34 页。

④ 东莞地方志编纂委员会：《东莞市志 教育编（征求意见稿）·东莞明伦堂与教育》，第 96—97 页。

成例，牢不敢破。"① 然而，到了民国后期，东莞明伦堂董事会"只有付经费的责任，而无管理与任用校长之权力"②。东莞县国民政府的这一举措，让东莞明伦堂董事会十分气愤。不过，当东莞县国民政府拟任命校长人选与东莞明伦董事会推荐人员不一致时，东莞明伦堂董事会也会努力争取所推荐人员当选。例如，1945 年 9 月 8 日，东莞明伦堂董事会代董事长袁良骅致函东莞县国民政府徐直公县长："本年八月三十日接收广州伪东莞明伦堂后，该堂负担经费之各中小学校均已停顿，关于各原日中小学校如何复员，事关教育行政，本会未便越权，惟各校公物原系本堂公产，故在贵府未返莞前，本会暂为权宜处置，曾经分别通知各伪校，指留职役若干人看管校中公物，暨请原日莞中、龙中、明中、简师各校暂就原校地区接收伪校复课，各在案。顷间台端返城，对于邑中教育，自有高明措置，至深庆章。惟查抗战期间，本县原日各中小学校八年流徙，艰苦备尝，志节坚贞，至堪嘉尚！今喜天日重光，对于该抗战校长职教员等，仍希照旧维持，以存正气……至于本会负责经费之各校校长任免时，请核案，并本合作精神，征求本会同意，以符旧章。"③ 由此可见，东莞明伦堂董事会对各学校校长的遴选和任命非常重视。

三、 加强教育经费规范利用

一直以来，东莞明伦堂经费支出以教育为大宗，覆盖幼儿教育、小学教育、中学教育、师范教育、职业教育、民众教育等各类教育。例如，1948 年，东莞明伦堂董事会总收入干谷 127895 担，教育支出

---

① 东莞明伦堂档案 001—7—0003—0005·请查照委任县立各中小学校长成例委任校长由（1939 年），东莞市档案馆藏。

② 袁良骅：《东莞教育问题》，《东莞教育》1948 年第 1 期，第 2 页。

③ 东莞市档案馆编，刘志伟主编：《东莞明伦堂档案·第一辑》（第 10 册），第 315 页。

82530 担，约占总收入的 64.5%。① 其中，中学经费 23950 担，占教育支出的 29.02%；小学经费 19139 担，占教育支出的 23.19%；师范学校经费 1857 担，占教育支出的 2.25%；职业学校经费 1766 担，占教育支出的 2.14%；幼稚园经费 388 担，占教育支出的 0.47%；邑外学校补助经费 2550 担，占教育支出的 3.09%；民众教育补助经费 1131 担，占教育支出的 1.37%；推进国民教育准备金 4407 担，占教育支出的 5.34%；国内大中学生留学津贴金 19114 担，占教育支出的 23.16%；国外留学生津贴金 1469 担，占教育支出的 1.78%；各种学生奖励金 2352 担，占教育支出的 2.85%；教育准备费 4407 担，占教育支出的 5.34%。② 东莞明伦堂董事会时期的教育经费主要用于学校经常费、留学生津贴及奖励金、教育筹备费三个方面。

（一）在教育经常费方面，实行等级分配制。1946 年，随着更多学校的兴建和复办，东莞明伦堂董事会为了解决县内各区呼吁经费支配不均、要求将万顷沙围田划分若干段按各区人口比例平均分配教育经费的问题③，一方面完善学校年度教育经费预算的编制，避免临时变更而影响支出："学年度以每年八月开始，翌年七月底终结，其班额增减，均须八月份以前编定预算。"④ 另一方面，以各学校班数为依据，分列甲、乙、丙 3 个等级拨给经常费。12 个班以上者为甲等，6 至 11 个班为乙等，未满 6 个班者为丙等。3 个不同等级学校的教师薪酬也结合职务、职责等进行了相应的规定。其中，实行货币薪时，甲等校长国币 240 元，乙等校长国币 220 元，丙等校长国币 200 元，三个等级之间递减 20 元；甲、乙、丙等主任、教员则没有差别，教

---

① 东莞地方志编纂委员会：《东莞市志·教育编（征求意见稿）》，第 96—97 页。

② 东莞明伦堂档案 001—7—0182—0024·1948 年度东莞明伦堂教育经费百分表，东莞市档案馆藏。

③ 东莞明伦堂档案 001—7—0040—0013·关于确保东莞明伦堂财产以发展全邑教育事业意见书提案（1946 年），东莞市档案馆藏。

④ 东莞明伦堂董事会：《东莞明伦堂董事会民国三十五年度征信录》，1946 年，第 1 页。

务主任、训育主任、事务主任、教导主任为国币 180 元，童军组长兼教员（每周授课 20 小时）、体育组长兼教员（每周授课 20 小时）、高中班导师教员（每周授课 18 小时）为国币 150 元，高中导师教员（每周授课 20 小时）、初中班导师教员（每周授课 18 小时）为 130 元，初中导师教员（每周授课 20 小时）110 元，干事 55 元，书记 40 元，工役 17 元。[1] 改为谷物薪酬后，甲等中学校长最高为 800 斤，乙等中学校长 750 斤，丙等中学校长 700 斤，三个等级之间递减 50 斤；甲等主任最高为 700 斤，乙等、丙等递减 20 斤；高中教员最高 640 斤；初中教员最高 560 斤；小学校长最高 500 斤，教员 400—420 斤。[2]

根据《三十七学年度本会补助各级学校一览表》，1948 年，东莞县有 10 所中学、18 所小学、1 所师范学校、3 所职业学校、2 所幼稚园，以及邑外 2 所学校得到东莞明伦堂董事会"全费"或"补助部分"或"补助三分之一"的经费谷资助。[3] 其中，东莞县立中学、东莞县立石龙中学、东莞县立虎门中学、东莞县立常平中学、东莞县立塘厦中学、东莞县立简易师范、县城镇第一中心国民学校、县城镇第二中心国民学校、石龙镇第一中心国民学校、石龙镇第二中心国民学校、望溪乡第一中心国民学校、济川乡第一中心国民学校、太平镇第一中心国民学校、茶山乡中心国民学校、石排乡第二中心国民学校、简师附小、私立万顷沙小学、万顷沙小学沙头分校、万顷沙小学沙尾分校、私立明生小学 6 所中学 14 所小学为全费资助；济川中学、竹溪中学补助 1/3；私立明生中学、私立观澜中学、私立莞旅中学、县立农业职业学校、私立石龙女子职业学校、私立中正小学、私立吉云

---

① 东莞明伦堂董事会：《东莞明伦堂董事会暂定中等学校经费等级表》。

② 东莞明伦堂董事会：《东莞明伦堂董事会暂定中等学校经费实物支付等级表（1946）》，《东莞明伦堂民国三十五年度征信录》，1946 年，第 4—5 页。

③ 东莞明伦堂董事会：《三十七学年度本会补助各级学校一览表》，《东莞教育》1948 年第 1 期，第 30—32 页。

小学、私立翰香小学、私立莞义小学、香港工商总会义学、私立明生幼稚园、妇女协会幼稚园、普济医院护士助产学校等部分补助。①

（二）在留学津贴及奖励金方面，严格按修订办法执行。1946 年 10 月，为了进一步扶持资助莞籍青年求学，东莞明伦堂董事会修订通过了《东莞明伦堂留学津贴办法》（1946）、《东莞明伦堂学业奖励金办法》（1946），1947 年 2 月，东莞明伦堂董事会第五次会议又对《东莞明伦堂留学津贴办法》（1946）中的具体发放时间进行了修订，且明确了"补习性质学校之学生""临时训练机构之学生""各种带薪受训之学员"等概不发给津贴。

《东莞明伦堂留学津贴办法》（1947）规定：每年拨谷 8000 担作为留学生津贴。其中，国外高等教育级 1000 担，国内高等教育级 1000 担，邑外中等教育级 3000 担。凡莞籍学生肄业于外国政府立案之大学者，可以报领国外高等教育级津贴，但东洋、南洋、香港的大学按照国内大学待遇发放；凡莞籍学生肄业于国内公立或已立案之私立大学本科、独立学院本科、研究院、专科学校（须在三年级以上肄业），可以报领国内高等教育级津贴；凡莞籍学生肄业于国内公立或已立案之私立五年制专科学校一二年级、附设的先修班、一年以上的训练班、邑外公立或已立案之私立中学校、师范学校、职业学校，以及香港、澳门中等学校曾在我国政府立案者，可以报领邑外中等教育级津贴。以上各级津贴依照学年分上、下两期发给，上学期津贴报领时间为每年 9 月 1 日至 12 月 11 日，发放时间为每年 12 月 11 日起至 12 月底；下学期津贴报领期间为每年 2 月 1 日至 4 月底，发放时间为每年 5 月 11 日起至 5 月底。逾期报领，概不补发。学生报领津贴时，必须按要求携带在学证明书、前学期学业操行成绩表、高级中学毕业证书等至东莞明伦堂董事会缴验，然后填写"报领津贴表"。其学业

---

① 东莞市档案馆编，刘志伟主编：《东莞明伦堂档案·第一辑》（第 36 册），第 512—517 页。

平均成绩不满 60 分或操行成绩在丁等者，一概不发给津贴。每学期发放津贴谷采用均分制，按照每个级别申报人数均分，并按照发放期间的谷价折算代金发给学生。即使每个级别是平均发放，但国外高等教育级每期每人不得超过 15 担，国内高等教育级每期每人不得超过 5 担，邑外中等教育级每期每人不得超过 1 担。[①] 根据《国内外留学津贴支出明细表（民国三十五年）》，1946 年上学期，12 名国外大学生领取留学津贴，平均每名 1500 斤，共 18000 斤；713 名国内大学生领取留学津贴，平均每名 500 斤，共 356500 斤；1745 名国内中学生领取留学津贴，平均每名 85 斤，共 148325 斤。1946 年下学期，8 名国外大学生领取留学津贴，平均每名 1500 斤，共 12000 斤；690 名国内大学生领取留学津贴，平均每名 500 斤，共 345000 斤；1730 名国内中学生领取留学津贴，平均每名 100 斤，共 173000 斤。[②]

《东莞明伦堂学业奖励金办法（1946）》规定：每年拨谷 700 担为学业奖励金。其中，国内高等教育级 200 担，国内中等教育级 350 担，国内初等教育级 150 担。凡莞籍学生肄业于国内公立大学本科、研究院、独立学院本科、专科学校（须在三年级以上肄业），以及南京私立金陵大学、南京私立金陵女子大学、上海私立沪江大学、杭州私立之江大学、上海私立东吴大学、上海私立震旦大学、上海私立大夏大学、北平私立燕京大学、北京私立协和医学院、北京私立辅仁大学、北平私立中法大学、北平私立朝阳大学、济南私立齐鲁大学、成都私立华西大学、广州私立岭南大学、广州私立国民大学、广州私立广州大学、广州大学私立光华医学院、香港大学、上海私立大同大学等，其学期学业成绩每科在 70 分以上、平均在 75 分以上，操行成绩乙等以上者，可以报领该学期高等教育级奖励金；凡莞籍学生现肄业

---

① 东莞明伦堂档案 001—7—0037—0036·东莞明伦堂留学津贴办法（1946 年 10 月 20 日），东莞市档案馆藏。

② 东莞明伦堂董事会：《国内外留学津贴支出明细表（民国三十五年度）》，载《东莞明伦堂民国三十五年度征信录》，1946 年。

于国内公立五年制专科学校一、二年级，国内公立中学校，国内公立职业学校及师范学校，其学级比照高级中学或初级中学者，以及东莞私立明生中学、广州私立岭南大学附属中学、广州私立培英中学、上海私立震旦大学附属中学、广州私立知用中学、广州私立协和中学、广州私立粤华中学、广州私立国民大学附属中学、广州私立培正中学、广州私立力行中学、广州私立教忠中学、广州私立中德中学、广州私立南武中学、广州私立培范中学、广州私立广州大学附属中学、广州私立真光中学、北平私立慕贞女子中学、上海私立南洋中学等，其学期学业成绩每科在 70 分以上、平均在 75 分以上，操行成绩乙等以上者，可以报领该学期中等教育级奖励金；凡莞籍学生肄业于国内海陆空军或警官学校，其学期学业成绩每科在 70 分以上、平均在 75 分以上，操行成绩乙等以上者，可以参照相近学级报领奖励金；凡莞籍学生肄业于邑内公立小学或各级国民学校小学部，或已立案之私立小学，其学期学业成绩每科在 70 分以上、平均在 80 分以上，操行成绩乙等以上者，可以报领该学期初等教育级奖励金，但每校学生领奖名额不得超过该校全体学生人数的 5%。以上各级奖励金依照学年分上、下两学期发给，上学期报领时间定于每年 2 月 1 日至 4 月 25 日，发放时间为每年 5 月 6 日至 30 日；下学期报领时间为每年 8 月 1 日至 10 月 25 日，发放时间为每年 11 月 6 日至 30 日。逾期报领，概不补发。报领奖励金时，必须按要求提供在学证明书、学业操行成绩表等至东莞明伦堂董事会缴验，然后填写"报领学业奖励金表"。与发放津贴一样，每学期发放的奖励谷采用均分制，按照每个级别申报人数均分，并按照发放期间的谷价折算货币发给，但高等教育级奖励金每学期每人不得超过 2 担，中等教育级奖励金每学期每人不得超过 1 担。① 根据《奖学金支出明细表（民国三十五年度）》，1946 年上学期，就读于省立法商学院的卢建明、苏炜、张似微，就读于国立中正

---

① 东莞市档案馆编，刘志伟主编：《东莞明伦堂档案·第一辑》（第 10 册），第 703 页。

医学院的方镇标，就读于国立复旦大学的莫浣英分别荣获国币 25000 元的奖学金；1946 年下学期，就读于省立法商学院的卢建明、苏炜分别荣获国币 18750 元的奖学金，就读于国立中山大学的胡显澄、就读于国立中央政治大学的叶剑峰分别荣获国币 25000 元的奖学金。①

1946 年，东莞明伦堂董事会还规定：每年拨干谷 1000 担作为各项比赛及学术奖励之用。② 同年，补发了 1943 年至 1945 年国内外留学津贴，以及 1942 年至 1944 年的学业奖励金。

（三）在教育预备费方面，主要用于修建校舍、充实学校设备，以及新办中学等临时性支出。例如，1946 年，东莞明伦堂资助虎门中学、常平中学筹建，分别支出教育预备经费谷 119136 斤、66360 斤；③ 1947 年 9 月，由"东莞教授联谊会"名义创办的广州莞旅中学（原名东莞旅省中学）招收莞籍初中生 2 班、高中生 1 班，东莞明伦堂董事会补助开办费干谷 500 司担，每学期补助经常费 200 司担；④ 1947 年 8 月 1 日至 1948 年 7 月 31 日，拨给东莞中学校舍维修经费谷 701682 斤，虎门中学校舍维修经费谷 150000 斤，石龙中学校舍维修经费谷 45416 斤，常平中学校舍维修经费谷 50000 斤，石龙镇二中心国民学校维修经费谷 11500 斤，崇焕中学开办补助经费谷 20000 斤，明生小学幼稚园建筑补助经费谷 50000 斤，等等。⑤

---

① 东莞明伦堂董事会：《奖学金支出明细表（民国三十五年度）》，载《东莞明伦堂民国三十五年度征信录》，1946 年。

② 东莞市档案馆编，刘志伟主编：《东莞明伦堂档案·第一辑》（第 10 册），第 706 页。

③ 东莞明伦堂董事会：《学校教育经费支出明细表（民国三十五年度）》，载《东莞明伦堂民国三十五年度征信录》，1946 年，第 27 页。

④ 郑师许：《莞旅中学创办一年来之经过》，《东莞教育》1948 年第 1 期，第 18 页。

⑤ 东莞市档案馆编，刘志伟主编：《东莞明伦堂档案·第一辑》（第 43 册），第 101—111 页。

四、 加强教育宣传指导

1945 年 12 月，东莞明伦堂董事会针对"本邑教育消息应广为传播"的发展思路，发出了《关于促进邑中教育文化事业的公函》："资助《东莞民国报》，增设教育栏，登载各项教育消息，各乡公所、各中心学校送阅一份，邮费纸费及资助费，统由东莞明伦堂董事会负担，各乡公所、各中心学校收到后，应张贴公共场所，以广宣传等由。"[①] 根据以上公函，1946 年 1 月起，东莞明伦堂董事会每月补助东莞民国报社国币 1.5 万元，与之合办教育专栏。[②] 1946 年 6 月，东莞民国报社致函东莞明伦堂董事会："惟复员至今，物价起涨逾二十倍，本报自四月份起即亏蚀五万元，五月份亏蚀十万元，六月份亏蚀十七万元，办理殊感困难，贵会补助费用，仅足支持邮费，恳请自七月份起，按月拨助国币二十万元。"[③] 后经东莞明伦堂董事会议决，自 1946 年 7 月起，每月补助费增至国币 3 万元。[④]

1947 年 11 月，为了解决东莞教育发展过程中存在的问题，东莞明伦堂董事会议定了《邑内教育视导工作计划大纲》，聘请李觉清（国民党东莞县党部委员）为东莞明伦堂董事会邑内教育视导专员。[⑤] 此后，东莞明伦堂董事长蒋光鼐每年均组织专员到县内六区各中小学校进行大规模的视导。视导的主要内容为校务、教务、学校管理、学校环境、学龄儿童入学比例、社会教育等方面，并针对存在的问题进

---

① 东莞市档案馆编，刘志伟主编：《东莞明伦堂档案・第一辑》（第 6 册），第 190 页。
② 东莞市档案馆编，刘志伟主编：《东莞明伦堂档案・第一辑》（第 6 册），第 598 页。
③ 东莞市档案馆编，刘志伟主编：《东莞明伦堂档案・第一辑》（第 6 册），第 606 页。
④ 东莞市档案馆编：《东莞明伦堂文集》，第 498 页。
⑤ 东莞市档案馆编：《东莞明伦堂文集》，第 501 页。

行讨论和征集意见，强化教育行政指导与督导的社会效益。[①]

　　1948年，东莞明伦堂董事会还编辑出版了东莞教育发展指导专刊——《东莞教育》。根据《东莞教育》创刊号，可以窥探到"莞邑兴学的方针""东莞教育存在的问题""莞邑教育区位计划"等指导性内容。教育视导专员李觉清在《莞邑兴学的方针刍议》[②]一文中指出，东莞县教育发展既要"大力增设公立中小学的数量，一律免费招生，使人人有书可读"，又要重视质量，"通过设立教学质量高的示范学校引领，以点带面，循序渐进，培养青少年成材"。东莞明伦堂董事会代董事长袁良骅在《东莞教育存在的问题》一文中指出：东莞教育发展极不平衡，国民学校大多设立于城镇和比较富裕的乡村，穷乡僻壤和文化落后的乡村则完全没有；东莞明伦堂董事会"只有付经费的责任，而无管理和用人之权，县政府亦以款非己出，未便认真监督其措施，各校乃陷入两不管状态，校务任由校长随意处理，导致学校办理的不善与师资的不良"，等等。[③]袁良骅认为，解决以上问题的关键，首先应该是"东莞县政府与东莞明伦堂董事会之间应加强密切联系，划定各自的职权范围"，东莞明伦堂董事会"承担全县教育经费的97%，学校自应完全由明伦堂管理"；其次，"学校应当普遍的设立，使教育大众化""务须做到每乡一校，以期普及"；再次，"要大力加强职业教育，以适合农村发展的需要"。黄吉瑞在《莞邑教育区位计划》[④]一文中通过对东莞明伦堂董事会资助的18所小学、2所幼儿园、9所中学、2所职业学校、1所师范学校所需经费、分布区域进行比较分析，指出东莞基层教育应该综合考虑人口、交通等要素在乡村全面、普遍地设立学校，在确保一乡一国民学校的基础上，人

---

① 东莞地方志编纂委员会：《东莞市志·教育编（征求意见稿）·东莞明伦堂与教育》，第96—97页。

② 李觉清：《莞邑兴学的方针刍议》，《东莞教育》1948年第1期，第1—2页。

③ 袁良骅：《东莞教育存在的问题》，《东莞教育》1948年第1期，第2—3页。

④ 黄吉瑞：《论东莞教育的区位问题》，《东莞教育》1948第1期，第4—7页。

口多的乡还应多设几所；中等教育应围绕莞城、石龙、常平、塘厦、虎门等中心区位的优势设置学校；师范学校、海事水产学校、农林畜牧学校、工艺职业学校等职业专科教育要充分考虑专业特征、交通、给养、环境等要素进行布局。诸如，师范学校与县政府联系比较紧密，学生毕业后分配到各乡服务，应设置于莞城；海事水产学校应设置于靠近大海、水产丰富、适合水产种苗研究的虎门；农林畜牧学校可设置于山地分布广泛的樟木头宝山一带；工艺职业学校应设置于交通便利、商业繁盛、可以有效解决原材料和销售问题的石龙，等等。以上关于东莞教育发展的系列文章，前瞻性地提出了东莞中小学教育发展的公益性和均等性，以及职业教育发展的针对性，与当下教育发展的基本思路一脉相承。

第四节　参与社会公益建设

一、　参与慈善卫生事业建设

东莞明伦堂董事会除教育经费的大宗支出外，还有社会事业费支出，包括慈善经常费和慈善预备费。

（一）慈善经常费主要资助东莞卫生事业。1945 年 8 月，面对抗日战争后满目疮痍的东莞各医院的现实情况，东莞明伦堂董事会迅速制订规划，拨款修缮院舍，购置医疗器械，聘任医务人员，恢复被日军侵占而停办的东莞县立医院、虎门医院、石龙惠育医院等。[①]

1945 年 9 月，拨款国币 500 万元，用于修缮东莞县立医院，且每月拨经常费国币 240 余万元，用于医院日常运行；1946 年，改为每月划拨经费谷 20380 斤，全年经费谷共 244560 斤；[②] 1947 年 8 月 1 日至 1948 年 7 月 31 日，东莞明伦堂董事会拨给东莞县立医院年度决算经费谷总计 254598 斤。[③] 1947 年 11 月，东莞明伦堂董事会函聘陈荣枢、吴建华、何仿、尹驻晖等 11 人为东莞县立医院董事会董事，指导东莞卫生事业发展。1949 年 10 月，东莞明伦堂董事会拨临时补助费于东莞公立医院修建手术室等。[④]

1946 年，拨给虎门医院修缮费 500 万元[⑤]，每月经费谷 7000 斤，

---

① 东莞市卫生志编写组编：《东莞市卫生志》，1988 年版，第 27—28 页。
② 东莞明伦堂董事会：《1946 年明伦堂慈善经常费支出明细表》，载《东莞明伦堂董事会民国三十五年征信录》，1946 年。
③ 东莞市档案馆编，刘志伟主编：《东莞明伦堂档案·第一辑》（第 43 册），第 101—111 页。
④ 东莞市档案馆：《东莞明伦堂文集》，第 501、507 页。
⑤ 东莞市档案馆编，刘志伟主编：《东莞明伦堂档案·第一辑》（第 23 册），第 256—259 页。

全年经费谷共 84000 斤①；1947 年 8 月 1 日至 1948 年 7 月 31 日，东莞明伦堂董事会拨给虎门医院年度决算经费谷总计 180000 斤，年度建筑补助费谷 100000 斤。②

1947 年 8 月，东莞明伦堂董事会任命袁逸为惠育医院（今石龙人民医院）院长，负责筹备被日军炸毁的惠育医院复办事宜。惠育医院于 1903 年落成开业，由陈伯陶题写"惠育医院"院匾。1921 年，南洋归国的同盟会会员谢星南任医院总理（即院长）后，始向东莞明伦堂申请拨款补助。1947 年 9 月，东莞明伦堂董事会一次性拨谷 500 司担作为惠育医院修缮费用，并由当年 9 月份起至 1948 年 2 月 1 日开业日期止，每月划拨办公经常费谷 300 司斤。③ 1947 年 8 月 1 日至 1948 年 7 月 31 日，东莞明伦堂董事会拨给惠育医院年度决算经费谷总计 72549 斤，开办费谷总计 113327 斤。④ 1947 年 9 月，东莞明伦堂董事会联合东莞商家合资改建了东莞明伦堂万顷沙医院，并拨年度经费谷 6000 斤。⑤

东莞明伦堂董事会还常态化地资助一些卫生机构。例如，从 1945 年 10 月起，资助 14 家中医施诊所（1946 年 6 月底，撤销 11 家）每月经常费 3000 大洋，并订定了施诊所所需的临时经费；⑥ 1946 年，分别拨给普济医院、普济医院附设护士助产学校年度经费谷 16000

---

① 东莞市档馆案编，刘志伟主编：《东莞明伦堂档案·第一辑》（第 32 册），第 133 页。
② 东莞市档案馆编，刘志伟主编：《东莞明伦堂档案·第一辑》（第 43 册），第 101—111 页。
③ 东莞市档案馆编，刘志伟主编：《东莞明伦堂档案·第一辑》（第 38 册），第 120—175 页。
④ 东莞市档案馆编，刘志伟主编：《东莞明伦堂档案·第一辑》（第 43 册），第 101—111 页。
⑤ 东莞市卫生局编：《东莞市卫生志》，广东人民出版社 2006 年版，第 164 页。
⑥ 东莞市档案馆编：《东莞明伦堂文集》，第 494—497 页。

斤、7880 斤；[①] 1946 年 8 月始，分别拨给稍潭麻疯院、若瑟洲麻疯院每月经常费谷 2100 斤，以后每增加 1 名麻风病人每月再增拨 20 斤干谷。[②] 1947 年 8 月 1 日始至 1948 年 7 月 31 日止，拨给稍潭麻疯院年度经费谷 38060 斤，拨给普济医院年度经费谷 12000 斤；拨给赠医留产院年度经费谷 12000 斤。[③]

（二）慈善预备费主要用于救济和赈灾。抗日战争胜利后，南京国民政府为准备发动内战抢购军粮，摊派东莞军粮 120000 大包，使得粮价飞涨，每担粮食高达国币 27600 元，是战前的数十倍，导致饥民遍地。[④] 1946 年 5 月，东莞明伦堂董事会拨款国币 2625 万元购买粮食，分两期在县城、石龙、太平、常平、塘厦、中堂等 6 地施粥。[⑤] 1946 年 4 月起，拨给东莞县救济院经常费国币 19900 元，[⑥] 后又改为经费谷，支谷 7332 斤。[⑦] 1946 年 6 月，东莞明伦堂董事会应县长张我东函请，捐助东莞县难童救济会国币 30 万元。[⑧] 1947 年 6 月，东莞发生 60 年一遇的大洪灾，灾区面积达 200 余方里，损失稻田 200 余万亩，灾民达 30 万之多，东莞明伦堂董事会拨捐国币 1 亿元、干谷 1000 担、赈灾款国币 3000 多万元。[⑨] 1947 年 12 月，一次性补助勉行善社慈善款国币 10 万元。[⑩] 1947 年 8 月 1 日至 1948 年 7 月 31 日，东

---

① 东莞明伦堂董事会：《慈善经费费支出明细表（1946）》，《东莞明伦堂董事会民国三十五年度征信录》，1946 年。

② 东莞市档案馆编：《东莞明伦堂文集》，第 498 页。

③ 东莞市档案馆编，刘志伟主编：《东莞明伦堂档案·第一辑》（第 43 册），第 101—111 页。

④ 东莞市地方志编纂办公室编：《东莞市志·粮食篇（征求意见稿）》，1986 年，第 41 页。

⑤ 东莞市地方志编撰委员会编：《东莞市志·东莞明伦堂董事会施粥数目表》，第 104 页。

⑥ 东莞市档案馆编：《东莞明伦堂文集》，第 497 页。

⑦ 东莞明伦堂董事会：《明伦堂慈善经常费支出明细表（1946）》，《东莞明伦堂董事会民国三十五年征信录》，1946 年。

⑧ 东莞市档案馆编，刘志伟主编：《东莞明伦堂文集》，第 497 页。

⑨ 东莞市档案馆编，刘志伟主编：《东莞明伦堂档案·第一辑》（第 47 册），第 11—17 页。

⑩ 东莞市档案馆编，刘志伟主编：《东莞明伦堂文集》，第 501 页。

莞明伦堂董事会年度慈善经费谷总计 51178 斤。① 1948 年，东莞明伦堂董事会协助县长张我东成立冬季救济委员会，在各乡镇设立分会，前往各乡镇开展施粥、发放寒衣、设置收容所、开展以工代赈等慈善救济工作。1949 年 1 月，东莞明伦堂董事会拨谷 300 司担，用于乡民救济，等等。②

二、　参与水利事业建设

东莞县位于东江下游，地势低洼，各乡组频遭水患，春、夏两季常积水成灾，非但无法耕作，农业生产全面告停，人民生命财产之直接损失更是难以估计。为此，东莞明伦堂董事会积极参与东莞县水利建设事业，不仅在董事会下成立了专门的水利组，而且还议定了《本邑农田水利事业实施办法纲要》，设立了水利建设专账等。

东莞明伦堂董事会水利组设组长兼工程师 1 名、专职工程师 1 名、干事 2 名、雇员 1 名，主要职责是兴办灌溉工程、排水工程、防潦工程、修理或扩充已停废之旧有水利工程、辅导各乡组成立水利合作社、协同当地兴办水利事业等。董事会聘请名誉董事王应榆、李扬敬，董事邓植仪、张尔超为指导，负责监督指导组内一切行政及技术事宜。③

根据东莞明伦堂董事会拟定的《本邑农田水利事业实施办法纲要》，东莞明伦堂董事会划拨稻谷 10000 担作为兴办水利事业之专款——"水利谷"，所有水利工程有兴办均通过贷借工程谷的方式实施。根据水利工程属地管辖原则，如果某乡、某组需要修建水利工

---

① 东莞市档案馆编，刘志伟主编：《东莞明伦堂档案·第一辑》（第 43 册），第 101—111 页。

② 东莞市档案馆编，刘志伟主编：《东莞明伦堂文集》，第 505 页。

③ 东莞市档案馆编，刘志伟主编：《东莞明伦堂档案·第一辑》（第 6 册），第 590—596 页。

程，可先向东莞明伦堂董事会水利组申报，水利组选派工程技术人员进行工程勘探、规划、设计、测量、制作工程预算等，然后由各乡、各组成立的水利合作社向东莞明伦堂董事会借贷"水利谷"作为工程费，双方签订合约，工程建造完成后，受益方须于三年内偿还借贷的"水利谷"。

东莞明伦堂董事会主持工作期间，水利组主要参与修建了位于东莞大岭山南的怀德水库，以及南畲萌排水工程、西湖挑水坝工程、河田乡防潦工程、碧桃涌水利工程、东岸排水涵洞工程、峡口水闸工程、潼湖局部排水工程等。其中，怀德水库预算谷 8000 担，设计灌溉面积 1.2 万亩，于 1946 年 3 月动工兴建，1949 年冬除 158 米隧道未凿通外，其他工程基本完工，是当时全省兴建最早且最大的水库。1950 年 7 月，东莞县人民政府组织人员凿通隧道通水后，实际灌溉面积 0.7 万亩，花费工程谷 1158430 司斤；[①] 南畲萌排水工程设计双孔排水闸及半门一座，于 1946 年 2 月动工兴建，1946 年 5 月竣工，花费工程费谷 911 担；[②] 西湖挑水坝工程于 1946 年 3 月 1 日动工，因施工需要，挖掘西湖围基垦土方，被西湖 80 余乡民持枪打伤施工民工 11 人，从而导致该水利工程停工；河田乡防潦工程于 1946 年 3 月 28 日开工，1947 年 4 月 15 竣工，花费工程谷 30000 斤；碧桃涌水利工程于 1946 年 8 月 7 日开工，1946 年 9 月底竣工，花费工程赈米 270 吨；[③] 东岸排水涵洞工程、峡口水闸工程于 1946 年动工，分别花费工程谷 150000 斤、50000 斤。[④]

---

① 东莞市地方志编纂办公室编：《东莞市志·水利篇（征求意见稿）》，1986 年，第 10—11 页。

② 东莞市档案馆编，刘志伟主编：《东莞明伦堂档案·第一辑》（第 6 册），第 590—596 页。

③ 东莞市地方志编纂办公室编：《东莞市志·水利篇（征求意见稿）》，第 10—11 页。

④ 东莞明伦堂董事会：《水利建设费专账支出明细表（1946）》，载《东莞明伦堂董事会三十五年度征信录》，1946 年。

东莞明伦堂董事会还积极参与东莞交通运输建设工作。1946 年，东莞明伦堂新、旧董事袁良骅、罗瑶、翟瑞元、陈仲英、罗植椿、邓公达、前会计毛树珍等，与东莞明伦堂大耕家陈兆兰、邹殿邦、邬一夏等筹划复办了东莞龙太公司，议定由东莞明伦堂董事会、陈兆兰各垫借 10 万元作为复办经费，设址于广州东莞同乡会，承办莞龙、莞太两路的交通运输事宜。①

三、 参与其他事业建设

东莞明伦堂董事会还拨经常费和临时费资助东莞县修志局、东莞县民国日报社、东莞县总工会、国民党东莞党部、三青团、童子军、东莞县参议会、东莞监狱等组织机构。其中，1945 年 12 月，东莞县修志局复办后，东莞明伦堂董事会按原额 1000 元的 100 倍拨助经常费国币 10 万元、开办费国币 10 万元；② 从 1946 年 6 月份起，每月拨助中国童子军广东省东莞县分会事业费国币 5 万元；③ 1947 年 5 月，拨经费谷 10 万斤资助建设东莞监狱。④ 此外，还拨款重修了袁督师祠（今东莞中学内，1953 年拆除）、报功祠（今东莞中学内）、中山纪念堂（今人民公园内）等，在道滘闸口村修建了国殇冢，以纪念 1941年 7 月 5 日（农历六月十一日）被日军屠杀的民众；拨谷 1500 司斤建造珊洲泳场（又名珊洲泳池，现在东江大道旁）等。⑤

---

① 《东莞龙太公司董事会呈监察员会议纪录》，1946 年。

② 东莞市档案馆编，刘志伟主编：《东莞明伦堂档案·第一辑》（第 8 册），第 695 页。根据该函，东莞修志局于 1940 年 9 月东莞旅港士绅提议筹办，东莞明伦堂议决函聘李仁苏、莫纪彭、陈逸川、何仲达、邓寄芳、邓尔雅等为修志专员，1940 年 12 月香港沦陷后停办。

③ 东莞市档案馆编，刘志伟主编：《东莞明伦堂档案·第一辑》（第 23 册），第 256—259 页。

④ 东莞市档案馆编：《东莞明伦堂文集》，第 499 页。

⑤ 东莞市档案馆编：《东莞明伦堂文集》，第 496—506 页。

第五节　中华人民共和国成立后
东莞明伦堂董事会被接收

　　1949 年 10 月 17 日，中国人民解放军粤赣湘边纵队东江第一支队第三团解放了东莞，成立了东莞县军事管制委员会，接管了东莞一切事务。因东莞明伦堂董事会董事长张达等人于 1948 年底（一说为 1949 年初）已将东莞明伦堂董事会的主要契据与存款转移至香港九龙，并在那里办公，由李威等人暂行管理，东莞县军事管制委员会暂时无法完全接收东莞明伦堂董事会，只是委派张如①接收了万顷沙自卫局，祁展②接收了万倾沙自卫大队，叶章继③接收了东莞明伦堂董事会遗留在广州的账目，东莞县人民政府接收了东莞明伦堂投资兴办的樟木头示范林场、大岭山农林垦殖场和莞城园艺苗圃等物业。在接收万顷沙自卫局之前，东莞县军事管制委员会成立了万顷沙接收处，万顷沙自卫局局长蒋静庵也被吸收为万顷沙接收处委员。在正式接收时，蒋静庵率领自卫大队宣布起义，上缴武器以后，按照当时的接收

---

① 张如（1911—1999），原名张广业，又名张虞，东莞莞城博厦人。1936 年加入中国共产党，历任中共东莞县工作委员会副书记兼高埗支部书记，中共东莞中心县委委员兼东宝边区工委书记，中共东宝联合县委书记，中共香港市委委员、组织部部长，港九特派员，广东人民抗日游击队珠江纵队教育干事，东莞县军管会秘书，东莞县人民政府副县长、政协副主席，广东省惠阳地区水电局副局长、科技局副局长等职。

② 祁展（1923—2002），原名祁静涛，东莞梨川人。1943 年 3 月参加地下工作，1945 年加入东江纵队，中华人民共和国成立后，历任东莞县军管会军事科副科长、东莞县邮电局局长、东莞县交通部部长、东莞县供电公司副经理、中共东莞县委委员、统战部部长、政协副主席等职。

③ 叶章继（生卒年不详），抗日战争期间，曾任粤赣湘边纵队东江第一支队第三团副官室副主任，中华人民共和国成立后，任东莞县人民政府经建科科长，分管农林股、合作事业股、工商业股。

政策，愿意离开的就离开，愿意留下的就参与到东莞县万顷沙军管处农场相关工作之中。东莞明伦堂万顷沙自卫局所辖的后备大队因是农民组织，且分散在万顷沙 12 涌 48 围，万顷沙接收处收缴其枪枝弹药后，允许他们继续在万顷沙耕田，发展农业生产。① 至此，东莞明伦堂万顷沙自卫局及其自卫大队这一护沙武装机构退出了历史舞台。

1950 年，蒋光鼐、李章达委派原东莞明伦堂名誉董事王应榆回到东莞，与时任东莞县人民政府首任县长赵督生②商议，由东莞县军事管制委员会军事特派员邝耀水③、东莞县经建科科长叶章继、原东莞明伦堂董事会常务董事翟瑞元等前往香港接收东莞明伦堂董事会的财产，得黄金 5 两、银元 250 枚、港币 14.3 万余元、人民币 13.5 万余元、存放于太平时丰米机厂的稻谷 1500 担。④

中华人民共和国初期，万顷沙被划为东莞县一个特别区，即东莞县第九区，改称"万顷沙军管处农场"，祁展任万顷沙特别区（第九区）党支部书记兼区长。⑤ 1950 年，更名为"广东省东莞县万顷沙国营农场"。1951 年 1 月，广东省人民政府珠江区专员公署海岛管理处成立，万顷沙五涌、一涌以及龙穴岛从东莞县析出，划归海岛管理处管辖。1951 年 12 月，广东省归国难侨处理委员会响应国家号召，利用东莞县万顷沙二涌的 5 个围，组建起全国第一个华侨农场——归国难侨处理委员会农场，共安置被马来西亚、印度尼西亚驱赶回国的侨民 1100 多名。1952 年 10 月，万顷沙正安等 8 个围也并入归国难侨处

---

① 赖日昌：《解放初期东莞城乡的接管工作》，第 567 页.

② 赵督生（1913—1951），东莞塘厦蛟乙塘村人。1937 年加入中国共产党。曾参加东莞抗日模范壮丁队、东宝惠边人民抗日游击队、广东人民抗日游击队。中华人民共和国成立后，任东莞县委副书记兼首任县长。

③ 邝耀水（1919—2021），东莞大朗水口人。1938 年加入中国共产党，曾参加过抗日救亡先锋团战时救护队、抗日模范壮丁队、东江纵队。中华人民共和国成立后，历任东莞县军管会军事特派员、东莞县水利局副局长、东莞县政协常委等职。

④ 杨宝霖：《东莞中学前五十年史料编年》，第 303 页。

⑤ 赖日昌：《解放初期东莞城乡的接管工作》，第 582 页。

理委员会农场，随即更名为万顷沙华侨集体农场。1953 年 4 月，珠海县成立，万顷沙划归珠海县第四区（今广州南沙区万顷沙镇）管辖①，东莞对万顷沙的管理就此结束。

东莞明伦堂董事会时期，是东莞明伦堂历史上快速发展的时期。在此期间，蒋光鼐等军政团队通过强化战后组织、完善业务制度、清理汉奸与伪产、追缴欠谷与欠费、"银租围"改"谷租围"、申请优惠赋税等一系列举措，使东莞明伦堂万顷沙沙田公产管理更为规范；通过全面恢复战后教育、规范管理教育经费、强化教育宣传指导，同时推动慈善卫生、水利交通等公益社会事业多头并进，使东莞明伦堂董事会时期成为东莞明伦堂历史上组织制度最为完善、公产收入最多、对东莞社会公益事业贡献最大的一个时期，充分展现了战后东莞军政人物积极思变、追求发展、报效家乡的崭新的精神风貌。

---

① 金子灵：《东莞明伦堂档案的意义与展望》，第 127 页。

附　录

东莞明伦堂董事会支付本邑公私立各级学校经常费、补助费暂行办法
（1945 年 10 月 11 日）

一、本会为统一本邑公私各级学校经常费、补助费起见，根据广东教育厅三十二年须发之各级学校经费预算标准分别订定支付数目。

二、所有各级学校经常费、补助费一律以国币本位按照六十倍支付。

三、完全由本会负担经费之学校除学生本身有关必需征收之费用（如图书费、体育费、学生自治会费等）外，一律不得再征收任何费用。

四、各级学校经常费、补助费暂照本会校定班额分别支付，如有增加之必要时，应于学期开始前专案报会审核。

五、完全由本会负担经费之学校应于学期开始前按照规定数目造具预算送会审核。

六、由本会支付经常费、补助费全部或一部均应于每月造具决算书连同单据附属表送会报销。

七、各级学校如因特别需用属于临时性质者，应专案请求本会核发。

八、关于各校扩充设备、修建校舍以及其他特别动支由本会统筹办理。

九、中等学校暂分甲、乙、丙三等，办有十二班以上者为甲等，六班至十一班者为乙等，未满六班者为丙等。

十、六班以上中等学校须设三部主任，未满六班者设立一部

主任。

十一、中等学校教员应以专任为原则，必要时得设兼任，小学非必要不得设置兼任教员。

十二、兼任教员所任钟点，高中每小时七元，初中每小时五元，小学每节二元。

十三、中小学校各学科教学自习及课外活动时数均照部章办理。

十四、请求本会补助之公私立各级学校，以曾经主管教育行政机关核准立案办理，具有成绩者为限，补助数量另定之。

十五、本办法系暂行通用，如有未尽事宜得随时修正之。

十六、本办法提经董事会议议决后呈报广东民政厅备案。

（原载东莞市档案馆编，刘志伟主编：《东莞明伦堂档案·第一辑》（第6册），第517—518页）

东莞明伦堂董事会暂定中等学校经费实物支付等级表

职　别	甲　等		乙　等		丙　等		备　考
	员额	薪额/斤	员额	薪额/斤	员额	薪额/斤	
校长	1	800	1	750	1	700	每周授课 6 小时不另支薪
教务主任	1	700	1	680			每周授课 12 小时不另支薪
训育主任	1	700	1	680			同上
事务主任	1	700	1	680			同上
教导主任					1	600	同上
体育组长	1	640					同上
童军组长	1	640					同上
体育童军组长					1	570	同上
高中班导师教员		640		640		640	每周授课 18 小时不另支薪
高中导师教员		620		620		620	每周授课 20 小时不另支薪
初中班导师教员		560		560		560	每周授课 18 小时不另支薪
初中导师教员		540		540		540	每周授课 20 小时不另支薪
兼任教员							高中 30 斤/小时，初中 26 斤/小时
干事	10	380	7	380	4	380	文牍、会计、庶务、教务等
书记	5	340	4	340	2	340	办理一切该校事务

（续表）

职　别	甲　等		乙　等		丙　等		备　考
	员额	薪额/斤	员额	薪额/斤	员额	薪额/斤	
工役	15	150	15	150	15	150	传达、水务、厨房、什役
办公费		70		70		70	每班 70 斤
设备费		50		50		50	每班 50 斤
特别办公费		100		80		80	每月计算

（原载《东莞明伦堂民国三十五年度征信录》，1946 年）

东莞明伦堂董事会办事细则

（1946 年）

一、本会办公厅由总干事经常主持领导并督促各组工作。

二、本会暂设总务、财务、教育社会、水利四组，组长应就其职掌范围，为全盘之筹划并对于董事会决定之方案执行之。

三、本会收到各项文件由收发编号登记得先送主管组组长签拟办法，再经总干事审核，呈董事长决定，发还各组拟稿。

四、凡各组组员撰拟文稿，须经组长修正，再送总干事审核，呈董事长判行后送总务组缮发。

五、典守印信人员须将印信慎重保管，凡经董事长判行之稿件或条谕，加盖之件应由收发填送印部送印，乃得照钤。

六、各组文件未有特殊原因，不得积压，并于办竣后立即归档。

七、本会职员领取办公物品，须签具领物单，由总物组长核批，交庶务发给。

八、每日办公时间规定：上午八时至十一时，下午一时至五时，星期日及例假休息，但遇急要公务得随时延长办公时间或不休假。

九、日常庶务杂项支出如超过五千元以上不足叁万元者，须签请总干事核准方得支付。其超过三万元者，并应转呈董事长核准。

十、职员有事请假需经请假手续，并须商请同事代理所办公务。

十一、财务组所存现金不得超过贰拾万元，逾额即须存入银行。

十二、存款提取须经财务组呈明事由，核准后方发支票。

十三、所有一切支出，无论补助费经常费，须先由领款者填具请款单，送董事长核准方得支付。

十四、财务组须将每日收支数目列表呈阅，并须将数目列入账簿。

十五、来会领款一经核准即须支付，不得延缓。

十六、常务会议由总务组编列议程，会议时记录，会议后整理呈送核定之后，并于下次会议二读后油印，分送各董事参阅。

十七、运务组虽系临时机构，其办事手续照上列各条规定。

十八、职员奉派出差配支出差费用（应否比照省府各级职员出差费标准，请核定）。

十九、本细则经常务会议核定施行。

（东莞明伦堂档案001—7—0038—0010，东莞市档案馆藏）

东莞明伦堂董事会组织章程

（1946 年）

第一条，为管理明伦堂所有财产，并以其收益促进本邑教育文化及其他地方福利事业起见，设置东莞明伦堂董事会。

第二条，董事会设于县城，但为适应局势需要时得设于省会所在地。

第三条，董事会由董事长一人、副董事长一人、董事若干人组织之，其总额不得超过二十一人。

第四条，董事由热心邑事之邑人、具有下列资格之一者均得选举及被选：

（一）曾任文官简任一年以上者；

（二）曾任武官少将一年以上者；

（三）服务党国十五年以上著有功勋者；

（四）公正贤明，素孚乡望，办理地方福利事业著有成绩者。

第五条，有左列情事之一者不得当选为董事：

（一）曾受政府褫夺公权处分者；

（二）现为本堂佃人者；

（三）劣迹昭著，经邑人举发有据者。

第六条，董事长、副董事长由董事互选之。

第七条，董事会每三个月开会一次，必要时由董事长或经董事五人以上之连名请求得召开临时会议。

第八条，董事会须有董事半数以上之出席方得开会，出席人数三分二之同意方得议决。

第九条，董事会开会时，董事长为主席。董事长缺席时，由副董事长为主席。副董事长缺席时，由常务董事互推一人为主席。

第十条，董事会设常务董事四人，由董事长提出加倍人数交董事会选定之，辅助董事长处理日常会务，任期为一年。

第十一条，常务董事会每周开会一次，必要时召开临时会议。

第十二条，下列事项须经董事会议决：

（一）本堂兴革计划之核定；

（二）有关业务机构之设置；

（三）有关规章之核定；

（四）预算决算之核定及工作报告之审查；

（五）投田合约及其他有关本堂法益契约之核准；

（六）总干事组长会计及所属机构之主管人员之任免。

第十三条，左列事项须经常务董事会议议决：

（一）本堂兴革计划及有关规章之拟定；

（二）预算决算及工作报告之编造；

（三）干事、助理干事、助理会计及所属机构职员之任免。

第十四条，董事为义务职，但开会时酌支出席费，董事长及常务董事得支夫马费。

第十五条，董事每三年改选一次，连选得连任。

第十六条，下届董事选举事务由董事会于任满一个月前办理之。

第十七条，有第四条所开列各项资格之一、年高德劭而无第五条之情事者，得由董事会聘为本堂名誉董事。

第十八条，董事会设总干事一人，承董事长、副董事之命，董事之指导指挥所属办理会务，总干事下分设总务组、财务组、教育社会组及水利组四组，每组置组长一人，干事、助理干事各若干人，水利组并得设置技术人员，分别办理各该组业务。

第十九条，本章程自提经第一届董事选举大会通过之日施行。

第二十条，本章程如有未尽事宜，得由董事会修正，并须向次届董事选举大会提请追认。

（东莞明伦堂档案001—7—0043—0026，东莞市档案馆藏）

东莞明伦堂董事会组织章程

（1947 年 1 月 5 日修订稿）

第一条，为管理明伦堂所有财产，并以其收益促进本邑教育文化及其他地方福利事业起见，设置东莞明伦堂董事会。

第二条，董事会设于县城，但为适应局势需要时得设于省会所在地。

第三条，董事会由董事长一人、副董事长一人、董事若干人组织之，其总额不得超过二十一人。

第四条，董事依本会董事选举法选出之董事长，副董事长由董事互选之。

第五条，董事会每一个月开会一次，由董事长召集之。必要时，由董事长或经董事五人以上之连名请求得召开临时会议。

第六条，董事会须有董事半数以上之出席方得开会，出席人数三分二之同意方得议决。

第七条，董事会开会时，董事长为主席。董事长缺席时，由副董事长为主席。副董事长缺席时，由常务董事互推一人为主席。

第八条，董事会之职权如下：

（一）本堂兴革计划之核定；

（二）所属业务机构之设置；

（三）规章之核定；

（四）预算决算之核定及工作报告之审查；

（五）投出合约及其他有关本堂法益契约之核准；

（六）总干事组长会计及所属机构之主管人员之任免。

第九条，董事长之职权如下：

（一）执行董事会议决案；

（二）主理本会日常事务；

（三）本堂兴革计划及有关规章之拟定；

（四）预算决算及工作报告之编造；

（五）干事以下及所属机关职员之任免。

第十条，本会为使邑人明了本会业务及表示财政公开起见，由堂事公推年高德劭公正严明之邑人为监察，其人数不得超过七人。

第十一条，监察之职权如下：

（一）稽核本会之收支状况；

（二）监察本会业务之办理状况；

（三）审查本会之预决算。

第十二条，董事长、副董长、监察及董事均为无给薪职，但得月支车马费。

第十三条，董事会设总干事一人，承董事长、副董事之命，董事之指导指挥所属办理会务。总干事下分设总务、教育社会、财务、水利组、储运五组，每组置组长一人，干事、助理干事各若干人，水利组并得设置技术人员，分别办理各该组业务。

第十四条，本章程自提经董事会通过之日施行。

（原载东莞市档案馆编，刘志伟主编：《东莞明伦堂档案·第一辑》（第32册），第131—132页）

东莞明伦堂董事会谷粒支出预算书

（1946 年 8 月起至 1947 年 7 月止）

科　目	全年度谷额（斤）	每月谷额（斤）	占总收入百分比（％）	占纯收入百分比（％）	备　注
第一款教育费	3479574		27.96	60.00	
第一项学校教育经费	1995273				
东莞中学	302400	25200			
石龙中学	194880	16240			
虎门中学	105960	8830			
常平中学	66360	5530			
明生中学	207000	17250			
济川中学	51192	4266			
简易师范	93120	7760			
县城镇第一中心国民学校	96600	8050			
县城镇第二中心国民学校	96360	8030			
石龙镇第一中心国民学校	96360	8030			
石龙镇第二中心国民学校	64800	5400			
广裕乡中心国民学校	51120	4260			
望溪乡中心国民学校	51120	4260			
济川乡中心国民学校	78840	6570			
太平镇中心国民学校	51120	4260			
仁和乡中心国民学校	64800	5400			

（续表）

科　目	全年度谷额（斤）	每月谷额（斤）	占总收入百分比（％）	占纯收入百分比（％）	备　注
太和乡第二中心国民学校	57960	4830			
万顷沙小学	57840	4820			
明中附小	51000	4250			
明中幼稚园	11040	920			
简师附小	51000	4250			
青年小学	12000	1000			
吉云小学	15000				
民教班	48000	4000			
其他学校	19401				
第二项留学津贴及奖励金	1000000				
大学生留学津贴	400000				
中学生留学津贴	300000				
小学生留学津贴	200000				
奖励金	100000				
第三项教育预备费	484301				修建校舍、校具、图书、设备，新办中学开办费，临时支出等
第二款农林水利费	869893		6.99	15.00	
第一项农场事业费	115985				
第二项林农事业费	173978				
第三项水利建设费	579929				
第三款社会事业费	434946		3.50	7.50	

（续表）

科　目	全年度谷额（斤）	每月谷额（斤）	占总收入百分比（%）	占纯收入百分比（%）	备　注
第一项慈善经常费	405912	33826			
东莞医院	244560	20380			
虎门医院	84000	7000			
稍潭麻疯院	49200	4100			
万顷沙医院	6000	500			
赠医留产院	1500	125			
普济医院	1500	125			
护士助产学校	11820	985			
东莞赒济院	7333	611			
第二项慈善预备费	29034				
第四款补助费	231971		1.86	4.00	
第一项省内捐助费	13200	1100			
东莞民国报社	1800	150			
东莞修志局	8400	700			
东莞童军分会	3000	250			
第二项其它捐助费	218771				
第五款事业预备费	782907		6.29	3.30	
第一项本会经常费	1088760	90730			
董事车马费	124428	10369			
员役薪津费	311076	25923			
办公费	248856	20738			
购置费	62215	5185			
膳食费	62215	5185			
特别费	279965	23330			
第二项自卫局经常费	155536	12961			

（续表）

科　目	全年度谷额（斤）	每月谷额（斤）	占总收入百分比（%）	占纯收入百分比（%）	备　注
第七款报功费	34737		0.28		
第一项报功酬劳费	29491				
四先生酬劳	20000				
鱼埠酬劳	6154				
酬劳银谷	3337				
第二项报功登记费	5246				
报功祠祭祀费	2154				
报功祠奉祀员薪酬	1846				
何耘劬公祠祭祀费	646				
何左承公祠祭祀费	600				
第八款税捐费	1689505		13.58		
第一项田赋	1689505				
第九款储运费	1523159		13.23		
第一项运费	806721				
第二项仓租	176000				
第三项轻耗	375130				
第四项入仓漏耗	21436				
第五项入仓夫力	42873				
第六项储仓建筑费	100000				
第十款自卫队经临费	951155		7.64		
第十一款沙田升科预备费	651766		5.24		
第十二款偿还银行透支	423659		3.40		

（续表）

科　目	全年度谷额（斤）	每月谷额（斤）	占总收入百分比（％）	占纯收入百分比（％）	备　注
第十三款预借租谷抵纳	126341		1.02		
总计	12442903				

（原载东莞市档案馆编，刘志伟主编：《东莞明伦堂档案·第一辑》（第 42 册），第 571—579 页）

东莞明伦堂留学津贴办法

(1946 年 10 月 20 日第三次董事会修正通过)

一、东莞明伦堂（以下简称本堂）为扶助莞籍邑外求学青年，每年拨谷八千担，为此项留学生津贴，其分配如下：

（一）国外高等教育级壹千担；

（二）国内高等教育级肆千担；

（三）邑外中等教育级叁千担。

二、凡莞籍学生现肄业于外国，经当地政府立案之大学者，得报领国外高等教育级津贴。但东洋、南洋、香港经该当地政府立案之大学，照国内大学待遇。

三、凡莞籍学生现肄业于下列院校之一者，得报领国内高等教育级津贴：

（一）国内公立或已立案之私立大学本科或研究院；

（二）国内公立或已立案之私立独立学院本科；

（三）国内公立或已立案之私立专科学校（如属五年制专科学校，须在三年级以上肄业）；

（四）国内公立或已立案之私立大学或独立学院，或专科学校附设二年以上专修科，一年以上训练班（此项训练班限于津贴曾在高级中学毕业而入班者）。

四、凡莞籍学生现肄业于下列学校之一者，得报领邑外中等教育级津贴：

（一）国内公立或已立案之私立五年制专科学校一二年级；

（二）国内公立或已立案之私立大学或独立学院或专科学校附设先修班及一年以上训练班（此项训练班系指未在高级中学毕业而入班者）；

（三）邑外公立或已立案之私立中学校；

（四）邑外公立或已立案之私立师范学校或职业学校其学级比照高级中学或初级中学者；

（五）香港、澳门中等学校曾在我国政府立案者。

五、国外（除香港、澳门外）留学津贴不设中等教育级；

六、凡莞籍学生现肄业于国内外海陆空军及警官学校者，得比照相当学级，分别报领各级津贴。

七、凡不属于上列各种校班之各种临时训练机构，或其他补习学校学生，概不发给津贴。

八、各级津贴依照学年分上下两期发给，上期（八月至翌年一月）津贴之报领期间，定由二月一日起至四月廿五日止，发给期间，定由五月六日起至月底止，下期（二月至七月）津贴之报领期间，定由八月一日起至一月廿五日止，发给期间定同十一月六日起至月底止。逾期报领，概不补发。

九、报领津贴时须取具学校发给之该学期在学证明书及学业操行成绩表（如属大学或独立学院或专科学校所附设训练班，报领高等教育级津贴者，并取具高级中学毕业证书），到本堂缴验，领填"报领津贴表"。其学业成绩平均不满六十分或操行成绩在丁等者，概不发给津贴。

十、每期所发津贴谷，系采用均分制，由各该级报领人数均分之，并得以发给期间谷价折合代金发给。但国外高等教育级每期每人不得超过拾五担，国内高等教育级每期每人不得超过五担，邑外中等教育级每期每人不得超过壹担。

十一、本办法由卅五学年度起实行。

备考：本堂原拨定干谷壹万担作为莞籍邑外留学生津贴及邑内外学业奖励金，除留学生津贴八千担外，尚余式千担，作为设置学类及其他奖励金之用，其办法另定之。

（东莞明伦堂档案 001—7—0037—0036，东莞市档案馆藏）

东莞明伦堂留学津贴办法

（1947 年 2 月 16 日第五次董事会修正通过）

一、东莞明伦堂（以下简称本堂）为扶助莞籍邑外求学青年，每年拨谷八千担（每学期四千担），为此项留学生津贴，其分配如下：

（一）国外高等教育级壹千担（每学期五百担）；

（二）国内高等教育级肆千担（每学期二千担）；

（三）邑外中等教育级叁千担（每学期一千五百担）。

二、凡莞籍学生、现肄业于外国经当地政府立案之大学者，得报领国外高等教育级津贴。但东洋、南洋、香港经该当地政府立案之大学，照国内大学待遇。

三、凡莞籍学生、现肄业于下列院校之一者，得报领国内高等教育级津贴：

（一）国内公立或已立案之私立大学本科或研究院；

（二）国内公立或已立案之私立独立学院本科；

（三）国内公立或已立案之私立专科学校（如属五年制专科学校，须在三年级以上肄业）；

（四）国内公立或已立案之私立大学或独立学院，或专科学校附设二年以上专修科，一年以上训练班（此项训练班限于津贴曾在高级中学毕业而入班者）。

四、凡莞籍学生现肄业于下列学校之一者，得报领邑外中等教育级津贴：

（一）国内公立或已立案之私立五年制专科学校一二年级；

（二）国内公立或已立案之私立大学或独立学院或专科学校附设先修班及一年以上训练班（此项训练班系指未在高级中学毕业而入班者）；

（三）邑外公立或已立案之私立中学校；

（四）邑外公立或已立案之私立师范学校或职业学校其学级比照高级中学或初级中学者；

（五）香港、澳门中等学校曾在我国政府立案者。

五、国外（除香港澳门外）留学津贴不设中等教育级。

六、凡莞籍学生，现肄业于国内外海、陆、空、军及警官学校者，得比照相当学级，分别报领各级津贴。

七、凡其它补习性质学校之学生或非上列各种校班所附设之各种临时训练机构学生，或原各种带薪受训不论训练期长短之学员，概不发给津贴。

八、各级津贴依照学年分上下两期发给，上期（八月至翌年一月）津贴之报领期间，定由九月一日起至十二月十一日止，发给期间，定由十二月十一日起至月底止。下期（二月至七月）津贴之报领期间，定由二月一日起至四月底止，发给期间定同五月十一日起至月底止。逾期报领，概不补发。

九、报领津贴时，须取具学校发给之该学期在学证明书，及前学期学业操行成绩表（如属大学或独立学院或专科学校所附设训练班，报领高等教育级津贴者，并取具高级中学毕业证书）到本堂缴验，领填"报领津贴表"。其学业成绩平均不满六十分、或操行成绩在丁等者，概不发给津贴。

十、每期所发津贴谷，系采用均分制，由各该级报领人数均分之，并得以发给期间谷价折合代金发给。但国外高等教育级每期每人不得超过拾五担，国内高等教育级每期每人不得超过十五担，邑外中等教育级每期每人不得超过壹担。

十一、本办法由卅五学年度起实行。

备考：本堂原拨定干谷壹万担作为莞籍邑外留学生津贴及邑内外学业奖金，除留学生津贴八千担外，尚余式千担，作为设置学额及其他奖金之用，其办法另定之。

本堂留学津贴每人限领一份，如有用同名或异名以其他学校学籍瞒两份者，一经发觉即永远停给其津贴。

肄业香港、澳门国人主办高等教育级学校莞籍学生，其肄业学校，须曾在中国政府立案，方得报领津贴。

（东莞明伦堂档案001—7—0037—0036，东莞市档案馆藏）

东莞明伦堂学业奖励金办法案

（说明）查本案系在第二次董事大会时由教育社会组拟定办法十条，签请公决。嗣经第二次大会议决"交教育委员会议定办法提常会施行"。当今照交教育委员会第一次会议拟定办法九条，送经第三十六次常务会议议决"提大会决定"。合将该项办法提请。

附录：《东莞明伦堂学业奖励金办法》

（一）本堂为鼓励邑籍青年努力学业，每年拨谷七百担为学业奖励金。其分配如下：

1. 国内高等教育级二百担；

2. 国内中等教育级三百伍拾担；

3. 国内初等教育级一百伍拾担。

（二）凡莞籍学生现肄业于下列院校之一，而其学期学业成绩每科在七十分以上，平均在七十五分以上，操行成绩并在乙等以上者，得报领该学期高等教育级金：

1. 国内公立大学本科或研究院；

2. 国内公立独立学院本科；

3. 国内公立专科学校（如属五年制专科学校，须在三年级以上肄业）；

4. 南京私立金陵大学、南京私立金陵女子大学、上海私立沪江大学、杭州私立之江大学、上海私立东吴大学、上海私立震旦大学、上海私立大夏大学、北平私立燕京大学、北京私立协和医学院、北京私立辅仁大学、北平私立中法大学、北平私立朝阳大学、济南私立齐鲁大学、成都私立华西大学、广州私立岭南大学、广州私立国民大学、广州私立广州大学、广州大学私立光华医学院、香港大学、上海私立大同大学。

（三）凡莞籍学生现肄业于下列学校之一，而其学期学业成绩每科在七十分以上，平均在七十五分以上，操行成绩并在乙等以上者，得报领该学期中等教育级奖励金：

1. 国内公立五年制专科学校一、二年级；

2. 国内公立中学校；

3. 国内公立职业学校及师范学校，其学级比照高级中学或初级中学者；

4. 东莞私立明生中学、广州私立岭南大学附属中学、广州私立培英中学、上海私立震旦大学附属中学、广州私立知用中学、广州私立协和中学、广州私立粤华中学、广州私立国民大学附属中学、广州私立培正中学、广州私立力行中学、广州私立教忠中学、广州私立中德中学、广州私立南武中学、广州私立培范中学、广州私立广州大学附属中学、广州私立真光中学、北平私立慕贞女子中学、上海私立南洋中学。

（四）凡莞籍学生现肄业于国内海陆空军或警官学校，而其学期学业成绩每科在七十分以上，平均在七十五分以上，操行成绩并在乙等以上者，得比照相当学级分别报领各该级奖励金。

（五）凡莞籍学生现肄业于邑内公立小学或各级国民学校小学部，或已立案之私立小学，而其学期学业成绩每科在七十分以上，平均在八十分以上，操行成绩并在乙等以上者，得报领该学期初等教育级奖励金，但每校学生领奖名额不得超过该校全体学生人数百分之五。

（六）各级奖励金依照学年分上下两期发给，上期（八月至翌年一月）奖励金之报领期定由二月一日起至四月二十五日止。发给期间定由五月六日起至月底止。下期（二月至七月）奖励金之报领期间由八月一日起至十月二十五日止。发给期间定由十一月六日起至月底止。逾期报领概不补发。

（七）报领奖励金时，领取其学校发给之该学期在学证明书及学业操行成绩表到本堂缴验，领填"报领学业奖励金表"。邑内中小学则由各该校代报代领。

（八）每月期所发奖励金谷源采用均分制，由各学级报领人数均分之，并得以发给期间谷价折合代金发给。但高等教育级奖励金每期每人不得超过两担。中等教育级奖励金每期每人不得超过一担。

（九）本办法由三十五年度起实行。

备跋：学业奖励金拨定干谷一千担，除本办法占用七百担外，尚余三百担作为各项比赛及学术奖励之用。其办法另附之。

（东莞明伦堂档案001—7—0037—0044，东莞市档案馆藏）

民国三十七年度东莞明伦堂董事会补助学校一览表

（1948 年 8 月编制）

校 名	校 址	校 长	每月/年补助谷（斤）	47 年度班级/学生数（人）			备 注
				高级	初级	学生数	
东莞县立中学	莞城内东正街	卢彭铿	每月 35120	6	12	877	全费
东莞县立石龙中学	石龙	袁体仁	每月 22150	3	8	458	全费
东莞县立虎门中学	太平	谭之良	每月 16406		7	360	全费
东莞县立常平中学	常平	黄吉瑞	每月 9073		4	193	全费
东莞县立塘厦中学	塘头厦	刘伟民	每月 6528		2	95	全费
东莞县立简易师范	虎门寨	杜哲全	每月 9072		4	96	全费
东莞县立济川中学	到滘	叶浩章	每月 5045		6	186	补助三分之一
东莞县立竹溪中学	厚街	廖荣寿	每月 2600		3	95	补助三分之一
东莞县立农业职业学校	上桥头	张祖勤	每月 3000		2	68	部分补助
私立明生中学	县城内北关头	瞿宗汉	每月 20366	4	8	411	部分补助
私立观澜中学	第四区观澜圩	谢煜春	每月 2000		6	228	部分补助
私立石龙女子职业学校	石龙	罗宽容	每月 2500		2	38	部分补助

（续表）

校　名	校　址	校　长	每月/年补助谷（斤）	47 年度班级/学生数（人）			备　注
				高级	初级	学生数	
私立清溪中学	第四区清溪圩	陆五岳			4	144	1947 年始部分补助
广州私立莞旅中学	广州西关逢源北街	邓柱桑	开办费 50000	1	2	138	1947 年始部分补助
县城镇一中心国民学校	县城内万寿路	徐月泉	每月 11356	6	8	760	全费
县城镇二中心国民学校	县城外沅涌	张耀宗	每月 10110	4	8	650	全费
石龙镇一中心国民学校	石龙竹丝州	李东枢	每月 10060	6	6	623	全费
石龙镇二中心国民学校	石龙海旁街	陈镇中	每月 6876	3	7	456	全费
广裕乡一中心国民学校	常平	周崇谋	每月 5500	2	4	332	全费
望联乡中心国民学校	望牛墩	江吕文	每月 5500	2	4	209	全费
济川乡一中心国民学校	到滘	李黄俊	每月 9960	4	8	522	全费
太平镇一中心国民学校	太平	张禄贻	每月 5500	2	4	281	全费
茶山乡一中心国民学校	茶山	徐溥慈	每月 6856	2	6	322	全费
石排乡二中心国民学校	铁岗	李继业	每月 6178	2	5	235	全费
塘头乡一中心国民学校	塘头厦	李善福	每月 4970	2	4	125	全费
简师附小	虎门寨	杜哲全	每月 4970	2	4	280	全费
私立明伦小学	万顷沙	谭桂荜	每月 6326	2	10	461	全费

（续表）

校　名	校　址	校　长	每月/年补助谷（斤）	47年度班级/学生数（人）			备　注
				高级	初级	学生数	
明伦小学沙头分校	同上	同上	每月1490				全费
明伦小学沙尾分校	同上	同上	每月1490				全费
私立明生小学	莞城内县筷坊	翟宗汉	每月4970	2	4	381	全费
私立中正小学	莞城外黄屋沙	邓岭达	每月3000	2	4	434	部分补助
私立吉云小学	太平	陈旺藻	每年15000	2	4	246	部分补助
私立翰香小学	县城内河头	李仁荪	每年10000	2	4	244	部分补助
私立莞义小学	广州市木排头	姚傅荐	每月2000	2	4	144	部分补助
香港义学	湾仔九龙	周竣年	每年40000				部分补助
私立明生幼稚园	莞城内县后坊	翟宗汉	每月1090		2	45	全费
妇女协会幼稚园	县立民教馆内	范粤英	每月1090		2	81	全费
普济医院附属护士学校	脉沥洲普济医院	何惠民	每月2000		1	26	部分补助

　　（原载东莞市档案馆编，刘志伟主编：《东莞明伦堂档案·第一辑》（第36册），第512—517页；《东莞教育》1948年第1期，第30—32页。）

东莞明伦堂董事会民国三十六年度国币收支报告表

（1947 年 8 月 1 日至 1948 年 7 月 31 日）

科　目	收入金额（元）	支出金额（元）	备　注
上年度转入账	1687638		
铺地租	15622000		万顷沙铺户尚欠地租
其他收入	7362990		惠樟公路股息及农场缴田肥料剩余款
转入下年度账		24672628	
收支合计	24672628	24672628	
结存	无		

（原载东莞市档案馆编，刘志伟主编：《东莞明伦堂档案·第一辑》（第 43 册），第 100 页）

东莞明伦堂董事会民国三十六年谷粒收入决算书

（1947 年 8 月 1 日至 1948 年 7 月 31 日止）

科　目	年度预算收入数（斤）	年度收入决算数（斤）	增（斤）	减（斤）	说　明
万顷沙田坦收入	11144682	11031520		113162	
围田租	11125661	11016756		1089015	东安、宝成两围欠租
附基草坦租	10921	8746		2175	附基草坦一部分已筑成田
围外草坦租	8100	6018		2082	围外草坦一部分已筑成田
牛侧沙田坦收入	136184	135104		1080	
围田租	120911	120911			

（续表）

科　目	年度预算收入数（斤）	年度收入决算数（斤）	增（斤）	减（斤）	说　明
围外草坦租	15273	14193		1080	围外草坦一部分被人占耕
漳澎沙田租	9450	5400		4050	沙田一部分被人占耕
示范农场收入	988680	722360		266320	因水淹、虫灾收入减少
铺地租	50255	36346		13910	
铺租	6755	6536		220	铺户欠交
地租	43500	29810		13690	铺户欠交
其他收入	9700	318633	308933		
埠头租	6000	3200		2800	一艘轮渡停航
鱼虾蚬埠租	3000	3000			
河沙庙租	100	200	100		1947、1948两年租金
鱼塘租	600	600			
围份利益		70170	70170		怡安、义和两围合30000斤，务安、广同丰两围合40170斤
佃纳田赋		239063	239063		各荒头围所纳田赋谷
农贷利息		2400	2400		示范农场耕人贷谷利息
三十五年度节余滚存	1498973.51	1498973.51			
合计	13837924.51	13748335.51		89589	

（原载东莞市档案馆编，刘志伟主编：《东莞明伦堂档案·第一辑》（第43册），第101—102页）

东莞明伦堂董事会民国三十六年谷粒支出决算书

（1947 年 8 月 1 日至 1948 年 7 月 31 日）

科　目	全年度支出预算数（斤）	全年度支出决算数（斤）	预算增减数（斤）		备　注
			结余	增加	
第一款教育费	7702437	6834276	868161		
第一项中小学教育经费	3097402	3037662	59740		
东莞中学	405120	417360		12240	从 1947 年 11 月起每月追加预算 1360 斤
石龙中学	265800	265800			
虎门中学	196872	196872			
常平中学	108864	108864			
明生中学	244392	244392			
简易师范	129984	110171	19813		
济川中学	60540	60540			
塘厦中学	78336	78336			
观澜中学	24000	24000			
县城镇第一中心国民学校	136272	136272			
县城镇第二中心国民学校	121320	121320			
石龙镇第一中心国民学校	121200	121200			
石龙镇第二中心国民学校	82512	82512			

（续表）

科　目	全年度支出预算数（斤）	全年度支出决算数（斤）	预算增减数（斤）		备　注
			结余	增加	
广裕乡第一中心国民学校	66000	66000			
望溪乡第一中心国民学校	66150	66150			
济川乡中心国民学校	119520	119520			
太平镇第一中心国民学校	66000	66000			
茶山乡中心国民学校	82272	82272			
石排乡第二中心国民学校	74136	74136			
私立万顷沙小学	75911	75911			
万顷沙小学沙头分校	17880	17880			
万顷沙小学少尾分校	17880	17880			
简师附小	59640	59640			
明生小学	59640	59640			
明小幼稚园	13080	13080			
中正小学	36000	36000			
吉云小学	15000	15000			
香港工商总会义学	40000	40000			
妇协幼稚园	13080	13080			
其他学校	300000	247823	52167		

（续表）

科　目	全年度支出预算数（斤）	全年度支出决算数（斤）	预算增减数（斤）		备　注
			结余	增加	
第二项职业学校及其所属场、厂经费	1050241	894181	15606		
县立农业职业学校	36000	36000			
私立石龙初级女子职业学校	30000	30000			
护士助产学校	24000	24000			
示范农场	618241	488312	129929		
示范林场	288000	261543	26457		
园艺苗圃	54000	54326		326	
第三项社会教育经费	10800	19467		8667	
民国报社	1800	5567		3767	
东莞童军分会	3000	3000			
东莞社会服务处	6000	6000			
东莞县民教馆国语训练班		3400		3400	
东莞早教社		1500		1500	
第四项留学津贴及奖励金	1610000	1503440	106560		
国外学生留学津贴	100000	90000	10000		
大学生留学津贴	800000	817000		17000	
中学生留学津贴	500000	457050	42950		
奖励金	210000	139390	70610		
第五项学校修建费	1490000	1028598	466403		
莞中校舍修建费	800000	701682	98318		

（续表）

科 目	全年度支出预算数（斤）	全年度支出决算数（斤）	预算增减数（斤）		备 注
			结余	增加	
虎中校舍修建费	100000	150000		50000	
石龙中学修建费	45000	45416		416	
简师校舍修建费	70000		70000		
县立农职建校费	300000		300000		
崇焕中学开办补助费	20000	20000			
石龙镇二中心国民学校修建费	10000	11500		1500	
明小幼稚园建筑补助费	50000	50000			
东莞图书馆体育场修建补助费	100000		100000		
常平中学校舍修建费		50000		50000	
第六项教育预备费	438994	330928	88066		
第二款农田水利事业费	850000	850000			
第一项农田水利建设费	800000	800000			
第二项预备费	50000	50000			
第三款社会事业费	951000	854512	96488		
第一项慈善经常费	651000	590007	60993		
东莞医院	255000	254598	402		
虎门医院	180000	180000			
稍潭麻疯院	37200	38060		860	
若瑟洲麻疯院	12000		12000		

（续表）

科　目	全年度支出预算数（斤）	全年度支出决算数（斤）	预算增减数（斤）		备　注
			结余	增加	
普济医院	12000	12000			
赠医留产院	12000	12000			
东莞救济院	12000	9600	2400		
万顷沙医院	6000	6000			
万顷沙社医生活补助费	4800	5200		400	原订每月补助 400 斤，由 1948 年 6 月份起增多 200 斤
石龙医院	120000	72549	47451		
第二项虎门医院建筑补助费	100000	100000			
第三项石龙医院开办费	100000	113327		13327	
第四项慈善预备费	100000	51178	48822		
第四款捐助费	158765	200385		41620	
第一项建筑监狱捐助费	100000	100000			
第二项其他捐助费	58765	100585		41620	
第五款行政费	982966	899404.51	83561.49		
第一项本会经常费	884669	801464.51	83204.49		
董事车马费	294890	275200	19690		
员役薪津费	442334	369767	72567		
办公费	68808	54186.51	14621.49		
购置费	4915	26837		21922	
杂支费	73722	75474		1752	
第二项自卫局经临费	98297	97940	357		

（续表）

科　目	全年度支出预算数（斤）	全年度支出决算数（斤）	预算增减数（斤）		备　注
			结余	增加	
第六款报功费	34737	29749	4988		
第一项报功酬劳费	29441	28826	665		
四先生酬劳	20000	20000			
鱼埠酬劳	6154	5488	666		
酬劳银谷	3337	3337			
第二项报功祭祀费	5246	923	4323		
报功祠祭祀费	2154		2154		
报功祠奉祀员薪酬	1846		1846		
何耘劭公祠祭祀费	646	323	323		
何左承公祠祭祀费	600	600			
第七款税捐费	1313203	903222	49981		
第一项田赋	1313203	903222	49981		
第八款储运费	1100000	1099684	316		
第一项运费	702000	709362		7362	
第二项仓租	110000	97777	12223		
第三项损耗	288000	292545		4545	
第九款总预备费	744816.51	521320	223496.51		
第十款上年度转入账		20761.72			
第十一款转入下年度账		70862.25			
合计	13837924.51	12284176.51			

（原载东莞市档案馆编，刘志伟主编：《东莞明伦堂档案·第一辑》（第43册，第103—111页）

1949 年东莞明伦堂董事会移交产业清册

（一）万顷沙各围田及附基草坦、围外草坦						
围　名	面积（排亩）	每亩年租谷（司斤）	附基草坦面积（排亩）	每亩年租谷（司斤）	承批人	备　注
均和	1,513.2165	326	11.9	15	联兴堂	
陆安东	1,080.2228	327	11.84	15	联德堂	
顺安	1,324.8552	296	10.7	15	永兴堂	
远安	669.2480	342	18.66	15	合安公司	
正安	797.8610	318	12.66	15	合和堂	
陆安西	1,730.5194	358			存顺堂	
同安泰	1,954.1333	240	15	15	笃胜堂	
兆安	546.2354	240	10	15	广德堂	
稔安	604.0000	240			合德堂	
旧宝安下	869.4794	240	5	15	大利公司	
广同堂	1,059.7127	240	31.223	15	大成堂	
务安	1,494.4340	240	30	15	广益公司	
福生	1,524.3060	240	29.933	15	合耕堂	
仁隆	1,431.8460	240			地利公司	
和隆	962.8790	240			地利公司	
新宝安上	845.0340	240	20	15	地利公司	
新宝安中	1,053.2820	240	8	15	地利公司	
怡安	671.7618	240	3	15	和合公司	
义和	882.8220	240			和合公司	
利安西东中	3,320.2900	200			合和堂	
裕安	246.4700	372			联昌堂	
度安	446.5938	312	8	15	均益公司	

（续表）

围　名	面积（排亩）	每亩年租谷（司斤）	附基草坦面积（排亩）	每亩年租谷（司斤）	承批人	备　注
同安东	548.1313	312	18	15	均益公司	
同安西	538.8792	312	46	15	均益公司	
西新	71.3500	312			均益公司	
就丰	224.1400	312	1.5	15	均益公司	
广安	850.5521	307	8	15	农本公司	
有安	751.7563	307	37.8	15	农本公司	
民安	14.7104	307			农本公司	
荣安	336.5667	307	4	15	农本公司	
东安	370.0167	317	6.25	15	农发公司	
安安上	853.0442	317	7	15	厚德堂	
田安	100.3555	295	4	15	李广德堂	
和安	579.9638	292	6	15	合成堂	
平安	1,451.2292	292	25	15	合成堂	
新中和	624.1188	279	15	15	成美公司	
万洪安	84.1212	279			成美公司	
旧宝安上	1,089.5000	279	26.1	15	成美公司	
吉安	69.9288	279			成美公司	
益安	79.0604	279	0.6	15	成美公司	
长安	154.3791	279	9	15	成美公司	
定安	1,234.6042	278	16	15	义勇堂	
安安下	833.9460	278	20	15	义勇堂	
仁安	109.7597	240	5	15	李茂	
隆安	498.7623	240	30	15	李茂	
福安	653.6227	276.5	10	15	集英堂	
永安	1,565.2671		40	15	东成公司	

（续表）

围 名	面积（排亩）	每亩年租谷（司斤）	附基草坦面积（排亩）	每亩年租谷（司斤）	承批人	备 注
泰安	842.9952		17	15	东成公司	
智隆	176.2420	352			利生堂	
义隆	1,174.6600	200			和丰堂	
信隆	90.6200				和丰堂	
礼隆	699.0000				和丰堂	
广兴上	714.0000				振业堂	
广兴中	394.9500				振业堂	
广兴下	526.2200				广丰堂	
广兴东	422.8500				广丰堂	
泗安	504.0000				余庆堂	
穗安	135.6500				余庆堂	
穗安下	181.0200				余庆堂	
来安	173.5000				余庆堂	
成安	804.8000				肇安堂	
恒安	43.0000				学耕堂	
穗丰	106.2400				集成堂	
合安	804.7000				绍基堂	
元安	158.0000				福合堂	
胜安	124.0000				余庆堂	
宝成	793.8044					分耕围
德安	991.0000					分耕围
全安	665.6000					分耕围

（续表）

围　名	面积（排亩）	每亩年租谷（司斤）	附基草坦面积（排亩）	每亩年租谷（司斤）	承批人	备　注
公安	1,101.2083					本会示范农场
新宝安下	1,105.6613					
			152		福合堂	围外草坦
			137		集成堂	围外草坦
合计	51,450.4892		867.1660			

（二）牛侧沙围田及围外潮田

牛侧沙	1,099.2000	110			农盛堂	
牛侧沙东南向潮田	105.2000	90			陈宏裕	
牛侧沙东北、西北、西南向潮田	96.7500	60			陈顺昌	

（三）漳澎沙围田

漳澎沙	105.0000	90				麦明德堂

（四）鸡抱沙草坦

鸡抱沙			28.7270	15		

（五）铺屋

所在地	租额（司斤/每月）	承租人
万顷沙局中街154号铺	160	树芬堂
万顷沙局中街189号铺	180	陈仲哲
万顷沙局中街191号铺	166	合德堂
万顷沙局中街193号铺	80	王茂本堂
万顷沙局中街190号铺	180	何本立堂
东莞城竹排街钟钧昌号铺	600	李昌堂

（续表）

围　名	面积（排亩）	每亩年租谷（司斤）	附基草坦面积（排亩）	每亩年租谷（司斤）	承批人	备　注
广州维新横路 2 号屋一间					本堂会址	

<table>
<tr><td colspan="3" align="center">（六）地</td></tr>
<tr><td align="center">地数</td><td align="center">租额（斤/年）</td><td align="center">承租人</td></tr>
<tr><td>万顷沙铺户地共 318 间</td><td>甲级 46 间，每间 300 斤，乙级 50 间，每间 200 斤，丙级 222 间，每间 100 斤</td><td>详见另表</td></tr>
<tr><td>东莞城省渡头吉地一段</td><td></td><td>和隆杉店</td></tr>
</table>

地数	租额（斤/年）	承租人
东莞城公园鱼塘一口		莫检、莫波
广州巾竹横沙义利巷吉地一段		

（原载东莞市档案馆编，刘志伟主编：《东莞明伦堂档案·第一辑》（第 40 册），第 91—101 页）

第八章 结语

　　东莞明伦堂创造了中国历史长河中社会组织变化和发展的一段独特历史。其闻名全省乃至全国的关键是拥有珠江口万顷沙 670 余顷沙田，由此开启了变化与发展的总闸，使其定位从略有薄产的教育机构逐渐发展成为拥有巨额财富和武装力量的社会组织，使其管理者从晚清通过科举考试考取功名的名门望族士绅变为民国时期势力显赫的军政人物，使其职能从发展教育一枝独秀延展到文化、慈善、卫生、交通、水利、农业、林业等多头并进，使其主业从单纯的讲学教化、培养人才转变为垦沙、护沙与管沙。正是有了以上这些变化与发展，才使东莞明伦堂避免了因科举制度废除和辛亥革命爆发走上消亡的命运，而是相较于全国其他地区的明伦堂多存在了 40 余年；正是有了以上变化与发展，东莞明伦堂的主持人方从早期由全县公推、东莞县国民政府指派，转变为后期由广东省国民政府任命，成为东莞县域内被高度倚重的社会力量，成为近代东莞地区社会发展过程中的活跃因素；正是有了以上变化和发展，东莞明伦堂逐渐拥有了巨额的收入，为其更加广泛、深入地涉足地方公共事务提供了先决条件，极大地弥补了东莞县国民政府因财政拮据对公益事业发展与公共设施建设投入不足的缺陷；正是有了以上变化与发展，东莞明伦堂由此成为近代中国社会组织最具独特性的典型案例，成为当今沙田研究、社会组织管理与地方控制、地方公产与社会公益事业推进等研究不可或缺的史料来源，其历史底蕴与精神内涵对当今推广和宣传社会组织的公益职能具有十分重要的导向作用和示范效益。

　　东莞明伦堂变化的总闸门——万顷沙沙田的拥有权，也不是随意得来的，而是经历了清末至民国初期长达数年的缠诉、争夺、拓殖与奏革的艰辛过程。从清道光十八年（1838）朱国英、方仪辉发现万顷沙浮坦后，陈龙安、方文炳、何鲲、陈荣光等东莞士绅集体上书，到道光十九年（1839）东莞沿海三名村民以"越界圈筑""堵塞水道"为由有组织的集体诉讼，再到道光二十年（1840）东莞十绅"被虏掠事件"发酵后的再次申诉，直至道光二十五年（1845）诉讼获胜后获得判决沙田40顷，加拨官田10顷，以及道光二十九年（1849）东莞县令崔敬修和香山（今中山、珠海、澳门）县令郭超凡主持开涌分界又获得沙田95.42顷，再到后来的买受、接佃、缴价承升、报承等，才逐步拥有沙田670余顷。在万顷沙田公产拓殖过程中，东莞士绅"苦心经营，赴义忘身，或辱拘囚，或撄奏革，或被诬蔑，而维持公产之志，先后一辙"①。特别是在光绪十二年（1886）"拨充广雅书院经费"和光绪三十二年（1906）"割县置厅"两次大危机中，前有黎家崧、何庆修、郭庚吉、邓佐槐、钱万选等士绅精诚团结，商量对策，组织请愿，后有陈景梁、钟菁华、陈伯陶、尹庆举、张其淦等士绅南北串联，努力斡旋于觊觎万顷沙的各方势力之中。在以上这批士绅中，有的因此被革除功名，有的被革职，然他们于心无悔，最后成功化解危机，使万顷沙公产在时代洗礼和社会转型过程中得以不断拓展，为东莞地方公益事业的发展提供坚实的经济基础。

东莞明伦堂随着管理主体和职能的变化，经历了"沙局时期（1845—1864年）""安良局时期（1864—1911年）""沙田经理局时期（1911—1928年）""沙田经理局整理委员会时期（1928—1937年）""两个沙田整理委员会并存时期（1937—1945年）"和"董事会时期（1945—1949年）"，其主持人从最初的教谕逐步演变为首事、总董、委员长、主任委员、董事长，其管理团队从最初的士绅群体变更为军政群体。其中，沙局时期的主持人从全县"五属"公开推举，在东莞乡间没有声望、品行不端之人无法参与沙田管理事务。安良局

---

① 陈伯陶：《东莞县志·沙田志一》，第1页。

时期的主持人由地方功名最高者或有一定威望者充任，诸如何仁山（清解元）、容鹤龄（清进士）、邓佐槐（清进士）、陈伯陶（清进士）、张其淦（清进士）、谢遇奇（清武进士）、叶觉迈（清举人）等，他们在万顷沙公产的争夺和后期的拓殖过程中发挥了重要作用，无论是应对沙田拨充广雅书院危机，还是破解"割县置厅"危机，他们都挺身而出，舍身忘我，表现出东莞士绅们一脉相承的精神特质。科举制度被废除后，再加上辛亥革命和广东政局的不断变化，原来的旧士绅纷纷逃往香港，而此时莞籍军政人物迅速崛起，他们在广东政治舞台上的地位逐渐得到提升，东莞明伦堂的主持人也从晚清时期出身于名门望族的士绅变更为民国时期势力显赫的军政人物，诸如黄侠毅（同盟会会员，辛亥革命后东莞第一任县长）、林直勉（同盟会会员，曾任大元帅府孙中山的秘书）、李章达（廖仲恺党务助手、国民党广东省农民部副部长）、叶少华（国民革命军东路讨贼军军需处中校处长）、陈孚木（广东省国民政府农工厅副厅长）、徐景唐（国民革命军第五军军长兼国民党广东东区善后区委员）、李扬敬（国民党第五届中执委、国民革命军陆军中将）、蒋光鼐（国民革命军第七战区副司令）等，他们对外充分利用其社会地位和影响力与广东军政界接触，不断提高东莞明伦堂的社会影响力，为东莞地方利益最大化创造条件；对内一方面针对欠债、贪腐等积弊，大刀阔斧地进行债务清理、批约加租、财务独立、田租征实等卓有成效的改革，并通过开源节流、拓展实业等举措，不断增加收入，造福桑梓，赢得乡人的支持和响应；另一方面，他们之中一部分人，又追权逐利，损公肥私，贪污腐化，成为乡人诟病和声讨的对象。

东莞明伦堂万顷沙沙田经营以"总佃制"方式为主，以"雇人自耕"方式为辅。其中，"总佃制"就是沙田业主把沙田整体或分区批租给一个或若干个总佃人，总佃再把沙田承佃给其他佃户，其他佃户还可以再租佃给更多的小佃户，这样层层赚取利润，总佃坐享其成，获得最丰厚的利润。底层的佃农分为承耕佃农和雇佣佃农，其中，承耕佃农按三七或四六比例向雇主交纳稻谷；雇佣佃农就是为佃户雇用从事农作物耕种，定期领取一定的稻谷薪酬。"雇人自耕"主要是指东莞明伦堂雇请农民在农业技术人员的指导下在预留的自耕围田进行耕种，以此进行水稻栽培、育种、施肥等改良试验与新技术应用，使其成为农业种植的试验田和示范基地。东莞明伦堂在经营沙田过程中，设计了一套比较完善的招投方案，不仅规定由承佃者出资拓垦沙田，而且还拟定了招投章程，规定投田时间、地点、围名、亩数、底价、押金、批期、租期等，并通过刊登广告的方式进行招投。投票以出价最高者得，如最高者不就，按投票价格从高至低递补，仍不行就重新开投。这种投田方式，让具有雄厚经济实力且垄断东莞明伦堂沙田的大耕家、包佃公司以及"沙棍"有空可钻、有机可乘，他们往往纠集成一个利益集团，谋取 10 年至 30 年不等的长期低租批约。东莞明伦堂采用长期低租批约的方式，早期对吸引资产雄厚者开垦与拓殖沙田确实起到了一定的促进作用，然而，随着时势变化、谷价上涨和通货膨胀，在长期租额不变的情况下，低租批约使佃户获利较多，而东莞明伦堂却在相当长的一段时间内处于入不敷出的状况，积欠达 150 万元之巨。为了保障收入、清理债务，东莞明伦堂从 20 世纪 20 年代开始，前后进行了几次大规模的加租换约改革，1936 年前后终于还清积欠。抗日战争全面爆发后，随着国民党田赋征实政策的实施，东莞明伦堂将原有的"银租围"全部改为"谷租围"，收入进一步增加，低租批约问题得到了有效解决，收支结构进一步趋向平衡。

东莞明伦堂对万顷沙沙田的保护和事务管理主要依靠万顷沙自卫局，以及其所辖的护沙队、自卫队、后备队，他们承担万顷沙沙田的保护、围田的招投、批约的审核、禾票的开具、租金的收缴、稻谷运输出沙保护等职责。万顷沙自卫局的设立与独立护沙，是民国初期与官府护沙军几经博弈后的结果，凸显了莞籍士绅与军政群体的集体智慧，这一点在各路军阀都想依靠背后势力进沙分羹的情形下尤为明显，他们无需冲突，便能以一笔"开拔费"将其请出万顷沙外。东莞明伦堂在各个发展阶段，将军事化管理方式贯穿于万顷沙保护与沙田事务管理全过程。早期的万顷沙自卫局下辖的护沙队以及后期由护沙队改编的自卫大队均按"营""队"等军队组织形式组建，他们拥有精良的武器、先进的设备，在地广人稀的万顷沙广修工事，增设关卡，铺设电话，牢牢地控制着万顷沙这个小小的独立"王国"。由于早期的护沙队衍生出走私、包烟、包赌等不良社会风气，成为万顷沙地区走私猖獗、烟赌林立、勒索过往船只、窝藏罪犯等流弊的罪魁祸首，为此，李章达任东莞明伦堂沙田经理局清理委员会委员长期间，将"沙田自卫局"改组为"万顷沙业佃自卫局自卫团"，开创了东莞明伦堂业主和佃人合组自卫组织护沙的先例，为后来在万顷沙耕作的佃农需要持枪的规定提供了实践依据，也为后期东莞明伦堂万顷沙自卫局后备大队的形成创造了条件。这支庞大的后备队伍在统一接受万顷沙自卫局的武装训练后，不仅成为东莞明伦堂不同发展时期自卫武装力量的有益补充乃至中坚力量，而且也成为维护万顷沙社会组织稳定的重要支柱。

东莞明伦堂的财务管理是其整个发展过程中的重要部分。早期称"账房"，后期设立会计股、会计组，并于20世纪20年代末针对财务紊乱、贪污舞弊等现象进行了会计独立制度改革，不仅有效地解决了东莞明伦堂寅吃卯粮、私开收据、预借租项、受佃人胁迫等积弊引起的债务危机，而且也建立起了会计、审计、监督三权分立的管理机制，为其后续预算的制定与决算的管理，以及财务规章与组织秩序的建立形成了保障。与此同时，通过会计制度的改革，东莞明伦堂的年度预算账、年度决算账、年度收入账、年度支出账、月度收入账、月度支出账、沙夫工食账、水利事业费专账等账目清晰，不仅形成了一个完整的财务账簿体系，而且还能从账册大量繁杂的数字中理清其背后蕴含的管理思路与公益事业发展概貌。此外，永不向佃人借债信条碑的确立与公示，不仅改善了东莞明伦堂以往因积欠而受佃户掣肘的局面，而且也对会计独立制度的建立和健康发展起到了保驾护航的作用。

东莞明伦堂自拥有万顷沙沙田以来，特别是田租征实以后，积极参与到东莞教育、医院、慈善、公路、水利、林场、农场、园艺等公共设施建设和公益慈善事业的行列中，对近代东莞教育的发展、人才的培养、医疗的保障、慈善的济困、公路、水利、林业、园艺等基础设施的建设，发挥了积极的作用。其中，尤"以东莞县学务推广为主要职责，以教育经费支出为大宗"，承担了东莞县教育经费的60%—90%，这不仅是东莞明伦堂最传统的功能辐射，更是东莞明伦堂发展教育的历史惯性。在科举时代，每年支出"东莞各书院膏火、文武岁科考生童卷资、册金、乡会试卷资、京官旅费、文武会试公车等费"；1902年，创办了东莞县学堂，形成了既办学堂又不废书院的邑域办学特色；1905年后，随着科举考试被废除，东莞明伦堂襄助教育事业的手段、方式以及赞助对象等方面均发生了较大变化，主要经费用于资助东莞新式学校教育、职业教育、社会教育、学前教育，以及在广州、北京以及日本乃至欧美等地学习的莞籍学子。从1905年至1918年，由东莞明伦堂出资兴建的东莞官办学校共有27所，同时还资助私立学校部分经费。1919年，东莞明伦堂移居广州办公后，为了方便各学校经费的支取与管理，在东莞县城内成立了东莞教育经费保管委员会，东莞明伦堂沙田经理局将荣安、东安、新中和等十七围拨给该会直接收租，租款用于资助东莞县各学校日常开支、平民义学等。与此同时，还出台了留学津贴及奖励金制度，并资助在广州的留省东莞学会、在北京的留京东莞学会等团体组织。1929年至1937年，东莞明伦堂不仅增办了东莞县第三区区立中学（今石龙中学前身）、东莞县立简易师范学校（东莞师范学校前身），第四区、第七区、第十一区完全小学各1所，还资助新办的私立明生中学，修订了国内留学津贴办法，提高了津贴总额。1937年至1945年间，东莞县立各中小学为逃避战火纷纷迁往香港以及国统区，时居曲江的东莞明伦堂虽然经费有限，仍然通过驻莞通讯处与星散各地的学校取得联系，发放微薄的办学经费。此外，还考虑到一些学校因战争局势越来越严峻而中途停办，学生疏散急需路费，通过贷款的方式发放学生疏散贷金，避免了莞籍学生因无旅费而困顿于外的局面。1946 年以后，东莞明伦堂着手战后东莞教育的恢复与发展，增发学校经常费用，资助复办和兴建了塘厦中学、竹溪中学、观澜中学、清溪中学、莞旅中学、万顷沙小学等一批中小学及幼稚园，再次修订了留学津贴办法，由"津贴银"改发"津贴谷"，且明确发给津贴标准，进一步完善了留学津贴发放制度，使东莞一大批在外读书的优秀人才得到了资助。1948 年，东莞县 10 所中学、18 所小学、1 所师范学校、3 所职业学校、2 所幼稚园，以及邑外 2 所学校、部分私立学校分别得到东莞明伦堂董事会"全费""补助部分""补助三分之一"的经费谷资助。综观东莞明伦堂对东莞教育的一腔热忱和角色担当，虽然存在教育经费分配不公、教育发展不平衡、教师薪资待遇偏低、留学生津贴为富人子弟锦上添花等问题，然东莞明伦堂通过"按照学校规模等级发放教育经常费""按照国民党广东省公务员生活县级待遇支付教师薪酬""修订留学生津贴办法""聘请专员进行教育视导""编辑出版《东莞教育》专刊"等举措不断进行纠偏，努力拉动其向良性方向发展，为东莞教育事业所做出的贡献有目共睹。此外，东莞县通俗图书馆、东莞博物图书馆、东莞修志局、东莞县民国日报社、北京东莞会馆、东莞县立医院、普济医院、东莞县立国医院、石龙惠育医院、虎门医院、万顷沙医院、稍潭麻疯医院、若瑟洲麻疯院、东莞救济院、莞龙公路、莞太公路、宝太公路、惠樟公路、寒溪水闸、怀德水库、南畲朗排水工程、西湖挑水坝工程、河田乡防潦工程、碧桃涌水利工程、东岸排水涵洞工程、峡口水闸工程、潼湖局部排水工程、樟木头宝山示范林场、大岭山农林垦殖场、莞城园艺苗圃等都曾留有东莞明伦堂捐资修建或资助建设的历史印记。

总之，东莞明伦堂晚清至民国的百年历史，是东莞先人创造的一部从无到有的开拓史，一部不断扩张的奋斗史，一部自我革新的改革史，一部报效桑梓的奉献史，尽管经历了公产拨充广雅书院、割县置厅、军阀敲诈勒索、巨额债务、日伪侵占与控制、战后恢复与重建等一次又一次的危机与挑战，但仍能不断克服困难，转危为安，且不断兴利除弊，变革图存，为东莞公益社会事业建设做出了积极贡献，这对于当代社会组织的管理与发展具有以下启示与借鉴意义：一是团队管理。东莞明伦堂各个历史发展时期的管理团队均由具有一定社会地位和影响力的人物组成，无论是辛亥革命前的旧士绅，还是辛亥革命后的新士绅以及军政人物，都充分利用其学识、胆识与智慧，不断为东莞明伦堂的生存与发展出谋划策；都充分利用其公信力和社会影响力，不断为东莞明伦堂的进一步发展聚合社会资源和发展力量，尤其是在遇到困难和危机时，他们精诚团结，或挺身而出，或奋不顾身，或以私济公，或与时俱进，或变革图存，彰显了东莞先人骨子里蕴含的爱家报乡、锐意进取的秉性特性。二是不断变革图存。东莞明伦堂自拥有万顷沙田公产后，当原有的讲学、教化管理机构不适应垦沙、护沙管理需求时，安良局、经理局等全新的、专门的管理机构应运而生；当权利缺乏监督、内部经营不当以致负债累累时，清理委员会、整理委员会顺时而为，会计制度改革、"永不借债"宣言相继出台；当权利过度集中、管理出现漏洞时，董事会改组、民主决策、制度完善等一系列卓有成效的自我革新举措被不断推出；当拥有的财富越来越多，仅凭一腔热血发展东莞教育不再为莞人所称道时，文化、慈善、医疗、交通、水利、农业、森林、公共设施等"一切公举有关大局者无不竭力报效"[①]。三是不断助推公益事业发展。东莞明伦堂充分利用万顷沙田的收入，苦心经营，助推东莞教育、文化、医疗、慈善、交通、水利、林业、园艺等公益事业的建设和发展，成为清末至民国时期坚持发展地方公益事业的一面独特旗帜，成为当今社会组织履行社会公益责任与社会担当的典范。

---

① 陈伯陶：《东莞县志·沙田志二》，第11页。

附录

东莞明伦堂历任管理机构和管理人员一览表

一、沙局、安良局时期（1845—1911 年）①

时　间	机构名称	首　事	绅　董
道光二十九年（1849）四月	东莞明伦堂	何　鲲	钱时新（举人）、王书（生员）、刘大观（生员）、苏鸿逵（生员）②
清咸丰十年（1860）五月	东莞明伦堂沙局	谭晋生	何星湖、袁蕃亭、王象虚、祁鼎臣、张天民、张心持、陈拜墀、叶香园、叶星廊等③
清咸丰十年（1860）六月	东莞明伦堂沙局	何衍源	谭若珠、袁寿颐、王维政、陈献琛、祁荷槐、叶焕恒、张熙元、叶遇芬、张维等④
清光绪十五年（1889）八月	东莞明伦堂沙局	王清华	内阁中书袁同熙、教谕郭庚吉、举人王鉴莹、徐庚英、邓礼贤、大挑知县黎际春、陈景梁、内阁中书黎凤仪、钟焕文等⑤

① 东莞明伦堂沙局、安良局时期的管理者除陈伯陶《东莞县志·沙田志》文牍中有几处明确记载外，其他文献记载较少。因此，该时期的管理者不全。
② 东莞明伦堂于道光二十五年已获得万顷沙沙田 50 顷，此时的管理者不详。1849 年，东莞与香山两县对万顷沙开涌分界时，何鲲、钱时新、王书、刘大观、苏鸿逵等 5 人代表东莞明伦堂参与。
③ 陈伯陶：《东莞县志·沙田志一》，第 28 页
④ 陈伯陶：《东莞县志·沙田志一》，第 30 页
⑤ 陈伯陶：《东莞县志·沙田志二》，第 9 页。

（续表）

时　间	机构名称	首　事	绅　董
光绪二十三年（1897）二月	东莞明伦堂沙局	黎际春	陈景梁、徐庚英、黎凤仪、钟焕文、陈懋濂、袁凤书、莫登蟾、叶思詠、黄瀚华、单昶春、黄鸾后、刘培炜、邓礼贤、莫焕文、尹学勤、王国琦、周龙驹、邓辅良、谢遇熊等①
宣统三年（1911）八月	东莞明伦堂沙局	陈伯陶	开缺江宁提学使司陈伯陶、安徽候补道张其淦、侍读衔翰林院编修尹庆举、顺德协副将谢遇奇、度支部主事陈嘉谟、山东即用知县徐夔飏等②

据《东莞县志》及其他零星史料记载，在此阶段，何仁山（举人）、容鹤龄（进士）、谢芡臣（举人）、张端（举人）、何庆修（举人）、黎嘉兰（举人）、黎家崧（知州）、黎凤仪（举人）、邓佐槐（进士）等也曾担任过东莞明伦堂绅董

二、沙田经理局时期（1911—1928 年）

时　间	机构名称	总董委员长	董事（委员）	备　注
约 1912 年 1 月—4 月	沙田经理局	陈哲梅		第一任总董
约 1912 年 4 月—1913 年初	沙田经理局	林直勉		第二任总董
1917 年前后—1919 年	沙田经理局	阮明新		1919 年成为第一任由省长任命的总董

① 陈伯陶：《东莞县志·沙田志三》，第 20 页
② 陈伯陶：《东莞县志·沙田志三》，第 24 页

（续表）

时　间	机构名称	总董委员长	董事（委员）	备　注
1920 年左右	沙田经理局	叶深庆	董事：何国琛、卢名标、王绳矩等 会计：叶宅琴、何祝年 评议长：莫体经 评议员：叶□敬、钟之杰、李芳	1921 年 7 月，皆因侵蚀亏空，被陈炯明发布财物追缴令
1921 年左右	沙田经理局	陈逸川		
1922 年 1 月	清理委员会		莫挚宇、王肇基、莫鸿秋、莫自修、何家琪、张铨忠、邓念慈	陈炯明任命此 7 人为东莞明伦堂清理委员会委员
1923 年 5 月	沙田经理局清理委员会	李章达	陈仲和、黄侠毅、袁煦圻、叶显、袁岱云	李章达将"沙田经理局"更名为"东莞明伦堂沙田经理局清理委员会"
1924 年 1 月前	沙田经理局	黄侠毅		
1924 年 1 月	沙田经理局	孙绳武		
1924 年 6 月	沙田经理局	黄侠毅		
1924 年 11 月	沙田经理局	陈晴峰		
1925 年初	沙田经理局	叶少华	邓庆云、朱介如（朱念慈）、方彪（方育之）、容咏南、刘植廷、蒋兰雪	
1925 年中后期	沙田经理局	刘植廷		因叶少华中途辞职接任

（续表）

时　间	机构名称	总董委员长	董事（委员）	备　注
1925 年 11 月 26 日—1928 年 1 月 7 日	沙田经理局清理委员会	陈孚木	朱念慈、邓章兴、何冀、骆用弧、谢星南、黎樾廷、刘陶、曾宪盛、谭桂萼	
1928 年 1 月 8 日至 5 月 6 日	沙田经理局清理委员会	李家英	张尔超、钟婉如、袁敬仁、香桂芳、张庆年	

三、沙田经理局整理委员会时期（1928—1937 年）

时　间	机构名称	总董（委员长）	委　员	备　注
1928 年 5 月 7 日—1929 年 6 月 25 日	第一届委员会	徐景唐	蒋光鼐、王应榆、李扬敬、叶少华、何作霖、黎汝旋、陈达材、林直勉、朱念慈、袁峻	
1929 年 6 月 26 日—1930 年 6 月 17 日	第二届委员会	陈达材	林直勉、朱念慈、黎国材、王铎声、叶宝仓、李枚叔、翟宗心、欧宗祐、李春乔	
1930 年 6 月 18 日—1931 年 3 月 14 日	第三届委员会	王铎声	陈达材、朱念慈、黎国材、林直勉、叶宝仓、李枚叔、翟宗心、欧宗祐、李春乔	

（续表）

时　间	机构名称	总董（委员长）	委　员	备　注
1931 年 3 月 15 日—1933 年 4 月 21 日	第四届委员会	李明生	黎国材、李春乔、朱念慈、林直勉、叶宝仓、李枚叔、翟宗心、欧宗祐、陈达材、王铎声	
1933 年 4 月 22 日—1935 年 7 月 31 日	第五届委员会	林直勉	朱念慈、黎国材、钟之杰、翟宗心、李振良、王若周、邓庆史、叶宝仓、罗植椿、李枚叔	
1934 年 10 月 26 日—1937 年 2 月	第六届委员会	李扬敬	李振良、邓庆史、罗植椿、朱念慈、钟之杰、陈仲英、李枚叔、王若周、翟宗心	
1937 年 2 月—1939 年初	第七届委员会	张达 袁煦圻	袁煦圻、邓植仪、李振良、罗听余、王超、潘树勋、朱念慈、李牧叔、张鹤朋、翟瑞元	张达（未到任），袁煦圻于 1937 年 4 月 3 日接任

四、两个沙田整理委员会并存时期（1937—1945 年）

（一）东莞明伦堂沙田经理局整理委员会

时　间	机构名称	委员长（董事长）	委　员	备　注
1939 年初—1940 年 5 月	沙田经理局整理委员会	叶少华	黄侠毅、王铎声、潘树勋、叶显、蒋严博、罗瑶、翟瑞元、方彪等	香港办公

（续表）

时　间	机构名称	委员长 （董事长）	委　员	备　注
1940 年 5 月－ 1942 年 6 月	沙田经理局 整理委员会	李章达	黄侠毅、王铎声、潘树勋、叶显、蒋严博、罗瑶、翟瑞元、方彪、陈仲和、陈哲梅、麦骞	由黄侠毅代理工作
1942 年 6 月— 1942 年 12 月	沙田经理局 整理委员会	李章达	黄侠毅、叶显、翟瑞元、蒋严博、潘树勋、王铎声、方彪、麦骞、陈仲和、陈哲梅、罗瑶等	
1942 年 12 月— 1946 年 4 月	东莞明伦堂 董事会	蒋光鼐	常务董事：袁良骅（主持日常事务）、李节文、李章达、罗瑶等 董事：徐景唐、李扬敬、冯次淇、王若周、张达、陈仲英等 20 余人 总干事：麦韶 文牍干事：李子受 会计组长：李威 会计干事：梁冠英 助理干事：李汛萍、莫孟麟、郑梅村、赵雪舟等	1942 年 12 月，于曲江成立东莞明伦堂第一届董事会

（二）伪东莞明伦堂沙田整理委员会

时　间	机构名称	委员长 （董事长）	委　员	备　注
1938 年底— 1940 年 7 月	沙田整理 委员会	莫振廷	王之先、陈干、张孝宽、刘萼藩	

（续表）

时 间	机构名称	委员长（董事长）	委 员	备 注
1940年7月—1942年5月	沙田整理委员会	卢 德	陈瑶宝、卢子枢、李家英、莫培远、阮谷贻	阮谷贻为万顷沙承佃理事会代表
1942年6月—1944年7月	沙田整理委员会	莫章民	陈干、王之光、张孝欢、刘蓉藩	
1944年7月—1945年9月	沙田整理委员会	刘包恩	王之光、骆用弧、叶衍龄、莫伯邹、莫章民、刘蓉藩	叶衍龄为国民政府军事委员会委派的地下工作者

五、董事会时期（1945—1949年）

时 间	机构名称	委员长（董事长）	委 员	备 注
1946年4月—1948年底	东莞明伦堂第二届董事会	蒋光鼐	副董事长：徐景唐 常务董事：袁良骅、李章达、李节文、罗瑶等 名誉董事：李杨敬、王光海、王应榆等 董事：张达、陈仲英、王体端、方育之、叶显、邓庆史、李节文、何仲达、王光海、邓植仪、冯次淇、吴建华、张尔超、王铎声、张我东等 总干事：麦骞 总务组组长：香棣真 财务组组长：李威 教育社会组组长：卢翊 水利组组长：李汝亮 储运组组长：邓庆史	

（续表）

时　间	机构名称	委员长 （董事长）	委　员	备　注
1948 年底 6 月 26 日—1930 年 6 月 17 日	东莞明伦堂第三届董事会	张　达	副董事长：邓植仪	
1945 年 11 月—1949 年	万顷沙自卫局		抗战后历任万顷沙自卫局局长： 1945 年 11 月：麦韶 1946 年 2 月：袁煦圻 1946 年 4 月：潘耀东 1948 年 2 月：将静庵	

参考文献

一、著作

[1]［宋］阳枋：《字溪集》，《四库全书》本。

[2] 陈伯陶：《东莞县志》，东莞养和印务局1927年版。

[3] 广东省国民政府教育厅：《广东省督学民国十七年度视察全省学务报告书》，广东省国民政府教育厅，1929年。

[4] 吕思勉选注：《新唐书》，上海：商务印书馆，1928年。

[5] 东莞明伦堂编：《东莞明伦堂会计股主任选举及各项章程汇编》，内部资料，1930年。

[6] 广东省国民政府教育厅编辑：《民国二十一年度广东全省教育概况》，天成印字馆，1933年。

[7]［清］阮元监修，陈昌齐等总纂：《广东通志》，上海：商务印书馆，1934年。

[8] 东莞明伦堂整理委员会：《东莞明伦堂整理委员会报告书》，内部资料，1934年。

[9] 东莞明伦堂沙田经理局整理委员会：《东莞明伦堂沙田经理局整理委员会报告书》，内部资料，1937年。

[10] 伪东莞明伦堂沙田整理委员会：《伪东莞明伦堂沙田整理委员会民国三十年征信录》，内部资料，1941年。

[11] 东莞明伦堂董事会：《东莞明伦堂董事会民国三十五年征信录》，内部资料，1946年。

[12]《东莞龙太公司董事会呈监察员会议纪录》，内部资料，1946年。

［13］东莞明伦堂董事会：《东莞明伦堂董事会议录》，内部资料，1943—1948 年。

［14］［宋］王钦若等编：《册府元龟》，北京：中华书局，1960 年。

［15］［后晋］刘昫等撰：《旧唐书》，北京：中华书局，1975 年。

［16］毛礼锐主编：《中国教育史简编》，北京：教育科学出版社，1984 年。

［17］［清］屈大均：《广东新语》，北京：中华书局，1985 年。

［18］吴慧：《中国历代粮食亩产研究》，北京：农业出版社，1985 年。

［19］汪熙、杨小佛主编：《陈翰笙文集》，上海：复旦大学出版社，1985 年。

［20］荣孟源主编，孙彩霞编辑：《中国国民党历次代表大会及中央全会资料》（下），北京：光明日报出版社，1985 年。

［21］［清］乾隆官修：《清朝文献通考》，杭州：浙江古籍出版社，1988 年。

［22］广东省档案馆：《民国时期广东省政府档案史料选编》，广州：广东省档案馆，1987—1989 年。

［23］广东省东莞市水利局编：《东莞水利志》，广东省东莞市水利局内部资料，1990 年。

［24］张友渔、高潮主编：《中华律令集成·清卷》，长春：吉林人民出版社，1991 年。

［25］广东省东莞市粮食局编：《东莞粮食志》，广州：广东科技出版社，1992 年。

［26］张荣铮、刘勇强、金懋初点校：《大清律例》，天津：天津古籍出版社，1993 年。

［27］曲士培：《中国大学教育发展史》，太原：山西教育出版社，1993 年。

［28］内蒙古钱币学会编：《元代货币论文选集》，呼和浩特：内蒙古

人民出版社，1993年。

［29］谭棣华：《清代珠江三角洲的沙田》，广州：广东人民出版社，1993年。

［30］蒋祖缘、方志钦主编：《简明广东史》，广州：广东人民出版社，1993年。

［31］［明］张二果、曾起莘著，杨宝霖点校：《东莞县志》，东莞：东莞市人民政府，1995年。

［32］广东省地方史志编纂委员会编：《广东省志·人口志》，广州：广东人民出版社，1995年。

［33］东莞市地方志编纂委员会编：《东莞市志》，广州：广东人民出版社，1995年。

［34］新文丰出版公司编辑部编：《丛书集成三编》，台北：新文丰出版公司，1997年。

［35］中国第一历史档案馆编：《咸丰同治两朝上谕档》（第三册），桂林：广西师范大学出版社，1998年。

［36］［明］丘浚著，林冠群、周济夫校点：《大学衍义补》，北京：京华出版社，1999年。

［37］杨宝霖编：《东莞中学前五十年史料编年》，东莞中学印行，2002年。

［38］东莞石龙镇人民政府编：《东莞市石龙镇志》（第一卷），广州：岭南美术出版社，2004年。

［39］葛剑雄主编，曹树基著：《中国人口史（第四卷）》，上海：复旦大学出版社，2005年。

［40］张铁文编：《东莞市人民公园》，东莞市莞城街道办事处，2005年。

［41］［明］吴中修，［明］卢祥纂：《重刻卢中丞东莞旧志》，广州：广东人民出版社，2006年。

［42］［清］周天成修，［清］邓廷喆等纂：《东莞县志》，广州：广

东人民出版社，2006 年

［43］［清］彭人杰等修，［清］黄时沛纂：《东莞县志》，广州：广东人民出版社，2006 年。

［44］东莞市卫生局编：《东莞市卫生志》，广州：广东人民出版社，2006 年。

［45］中共东莞市委党史研究室编：《东莞抗日实录》，北京：中央党史出版社，2006 年。

［46］东莞市樟木头镇志编纂委员会编：《东莞市樟木头镇志》，北京：文物出版社，2008 年。

［47］《东莞市检察志》编纂委员会编：《东莞市检察志》，广州：广东人民出版社，2008 年。

［48］东莞市政协编：《东莞历史文化论文集》，广州：广东人民出版社，2008 年。

［49］中共东莞市委党史研究室：《东莞解放斗争纪实》，北京：中共党史出版社，2009 年。

［50］东莞市博物馆编著：《东莞市博物馆藏碑刻》，北京：文物出版社，2009 年。

［51］《东莞市交通志》编纂委员会编：《东莞市交通志》，广州：岭南美术出版社，2010 年。

［52］邓嗣禹：《中国考试制度史》，长春：吉林出版集团有限责任公司，2011 年。

［53］沈兼士：《中国考试制度史》，北京：中国和平出版社，2014 年。

［54］［明］朱国祯著，何立民点校：《朱国祯诗文集》，杭州：浙江古籍出版社，2015 年。

［55］［明］王畿：《龙溪王先生全集》，南京：江苏大学出版社，2019 年。

［56］东莞市档案馆编：《东莞明伦堂文集》，北京：中央编译出版

社，2019。

［57］容庚著，夏和顺整理：《容庚北平日记》，北京：中华书局，
2019 年。

［58］佛山地区革委会《珠江三角洲农业志》编写组（1963—1976）
编，黄国扬、郑海峰修订：《珠江三角洲农业志》，广州：广东
人民出版社，2020 年。

［59］东莞市档案馆编，刘志伟主编：《东莞明伦堂档案·第一辑》，
广州：广东人民出版社，2020 年。

［60］佛山市南海区档案馆、佛山市南海区人民政府地方志办公室校
注：《道光〈南海县志〉校注》，广州：广东人民出版社，
2021 年。

二、**期刊资料**

［1］伦达如：《我邑沙田财团革命之筹备》，《留省东莞学会杂志》
1918 年第 1 期。

［2］留省东莞学会：《东莞县全属学校一览表》，《留省东莞学会杂
志》1918 年第 1 期。

［3］留省东莞学会：《民国六年明伦堂支出各局所学校决算表》，《留
省东莞学会杂志》1918 年第 1 期。

［4］留省东莞学会：《社会教育调查表》，《留省东莞学会杂志》1918
年第 1 期。

［5］东莞明伦堂沙田经理局：《民国六年明伦堂支出各局所学校决算
表》，《留省东莞学会杂志》1918 年第 1 期。

［6］留省东莞学会：《本会大事记》，《留省东莞学会杂志》1918 年
第 1 期。

［7］留省东莞学会：《致本邑明伦堂编制民国八年度预算书》，《留省
东莞学会杂志》1918 年第 1 期。

［8］欧宗祐：《改革明伦堂理财之办法》，《留京东莞学会半年刊》

1923 年。

[9] 留京东莞学会：《会务纪要》，《留京东莞学会半年刊》1923 年。

[10] 谭伯扬：《整理本邑沙田局之我见》，《留京东莞学会半年刊》
     1923 年。

[11] 王若周：《来函》，《工人之路》1925 年第 99 期。

[12] 东莞旅京同人：《整顿东莞明伦堂沙田经理局宣言》，《留京东
     莞学会年刊》1926 年 3 月 18 日。

[13] 东莞明伦堂沙田经理局整理委员会：《莞邑空前未有之盛典》，
     《整理月刊（筑路号）》1928 年。

[14] 东莞明伦堂沙田经理局整理委员会：《1928 年 7 月 10 日常务会
     议录》，《整理月刊（筑路号）》1928 年。

[15] 东莞明伦堂沙田经理局整理委员会：《为建筑莞龙莞太公路告
     邑人》，《整理月刊（筑路号）》1928 年。

[16] 东莞明伦堂沙田经理局整理委员会：《筹备筑路经过情形》，
     《整理月刊（筑路号）》1928 年。

[17] 东莞明伦堂沙田经理局整理委员会：《整顿本邑教育计划大
     纲》，《整理月刊（筑路号）》1928 年。

[18] 东莞明伦堂沙田经理局整理委员会：《东莞明伦堂沙田经理局
     整理委员会收支决算书》，《整理月刊（筑路号）》1928 年。

[19] 郑师许：《龙溪书院考略》，《岭南学报》1934 年第 4 卷第 1 期。

[20] 东莞明伦堂沙田经理局整理委员会：《东莞明伦堂沙田经理局
     整理委员会整理意见书》，《整理月刊》1937 年第 1 期。

[21] 东莞明伦堂沙田经理局整理委员会：《致龙太公司董事会函》，
     《整理月刊》1937 年第 1 期。

[22] 东莞明伦堂沙田经理局整理委员会：《呈省政府文》，《整理月
     刊》1937 年第 10 期。

[23] 伪东莞明伦堂沙田整理委员会：《本会收回万顷沙业权之经
     过》，《东莞明伦堂沙田整理委员会年刊》1941 年。

［24］伪东莞明伦堂沙田经理局整理委员会：《本会筹设莞城、中堂、厚街、龙湾、中医施振所及办理西医赠药所之经过》，《东莞明伦堂沙田整理委员会年刊》1941 年。

［25］伪东莞明伦堂沙田经理局整理委员会：《东莞明伦堂沙田整理委员会奖励国内外公立专科以上学校学生贷款求学暂行办法》，《东莞明伦堂沙田整理委员会年刊》1941 年。

［26］伪东莞明伦堂沙田经理局整理委员会：《筹设莞邑职业救济所之经过》，《东莞明伦堂沙田整理委员会年刊》1941 年。

［27］伪东莞明伦堂沙田经理局整理委员会：《本会呈报民政厅对于万顷沙各围田改收租谷之经过情形并与佃人新订合约呈文》，《东莞明伦堂沙田整理委员会年刊》1941 年。

［28］伪东莞明伦堂沙田经理局整理委员会：《本会拟恢复万顷沙自卫局由》，《东莞明伦堂沙田整理委员会年刊》1941 年。

［29］伪东莞明伦堂沙田经理局整理委员会：《呈请准予恢复原有组织以卫农耕而维收益事》，《东莞明伦堂沙田整理委员会年刊》1941 年。

［30］伪东莞明伦堂沙田经理局整理委员会：《广东省政府民政厅指令》，《东莞明伦堂沙田整理委员会年刊》1941 年。

［31］伪东莞明伦堂沙田经理局整理委员会：《本会收回万顷沙业权之经过》，《东莞明伦堂沙田整理委员会年刊》1941 年。

［32］伪东莞明伦堂沙田经理局整理委员会：《万顷沙自卫局恢复成立暨组织联防大队之经过》，《东莞明伦堂沙田整理委员会年刊》1941 年。

［33］伪东莞明伦堂沙田经理局整理委员会：《本会一年来事业表》，《东莞明伦堂沙田整理委员会年刊》1941 年。

［34］伪东莞明伦堂沙田经理局整理委员会：《民国二十九年七月至三十年六月实收实支数目清表》，《东莞明伦堂沙田整理委员会年刊》1941 年。

［35］伪东莞明伦堂沙田经理局整理委员会：《东莞明伦堂沙田整理
委员会实际收支报告表》，《东莞明伦堂沙田整理委员会年刊》
1941 年。

［36］伪东莞明伦堂沙田整理委员会：《东莞明伦堂沙田整理委员会
组织章程》，《东莞明伦堂沙田整理委员会季刊》1942 年第
1 期。

［37］伪东莞明伦堂沙田经理局整理委员会：《东莞明伦堂沙田整理
委员会自办暨补助社会教育事业章程》，《东莞明伦堂沙田整理
委员会季刊》1942 年第 1 期。

［38］伪东莞明伦堂沙田经理局整理委员会：《本会发展概况》，《东
莞明伦堂沙田整理委员会季刊》1942 年第 1 期。

［39］伪东莞明伦堂沙田经理局整理委员会：《公牍》，《东莞明伦堂
沙田整理委员会季刊》1942 年第 1 期。

［40］伪东莞明伦堂沙田经理局整理委员会：《本会派陈澄斋为万顷
沙自卫局局长 陈文川为副局长呈请省府备案》，《东莞明伦堂沙
田整理委员会季刊》1942 年第 1 期。

［41］伪东莞明伦堂沙田经理局整理委员会：《本会与万顷沙承佃理
事会代表订立和解条件全文》，《东莞明伦堂沙田整理委员会季
刊》1942 年第 1 期。

［42］伪东莞明伦堂沙田经理局整理委员会：《东莞明伦堂沙田整理
员会设置中医施诊所章程（附表）》，《东莞明伦堂沙田整理委
员会季刊》1942 年第 2 期。

［43］伪东莞明伦堂沙田经理局整理委员会：《邑人留学国外有名私
立学校及官费生一律给予津贴费》，《东莞明伦堂沙田整理委员
会季刊》1942 年第 2 期。

［44］伪东莞明伦堂沙田经理局整理委员会：《本会民国三十一年四
月发给万顷沙公局涌各铺户批约原文》，《东莞明伦堂沙田整理
委员会季刊》1942 年第 2 期。

［45］伪东莞明伦堂沙田经理局整理委员会《东莞明伦堂逐年满批围田改收租谷预计收益增加比较图》，《东莞明伦堂沙田整理委员会季刊》1942 年第 2 期。

［46］伪东莞明伦堂沙田经理局整理委员会：《函复财政厅关于沙田升科因本会契约被前经营者携去俟取回再行办理升科登记》，《东莞明伦堂沙田整理委员会季刊》1942 年第 2 期。

［47］伪东莞明伦堂沙田经理局整理委员会：《增设莞籍小学生津贴费》，《东莞明伦堂沙田整理委员会季刊》1942 年第 3 期。

［48］伪东莞明伦堂沙田经理局整理委员会：《发给学生奖励金》，《东莞明伦堂沙田整理委员会季刊》1942 年第 3 期。

［49］伪东莞明伦堂沙田经理局整理委员会：《财政概况：每月实际收支报告表》，《东莞明伦堂沙田整理委员会季刊》1942 年第 7 期。

［50］伪东莞明伦堂沙田经理局整理委员会：《财政概况：每月实际收支报告表》，《东莞明伦堂沙田整理委员会季刊》1942 年第 8 期。

［51］伪东莞明伦堂沙田经理局整理委员会：《财政概况：每月实际收支报告表》，《东莞明伦堂沙田整理委员会季刊》1942 年第 10 期。

［52］伪东莞明伦堂沙田经理局整理委员会：《本会最近概况》，《东莞明伦堂沙田整理委员会季刊》1943 年第 3 期。

［53］伪东莞明伦堂沙田整理委员会：《教育一周年概况》，《东莞明伦堂沙田整理委员会季刊》1943 年第 4 期。

［54］伪东莞明伦堂沙田经理局整理委员会：《新办县立各中学校之概况》，《东莞明伦堂沙田整理委员会季刊》1943 年第 5 期。

［55］伪东莞明伦堂沙田经理局整理委员会：《本会施赈棉衣》，《东莞明伦堂沙田整理委员会季刊》1943 年第 4 期。

［56］伪东莞明伦堂沙田经理局整理委员会：《本会施赈棉衣》，《东

莞明伦堂沙田整理委员会季刊》1944 年第 7 期。

［57］伪东莞明伦堂沙田整理委员会：《本会推进常平各中小学概
况》，《东莞明伦堂沙田整理委员会季刊》1944 年第 7 期。

［58］伪东莞明伦堂沙田整理委员会：《东莞明伦堂沙田整埋委员会
教育费每月实支明细表》，《东莞明伦堂沙田整理委员会季刊》
1944 年第 7 期。

［59］伪东莞明伦堂沙田整理委员会：《东莞明伦堂沙田整理委员会
每月实收数目简明表》，《东莞明伦堂沙田整理委员会季刊》
1944 年第 7 期。

［60］伪东莞明伦堂沙田经理局整理委员会：《两周年教育概况》，
《东莞明伦堂沙田整理委员会季刊》1944 年第 8 期。

［61］伪东莞明伦堂沙田经埋局整理委员会：《各中医施诊所暨万顷
沙医院每月经费一览表》，《东莞明伦堂沙田整理委员会季刊》
1944 年第 8 期。

［62］伪东莞明伦堂沙田经理局整理委员会：《本会继续补助各慈善
团体暨社会事业团体经费》，《东莞明伦堂沙田整理委员会季
刊》1944 年第 8 期。

［63］伪东莞明伦堂沙田整理委员会：《东莞明伦堂沙田整理委员会
教育费每月实支明细表》，《东莞明伦堂沙田整理委员会季刊》
1944 年第 8 期。

［64］伪东莞明伦堂沙田整理委员会：《东莞明伦堂沙田整理委员会
每月实收数目简明表》，《东莞明伦堂沙田整理委员会季刊》
1944 年第 8 期。

［65］伪东莞明伦堂沙田经理局整理委员会：《东莞明伦堂沙田整理
委员会第五十九次会议记录》，《东莞明伦堂沙田整理委员会季
刊》1944 年第 9 期。

［66］伪东莞明伦堂沙田整理委员会：《东莞明伦堂沙田整理委员会
教育费每月实支明细表》，《东莞明伦堂沙田整理委员会季刊》

1944 年第 9 期。

[67] 伪东莞明伦堂沙田整理委员会：《东莞明伦堂沙田整理委员会
每月实收数目简明表》，《东莞明伦堂沙田整理委员会季刊》
1944 年第 9 期。

[68] 伪东莞明伦堂沙田经理整理委员会：《本会增加报功祠先贤何
耘劬等遗裔酬金》，《东莞明伦堂沙田整理委员会季刊》1944 年
第 9 期。

[69] 伪东莞明伦堂沙田整理委员会：《东莞明伦堂沙田整理委员会
教育费每月实支明细表》，《东莞明伦堂沙田整理委员会季刊》
1944 年第 10 期。

[70] 伪东莞明伦堂沙田整理委员会：《东莞明伦堂沙田整理委员会
每月实收数目简明表》，《东莞明伦堂沙田整理委员会季刊》
1944 年第 10 期。

[71] 伪东莞明伦堂沙田经理局整理委员会：《本会施赈棉衣》，《东
莞明伦堂沙田整理委员会季刊》1945 年第 11 期。

[72] 李觉清：《莞邑兴学的方针刍议》，《东莞教育》1948 第 1 期。

[73] 袁良骅：《东莞教育问题》，《东莞教育》1948 第 1 期。

[74] 黄吉瑞：《论东莞教育的区位问题》，《东莞教育》1948 第 1 期。

[75] 郑师许：《莞旅中学创办一年来之经过》，《东莞教育》1948 第
1 期。

[76] 东莞明伦堂董事会：《三十七学年度本会补助各级学校一览
表》，《东莞教育》1948 第 1 期。

[77] 东莞明伦堂董事会：《东莞明伦堂董事会教育委员会委员名
单》，《东莞教育》1948 第 1 期。

[78] 叶少华：《我所知道的东莞明伦堂》，《广东文史资料》1964 年。

[79] 刘兆伦：《关于万顷沙的调查》，《珠江通讯》1985 年第 1 期。

[80] 马汉民：《东莞明伦堂概况》，《东莞文史资料选辑》1984 年。

[81] 张士升：《东莞教育史话》，《东莞文史资料选辑》1985 年第

7 期。

［82］政协东莞市委员会文史组：《民国时期东莞大事记摘录》，《东莞文史》1986 第 10 期。

［83］杨宝霖：《两则有关邑人李扬敬、徐景唐倡助造林的资料》，《东莞文史》1986 第 10 期。

［84］陈铣鹏：《东莞农民运动的兴起与高涨》，《东莞烽火》1987 年第 11 期。

［85］杨宝霖：《东莞割县置厅的一段史实》，《东莞文史》1989 年第 15 期。

［86］赵学禹：《抗日战争时期日寇的货币侵略》，《武汉大学学报》1989 年 2 期。

［87］杨宝霖：《东莞中学堂史略》，《东莞文史》1993 年第 21 期。

［88］叶振锵：《为争租东莞明伦堂储备仓田的一桩历史惨案》，《东莞文史》1993 年第 21 期。

［89］马汉民：《大天二刘发如》，《东莞文史》1993 年第 22 期。

［90］李炳球：《〈粤海道尹王典章巡行日记〉摘录》，《东莞文史》1998 年第 28 期。

［91］马汉民：《民国期间东莞县长名录》，《东莞文史》1999 年第 8 期。

［92］庆子：《解放前的东莞博物图书馆》，《东莞文史》1999 年第 30 期。

［93］叶少华：《东莞明伦堂》，《东莞文史》1999 年第 30 期。

［94］罗菁：《东莞救济院史略》，《东莞文史》1999 第 30 期。

［95］朱德兰：《日汪合作与广东省政府关系的一个侧面考察》，《人文及社会科学集刊》2000 年第 4 期。

［96］朱德兰：《日据广东时期的中日合办企业——以兴粤和台拓公司为例》。

［97］莫纪彭：《黄侠毅事略》，《东莞文史》2001 年第 32 期。

[98] 林玉茹：《国策会社的边区开发机制：战时台湾拓殖株式会社在东台湾的经营系统》，《台湾史研究》2002 年第 1 期。

[99] 王一娜：《晚清珠三角地区公约、公局的缘起及初期演变》，《广东社会科学》2011 年第 6 期。

三、学位论文

[1] 黄永豪：《清代珠江三角洲沙田、乡绅、宗族与租佃关系》，香港中文大学学位论文，1987 年。

[2] 韦锦新：《地方公产与地方控制——东莞明伦堂研究（1845—1953）》，中山大学硕士学位论文，2002 年。

四、报纸信息

[1] 莫纪彭等：《最近官民立学校之调查》，《东莞旬报（创刊号）》1908 年。

[2]《令催东莞沙田经理局筹备选举》，《香港华字日报》1919 年 7 月 9 日。

[3]《沙棍伎俩一语道破》，《广东群报》1921 年 5 月 23 日。

[4]《东莞沙田局之讼案》，《香港华字日报》1921 年 7 月 30 日。

[5]《清理东莞沙田局债务》，《香港华字日报》1921 年 12 月 19 日。

[6] 孙科：《监督明伦堂产业之先声》，《广州民国日报》1923 年 10 月 9 日。

[7]《政府又令东莞明伦堂缴款二十万元》，《香港华字日报》1924 年 1 月 15 日。

[8]《东莞明伦堂沙田经理局总董兼万顷沙业佃自卫局局长孙绳武德政》，《广州民国日报》1924 年 5 月 23 日。

[9] 东莞明伦堂沙田经理局：《东莞沙田局总董不允交待》，《广州民国日报》1924 年 6 月 6 日。

[10]《东莞沙田局长被捕》，《广州民国日报》1924 年 8 月 25 日。

［11］黄侠毅等：《东莞明伦堂沙田经理局启事》，《广州民国日报》
1924 年 8 月 26 日。

［12］东莞明伦堂沙田经理局：《通缉孙绳武启事》，《广州民国日报》
1924 年 9 月 30 日。

［13］《东莞自治筹办局启事》，《广州民国日报》1925 年 12 月 8 日。

［14］东莞明伦堂沙田经理局：《东莞明伦堂沙田经理局启事》，《广
州民国日报》1925 年 12 月 11 日。

［15］东莞明伦堂沙田经理局委员会：《东莞明伦堂沙田经理局委员
会紧要声明》，《广州民国日报》1926 年 1 月 7 日。

［16］东莞明伦堂沙田经理局委员会：《东莞明伦堂加租广告》，《广
州民国日报》1926 年 2 月 18 日。

［17］东莞县立中学校：《东莞县立中学校启事》，《广州民国日报》
1926 年 3 月 3 日。

［18］东莞明伦堂沙田经理局：《东莞明伦堂沙田经理局特别启事》，
《广州民国日报》1926 年 3 月 3 日。

［19］东莞明伦堂沙田经理局委员会：《东莞明伦堂投田广告》，《广
州民国日报》1926 年 3 月 5 日。

［20］东莞明伦堂沙田经理局委员会：《东莞明伦堂沙田经理局撤销
投田告白》，《广州民国日报》1926 年 3 月 10 日。

［21］东莞明伦堂沙田经理局委员会：《东莞明伦堂沙田经理局取销
拨给教育经费保管委员会告白》，《广州民国日报》1926 年 3 月
29 日。

［22］东莞明伦堂沙田经理局：《东莞明伦堂沙田经理局公报留学生
挂号名数广告》，《广州民国日报》1926 年 5 月 17 日。

［23］东莞明伦堂沙田经理局委员会：《东莞明伦堂沙田经理局启
事》，《广州民国日报》1926 年 6 月 28 日。

［24］东莞明伦堂沙田经理局整理委员会：《东莞各界人士公鉴》，
《广州民国日报》1926 年 7 月 12 日。

[25] 东莞明伦堂沙田经理局委员会：《东莞明伦堂沙田经理局委员会紧急布告》，《广州民国日报》1928年1月11日。

[26] 东莞明伦堂沙田经理局整理委员会：《东莞明伦堂经理局委员长呈请择委该局整理委员案》，《广东省政府周报》（第34—36期合刊），1928年5月21日。

[27] 东莞明伦堂沙田经理局整理委员会：《东莞明伦堂沙田经理局整理委员会启事》，《广州民国日报》1928年5月23日。

[28] 东莞明伦堂沙田经理局：《东莞明伦堂订改津贴国内留学生办法》，《广州民国日报》1929年4月3日。

[29] 李扬敬：《李扬敬启事》，《广州民国日报》1929年6月7日。

[30] 东莞明伦堂沙田经理局整理委员会：《招投东莞图书楼广告》，《广州民国日报》1929年6月7日。

[31] 东莞明伦堂沙田经理局整理委员会：《东莞各届人士公鉴》，《广州民国日报》1929年6月7日。

[32] 东莞明伦堂沙田经理局整理委员会：《招投东莞公路广告》，《广州民国日报》1929年6月7日。

[33] 东莞明伦堂沙田经理局整理委员会：《东莞明伦堂招投工程》，《广州民国日报》1929年6月14日。

[34] 东莞明伦堂沙田经理局整理委员会：《省府民厅委任东莞明伦堂委员长》，《广州民国日报》1929年6月18日。

[35] 东莞明伦堂沙田经理局整理委员会：《莞龙莞太招承行车》，《广州民国日报》1929年8月6日。

[36] 东莞明伦堂沙田经理局整理委员会：《东莞沙田局会计主任选举章程》，《广州民国日报》1929年8月24日。

[37] 东莞明伦堂沙田经理局整理委员会：《李扬敬提议东莞开各界代表会》，《香港工商日报》1934年10月28日。

[38] 鲁平：《东莞县立中学史略》，《东莞民国报》1936年2月7日。

[39] 《东莞明伦堂设立农贷所》，《香港华字日报》1936年2月

24 日。

［40］《袁煦圻接任东莞明伦堂委员长通知》，《香港华字日报》1937
年 4 月 4 日。

［41］《东莞明伦堂镌不举债碑》，《香港华字日报》1937 年 2 月
27 日。

［42］伦志清：《我所知道的东莞会馆：明伦堂留置公产》，《东莞日
报》2009 年 2 月 16 日。

五、政府委任令、训令

［1］陈炯明：《广东省长公署训令（第 367 号）：令东莞、新会、香
山、顺德县县长》，《广东公报（2876 号）》，1922 年 2 月 18 日。

［2］陈炯明：《广东省长公署训令（第 379 号：令东莞、新会、香
山、顺德、番新县县长》，《广东公报（2878 号）》，1922 年 2 月
21 日。

［3］廖仲恺：《广东省长公署委任令（第 61 号）：委任叶显、黄侠
毅、陈仲和、袁煦圻、袁岱云为明伦堂沙田经理局清理委员
文》，《广东公报（3169 号）》，1923 年 6 月 6 日。

［4］廖仲恺：《广东省长公署指令（第 1047 号）：指令东莞明伦堂沙
田经理局换立借约办法》，《广东公报（3184 号）》，1923 年 6 月
25 日。

［5］廖仲恺：《广东省长公署指令：指令东莞明伦堂沙田经理局清理
委员长李章达、东莞县县长据东莞明伦堂沙田经理局委员长呈组
设万顷沙业佃自卫局自卫团连同章程呈请核示由》，《广东公报
（3188 号）》，1923 年 6 月 29 日。

［6］廖仲恺：《广东省长公署指令：指令东莞明伦堂沙田经理局清理
委员长李章达呈拟撤付节减各处经费理由书乞准立案由》，《广
东公报（3190 号）》，1923 年 7 月 2 日。

［7］广东省民政厅：《令东莞明伦堂沙田经理局整理委员会代理委员

长陈达材》，《广东民政厅训令第 2408 号》，1929 年。

[8] 林云陔：《广东省政府委任令：任命林直勉为东莞明伦堂沙田经理局整理委员会委员长的委任令，并任命朱念慈、黎国材、钟之杰、翟宗心、李振良、王若周、邓庆史、叶宝仑、罗植椿、李枚叔等为东莞明伦堂沙田经理局整理第五届委员会委员的委任令》，《广东公报》，1933 年 4 月 19 日。

[9] 黄慕松：《广东省政府令（第 5210 号）：任命张达为东莞明伦堂沙田经理局整理委员会第七届委员长，袁煦圻、邓植仪、李振良、罗听余、王超、潘树勋、朱念慈、李牧叔、张鹤朋、翟瑞元等为该会委员》，《广东公报（3589 号）》，1937 年 2 月 20 日。

[10] 伪东莞明伦堂沙田经理局整理委员会：《东莞明伦堂沙田整理委员会训令（训字第四号）》，1941 年 3 月 10 日。

六、东莞明伦堂档案

[1] 001 – 7 – 0006 – 0050　茂生堂代表陈茂泰关于承佃和隆、仁隆、新宝安中、新宝安上等围田的申请函，1942 年 5 月 17 日，东莞市档案馆藏。

[2] 001 – 7 – 0006 – 0033/02　东莞民国报社函请东莞明伦堂董事会由七月份起每月拨助二十万元，1946 年 6 月 27 日，东莞市档案馆藏。

[3] 001 – 7 – 0008 – 0020　东莞明伦堂董事会卅一年份领取留学津贴人数表，1942 年，东莞市档案馆藏。

[4] 001 – 7 – 0008 – 0021　东莞明伦堂董事会卅年度领取奖励金人数表，1941 年，东莞市档案馆藏。

[5] 001 – 7 – 0012 – 0016　东莞明伦堂董事会关于任用袁大远为万顷沙自卫局局长兼办驻莞通讯处事务函，1943 年，东莞市档案馆藏。

[6] 001 – 7 – 0012 – 0025　东莞明伦堂关于人事任免、呈文、公函、

通知书，东莞市档案馆藏。

［7］001－7－0012－0038　东莞明伦堂董事会财务组关于白鹭洲围管理权移交东莞县政府的函件，1946年，东莞市档案馆藏。

［8］001－7－0013－0002　东莞明伦堂董事会经常费收支清册，东莞市档案馆藏。

［9］001－7－0017－0029　东莞明伦堂沙田经理局整理委员会每月补助全县各学校经费表，1941年，东莞市档案馆藏。

［10］001－7－0018－0047　东莞明伦堂董事会关于发放各学校机关经费数目表，1943年，东莞市档案馆藏。

［11］001－7－0018－0064　东莞明伦堂董事会万顷沙自卫局三十二年度十月份经常费薪饷附属表，1943年，东莞市档案馆藏。

［12］001－7－0018－0066　东莞明伦堂董事长蒋光鼐致袁大远电文，1944年1月6日，东莞市档案馆藏。

［13］001－7－0018－0068　万顷沙自卫局局长袁大远致董事长蒋光鼐电文，1943年12月9日，东莞市档案馆藏。

［14］001－7－0020－0028　东莞明伦堂董事长蒋光鼐委任梁自带为万顷沙护沙总队队长电，1944年5月15日，东莞市档案馆藏。

［15］001－7－0022－0042　东莞明伦堂关于捐款、生活补助等公函，东莞市档案馆藏。

［16］001－7－0024－0004　东莞明伦堂关于追缴田产、社会救济等公函呈文，东莞市档案馆藏。

［17］001－7－0024－0018　致各佃户关于各佃本年头季预交伪佃租项悉数交本堂通知书，1945年9月10日，东莞市档案馆藏。

［18］001－7－0024－0018/01　东莞明伦堂董事会清缴欠租的紧急通告，1945年，东莞市档案馆藏。

［19］001－7－0025－0005　关于遣散伪联防第一大队第一中队暨特务队部情形报告准予备案指令稿，1945年11月22日，东莞市档案馆藏。

[20] 001—7 - 0025 - 0006　袁良骅至电万顷沙护沙总队队长梁玉阶、
自卫局局长麦韶关于遵照前令将叶衍龄所耕围谷扣押抵偿欠租
并追查自卫局局员张强渎职情形训令稿，1945 年 12 月 22 日，
东莞市档案馆藏。

[21] 001 - 7 - 0026 - 0025　东莞明伦堂董事会支付本邑公私立各级
学校经常费、补助费暂行办法，1945 年 10 月 11 日，东莞市档
案馆藏。

[22] 001 - 7 - 0026 - 0032/01　东莞明伦堂董事会致东莞民国报社关
于由民国三十五年元月份起每月补助东莞民国报一万五千元公
函稿，1945 年 12 月 11 日，东莞市档案馆藏。

[23] 001 - 7 - 0031 - 0004　东莞明伦堂董事会致东莞县修专局公函，
1945 年 12 月 26 日，东莞市档案馆藏。

[24] 001 - 7 - 0037 - 0036　东莞明伦堂留学津贴办法，1946 年，东
莞市档案馆藏。

[25] 001 - 7 - 0037 - 0044　东莞明伦堂董事会。东莞明伦堂学业奖
励金办法，1946 年，东莞市档案馆藏。

[26] 001 - 7 - 0038 - 0010　东莞明伦堂有关其它文书材料，东莞市
档案馆藏。

[27] 1 - 7 - 0038 - 0036　东莞明伦堂教育经理管理委员会等档案，
1946 年，东莞市档案馆藏。

[28] 001 - 7 - 0182 - 0024　1948 年度东莞明伦堂教育经费百分表，
1948 年，东莞市档案馆藏。

[29] 001 - 7 - 0029 - 0023　东莞明伦堂董事会暂定中等学校经费等
级表，1946 年，东莞市档案馆藏。

[30] 1 - A1 [1] . 6 - 478 - 5 - 2　东莞明伦堂万顷沙自卫局自卫大
队部兵力驻地表，1948 年 9 月，中山市档案馆藏。

[31] 001 - 7 - 0270 - 0002　为将办理情形及收运各项谷数连同收租
处支出办公费用暨各项数目清表一并呈报核明入账并准核销由，

1949 年，东莞市档案馆藏。

[32] 001 - 7 - 0006　东莞明伦堂沙田整理委员会、董事会关于地租、财政收支、募捐等的呈文、公函、代电、训令、预算书等，东莞市档案馆藏。

[33] 001 - 7 - 0008　东莞明伦堂关于补助费、职位调任、学生成绩等的信函、呈文、公函、指令、通知，东莞市档案馆藏。

[34] 001 - 7 - 0010　东莞明伦堂关于学生考试成绩、留学津贴、奖学金等名册、呈文、公函、通告，东莞市档案馆藏。

[35] 001 - 7 - 0012　东莞明伦堂关于人事任免、文卷档案移交的呈文、公函、通知书、清册，东莞市档案馆藏。

[36] 001 - 7 - 0013　东莞明伦堂关于各项经常费用收支清册、报告表等，东莞市档案馆藏。

[37] 001 - 7 - 0014　东莞明伦堂关于职员薪金等各项经费收支情况计算表，东莞市档案馆藏。

[38] 001 - 7 - 0018　东莞明伦堂关于救济、田产加租、经费支出、机关补助等的公函、呈文、提案、清册，东莞市档案馆藏。

[39] 001 - 7 - 0020　东莞明伦堂关于佃租收取、承投田埠等方面的呈文、训令、通知书、具领书，东莞市档案馆藏。

[40] 001 - 7 - 0021　东莞明伦堂关于贷金、办公等经费收支的呈文、报告、公函，东莞市档案馆藏。

[41] 001 - 7 - 0023　东莞明伦堂关于承铺、清租、谷粮运输等方面的批约、呈文、公函，东莞市档案馆藏。

[42] 001 - 7 - 0024　东莞明伦堂关于追缴田产、灌溉工程、征收欠缴谷粒、社会救济、征收护沙费等的公函、呈文，东莞市档案馆藏。

[43] 001 - 7 - 0026　东莞明伦堂关于经常费预算、学生贷金及救济金、教育组、水利组等财务文书的报告、公函，东莞市档案馆藏。

[44] 001－7－0031　东莞明伦堂万顷沙自卫局关于薪俸、工饷等各
项经费支出的收据、公函、通知书、训令，1946年，东莞市档
案馆藏。

[45] 001－7－0037　东莞明伦堂关于医院增加经费、医师任免等方
面的通知书、公函，东莞市档案馆藏。

[46] 001－7－0038　东莞明伦堂教育经费管理委员会、董事会关于
经费、选举、组织、水利、留学津贴等的会议记录、细则、规
程、计划、报告、通知，东莞市档案馆藏。

[47] 001－7－0053　东莞明伦堂关于水利工程报告书、费用、工饷
等材料，东莞市档案馆藏。

[48] 001－7－0070　东莞明伦堂关于学生津贴、中小学校及医院经
费补助、助产士学校招生等问题的指令、公函、通知书、名册，
东莞市档案馆藏。

[49] 001－7－0091　东莞明伦堂关于自卫队人员编制、经费支出等
的呈文、公函、指令、表册，东莞市档案馆藏。

[50] 001－7－0102　东莞明伦堂关于总务、水利、教育等组的工作
报告、报表、发文清单，东莞市档案馆藏。

[51] 001－7－0113　东莞明伦堂关于教育经费支付的呈文、训令、
公函、代电、派电，东莞市档案馆藏。

[52] 001－7－0129　东莞明伦堂关于石龙惠育医院经费支出、工程
建设、人员任用等的呈文、指令、训令、计算书、说明书，东
莞市档案馆藏。

[53] 001－7－0149　东莞明伦堂关于园艺苗圃经费支出、示范林场
工作报告的表册、单据，东莞市档案馆藏。

[54] 001－7－0160　东莞明伦堂关于偿还贷款、公路工程施工的批
文、笺函、呈文、通知书、表册，东莞市档案馆藏。

[55] 001－7－0178　东莞明伦堂关于选举、教育委员会、董事委员
会、谷粒收入等问题的规程、决案、预算书草案、会议记录，

东莞市档案馆藏。

[56] 001-7-0182　东莞明伦堂关于董事会议、委员会议、补助学校等的公函、办法、决议、会议录，东莞市档案馆藏。

[57] 001-7-0196　东莞明伦堂关于竹溪中学、新建莞中、龙中课室、重修图书馆、学生奖学金等经费支出的函、合约、通知书，东莞市档案馆藏。

[58] 001-7-0233　东莞明伦堂关于教育会议、视导工作、人事、经费管理、修建校舍的公函、表册、报告书，东莞市档案馆藏。

[59] 001-7-0262　东莞明伦堂关于粮食收支结存的月报表、报告表、月结表，东莞市档案馆藏。

[60] 001-7-0265　东莞明伦堂关于沙田管理、田租的训令、指令、代电、公函、呈文、笺函、批文，东莞市档案馆藏。

[61] 001-7-0275　东莞明伦堂关于救济儿童、幼稚园实物经费预算的呈文、批文、公函，东莞市档案馆藏。

[62] 001-10-0049　东莞明伦堂关于津贴国内外留学生修订章程、合作社章程、社员名册等文件材料，东莞市档案馆藏。

[63] 001-10-0050　东莞明伦堂沙田经理局预算表、分配比例数、预算书，东莞市档案馆藏。

[64] 001-10-0051　东莞明伦堂董事会会议记录、决议、报告表，东莞市档案馆藏。